〔宋〕黄士毅 編
徐時儀 楊艷 彙校

朱子語類彙校

修訂本

陸

上海古籍出版社

晦庵先生朱文公語類卷第七十七

易十三

説卦

「幽贊於神明」，「於」字猶「治於人」之「於」，猶言見助於神明。淵。〔一〕

「生蓍」便是「大衍之數五十」，如何恰限生出白莖物事教人做筮用？到那「參〔二〕天兩地」方是取數處。看得來「陰陽剛柔」四字，「陰陽」指二老，「剛柔」指二少。淵。

「贊於神明」猶言「治於人」相似，謂爲人所治也。「贊於神明」，神明所贊也。聖人用「於」字恁地用，不然只當説「幽贊神明」。此説〔三〕却是説見助於神明。淵。

「贊」只是「贊化育」之「贊」，不解便説那贊命於神明。這只説道他爲神明所贊，所以生出這般物事來與人做卦。淵。

「倚數」，倚是靠在那裏。且如先得個三，又得個三只成六，更得個三方成九。若得個二却成八。恁地倚得數出來。有人説「參」作「三」，謂一、三、五；「兩」謂二、四。一、三、五固是天數，二、四固是地數。然而這却是積數，不是倚數之數[四]。淵。

一個天，參之則三；一個地，兩之則二。數便從此起。此與「大衍之數五十」，各自説一個道理，不須合來看。然要合也合得。一個三，一個五，恐是「二」字。衍之則成十，便是五十。淵。

「參天兩地而倚數」，此在揲蓍上説。參者，元是個三數底物事，自家從而三之；兩者，元是個兩數底物事，自家從而兩之。雖然，却只是説得個三在，未見得成何數。「倚數」云者，似把幾件物事挨放這裏。如已有三數，更把個三數倚在這裏成六，又把個三數物事倚在此成九。兩亦如之。淵。

「參天兩地而倚數。」一個天參之爲三，一個地兩之爲二。三三爲九，三二爲六，兩其三、一其二爲八，兩其二、一其三爲七。二老爲陰陽，二少爲剛柔。方子。[五]「參」不是「三」之數，是「無[六]往參焉」之「參」。[七]

問「參天兩地而倚數」。曰：「天圓，得數之三；地方，得數之四。一畫中有三畫，三畫[八]中參之則爲九，此天數也。陽道常饒，陰道常乏。地之數不能爲三，止於兩而已。兩之爲六，故六爲坤。」謨。僩同。[九]

問：「『觀變於陰陽而立卦』，觀變是就蓍數上觀否？」曰：「恐只是就陰陽上觀，未用説到

蓍數處。」學蒙。〔一〇〕

「觀變於陰陽」，且統說道有幾畫陰，幾畫陽，成個甚卦？「發揮剛柔」却是就七八九六上說，初間做這個卦時未曉得是變與不變，及至發揮出剛柔了，方知這是老陰、少陰，那是老陽、少陽。淵。

聖人作易時，其中固是具得許多道理，人能體之而盡則便似那易。他說那吉凶悔吝處，莫非「和順道德，理於義，窮理盡性」之事。這一句本是說易之書如此，後人說去學問上，却是借他底。然這上也有意思，皆是自淺至深。淵。

問：「『和順道德而理於義』，是就聖人上說，是就易上說？」曰：「是說易。」又問：「『和順』是聖人和順否？」曰：「是易去和順道德而理於義。如吉凶消長之道順而無逆，是『和順道德』也。『理於義』則又極其細而言，隨事各得其宜之謂也〔一一〕。『和順道德』如『極高明』，『理於義』如『道中庸』。」學蒙。〔一二〕

「和順道德而理於義」是統說底，「窮理」、「盡性」、「至命」是分說底。上一句是離合言之，下一句以淺深言之。凡卦中所說，莫非和順那道德，不悖了他。「理於義」是細分他，逐事上各有個義理。「和順」字、「理」字最好看。聖人下這般字改移不得。不似今時，抹了却添幾字都不妨。淵。

道理須是與自家心相契方是得他，所以要窮理。忠信進德之類皆窮理之事。易中自具得許多道理，便是教人窮理、循理。淵。

「窮理」是理會得道理窮盡，「盡性」是做[一三]到盡處。如能事父，然後盡仁之性；能事君，然後盡義之性。閎祖。

「窮理」是窮得物盡得人性到得那天命，所以説道「性命之源」。淵。

「窮理」是「知」字上説，「盡性」是因「仁知」[一四]字上説，言能造其極也。至[一五]於「範圍天地」，是「至命」，言與造化一般。淵。

蜚卿問「窮理盡性至於命」。曰：「此爲易書而言。」可學。[一六]

問「窮理盡性以至於命」。曰：「此言作易者如此，從來不合將做學者事看。如孟子盡心、知性、知天之説，豈與此是一串？却是學者事，只於窮理上着工夫，窮得理時，性與命在其中矣。横渠之説未當。」人傑。謨、去僞同。[一七]

「窮理盡性至於命」，本是就易上説。易上皆説物理便是「窮理盡性」，即此便是「至命」。諸先生把來就人上説，能「窮理[一八]」了方「至於命」。淳。

伯豐問：「『窮理盡性以至於命』，程、張之説孰是？」曰：「各是一説。程子皆以見言，不如張子有作用。窮理是見，盡性是行。覺[一九]程子是説得快了。如爲子知所以孝，爲臣知所以忠，此窮理也；爲子能孝，爲臣能忠，此盡性也。能窮此理[二〇]，充其性之所有，方謂之『盡』。『以至於命』是拖脚，却説得於天者。盡性[二一]是我[二二]之所至也，至命是却[二三]説天之所以予我者耳[二四]。昔嘗與人論舜事[二五]，『舜[二六]盡事親之道而瞽瞍厎豫，瞽瞍厎豫而天下化[二七]，瞽瞍厎豫而天下之爲人父子者定』，知此者是窮理者也，能此者盡性者也。」畬。

「昔者聖人之作易，將以順性命之理。」聖人作易，只是要發揮性命之理模寫那個物事。下文所説「陰陽」、「剛柔」、「仁義」，便是性中[二八]這個物事。「順性命之理」只是要發揮性命之理。淵。方子録止注兩句。[二九]

「性命之理」，便知是下文「陰陽」、「柔剛」、「仁義」也。學蒙。[三〇]

問：「『立天之道曰陰與[三一]陽。』道，理也；陰陽，氣也。何故以陰陽爲道？」曰：「『形而上者謂之道，形而下者謂之器』，明道以爲須着如此説。然器亦道，道亦器也。道未嘗離乎器，道只[三二]是器之理。如這交椅是器，可坐便是交椅之理；如這[三三]人身是器，語言動作便是人之理。理只在器上，理與器未嘗相離，所以『一陰一陽之謂道』。」曰：「何謂『一』？」曰：「道，[三四]如一闔一闢謂之變。只是一陰了又一陽，此便是道。寒了又暑，暑了又寒，這道理只循環不已。『維天之命，於穆不已』，萬古只如此。」曰：[三五]「『太極動而生陽』，是有這動之理便能動而生陽否？」曰：「有這動之理便是[三六]動而生陽，有這靜之理便是[三七]靜而生陰。既動則理又在動之中，既靜則理又在靜之中。」曰：「動靜是氣也，有這理[三八]爲氣之主，氣便能如此否？」曰：「是也。既有理便有氣，既有[三九]氣則理又[四〇]在乎氣之中。周子謂[四一]『五殊[四二]二實，二本則一[四三]，一實[四四]萬分，萬一[四五]各正，小大有[四六]定』，自下[四七]推[四八]上去，五行只是二[四九]氣，二氣又只是一理。[五〇]自上推下來，[五一]只是這[五二]一個理[五三]，萬物分之以爲體，萬物之中又[五四]各具一理。所謂『乾道變化，各正性命[五五]』。然總又只是一個理。此理處處皆渾淪，如一粒粟生爲苗，苗便生花，花便結實又成粟，還復本形。一穗有百粒，每粒個個完全，又將這百粒去種，每粒[五六]又各成百粒。生生只管不已，初間只是這一粒分去。物物各有理，總只是一理。」曰：「鳶飛魚躍，皆理[五七]之流行發見處否？」曰：「固是。然此段更須與後文通看[五八]。」或[五九]問：「太極解[六〇]『萬物各具一太極』，此是以理[六一]？以氣言？」先生曰：「以理言。」淳。[六二]

「陰陽」、「剛[六三]柔」、「仁義」，看來當曰「義與仁」，當以仁對陽。仁若不是陽剛，如何做得許多造化？義雖剛却主於收斂，仁却主發舒。這也是陽中之陰、陰中之陽，互藏其根之意。且如今人用賞罰：到賜與人，自是無疑便做將去；若是[六四]刑殺時，便遲疑不肯果決做[六五]。這[六六]見得陽紓[六七]陰斂，仁屬陽、[六八]義屬陰處[六九]。淵。

陰陽[七〇]是[七一]陽中之陰陽，剛柔是陰中之陰[七二]陽。剛柔以質言，是有[七三]個物了[七四]，

見得[七五]是剛底、柔底[七六]。陰陽以[七七]氣言。節。[七八]

「兼三才[七九]而兩之」，初剛而二[八〇]柔，三仁而四義[八一]，五陽而上陰。「兩之」，[八二]如[八三]言加一倍[八四]。本是一個，又[八五]各加一個[八六]爲兩。方子。節録同。[八七]

問：「聖人[八八]『兼三才而兩之[八九]』。」曰：「前日爲學者説，佛經云『如來爲一大[九〇]事因緣出現於世』，聖人亦是爲一大事出現於世。上至天，下至地，中間是人。塞於兩間者無非此理。聖人出來左提右挈，原始要終，無非欲人有以全此理而不失其本然之性。故曰『天佑下民，作之君，作之師[九一]』，只[九二]是爲此道理。所以作個君師相裁成以左右民，使各全其秉彝之善[九三]而已。如老佛也窺見這個道理[九四]。莊子所謂『神鬼神帝，生天生地』，釋氏所謂『能爲萬象[九五]主，不逐四時彫』，只是他説得驚天動地。聖人作用處則與他全不同，聖人之學至虚而實實，至無而實有，有[九六]此物則有此理，[九七]須一一與他盡得。佛氏則見得如[九八]此便休了，所以不同。」僩。[九九]

問：「『山澤通氣』，只爲兩卦相對，所以氣通。」曰：「澤氣通[一〇〇]升於山，爲雲爲雨，是山通澤之氣；山之泉脈流於澤，爲泉爲水[一〇一]，是澤通山之氣。是兩個之氣相通。」學蒙。

「山澤通[一〇二]氣，水火不相[一〇三]射」，山澤一高一下[一〇四]而水脈相爲灌輸也[一〇五]，水[一〇六]火下然上沸而不相滅息也[一〇七]。或[一〇八]曰：「『射』音『亦』，與『斁』同[一〇九]，言相爲

用〔一一〇〕而不相厭也。」〔一一一〕

「雷風相〔一一二〕薄，水火不相〔一一三〕射」，射〔一一四〕猶犯也。〔一一五〕

「水火不相射」，〔一一六〕「射」，一音「亦」，〔一一七〕是不相厭之意〔一一八〕；一音〔一一九〕「食」，是不相害。水火本相殺滅，〔一二〇〕用一物〔一二一〕隔着，却相爲〔一二二〕用。此二義皆通。學蒙。

「數往者順〔一二三〕」，這一段是從卦氣上看〔一二四〕來，也是從卦畫生處看來。恁地方交錯〔一二五〕成六十四。淵。

「易逆數也」，以〔一二六〕康節說方可通。但方圖則一向皆逆，若以圓圖看又只一半〔一二七〕，不知如何。學蒙。

「『雷以動之〔一二八〕』以下四句取象義多，故以象言。『艮以止之』以下四句取卦義多，故以卦言。」又曰：「喚『山以止之』不得，只得云『艮以止之』。〔一二九〕」學蒙。

後四〔一三〇〕卦不言象也只是偶然。到後兩句說「乾以君之，坤以藏之」，却恁地說得好。淵。

「帝出乎震〔一三一〕」與「萬物出乎震」，只這兩段說文王卦。〔一三二〕

「帝出〔一三三〕乎震」，萬物發生，便是他主宰，從這裏出。「齊乎巽」，曉不得。〔一三四〕學蒙。

「勞乎坎」是說萬物休息〔一三五〕底意。「成言乎艮」，艮在東北，是說萬物〔一三六〕終始處。淵。

艮也者，〔一三七〕萬物之所以成終而成始也。〔一三八〕猶春〔一三九〕冬之交，故其位在〔一四〇〕東

北。方。[一四一]

文王八[一四二]卦：坎艮震在東北[一四三]，離坤兑在西南[一四四]，所以分陰方、陽方[一四五]。淵。

八卦次序[一四六]是伏羲底，此是[一四七]時未有文王次[一四八]序。三索而爲六子[一四九]，這自是文王底。[一五〇]各[一五一]自有個道理。淵。

文王八卦[一五二]不可曉處多。如離南坎北，離、坎却不應在南北，且做水火居南北。兑也不屬金。如今只是見他底慣了，一似合當恁地相似。淵。

文王八卦有些似京房卦氣，不取卦畫，只取卦名。京房卦氣以[一五三]復中孚屯爲次。復，陽氣之始也；中孚，陽實在內而未發也；屯，始發而艱難也。只取名義。文王八卦配[一五四]四方四時，離南坎北，震東兑西。若卦畫則不可移換[一五五]。方子。

「水火相逮」一段，又似與上面「水火不相射」同，又自[一五六]伏羲卦。淵。

健順，剛柔[一五七]之精者；剛柔，健順之粗者。方子。[一五八]

「八卦之性情。」謂之「性」者，言其性如此；又謂之「情」者，言其發用處亦如此。如乾之健，本性如此，用時亦如此。淵。[一五九]

乾坤三索，則七八固有六子之象，然不可謂之六子之策。若[一六〇]謂少陰、陽爲六子之策[一六一]，則乾坤爲無少陰、陽乎？淵。

「震一索[一六二]而得男[一六三]」云云一段[一六四]，看來不當專[一六五]作揲蓍看。揲蓍有不[一六六]依這次[一六七]序時便說不通[一六八]。大概只是乾求於坤而得震、坎、艮，[一六九]坤求[一七〇]於乾而得巽、離、兑[一七一]。一二[一七二]三者，以其畫之次[一七三]序言也。淵。

問：「遺書[一七四]有『古言乾[一七五]坤不用六子[一七六]』一段[一七七]，如何？[一七八]」曰：「此一段却主張[一七九]是自然之理[一八〇]。又有一段却不取。[一八一]」可學。[一八二]

「『震一索[一八三]而得男』，『索』字[一八四]訓『求』字否[一八五]？」曰：「是。」又曰：「非『震一索而得男』，乃是一索得陽爻而後成震。」又曰：「一說是就變體上說，謂就坤上求得一陽爻而成震卦。一說乃是揲[一八六]蓍求卦，求得一陽，後面二陰便是震；求得一陰，後面二陽[一八七]便是巽。」學蒙。

横渠云：「『艮三索得男』，乾道之所成；『兑三索得女』，坤道之所[一八八]成。所以有天地絪緼、男女構精之義。[一八九]」亦有此理。學蒙。[一九〇]

卦象[一九一]指文王卦言，所以乾言「爲寒，爲冰」。淵。

爲乾卦。「其究爲躁卦」，此卦是巽下一爻變則爲乾，便是純陽而[一九二]躁動。此蓋言巽反爲震，震爲決躁，故爲躁卦。此[一九三]亦不繫大綱領處，無得工夫去點檢他這般卦[一九四]處，若恁地逐段理會得來也無意思。淵。「乾」卦音「干」。[一九五]

楊至之問曰：〔一九六〕「艮何以爲手？」曰：「手去捉定那物，便是艮。」又問：「捉〔一九七〕物乃手之用，不見取象〔一九八〕正意。」先生曰：「也只是大概略恁地〔一九九〕。」陳安卿說：〔二〇〇〕「麻衣以艮爲鼻。〔二〇一〕」先生曰：「鼻者，面之山〔二〇二〕者〔二〇三〕，管輅已〔二〇四〕如此說，亦各有取象〔二〇五〕。」又問：「麻衣以巽爲手〔二〇六〕，取義〔二〇七〕於風〔二〇八〕之舞，非是爲股〔二〇九〕。」先生蹙〔二一〇〕眉曰：「亂道如此〔二一一〕之甚！」義剛。陳淳錄。〔二一二〕

序卦

序卦自〔二一三〕言天地萬物、男女〔二一四〕夫婦，是因咸〔二一五〕恒爲夫婦之道說起〔二一六〕，非如舊人分天道人事之說。大率上經用乾、坤、坎、離爲始終，下經便當用艮、兑、巽、震爲始終。淵。

問：「『禮義有所錯』，『錯』字，陸氏兩音，如何？」曰：「只是作『措』字，謂禮義有所施設耳。」㽦。

雜卦

序卦、雜卦，聖人云〔二一七〕這裏見有那無緊要底道理，也說則個〔二一八〕了過去。然雜卦中亦有說得極精處。淵。

「謙輕[二一九]而豫怠。」輕是卑小之義。豫是悦之極便放倒了，如上六「冥豫」是也。人傑。去僞並同。[二二〇]

伊川説[二二一]「未濟，[二二二]男之窮」爲「三陽失位」，以爲斯義得之。成都隱者見張欽夫説：「伊川之在涪也，方讀易，[二二三]有箍人[二二四]以此問伊川，伊川不能答。」其人云：「三陽失位。」故珠林[二二五]上已有，伊川不曾看雜書，所以被他説動了。

【校勘記】

[一]　此條淵録成化本無。

[二]　參　原作「三」。據方子録末「『參』是『無往參焉』之『參』」和朱文公易説卷一七改。

[三]　説　成化本無。

[四]　之數　成化本無。

[五]　方子　成化本無。按，此條成化本注爲至録。

[六]　無　成化本無。

[七]　參　成化本此下有「『兼三才而兩之』。初剛而二柔，按，下二爻於三極爲地。三仁而四義，按，中二爻於三

極爲人。五陽而上陰。按，上二爻於三極爲天。陽化爲陰，只恁地消縮去，無痕跡，故謂之化。陰變爲陽，其勢浸長，便較突兀，有頭面，故謂之變。陰少於陽，氣理數皆如此，用全用半，所以不同」。且録尾注有「至」。

〔八〕三畫　原脱，據成化本補。

〔九〕謨僩同　成化本爲「去僞」。

〔一〇〕學蒙　成化本爲「學履」。

〔一一〕也　原脱，據成化本補。

〔一二〕學蒙　成化本爲「學履」。

〔一三〕是做　「是」字原脱，「做」原作「故」，據成化本改。

〔一四〕是因仁知　成化本爲「是仁」。

〔一五〕至　原脱，據成化本補。

〔一六〕此條可學録成化本無。

〔一七〕人傑謨去僞同　成化本爲「去僞」。

〔一八〕理　成化本此下有「盡性」。

〔一九〕覺　成化本爲「覺得」。

〔二〇〕窮、理　原脱，據成化本補。

［二一］盡性　原脱，據成化本補。
［二二］我　原脱，據成化本補。
［二三］却　成化本無。
［二四］耳　原脱，據成化本補。
［二五］論舜事　原脱，據成化本補。
［二六］舜　原脱，據成化本補。
［二七］化　原脱，據成化本補。
［二八］中　成化本此下有「有」。
［二九］方子録止注兩句　成化本無。
［三〇］此條學蒙録成化本無。
［三一］與　成化本無。
［三二］只　成化本爲「亦只」。
［三三］如這　成化本無。
［三四］道　成化本作「一」。
［三五］曰　成化本作「問」。
［三六］是　成化本作「能」。

[三七] 是　成化本作「能」。
[三八] 這理　成化本爲「此理」。按，「理」字原脱，據成化本補。
[三九] 既有　原脱，據成化本補。
[四〇] 又　原脱，據成化本補。
[四一] 周子謂　「子謂」二字原脱，據成化本補。
[四二] 五殊　原脱，據成化本補。
[四三] 一　原脱，據成化本補。
[四四] 實　原脱，據成化本補。
[四五] 萬一　原脱，據成化本補。
[四六] 有　原脱，據成化本補。
[四七] 自下　原脱，據成化本補。
[四八] 推　成化本此下有「而」。
[四九] 只是二　原脱，據成化本補。
[五〇] 二氣又只是一理　「二」、「是」、「一」三字原脱，據成化本補。
[五一] 自上推下來　「自」、「推」二字原脱，據成化本補。
[五二] 這　成化本作「此」。

［五三］理　原脱，據成化本補。

［五四］又　原脱，據成化本補。

［五五］命　原脱，據成化本補。

［五六］每粒　成化本無。

［五七］理　原脱，據成化本補。

［五八］與後文通看　成化本爲「將前後文通看」。按，「看」字原脱，據成化本補。

［五九］或　原脱，據成化本補。

［六〇］太極解　成化本無。

［六一］理　成化本此下有「言」。

［六二］此條淳録成化本分三條，載於卷七十七、卷九十四。其中「問立天之道曰陰陽……萬古只如此」爲一條，載於卷七十七；「問太極動而生陽……然此段更須將前後文通看」爲一條，載於卷九十四；「或問萬物各具一太極……以理言」又爲一條，注爲雉所録，亦載於卷九十四。

［六三］剛　原脱，據成化本補。

［六四］是　原脱，據成化本補。

［六五］果決做　成化本爲「果決」。按，「果」原作「畏」，據上下文及成化本改；「決」字原脱，據成化本補。

〔六六〕這　原脱，據成化本補。
〔六七〕紓　朱本作「舒」。
〔六八〕仁屬陽　原脱，據成化本補。
〔六九〕屬陰處　原脱，據成化本補。
〔七〇〕陽　原脱，據成化本補。
〔七一〕是　原脱，據成化本補。
〔七二〕中之陰　原脱，據成化本補。
〔七三〕是有　原脱，據成化本補。
〔七四〕了　原脱，據成化本補。
〔七五〕見得　成化本爲「見得」。按，「見」字原脱，據成化本補；「得」原作「待」，據上下文與成化本改。
〔七六〕底　原脱，據成化本補。
〔七七〕陰陽以　原脱，據成化本補。
〔七八〕節　成化本作「淵」。
〔七九〕兼三才　原脱，據成化本補。
〔八〇〕二　原脱，據成化本補。
〔八一〕仁而四義　原脱，據成化本補。

〔八二〕兩之　原脱，據成化本補。
〔八三〕如　原脱，據成化本補。
〔八四〕倍　原脱，據成化本補。
〔八五〕又　原脱，據成化本補。
〔八六〕加一個　原脱，據成化本補。
〔八七〕節録同　成化本無。
〔八八〕聖人　原脱，據成化本補。
〔八九〕兼三才而兩之　「兼」、「才」、「兩」三字原脱，據成化本補。
〔九〇〕一大　原脱，據成化本補。
〔九一〕師　原脱，據成化本補。
〔九二〕只　原脱，據成化本補。
〔九三〕秉彝之善　成化本此上有「秉彝之良，而不失其本然之善」。
〔九四〕理　原脱，據成化本補。
〔九五〕象　原脱，據成化本補。
〔九六〕有　原脱，據成化本補。
〔九七〕理　成化本此下注曰：「僩録此下云：『須一一與它盡得。』」

［九八］如　原脱，據成化本補。
［九九］此條僩録成化本以部分内容夾注於卷十三卓録中。此條僩録原脱文字均據卷十三卓録補，參底本卷十三「又問易聖人參天地而兩之……皆輔相左右民事」條。
［一〇〇］通　成化本無。
［一〇一］水　原脱，據成化本補。
［一〇二］山澤通　原脱，據成化本補。
［一〇三］水火不相　原脱，據成化本補。
［一〇四］山澤一高一下　「山」、「高」、「下」三字原脱，據成化本補。
［一〇五］輪也　原脱，據成化本補。
［一〇六］水　原脱，據成化本補。
［一〇七］滅息也　原脱，據成化本補。
［一〇八］或　原脱，據成化本補。
［一〇九］斁同　原脱，據成化本補。
［一一〇］用　原脱，據成化本補。
［一一一］成化本此下注有「僩」。
［一一二］雷風相　原脱，據文公易説卷十七萬人傑録補。

［一一三］不相　原脱，據文公易説卷十七萬人傑録補。

［一一四］射　原脱，據成化本補。

［一一五］成化本此下注有「人傑」。按，成化本人傑録僅有「射猶犯也」四字。

［一一六］水火不相射　原脱，據上下文意補。

［一一七］一音亦　原脱，據成化本補。

［一一八］厭之意　原脱，據成化本補。

［一一九］一音　原脱，據成化本補。

［一二〇］水火本相殺滅　原脱，據成化本補。

［一二一］用一物　原脱，據成化本補。

［一二二］却相爲　原脱，據成化本補。

［一二三］者順　原脱，據成化本補。

［一二四］上看　原脱，據成化本補。

［一二五］錯　原脱，據成化本補。

［一二六］以　成化本作「似」。

［一二七］半　成化本此下有「逆」。

［一二八］動之　原脱，據成化本補。

〔一二九〕不得　成化本爲「又不得」。只得　原脱，據成化本補。
〔一三〇〕後四　原脱，據成化本補。
〔一三一〕乎震　原脱，據成化本補。
〔一三二〕成化本此下注有「淵」。
〔一三三〕出　原脱，據成化本補。
〔一三四〕得　成化本此下有「離中虚明，可以爲南方之卦。坤安在西南，不成西北方無地！西方肅殺之地如何云『萬物之所説』？乾西北，也不可曉，如何陰陽只來這裏相薄？『勞乎坎』，『勞』字去聲，似乎慰勞之意。言萬物皆歸藏於此，去安存慰勞他」。
〔一三五〕休息　原脱，據成化本補。
〔一三六〕物　原脱，據成化本補。
〔一三七〕艮也者　原脱，據成化本補。
〔一三八〕萬物之所以成終而成始也　「萬物之所以成終」、「始也」九字原脱，據成化本補。
〔一三九〕猶春　原脱，據成化本補。
〔一四〇〕位在　原脱，據成化本補。
〔一四一〕方　成化本爲「方子」。
〔一四二〕文王八　原脱，據成化本補。

［一四三］艮震在東北　原脱，據成化本補。

［一四四］兑在西南　原脱，據成化本補。

［一四五］陽方　原脱，據成化本補。

［一四六］卦次序　原脱，據成化本補。

［一四七］是　成化本無。

［一四八］未有文王次　原脱，據成化本補。

［一四九］六子　原脱，據成化本補。

［一五〇］這自是文王底　「這」、「王」二字原脱，據成化本補。

［一五一］各　原脱，據成化本補。

［一五二］八卦　原脱，據成化本補。

［一五三］以　原脱，據成化本補。

［一五四］配　原脱，據成化本補。

［一五五］换　原脱，據成化本補。

［一五六］自　成化本爲「自是」。

［一五七］剛柔　原脱，據成化本補。

［一五八］此條方子録成化本無，但卷六十七載淵同聞所録。參底本卷六十七淵録「易中説卦爻多只是説剛

柔……健順之粗者」條。此條方子録所脱文字，據卷六十七淵録補。

〔一五九〕此條淵録成化本載於卷六十七。

〔一六〇〕若　原脱，據成化本補。

〔一六一〕策　原脱，據成化本補。

〔一六二〕震一索　原脱，據成化本補。

〔一六三〕男　原脱，據成化本補。

〔一六四〕云云一段　成化本爲「一段」。按，「云云」、「段」三字原脱，文公易説卷十七爲「云云一段」，據文公易説卷十七補。

〔一六五〕不當專　原脱，據成化本補。

〔一六六〕有不　原脱，據成化本補。

〔一六七〕次　成化本無。

〔一六八〕通　原脱，據成化本補。

〔一六九〕大概只是乾求於坤而得震坎艮　「大概只是」、「得」、「震」、「艮」七字原脱，據成化本補。

〔一七〇〕求　原脱，據成化本補。

〔一七一〕離兑　原脱，據成化本補。

〔一七二〕一二　原脱，據成化本補。

〔一七三〕之次　原脱，據成化本補。
〔一七四〕遺書　原脱，據成化本補。
〔一七五〕言乾　原脱，據成化本補。
〔一七六〕子　原脱，據成化本補。
〔一七七〕一段　原脱，據成化本補。
〔一七八〕如何　原脱，據成化本補。
〔一七九〕主張　原脱，據成化本補。
〔一八〇〕理　原脱，據成化本補。
〔一八一〕又有一段却不取　「又」、「却」、「取」三字原脱，據成化本補。
〔一八二〕此條可學録成化本載於卷九十七。
〔一八三〕索　原脱，據成化本補。
〔一八四〕字　原脱，據成化本補。
〔一八五〕否　原脱，據成化本補。
〔一八六〕揲　原脱，據成化本補。
〔一八七〕二陽　原脱，據成化本補。
〔一八八〕所　原脱，據成化本補。

［一八九］所以有天地絪緼男女構精之義　成化本爲「所以損有男女構精之義」。
［一九〇］學蒙　成化本無，且此條學蒙録載於卷七十六。
［一九一］卦象　原脱，據成化本補。
［一九二］陽而　原脱，據成化本補。
［一九三］此　原脱，據成化本補。
［一九四］卦　成化本無。
［一九五］乾卦音干　成化本無。
［一九六］楊至之問曰　成化本爲「至之問」。
［一九七］捉　原脱，據成化本補。
［一九八］象　原脱，據成化本補。
［一九九］大概略恁地　「概」、「略」、「地」三字原脱，據成化本補。
［二〇〇］陳安卿説　成化本爲「安卿説」。按，此四字原脱，文公易説卷十七爲「陳安卿説」，據文公易説卷十七補。
［二〇一］麻衣以艮爲鼻　「麻」、「艮爲鼻」四字原脱，據成化本補。
［二〇二］之山　原脱，據成化本補。
［二〇三］者　成化本作「晉」，屬下讀。

［二〇四］已　原脱，據成化本補。
［二〇五］各有取管　原脱，據成化本補。
［二〇六］爲手　原脱，據成化本補。
［二〇七］義　原脱，據成化本補。
［二〇八］風　原脱，據成化本補。
［二〇九］股　原脱，據成化本補。
［二一〇］先生蹙　原脱，據成化本補。
［二一一］此　原脱，據成化本補。
［二一二］陳淳録　成化本無。疑「録」下脱「同」字。
［二一三］序卦自　原脱，據成化本補。
［二一四］男女　原脱，據成化本補。
［二一五］因咸　原脱，據成化本補。
［二一六］起　原脱，據成化本補。
［二一七］云　王本作「去」。
［二一八］個　原脱，據成化本補。
［二一九］謙輕　原脱，據成化本補。

〔二二〇〕人傑去僞並同　成化本爲「去僞」。按，「僞」字原脱，據成化本補。

〔二二一〕説　原脱，據成化本補。

〔二二二〕未　原脱，據成化本補。

〔二二三〕之在涪也方讀易　原脱，據成化本補。

〔二二四〕箍人　成化本爲「箍桶人」。

〔二二五〕故珠林　成化本爲「火珠林」。

晦庵先生朱文公語類卷第七十八

尚書一

綱領

至之問：「書斷自唐虞以下，須是孔子意？」曰：「也不可知。且如三皇之書言大道，言大道[一]有何不可！便删去。五帝之書言常道少昊、顓帝、高辛[二]，有何不可！便删去。此皆未可曉也。[三]」道夫。[四]

陳仲蔚問：「『三皇』，所説甚多，當以何者爲是？」曰：「無處[五]理會，當[六]且依孔安國之説。五峰以爲天皇、地皇、人皇，而伏羲、神農、黄帝、堯、舜爲五帝，却無高辛、顓頊之数[七]。要之，也不可便如此説。且如歐陽公説泰誓篇[八]文王未嘗稱王。不知『九年大統未集』是自甚年數起。且如武王初伐紂之時曰『惟有道曾孫周王發』，又未知如何便稱『王』？假謂史筆之記，何爲未即位之前便書爲『王』耶？且如太祖未即位之前，史官只書『殿前都點檢』，安得便稱

『帝』！那〔九〕是皆不可曉。〔一〇〕昨日得鞏仲至書，潘叔昌託討世本。向時大人亦有此書，後因兵火失了，今亦少有人收得。史記又皆本此爲之。且如孟子有滕定公，及世本所載則有滕成公、滕考公，又與孟子異，皆不可得而考。前人之誤既不可考，則後人之論之〔一一〕又以爲何〔一二〕據耶！此事已釐革了，亦無理會處。」義剛。又〔一三〕一本云：「義剛〔一四〕問：『三皇當從何說？』先生曰：『只依孔安國之說。然五峰又將天、地、人作三皇，羲、農、黃、唐、虞作五帝，云是據易繫說當如此。要之，不必如此。且如歐公作泰誓論，言文王不稱王，歷破史遷之說。此亦未見得史遷全不是，歐公全是。蓋泰誓有「惟九年大統未集」之說，若以文王在位五十年之說推之，不知九年當從何處數起。又有「曾孫周王發」之說。到這裏便是難理會，不若只兩存之。又如世本所載帝王世系，但有滕考公、成公，而無文公、定公，此自與孟子不合。理會到此，便是難曉，亦不須枉費精神。』」

孔壁所出尚書，如大禹謨〔一五〕、五子之歌、胤征、泰誓、武成、冏命、微子之命、蔡仲之命、君牙等篇皆平易，伏生所傳皆難讀。如何伏生偏記得難底，至於易底全記不得？此不可曉。如當時誥命出於史官，屬辭須說得平易。若盤庚之類再三告戒者，或是方言，或是當時曲折說話，所以難曉。人傑。〔一六〕

因論〔一七〕「伏生書多艱澀難曉，孔安國壁中書却平易易曉。或者以〔一八〕謂伏生口授女子，故多錯誤，此不然。今古書傳中所引書語已皆如此，不可曉」。僩問：「如史記引周書『將欲取之，必固與之』之類，此必非聖賢語。」曰：「此出於老子。疑當時自有一般書如此，故老子五千言綴[一九]其言，取其與己意合者則入之耳。」僩。

問：「林少穎説盤誥之類皆[二〇]伏生，如何？」答曰：「此亦可疑。蓋書有古文有今文。今文乃伏生口傳，古文乃壁中之書。大禹謨[二一]、説命、高宗肜日、西伯戡黎、泰誓等篇，凡易讀者皆古文。況又是科斗書，以伏生書字文考之方讀得。豈有數百年壁中之物安得不訛損一字？又却是伏生記得者難讀？此尤可疑。今人作全書解，必不是。」大雅。

書有兩體：有極分曉者，有極難曉者。某恐如盤庚、周誥、多方、多士之類，是當時召之來而面命之，面教告之，自是當時一類説話。至於旅獒、畢命、微子之命、君陳、君牙、冏命之屬，則是當時修其詞命。所以當時百姓都曉得者，有今時老師宿儒之所不曉。今人之所不曉者，未必當時之人識[二二]其詞義也。道夫。

書有易曉者，恐是當時做底文字或是曾經修飾潤色來。其難曉者恐只是當時説話。蓋當時人説話自是如此，當時人自曉得，後人乃以爲難曉爾。若使古人見今之俗語，卻理會不得也。以其間頭緒多，若去做文字時説不盡，故只直記其言語而已。廣。

尚書諸命皆分曉，蓋如今制誥，是朝廷做底文字；諸誥皆難曉，蓋是時與民下説話，後來追録而成之。方子。[二三]

典謨之書恐是曾經史官潤色來。如周誥等篇，恐只似如今榜文曉諭俗人者，方言便[二四]語隨地隨時各自不同。林少穎嘗曰：「如今人『即日伏惟尊候萬福』，使古人聞之，亦不知是何等説話。」人傑。

或問：「諸家[二五]書解誰者最好？莫是東坡書爲上否？」曰：「然。」又問：「但若失之簡。」曰：「亦有只消如此解者。」廣。[二六]

東坡書解卻好，他看得文勢好。學蒙。

荆公不解洛誥，但云：「其間煞有不可强通處，今姑擇其可曉者釋之。」今人多説荆公穿鑿，他卻有如此處。若後來人解書，則[二七]又卻須要盡解。廣。

林書儘有好處，但自洛誥已後，非他所解。祖道。

呂伯恭解書自洛誥始。某問之曰：「有解不去處否？」曰：「也無。」及數日後，謂某曰：「書也是難説處，今只是强解將去爾。」要之，伯恭卻是傷於巧。道夫。

問：「書當如何看？」曰：「且看曉[二八]處。其他不可曉者不要强説，縱説得出，恐未必是當時本意。近世解書者甚衆，往往皆是穿鑿。如呂伯恭亦未免此也。」時舉。

先生曰：「曾見史丞相書否？」劉兄[二九]云：「見了。看了[三〇]他説『昔在』二字，其説甚乖。」先生云：「亦有好處。」劉問：「好在甚處？」曰：「如『命公後』，衆説亦[三一]皆云命伯禽爲周公之後。史云成王既歸，命周公在後。看『公定，予往矣』一言，便見得是周公且[三二]在後之意。」卓。

陳安卿[三三]問：「書[三四]何緣無宣王書？」曰：「是當時偶然不曾載得。」又問：「康王何緣無詩？」曰：「某竊以『昊天有成命』之類便是康王詩。而今人只是要解那成王做王業後，便不可曉。且如左傳不明說作成王詩，故[三五]韋昭又且費盡氣力要解從那王業上去，不知怎生地。」義剛。

道夫請先生點尚書以幸後學。曰：「某今無工夫。」道夫[三六]曰：「先生於書既無解，若更不點，則句讀不分，後人承舛聽訛，卒不足以見帝王之淵懿。」曰：「公豈可如此說，焉知後來無人？」道夫再三請之。曰：「書亦難點。如大誥語句甚長，今人却都碎讀了，所以曉不得。某嘗欲作書說，竟不曾成。如制度之屬祇以疏文爲本，若其他未穩處，更與挑剔令分明便得。」又曰：「書疏載『在璇璣玉衡』處先說個天，今人讀着亦無甚緊要。以某觀之，若看得此，則亦可以粗想象天之與日月星辰之運，進退疾遲之度皆有分數，而曆數大概亦可知矣。」道夫。[三七]

或問讀尚書。曰：「不如且讀大學。若尚書，却只說治國平天下許多事較詳。如堯典『克明俊德，親九族』至『黎民於變』，這展開是多少。舜典又詳。」賀孫。

問：「『尚書難讀，蓋無許大心胸。』他書亦須大心胸方讀得，如何程子只說尚書？」曰：「他書却有次第。且如大學自『格物』、『致知』以至『平天下』，有多少節次，尚書只合下便大。

如堯典自『克明俊德，以親九族』至『黎民於變時雍』，展開是大小大！分命四時成歲，便是心中包一個三百六十五度四分度之一底天方見得恁地。若不得一個大底心胸，如何了得？」賀孫。

某嘗患尚書難讀，後來先將文義分曉[三八]者讀之，聱訛者且未讀。如二典、三謨等篇，義理明白，句句是實理。堯之所以爲君，舜之所以爲臣，皋陶、稷、契、伊、傅輩所言所行，最好紬繹玩味，體貼向自家身上來，其味自別。謨。

讀尚書只揀其中易曉底讀。如「期三百有六旬有六日，以閏月定四時成歲」，此樣雖未曉亦不緊要。節。

「二典三謨，其言奧雅，學者未遽曉會，後面盤誥等篇又難看。且如商書中伊尹告太甲五篇，説得極切。伊訓、太甲三篇、咸有一德。[三九]其所以治心修身處，雖爲人主言，然初無貴賤之別，宜取細讀，極好。今人不於此等處理會，却只理會小序。某看得書小序不是漢人[四〇]作，只是周秦間低手人作。然後人亦自理會他本義未得。且如『皋陶矢厥謨，禹成厥功，帝舜申之』，申，重也。序者本意先説皋陶，後説禹，謂舜欲令禹重説，故將『申』字係『禹』字。蓋伏生書以益稷合於皋陶謨，而『思曰贊贊襄哉』與『帝曰：「來，禹，汝亦昌言！」禹拜曰：「俞[四一]，帝，予何言？予思日孜孜」』相連，『申之』二字便見是舜令禹重言之意。此是序者本意。今人都不如此説，説得雖多，皆非其本意也。」又曰：「『以義制事，以禮制心』，此是自[四二]內外交相養之[四三]法。事在外，義由內制；心在內，禮由外作。」銖問：「禮莫是攝心之規矩否？」曰：「禮只是這個禮，如顏子非禮勿視聽言動之類皆是也。」又曰：「今學者別無事，只要以心觀衆理。理是心中所有，常存此心、觀[四四]衆理，只是此兩事耳。」銖。

先生問可學：「近讀何書？」曰：「讀尚書。」先生曰：「尚書如何看？」曰：「須要考歷代之變。」先生曰：「世變難看。唐、虞、三代事浩大闊遠，何處測度？不若求聖人之心。如堯則考其所以治民，舜則考其所以事君。且如湯誓，湯曰『予畏上帝，不敢不正』，熟讀豈不見湯之心？大抵尚書有不必解者，有須著意解者，有略須解者。[四五]不必解者，如仲虺之誥、太甲諸篇，只是熟讀，義理自分明，何俟於解？如洪範則須著意解。如典謨諸篇，辭稍雅奧，亦須略解。若如盤庚諸篇已難解，而康誥之屬則已不可解矣。昔日呂伯恭[四六]相見，語之以此。渠云：『亦無可闕處。』因語之云：『若如此，則是讀之未熟。』後二年相見，云：『誠如所說。』」可學。

語德粹云：「尚書亦有難看者。」昨日嘗語子上，滕請問先生，復言：「大略如昨日之說。」又云：[四七]「如微子、洛誥[四八]等篇，讀至此且認微子與父師、少師哀商之淪喪，己將如何。其他皆然。若其文義，知他當時言語如何，自有不能曉矣。」可學。

書序恐不是孔安國做。漢文粗枝大葉，今書序細膩，只似六朝時文字。小序斷不是孔氏[四九]做。義剛。[五〇]

漢人文字也不喚做好，却是粗枝大葉。書序細弱，只是魏晉人文字。陳同父亦如此說。庚。[五一]

「尚書注并序，某疑非孔安國所作。蓋文字善困，不類西漢人文章，亦非後漢之文。」或言：「趙岐孟子序却自好。」曰：「文字絮氣悶人。東漢文章皆然。」僩。

尚書孔安國注[五二]，某疑[五三]決非孔安國所注，蓋文字困善，不是西漢人文章。安國，漢武帝時，文章豈如此？但有太粗處，決不如此困善也。亦非後漢文。[五四]如書序做得善弱，亦非西漢人文章也。卓。

尚書孔安國傳，此恐是魏晉間人所作，托安國爲名，與毛公詩傳大段不同。今觀序文亦不類漢文章。[五五]如孔叢子亦然，皆是那一時人所爲。廣。

「傳之子孫，以貽後代」，漢時無這般文章。義剛。

孔安國解經，最亂道。看得只是孔叢子等做出來。泳。[五六]

因說書云：[五七]「某嘗疑孔安國書是假書。比毛公詩如此高簡，大段爭事。漢儒訓釋文字多是如此，有疑則闕。今此却盡釋之。豈有千百年前人說底話，收拾於灰燼屋壁中與口傳之餘，更無一字訛舛！理會不得如此[五八]，可疑也。[五九]兼小序皆可疑。堯典一篇自說堯一代爲治之次序，至讓于舜方止。今却說是讓于舜後方作。舜典亦是見一代政事之終始，却說『歷試諸難[六〇]』，是爲要受讓時作也。至後諸篇皆然。況他[六一]先漢文章重厚有力量，他今大序格致極輕，却[六二]疑是晉宋間文章。況孔書至東晉方出，前此諸儒皆不曾見，可疑之甚。」大雅。

尚書小序不知何人作。大序亦不是孔安國作，怕只是撰孔叢子底人作。文字軟善，西漢文字却粗大。夔孫。[六三]

書小序亦非孔子作，與詩小序同。廣。

徐彦章問：「先生所以除却[六四]書序不以冠於[六五]篇首者，豈非有所疑於其間耶？」曰：「誠有可疑。且如康誥第述文王，不曾説及武王，只有『乃寡兄』是説武王，又是自稱之詞，然則康誥是武王誥康叔明矣。但緣其中有錯説『周公初基』處，遂使序者以爲成王時事，此豈可信？」徐曰：「然則殷地，武王既以封武庚，而使王叔[六六]監之矣，又以何處封康叔？」曰：「既言『以殷餘民封康叔』，豈非封武庚之外將以封之乎？又曾見吳才老辨梓材一篇，云後半截不是梓材，緣其中多是勉君，乃臣告君之訓[六七]，未嘗如前一截稱『王曰』，又稱『汝』，爲上告下之詞。亦自有理。」處謙。

堯典

問：「堯典小序[六八]云『聰明文思』，經作『欽明文思』，如何？」曰：「小序不可信。」問曰：

「恐是作序者見經中有『欽明文思』，遂改换『欽』字作『聰』字否？」曰：「然。」[六九]林少穎解「放勳」之「放」，作「推而放之四海」之「放」，比之程氏説爲優。廣。

「安安」只是個重疊字，言堯之「聰明文思」皆本於自然，不出於勉强也。「允」則是信實，「克」則是能。廣。

「格」，至也。「格于上下」，上至天、下至地也。廣。

「克明俊德」是「明明德」之意。德明。

「克明俊德」只是説堯之德，與文王「克明德」同。廣。

顯道問：「堯典自『欽明文思』以下皆説堯之德。則所謂『克明俊德』者，古注作『能明俊德之人』，似有理。」曰：「且看文勢，不見有用人意。」又問：「『納于大麓，烈風雷雨弗迷』，説者或謂大録萬機之政，或謂登封太山，二説如何[七〇]？」曰：「史記載『使舜入山林，烈風雷雨，弗迷其道』。當從史記。」人傑。

任道問：「堯典『以親九族』，説者謂上至高祖下至玄孫。林少穎謂，若如此只是一族，所謂『九族』者，父族四、母族三、妻族二。是否？」曰：「父族謂本族、姑之夫、姊妹之夫、女子之夫家，母族謂母之本族、母族與姨母之家，妻族則妻之本族與其母族是也。上殺、下殺、旁殺，只看所畫宗族圖可見。」人傑。

「九族」且從古注。「克明德」是再提起堯德來説。「百姓」或以爲民，或以爲百官族姓，亦不可考，姑存二説可也。「釐」則訓治，「釐降」只是他經理二女下降時事爾。廣。

「平章百姓」只是近處百姓，「黎民」則合天下之民言之矣。典謨中「百姓」只是説民，如「罔咈百姓」之類。若是國語中説「百姓」，則多是指百官族姓。廣。

「平章百姓。」［七一］「百姓」，畿内之民，非百官族姓也。此「家齊而後國治」之意。「百姓昭明」，乃三綱五常皆分曉不鶻突也。人傑。

堯舜之道，如「平章百姓」、「黎民於變時雍」之類皆是。幾時只是安坐而無所作爲！履孫。

羲、和主曆家［七二］，授時而已，非是各行其方之事。德明。

羲、和即是那四子。或云有羲、和伯［七三］，共六人，未必是。「卒乃復」是事畢而歸，非是以贄爲復也。［七四］義剛。

曆是古時一件大事，故炎帝以鳥名官，首曰「鳳鳥氏，曆正也」。歲月日時既定，則百工之事可考其成。程氏、王氏兩説相兼，其義始備。廣。

曆是書，象是器。無曆則無以知三辰之所在，無璣衡則無以見三辰之所在。廣。

古字「宅」、「度」通用。「宅嵎夷」之類恐只是四方度其日景以作曆耳，如唐時尚使人去四方觀望。廣。

問：「『寅賓出日』，『寅餞納日』，如何？」曰：「恐當從林少穎解：『寅賓出日』是推測日出時候，『寅餞納日』是推測日入時候，如土圭之法是也。暘谷、南交、昧谷、幽都是測日景之處。宅，度也。古書『度』字有作『宅』字者。『東作、南訛、西成、朔易』皆節候也。『東作』如立春至雨水節之類，『寅賓』則求之於日，『星鳥』則求之於夜。『厥民析、因、夷、隩』，非是使民如此，民自是如此。因者，因其析後之事；夷者，萬物收成，民皆優逸之意。『孳尾』至『氄毛』亦是鳥獸自然如此，如今曆書記鳴鳩拂羽等事。程泰之解暘谷、南交、昧谷、幽都，以爲築一臺而分爲四處，非也。[七五]若如此，只是東方之民得東作，他處更不耕種矣；西方之民亨西成，他方皆不斂穫矣。大抵羲、和四子皆是掌曆之官，觀於『咨汝羲暨和』之辭可見。『敬致』乃『冬夏致日，春秋致月』是也。春、秋分無日景，夏至景短，冬至景長。」人傑。

「平秩東作」之類，只是如今穀雨、芒種之節候爾。林少穎作「萬物作」之「作」說，即是此意。廣。

「敬致」只是「冬夏致日」之「致」。「寅賓」是賓其出，「寅餞」是餞其入，「敬致」是致其中。北方不說者，北方無日故也。廣。

「朔易」亦是時候。歲一[七六]改易於此，有終而復始之意。在，祭[七七]也。廣。

堯典云「期三百六旬有六日」，而今一歲三百五十四日者，積朔空餘分以爲閏。朔空者，六小月也；餘分者，五日四分度之一也。大雅。

自「疇咨若時登庸」到篇末只是一事，皆是爲禪位設也。一舉而放齊舉胤子，再舉而驩兜舉共工，三舉而四岳舉鯀，皆不得其人，故卒以天下授舜。廣。

「胤子朱」，古注與程氏説當兩存之。「啓明」之説亦然。廣。[七八]

「百姓」「胤子朱」，兩存其説。德明。[七九]

包顯道問：「朱先稱『啓明』，後又説他『嚚訟』，恐不相協？」曰：「便是驩兜[八〇]以白爲黑，[八一]以非爲是，所以舜治他。但那人也是嶢崎。且説而今暗昧底人解與人健訟不解？惟其是[八二]啓明後，方解嚚訟。」又問：「堯既知鯀，如何尚用之？」曰：「鯀也是有才智，想見只是很拗自是，所以弄得恁地狼當。所以楚辭説『鯀倖直以亡身』，必是他去治水有不依道理壞了處[八三]，弄了[八四]八九年無收殺了，故舜殛之。」義剛。夔孫録同[八五]。

共工、驩兜，看得來其過惡甚於放齊、胤子朱。廣。

「象恭滔天」，「滔天」二字羨，因下文而誤。廣。

四岳只是一人。四岳是總十二牧者，百揆是總九官者。義剛。

問：「四岳是十二牧之長否？」曰：「周官言『内有百揆、四岳』，則百揆是朝廷官之長，四岳乃管領十二牧者。四岳通九官、十二牧爲二十有二人，則四岳爲一人矣。又，堯咨四岳以『汝能庸命巽朕位』，不成堯欲以天下與四人也？又，周官一篇説三公、六卿甚分曉。漢儒如揚雄、鄭康成之徒，以至晉杜元凱，皆不曾見。直至東晉，此書方出。伏生書多説司徒、〔八六〕司馬、司空，乃是諸侯三卿之制，故其誥諸侯多引此。顧命排列六卿甚整齊，太保奭，冢宰。芮伯，冢〔八七〕伯。彤伯，司馬。畢公，司徒。衛侯，司寇。毛公，司空。疏中言之甚詳。康誥多言刑罰事，爲其〔八八〕爲司寇也。太保、畢公、毛公乃以三公下行六卿之職，三公本無職事，亦無官屬，但以道義輔導天子而已。漢却以司徒、司馬、司空爲三公，失其制矣。」人傑。〔八九〕

「巽哉」是不用亦可。「試可乃已」，言試而可則用之，亦可已而已之也。廣。

「庸命」、「方命」之「命」，皆謂命令也。庸命者言能用我之命以巽朕位也。方命者言止其命令而不行也。王氏曰：「圓則行，方則止，猶今言廢閣詔令也。」蓋鯀之爲人悻戾自用，不聽人言語，不受人教令也。廣。

先儒多疑舜乃前世帝王之後，在堯時不應在側陋。此恐不然。若漢光武只是景帝七世孫，已在民間耕稼了。況上古人壽長，傳數世後，經歷之遠，自然有微而在下者。廣。

「烝烝」，東萊説亦好。曾氏是曾彦和。自有一本孫曾書解。孫是孫懲。廣。

「女于時觀厥刑于二女」皆堯之言。「釐降二女于溈汭，嬪于虞」乃史官之詞，言堯以女下降於舜爾。「帝曰欽哉」是堯戒其二女之詞，如所謂「往之女家，必敬必戒」也。若如此説，不解亦自分明。但今解者便添入許多字了説。廣。

舜典

東萊謂舜典止載舜元年事，則是。若説此是作史之妙，則不然。焉知當時別無文字在？廣。

「濬哲文明，温恭允塞」，細分是八字，合而言之却只是四事。濬是明之發處，哲則見於事也。文是文章，明是明著。易中多言「文明」。此[九〇]是就事上説，塞是其中實處。廣。

「舜典自『虞舜側微』至『乃命以位』，一本無云[九一]。直自堯典『帝曰欽哉』而下，接起『慎徽五典』，所謂『伏生以舜典合於堯典』也。『玄德』難曉，書傳中亦無言玄者。今人避諱，多以『玄』爲『元』，甚非也。如『玄黄』之『玄』本黑色，若云『元黄』，是『子畏於正』之類也。舊來頒降避諱，多以『玄』爲『真』字，如『玄冥』作『真冥』，『玄武』作『真武』。」伯豐問：「既諱黄帝名，又諱聖祖名，如何？」曰：「舊以聖祖爲人皇中之一，黄帝自是天降而生，少典之子[九二]。其説虚誕，蓋難憑信也。」人傑。

「『濬哲文明，温恭允塞』是八德。」人傑[九三]

問：「『徽五典』是使之掌教，『納于百揆』是使之宅百揆，『賓于四門』是使之爲行人之官，『納大麓』恐是爲山虞之官。」先生曰：「若爲山虞則其職益卑。且合從史記説，使之入山，雖遇風雨弗迷其道也。」人傑。

「納于大麓」，當以史記爲據，謂如治水之類。「弗迷」謂舜不迷於風雨也。若主祭之説，某不敢信。且雷雨在天，如何解迷？仍是舜在主祭而乃有風雷之變，豈得爲好！義剛。

「烈風雷雨弗迷」，只當如太史公説。若從主祭説，則「弗迷」二字説不得。「弗迷」乃指人而言也。廣。

堯命舜曰「三載汝陟帝位」。「舜讓于德，弗嗣」則是不居其位也。其曰「受終于文祖」則是攝行其事也。故舜之攝不居其位，不稱其號，只是攝行其職事爾。到得後來舜遜于禹，不復言位，止曰「總朕師」爾。其曰「汝終陟元后」則今不陟也。「率百官若帝之初」者，但率百官如舜之初爾。廣。

堯舜之廟雖不可考，然以義理推之，堯之廟當立於丹朱之國，所謂「修其禮物，作賓于王家」。蓋「神不歆非類，民不祀非族」，故禮記「有虞氏禘黄帝而郊嚳，祖顓頊而宗堯」，伊川以爲可疑。方子。

書正義「璿璣玉衡」處説天體極好。閎祖。

在「璿璣玉衡，以齊七政」，注謂「察天文，審己當天心否」，未必然。只是從新整理起，此是最當先理會者，故從此理會去。廣。

「類」只是祭天之名，其義則不可曉。與所謂「旅上帝」同，皆不可曉。然決非是常祭。廣。

雉[九四]問「六宗」。先生曰：「古注說得自好。鄭氏『宗』讀爲『禜』[九五]，即祭法中所謂『祭時、祭寒暑、祭日、祭月、祭星、祭水旱』者。如此說，則先祭上帝，次禋六宗，次望山川，然後遍及群神，次序則[九六]皆順。」又問：「五峰取張髦昭穆之說，如何？」先生曰：「非唯用改易經文，兼之古者昭穆不盡稱宗，唯祖有功、宗有德，故云『祖文王而宗武王』。且如西漢之廟唯文帝稱太宗、武帝稱世宗，至唐廟乃盡稱宗。此不可以爲據。」雉。

「六宗」，只當用祭法中所謂四時、日、月、星、水旱之說。廣。[九七]

汪季良問「望」、「禋」之說。曰：「注家[九八]以『至于岱宗柴』爲句。某謂當以『柴望秩于山川』爲一句。」道夫。

問：「『輯五瑞，既月，乃日覲四岳群牧，班瑞于群后』，恐只是王畿之諸侯，輯斂瑞玉是命圭合信，如點檢牌印之屬。如何？」先生云：「不當指殺王畿。如顧命，太保率東方諸侯，畢公率西方諸侯，不數日間諸侯皆至，如此之速。」人傑。

「協時月，正日」，只是去合同其時日月爾，非謂作曆也。每遇巡狩，凡事理會一遍，如文字之類。廣。

「『五玉、三帛、二生、一死贄』乃倒文。當云：『肆覲東后。三[九九]帛、二生、一死贄。協時月，正日，同律度量衡。修五禮，如五器，卒乃復。』五器，謂五禮之器也。如周禮大行人十一年

『同數器』之謂。『如』即『同』也。『卒乃復』言事畢則回之南岳去也。」又曰：「既見東后，必先有贄見了，然後與他整齊這許多事遍〔一〇〇〕。」廣。

問：「贄用生物，恐有飛走。」曰：「以物束縛之，故不至飛走。」義剛。

「『五載一巡狩』，此是立法如此。若一歲間行一遍，則去一方近處會一方之諸侯。如周禮所謂『十有二歲，巡狩殷國』，殷國，即是會一方之諸侯使來朝也。」又云：「巡狩亦非是舜時創立，此制蓋亦循襲將來，故黄帝紀亦云『披山通道，未嘗寧居』。」廣。

汪季良問：「『五載一巡狩』，還是一年遍歷四方，還是止於一方？」曰：「恐亦不能遍。」問「卒乃復」。曰：「説者多以爲『如五器』、『輯五瑞』而卒復以還之，某恐不然。只是事卒則還復爾。」魯可幾問：「古之巡狩，不至如後世之千騎萬乘否？」曰：「今以左氏觀之，如所謂『國君以乘，卿以旅』，國君則以千五百人衛，正卿則以五百人從，則天子亦可見矣。」可幾曰：「春秋之世與茅茨土堦之時莫不同否？」曰：「也不然。如黄帝以師爲衛，則天子衛從亦不應大段寡弱也。」道夫。

或問：「舜之巡狩是一年中遍四岳否？」曰：「觀其末後載『歸格于藝祖，用特』一句，則是一年遍巡四岳矣。」問：「四岳惟衡山最遠。先儒以爲非今之衡山，别自有衡山，不知在甚處？」曰：「恐在嵩山之南。若如此，則四岳相去甚近矣。然古之天子一歲不能遍及四岳，則到一方境上會諸侯亦可。周禮有此禮。」廣。人傑録同。〔一〇一〕　巡狩只是去回禮一番。義剛。

「明庶以功」，恐「庶」字誤，只是「試」字。廣。

「肇十有二州。」冀州，堯所都。北去地已狹，若又分而爲幽、并二州，則三州疆界極不多了。青州分爲營州亦然。葉氏曰：「分冀州西爲并州、北爲幽州。青州又在帝都之東，分其東北爲營州。」廣。

蔡仲默〔一〇二〕集注尚書，至「肇十有二州」，因云：「禹即位後又并作九州。」先生曰：「也見不得。但後面皆只説『帝命式于九圍』，『奄〔一〇三〕有九有之師』，不知是甚時又復并作九州。」義剛。

「『象以典刑，流宥五刑，鞭作官刑，扑作教刑，金作贖刑。』象者，象其人所犯之罪而加之以所犯之刑。典，常也，即墨、劓、剕、宮、大辟之常刑也。『象以典刑』，此一句乃五句之綱領，諸刑之總括，猶今之刑皆結於笞、杖、徒、流、絞、斬也。凡人〔一〇四〕所犯合墨則加以墨刑，所犯合劓則加以劓刑，剕、宮、大辟皆然。猶夷虜之法，傷人者償創，折人手者亦折其手，傷人目者亦傷其目之類。『流宥五刑』者，其人所犯合此五刑，而情輕可恕，或因過誤，則全其肌體，不加刀鋸，但流以宥之，屏之遠方，不與民齒，如『五流有宅，五宅三居』之類是也。『鞭作官刑』者，此官府之刑，猶今之鞭撻吏人，蓋自有一項刑專以治官府之胥吏，如周禮治胥吏鞭五百、鞭三百之類。『扑作教刑』，此一項學官之刑，猶今之學舍榎楚，如習射、習藝，『春秋教以禮樂，冬夏教以詩書』。凡教人之事有不率者，則用此刑扑之，如侯明、撻記之類是也。『金作贖刑』，謂鞭、扑二刑之可恕者，則許用金以贖其罪。如此解釋，則五句之義豈不粲然明白？『象以典刑』之輕者有流以宥之，鞭扑之刑之輕者有金以贖之。流宥所以寬五刑，贖刑所以寬鞭扑。聖人斟酌損益，低昂輕重，莫不合天理人心之自然而無毫釐杪忽之差，所謂『既竭心思焉，繼之以不忍人之政』者。如何說聖人專意只在教化，刑非所急？聖人固以教化爲急。若有犯者，須以此刑治之，豈得置而不用！」問：「贖刑非古法。」曰：「然。贖刑起周穆王。古之所謂贖刑者，贖鞭、扑耳。夫既已殺人傷人矣，又使之得以金贖，則有財者皆可以殺人傷人，而無辜被害者何其大不幸也！且殺之者安然居乎鄉里，彼孝子順孫之欲報其親者豈肯安於此乎！所以屏之四裔，流之遠方，彼此兩全之也。」僴。

「『流宥五刑』謂刑之重者，『金作贖刑』謂刑之輕者。」又曰：「重刑不可贖，金贖者，鞭、扑二輕刑耳。」德明。[一〇五]

五宥[一〇六]所以寬五刑，贖刑又所以寬鞭、扑之刑。石林說亦曾入思量。鄭氏說則據他意胡說將去爾。廣。

古人贖金只是用於鞭、扑之小刑而已，重刑無贖。到穆王，好巡幸，無錢使[一〇七]，遂造贖法，五刑皆有贖，墨百鍰，劓惟倍，剕倍差，宮六百鍰，大辟千鍰。聖人有〔一〇八〕此篇，所以記法之變。然其間亦多好語，有不輕於用刑底意。淳。

或問「欽哉欽哉，惟刑之恤哉」。先生曰：「多有人解書做寬恤之『恤』，某之意不然。若做寬恤，如被殺者不令償命，死者何辜！大率是説刑者民之司命，不可不謹，如斷者不可續，乃矜恤之『恤』耳。」友仁。

「放驩兜于崇山」，或云在今澧州慈利縣。義剛。

「殛鯀于羽山」，想是偶然在彼而殛之，程子謂「時適在彼」是也。若曰罪之彰著，或害功敗事於彼，則未可知也。大抵此等隔涉遥遠，又無證據，只説得個大綱如此便了，不必説殺了，便受折難。廣。

四凶只緣堯舉舜而遜之位，故不服而抵于罪。在堯時則其罪未彰，又他畢竟是個世家大族，又未有過惡，故動他未得。廣。

問：「舜不惟德盛，又且才高。嗣位未幾，如『齊七政，覲四岳，協時月，正日，同律度量衡，肇十二州，封十二山，及四罪而天下服』，一齊做了，其功用神速如此！」曰：「聖人作處自別，故書稱『三載底可績』。」德明。

「堯崩，『百姓如喪考妣，三載，四海遏密八音』。〔一〇九〕『百姓如喪考妣』，此是本分。『四海遏密八音』，以禮論之則爲過。爲天子服三年之喪只是畿内，諸侯之國則不然。爲君爲父皆服斬衰。君謂天子、諸侯及大夫之有地者。大夫之邑以大夫爲君，大夫以諸侯爲君，諸侯以天子爲君，各爲其君服斬衰。諸侯之大夫却爲天子服齊衰三月，禮無二斬故也。『公之喪，諸達官之長，杖』，達官謂通於君得奏事者，各有其長，杖，其下者不杖可知。」文蔚問：「後世不封建諸侯，天下一統，百姓當爲天子何服？」曰：「三月。天下服地雖有遠近，聞喪雖有先後，然亦不過三月。」文蔚。

問：「『明四目，達四聰』，是達天下之聰明否？」曰：「固是。」曰：「孔安國言『廣視聽於四方』，如何？」曰：「亦是以天下之目爲目、以天下之耳爲耳之意。」人傑。

「柔遠能邇。」柔遠却説得輕，能邇是奈何得他，使之帖服之意。「三就」只當從古注。「五宅三居」，「宅」只訓居。人傑。

「惇德允元」只是説自己德，使之厚其德、信其人[一一〇]。「難」字只作平聲，「任」如字，「難任人」言不可輕易任用人也。廣。

問「亮采惠疇」。曰：「疇，類也，與儔同。惠疇，順衆也。『疇咨若予采』，舉其類而咨詢也。」人傑。

禹以司空行宰相事。「汝平水土」則是司空之職，「惟時懋哉」則又勉以行百揆之事。廣。

問：「禹自司空宅百揆。」曰：「以司空兼百揆，如周公以六卿兼三公也。」夔孫。〔一一一〕

禹以司空宅百揆，猶周以六卿兼三公，今以户部侍郎兼平章事模樣。義剛。

義剛〔一一二〕問：「堯德化如此久，何故至舜猶曰『百姓不親，五品不遜』？」曰：「也只是怕恁地。」又問：「『蠻夷猾夏』是有苗否？」曰：「也不專指此。但官〔一一三〕爲此而設。」義剛。夔孫録同。〔一一四〕

「敬敷五教在寬。」聖賢於事無不敬，而此又其大者，故特以敬言之。「在寬」是欲其優游浸漬以漸而入也。夔孫。

「五服三就。」若大辟則就市，宮刑則如漢時就蚕室，其墨、劓、剕三刑，度亦必有一所在刑之。既非死刑，則傷人之肌體不可不擇一深密之所，但不至如蚕室爾。廣。

「五刑三就」，用三刑就三處。故大辟棄於市，宮刑下蚕室，其他底刑也是就個隱風處。不然，牽去當風處割了耳鼻，豈不割殺了他！夔孫。義剛録同，惟末句作「便不害傷人，胡亂死了人」。〔一一五〕

孟子說「益烈山澤而焚之」是使之除去障翳，驅逐禽獸耳，未必使之爲虞官也。至舜命之〔一一六〕作虞，然後使之養育其草木鳥〔一一七〕獸耳。廣。

惟寅故直，惟直故清。義剛。

問「夙夜惟寅，直哉惟清」。曰：「人能敬則内自直，内直則看得那禮文分明，不糊塗也。」廣。

問：「命伯夷典禮而曰『夙夜惟寅，直哉惟清』，何也？」曰：「禮是見成制度。『夙夜惟寅，直哉惟清』，乃所以行其禮也。今太常有直清堂。」人傑。

「直而温」，只是説所教胄子要得如此。若説做教者事，則於教胄子上都無益了。廣。

古人以樂教胄子，緣平和中正。「詩言志，歌永言；聲依永，律和聲。八音克諧，無相奪倫。」古人詩只一兩句，歌便衍得來長。聲是宫商角徵羽，是聲依所歌而發，却用律以和之。如黄鍾爲宫則太簇爲羽之類，不可亂其倫序也。泳。

或問「詩言志，聲依永，律和聲」之説〔一一八〕。曰：「古人作詩只是説他心下所存事。説出來，人便將他詩來歌。其聲之清濁長短各依他作詩之語言〔一一九〕，却將律來調和其聲。今人却又〔一二〇〕先安排下腔調了，然後做言語去合腔子，豈不是倒了？却是永依聲也。古人是以樂去就他詩，後世是以詩去就他樂，如何解興起得人！」祖道。

「聲依永，律和聲。」以五聲依永，以律和聲之高下。節。

「聲依永，律和聲」，此皆有自然之調。沈存中以爲「臣與民不要大，事與物大不妨」。若合得自然，二者亦自大不得。可學。

「夔曰於予擊石」，只是重出。廣。〔一二一〕

「聖」只訓疾，較好。廣。

「殄行」是傷人之行。書曰「亦敢殄戮用乂民」、「殄殲乃讎」，皆傷殘之義。廣。

「納言」似今中書門下省。義剛。

問「夙夜出納，朕命惟允」。曰：「納言之官如今之門下審覆。自外而進入者既審之，自內而宣出者亦審之，恐『讒説殄行』之『震驚朕師』也。」人傑。

「舜生三十徵庸」數語，只依古注點似好。廣。

道夫[一二二]問：「張子以別生分類爲『明庶物，察人倫』，恐未安。」曰：「書序本是無證據，今引來解説，更無理會了。」又問：「如以『明庶物，察人倫』爲窮理，不知於聖人分上着得『窮理』字否？」曰：「這也是窮理之事，但聖人於理自然窮爾。」道夫。

「方設居方」，逐方各設其居方之道。九共九篇，劉侍讀以「共」爲「丘」，言九丘也。人傑。

大禹謨

大禹謨序「帝舜申之」，序者之意見書中皐陶陳謨了。帝曰「來，禹，汝亦昌言」，故先説「皐陶矢厥謨，禹成厥功」，帝又使禹亦陳昌言耳。今書序固不能得書意，後來説書者又不曉序者之意，只管穿鑿求巧妙爾。[一二三]

自「后克艱厥后」至「四夷來王」只是一時説話。後面則不可知。〔一二四〕

當無虞時須是儆戒。所儆戒者何也？「罔失法度，罔遊于逸，罔淫于樂。」人當無虞時易至於失法度，游逸，淫樂，故當戒其如此。既知戒此，則當「任賢勿貳，去邪勿疑，疑謀勿成」，如此方能「罔違道以干百姓之譽，罔咈百姓以從己之欲」。義剛。

「儆戒無虞，罔失法度，罔遊于逸，罔淫于樂。任賢勿貳，去邪勿疑，疑謀勿成，百志惟熙。罔違道以干百姓之譽。」〔一二五〕聖賢言語自有個血脈貫在裏。如此一段，他先便〔一二六〕説「儆戒無虞」，蓋「制治未亂，保邦未危」，自其未有可虞之時必儆必戒，能如此則不至失法度、淫于逸、遊于樂矣。若無個儆戒底心，欲不至於失法度、不淫逸、不遊樂，不可得也。既能如此，然後可以知得賢者、邪者、正者、謀可疑者、無可疑者。若是自家身心顛倒，便會以不賢爲賢，以邪爲正，所當疑者亦不知矣，何以任之、去之、勿成之哉？蓋此三句，便是從上面有三句了方會恁地。又如此然後能「罔違道以干百姓之譽，罔咈百姓以從己之欲」，蓋於賢否、邪正、疑審有所未明，則何者爲道，何者爲非道，何者是百姓所欲，何者非百姓之所欲哉？夔孫。

問：「『水、火、金、木、土、穀惟修，正德、利用、厚生惟和』，正德是正民之德否？」曰：「固是。水如隄防灌溉，金如五兵田器，火如出火、内火、禁焚萊之類，木如斧斤以時之類。」良久，云：「古人設官掌此六府，蓋爲民惜此物，不使之妄用。非如今世之民，用財無節也。『戒之用休』，言戒諭以休美之事。『勸之以九歌』，感動之意。但不知所謂『九歌』者如何。周官有九德之歌。大抵禹只說綱目，其詳不可考矣。」人傑。

「地平天成」是包得下面六府、三事在。義剛。

劉潛夫問：「書中〔一二七〕『六府三事』，林少潁云『六府本乎天，三事行乎人』，吴才老說『上是施，下是功』。未知孰是？」先生曰：「林說是。」又問「戒之用休，董之用威」并九歌。先生曰：「正是『匡之，直之，輔之，翼之』之意。九歌只是九功之叙可歌，想那時田野自有此歌，今不可得見。」賀孫。

「念茲在茲，釋茲在茲」，用捨皆在此人。「名言茲在茲，允出茲在茲」，語默皆在此人。「名言」則名言之，「允出」則誠實之所發見者也。人傑。

法家者流往往常患其過於慘刻。今之士大夫耻爲法官，更相循襲，以寬大爲事，於法之當死者反求以生之。殊不知「明於五刑以弼五教」，雖舜亦不免。教之不從，刑以督之，懲一人而天下人知所勸戒。所謂「辟以止辟」，雖曰殺之而仁愛之實已行乎中。今非法以求其生則人無所懲懼，陷於法者愈衆。雖曰仁之，適以害之。道夫。

聖人亦不曾徒用政刑。到德禮既行，天下既治，亦不曾不用政刑。故書說「刑期于無刑」，只是存心期於無，而刑初非可廢。又曰「欽哉，惟刑之恤哉」，只是說恤刑。賀孫。

「罪疑惟輕」，豈有不疑而强欲輕之之理乎？王季海當國，好出人死罪以積陰德，至於奴與佃客殺主，亦不至死。〔一二八〕人傑。

舜、禹相傳，只是說「人心惟危，道心惟微；惟精惟一，允執厥中」。只就這心上理會，也只在日用動靜之間求之，不是去虛中討一個物事來。「惟皇上帝降衷于下民」，「天叙有典」，「天秩有禮」，天便是這個道理，這個道理便在日用間。存養是要養這許多道理在中間，這裏正好着力。寓。

人心者，氣質之心也，可爲善，可爲不善。道心者，兼得理在裏面。「惟精」是無雜，「惟一」是終始不變，乃能「允執厥中」。舜、禹之傳只是此說。〔一二九〕節。

士毅〔一三〇〕問：「先生說，人心是『形氣之私』，形氣則是口耳鼻目四肢之屬。」曰：「固是。」士毅〔一三一〕問：「如此則未可便謂之私欲〔一三二〕？」曰：「但此數件事，屬自家體段上，便是私有底物，不比道便公共，故上面便有個私底根本。且如危，亦未便是不好，只是有個不好底根本。」士毅。〔一三三〕

「人心惟危〔一三四〕」，是知覺口之於味、目之於色、耳之於聲底，未是不好，只是危。若便說做人欲，已〔一三五〕屬惡了，何用說危？道心是知覺義理底。「惟微」是微妙，亦是微隱。「惟精」是要別得不雜，「惟一」是要守得不離。「惟精惟一」所以能「允執厥中」。從周。〔一三六〕

問：「微是微妙難體，危是危動難安否？」曰：「是〔一三七〕危動難安。大凡徇人欲自是危險，其心忽然在此忽然在彼，又忽然在四方萬里之外，莊子所謂『其熱焦火，其寒凝冰』。凡苟免者皆幸也，動不動便是墮坑落塹，危孰甚焉！」文蔚曰：「徐子融嘗有一詩，末句云『精一危微共一心』。文蔚答之曰：『固知妙旨存精一，須別人心與道心。』」先生曰：「他底未是，但只是答他底亦慢，下一句救得少緊。當云『須知妙旨存精一，正爲人心與道心』。」又問「精一」。曰：「精是精別此二者，一是守之固。如顏子擇中庸處便是精，得一善拳拳服膺弗失處便是一。伊川云『惟精惟一，所以至之；允執厥中，所以行之』，此語甚好。」文蔚。

節〔一三八〕問：「『人心惟危』，則當去了人心否？」答曰：「從道心而不從人心。」節。

「道心惟微」者難明。〔一三九〕有時發見些子使自家見得，有時又不見了。惟聖人便辨之精，守得徹頭徹尾，學者則須是「擇善而固執之」。方子。

道心，人心之理。節。

問「道心惟微」。曰：「義理精微難見。且如利害最易見，是粗底，然鳥獸已有不知之者。」

又曰：「人心、道心只是爭些子，孟子曰『人之所以異於禽獸者幾希』。」夔孫。〔一四〇〕

林武子問：「道心是先得，人心是形氣所有，但地步較闊。道心却在形氣中，所以人心易得陷了道心也。是如此否？」曰：「天下之物，精細底便難見。那人心便是粗底，〔一四一〕且如〔一四二〕

飢渴寒暖便[一四三]是至粗底，這[一四四]雖至愚之人亦知得。若以較細者言之，如利害，則禽獸已有不能知者了。若是義理則愈是難知。這只有些子，不多。所以説『人之所以異於禽獸者幾希』，言所爭也不多。」[一四五]

或問人心、道心之別。曰：「只是這一個心，知覺從耳目之欲上去便是人心，知覺從義理上去便是道心。人心則危而易陷，道心則微而難著。微亦微妙之義。」學蒙。

問「人心道心，惟精惟一」。曰：「人心、道心元來只是一個。精是辨之明，一是守之專。」卓。[一四六]

「人心惟危，道心惟微。」[一四七]心只是一個心，[一四八]只是分説[一四九]兩邊説，人心便成一邊，道心便成一邊。「惟精惟一，允執厥中。」[一五〇]精是辨之明，一是守之固。[一五一]既能辨之明，又能守之固，斯得其「中」矣。這「中」是無過不及之「中」。賀孫。

舜功問：「人多要去人欲，亦太畏之，如木上水，先作下般計較。[一五二]不若於天理上理會。理會得天理，人欲自退。」先生云：「堯舜不[一五三]如此。天理、人欲是交界處，不是兩個。人心不成都流，只是占得多；道心不成十全，亦是占得多。須是在天理則明[一五四]天理，在人欲則去人欲。嘗愛五峰云『天理人欲，同行而異情』，此語甚好。」舜功云：「陸子靜説人心混混未別。」先生曰：「此説亦不妨。大抵人心、道心只是交界，不是兩個物，觀下文『惟精惟一』可見。」德粹問：「既曰『精一』，何必云『執中』？」先生曰：「『允』字有道理。惟精一則信乎其能執中也。」因舉：「陸子静説話多反伊川。如『君子喻於義，小人喻於利』，解云『惟其深喻，是以篤好』。渠却云『好而後喻』，此語亦無害，終不如伊川。」通老云：「伊川云『敬則無己可克』。」先生曰：「孔門只有一[一五五]個顔子，孔子且使之克己，如何便會不克？此語意味長。」可學。

自人心而收之則是道心，自道心而放之便是人心。「惟聖罔念作狂，惟狂克念作聖。」近之。[一五六]

人心如卒徒，道心如將。伯羽。

蔣兄問人心、道心。曰：[一五七]「道心是義理上發出來底，人心是人身上發出來底。雖聖人不能無人心，如飢食渴飲之類；雖小人不能無道心，如惻隱之心是。但聖人於此擇之也精，守得徹頭徹尾。」問：「如何是『惟微』？」曰：「道心若[一五八]略瞥見些子便失了底意思。『惟危』是人心既從形骸上發出來，易得流於惡。」又問「惟精惟一」。曰：「是擇善而固執之。」[一五九]蓋卿。

問人心、道心之别[一六〇]。曰：「如喜怒，人心也。然無故而喜焉，喜至於過而不能禁；無故而怒焉，怒至於甚而不能遏，是皆爲人心所使也。須是喜其所當喜，怒其所當怒，乃是道心。」問：「飢食渴飲，此人心否？」曰：「然。須是食其所當食，飲其所當飲，乃不失所謂道心。若飲盜泉之水，食嗟來之食，則人心勝而道心亡矣。」問：「人心可以無否？」曰：「如何無得！但以道心爲主，而人心每聽命焉耳。」僩。

又曰：〔一六二〕「飢欲食、渴欲飲者，人心也；得飲食之正者，道心也。須是一心只在道上，少間那人心自降伏得不見了。人心與道心爲一，恰似無了那人心相似。只是要得道心純一，道心都發見在那人心上。」僩。〔一六二〕

問人心、道心。曰：〔一六三〕「飢食渴飲，人心也；如是而飲食，如是而不飲食，道心也。喚做人便有形氣，人心較切近於人。道心雖先得之，然被人心隔了一重，故難見。道心也，如清水之在濁水，惟見其濁，不見其清，故微而難見。人心如孟子言『耳目之官不思』，道心如言『心之官則思』，故貴『先立乎其大者』。人心只見那邊利害情欲之私，道心只見這邊道理之公。有道心則人心爲人〔一六四〕節制，人心皆道心也。」伯羽。

問：「曾看無垢文字否？」某說：「亦曾看。」問：「如何？」某說：「如他說『動心忍性，學者當驚惕其心，抑遏其性』，如說『惟精惟一，精者深入而不已，一者專致而不惑〔一六五〕』。」先生曰：「『深入』者〔一六六〕却未是，深入從何去？公且說人心、道心如何？」某說：「道心者，喜怒哀樂未發之時，所謂『寂然不動』者也；人心者，喜怒哀樂已發時〔一六七〕，所謂『感而遂通』者也。人當精審專一，無過不及，則中矣。」先生曰：「恁地，則人心、道心不明白。人心者，人欲也；

危者，危殆也。道心者，天理也；微者，精微也。物物上有個天理人欲。」指書几：[一六八]「如墨上亦有個天理人欲，硯上也有個天理人欲。分明擗[一六九]做兩片，自然分曉。堯、舜、禹所傳心法只此四句。」從周。[一七〇]

賓初見先生，先生問前此所見如何，對以「欲察見私心」云云。因舉張無垢「人心道心」解云：「『精者，深入而不已；一者，專志而無二』，亦自有力。」先生曰：「人心、道心且要分別得界限分明。彼所謂『深入』者，若不察見，將入從何處去？」賓曰：「人心者，喜怒哀樂之已發。未發者，道心也。」先生曰：「然則已發者不得[一七一]謂之道心乎？」賓曰：「了翁言『人心即道心，道心即人心』。」先生曰：「然則人心何以謂之『危』？道心何以謂之『微』？」賓曰：「未發隱於内故微也，發不中節故危。是以聖人欲其精一，求合夫中，故曰『允執厥中』。[一七二]」先生曰：「不然。程子曰『人心，人欲也；道心，天理也』。此處舉語録前段。所謂人心者是氣血和合做成，先生以手指身。嗜欲之類皆從此出，故危。道心則[一七三]是本來禀受得仁義禮智之心。聖人以此二者對待而言，正欲其察之精而守之一也。察之精則兩個界限分明，專一守着一個道心，不令人欲得以干犯。譬如一物判作兩片，便知得一個好一個惡。堯、舜所以授受之妙，不過如此。」[一七四]

「人心惟危，道心惟微；惟精惟一，允執厥中。」[一七五]程子曰：「人心人欲，故危殆；道心天理，故精微。惟精以致之，惟一以守之，如此方能執中。」此言盡之矣。惟精者，精審之而勿雜也；惟一者，有首有尾，專一也。此自堯、舜以來所傳，未有他議論時〔一七六〕堯〔一七七〕有此言，聖人心法無以易此。經中此意極多。所謂「擇善而固執之」，擇善即惟精也，固執即惟一也。又如「博學之，審問之，謹思之，明辨之」皆惟精也，且如〔一七八〕「篤行」又是惟一也。至如中庸，〔一七九〕「明善」是惟精也，「誠之」便是惟一也。大學致知、格物非惟精不可能，誠意則惟一矣。學只是學此道理。孟子以後失其傳，亦只是失此。洽。

問「精一執中」之說。曰：「惟精是精察分明，惟一是行處不雜，執中是執守不失。」大雅。

問：「動於人心之微，則天理固已發見而人欲亦已萌。天理便是道心，人欲便是人心。」曰：「然。」可學。

因論「惟精惟一」曰：「虛明安靜乃能精粹而不雜，誠篤確固乃能純一而無間。」僩。

「精」是識別得人心、道心，「一」是常守得定，「允執」只是個真知。道夫。

問「惟精惟一」。曰：「人心直是危，道心直是微。說〔一八〇〕道心微妙有甚準則？直是要擇之精，直是要守之一。」賜。

問：「堯舜禹，大聖人也。『允執厥中』，『執』字似亦大段喫力，如何？」答曰：「聖人固不思不勉。然使聖人自有不思不勉之意，則罔念而作狂矣。經言此類非一，更細思之。」人傑。

「人心惟危，道心惟微；惟精惟一，允執厥中」，克己復禮。閎祖。〔一八一〕

既「惟精惟一，允執厥中」，又曰「無稽之言勿聽，弗詢之謀勿庸」。節。

問「允執厥中」。曰：「書傳所載多是説無過、不及之『中』。只如中庸之『中』，亦只説無過、不及，但『喜怒哀樂之未發謂之中』一處却説得重也。」人傑。

舞干羽之事，想只是置三苗於度外，而示以閑暇之意。廣。

皋陶謨

「庶明勵翼」，庶明是衆賢樣，言賴衆明者勉勵輔翼。義剛。

九德分得細密。閎祖。

皋陶九德凡十八種，是好底氣質。每兩件□〔一八二〕家鬬合將來。人傑。〔一八三〕

問「亦行有九德，亦言其人有德」。曰：「此亦難曉。若且據文勢解之，當云『亦言其人有德，乃言曰「載采采」』，言其人之有德當以事實言之，古注謂『必言其所行某事某事以爲驗』是也。」人傑。

因其生而第之以其所當處者謂之叙，因其叙而與之以其所當得者謂之秩。天叙便是自然底〔一八四〕，故〔一八五〕君便教他居君之位，臣便教他居臣之位，父便教他居父之位，子便教他居子之位。天[一八六]秩便是那天叙裏面物事，如天子祭天地、諸侯祭山川、大夫祭五祀、士庶人祭其先；天子八，諸侯六，大夫四。皆是有這個叙，便是他這個自然之秩。義剛。

要「五禮有庸」、「五典五惇」，須是「同寅協恭和衷」。要「五服五章」、「五刑五用」，須是「政事懋哉」[一八七]。義剛。

臯陶云：[一八八]「天命有德，五服五章哉！天討有罪，五刑五用哉！」若德之大者則賞以服之大者，德之小者則賞以服之小者，罪之大者則罪以大底刑，罪之小者則罪以小底刑，盡是「天命」、「天討」，聖人未嘗加一毫私意於其間，只是奉行天法而已。「天叙有典，勑我五典五惇哉！天秩有禮，自我五禮有庸哉」，許多典禮都是天叙、天秩下了，聖人只是因而勑正之、因而用出去而已。凡其所謂冠、昏、喪、祭之禮與夫典章制度、文物禮樂、車輿衣服，無一件是聖人自做底，都是天做下了，聖人只是依傍他天理行將去。如推個車子，本自轉將去，我這裏只是略扶助之而已。僩。

益稷

義剛[一八九]問：「益稷篇，禹與臯陶只管自叙其功，是如何？」曰：「不知是怎生地。那[一九〇]前面且做是脱簡，後面却又有一段。那禹前面時只是説他無可言，但『予思日孜孜』。

皋陶問他如何，他便説他〔一九一〕要恁地孜孜，却不知後面一段是怎生地。」良久，云：「他上面也是説那丹朱後故恁地説。丹朱緣如此故不得爲天子，我如此勤苦故有功。以此相戒〔一九二〕，教莫如丹朱而如我。便是古人直，不似今人便要瞻前顧後。」義剛。

「止」，守也。「惟幾」，當審萬事之幾；「惟康」，求個安穩處。「弼直」，以直道輔之應之。非惟人應之，天亦應之。節。

張元德問：「『惟幾惟康，其弼直』，呂東萊〔一九三〕解『幾』作『動』、『康』作『静』，如何？」先生云：「理會不得。伯恭説經多巧。」良久，云：「恐難如此説。」復問元德曰：〔一九四〕「尋常看『予克厥宅心』作存其心否？」曰：「然。」先生曰：「若説『三有俊心，三有宅心』，曰『三有宅，三有俊』則又當如何？此等處所〔一九五〕皆理會不得。解得這一處礙了那一處。若逐處自立説解之，何書不可通！」良久，云：「宅者恐是所居之位，是已用之賢；俊者是未用之賢也。」元德又〔一九六〕問「予欲聞六律五聲八音，在治忽，以出納五言，汝聽」。曰：「亦不可曉。漢書『在治忽』作『七始詠』，七始如七均之類。又如『工以納言，時而颺之，格則〔一九七〕庸之，否則威之』一段，上文説：『欽四鄰，庶頑讒説，若不在時，侯以明之，撻以記之，書用識哉！欲並生哉！』皆不可曉。如命龍之辭亦曰：『朕堲讒説殄行，震驚朕師。命汝作納言，夙夜出納朕命惟允。』皆言讒説。此須是當時有此制度，今不能知，又不當杜撰胡説，只得置之。」元德謂：「『侯以明之，撻以記之』乃是賞罰。」先生云：「既是賞罰，當別有施設，如何只靠射？豈有無狀之人，纔〔一九八〕得中便爲好人乎？」元德又〔一九九〕問：「『五言』，東萊釋作君、臣、民、事、物之言。」先生云：「君、臣、民、事、物是五聲所屬，如『宮亂則荒，其君驕』。宮屬君，最大；羽屬物，最小，此是論聲。若商放緩便似宮聲。尋常琴家最取廣陵操，以某觀之，其聲最不和平，有臣陵其君之意。『出納五言』却恐是審樂知政之類。如此，作五言説亦頗通。」又云：「納言之官如漢侍中、今給事中。朝廷誥令先過後省，可以封駁。」元德又〔二〇〇〕問：「孔壁所傳本科斗書，孔安國以伏生所傳爲隸古定，如何？」先生云：「孔壁所傳平易，伏生所書多難曉。如堯典、舜典、皋陶謨、益稷是伏生所傳，有『方鳩僝功』、『載采采』等語，不可曉。大禹謨一篇却平易。又書中點句，如『天降割于我家不少延』、『用寧王遺我大寶龜』、『圻父薄違農父，若保宏父定辟』，與古注點句不同。又舊讀『罔或耆壽俊在厥服』作一句。今觀古記款識中多云『俊在位』，則當於『壽』字絶句矣。」又問：「盤庚如何？」曰：「不可曉。如『古我先王將多于前功，適于山，用降我凶德，嘉績于朕邦』，全無意義。又當時遷都，更不明説遷之爲利、不遷之爲害。如中篇又説神説鬼。若使如今誥令如此，好一場大鶻突！尋常讀尚書，讀了太甲、伊訓、咸有一德，便着鞔過盤庚，却看説命。然高宗肜日亦自難看。要之，讀尚書可通則通，不可通姑置之。」人傑。

「『苗頑弗即工』，此是禹治水時調役他國人夫不動也。後方征之，既格而服則治其前日之罪而竄之，竄之而後分北之。今説者謂苗既格而又叛，恐無此事。」又曰：「三苗，想只是如今之溪洞相似。溪洞有數種，一種謂之猫，未必非三苗之後也。史中説三苗之國，左洞庭，右彭蠡，在今湖北、江西之界，其地亦甚闊矣。」廣。

【校勘記】

〔一〕言大道　成化本無。
〔二〕少昊顓帝高辛　成化本無。
〔三〕此皆未可曉也　成化本爲「皆未可曉」。
〔四〕成化本此下注曰：「以下論三皇五帝。」
〔五〕處　成化本無。
〔六〕當　成化本無。
〔七〕之數　成化本無。
〔八〕泰誓篇　成化本無。
〔九〕那　成化本作「耶」，屬上讀。

〔一〇〕曉　成化本此下有「又問：『歐公所作帝王世次序闢史記之誤，果是否？』曰：『是皆不可曉』」。
〔一一〕之　成化本無。
〔一二〕爲何　成化本爲「何爲」。
〔一三〕又　成化本無。
〔一四〕義剛　成化本無。
〔一五〕大禹謨　成化本爲「禹謨」。
〔一六〕成化本此下注曰：「以下論古、今文。」
〔一七〕因論　成化本無。
〔一八〕以　成化本無。
〔一九〕綴　成化本此上有「皆緝」。
〔二〇〕皆　成化本爲「皆出」。
〔二一〕大禹謨　成化本爲「禹謨」。
〔二二〕當時之人識　成化本爲「不當時之人却識」。
〔二三〕方子　成化本無。
〔二四〕便　成化本作「俚」。
〔二五〕諸家　成化本無。

〔二六〕成化本此下注有「諸家解」。
〔二七〕則　成化本無。
〔二八〕曉　成化本爲「易曉」。
〔二九〕劉兄　成化本作「劉」。
〔三〇〕了　成化本無。
〔三一〕亦　成化本無。
〔三二〕周公旦　成化本爲「周公且」。
〔三三〕陳安卿　成化本爲「安卿」。
〔三四〕書　成化本無。
〔三五〕故　成化本作「後」。
〔三六〕道夫　成化本無。
〔三七〕成化本此下注曰：「讀尚書法。」
〔三八〕分曉　成化本爲「分明」。
〔三九〕伊訓太甲三篇咸有一德　成化本無。
〔四〇〕漢人　成化本爲「孔子」，朱本爲「孔子自」。
〔四一〕俞　尚書益稷作「都」。

〔四二〕自　成化本無。
〔四三〕之　成化本無。
〔四四〕觀　成化本此上有「以」。
〔四五〕有略須解者　成化本無。
〔四六〕吕伯恭　成化本爲「伯恭」。
〔四七〕昨日嘗語子上……又云　成化本無。
〔四八〕洛誥　成化本無。
〔四九〕孔氏　「氏」原作「民」。成化本爲「孔子」。按，據前文「書序恐不是孔安國做」，「民」似爲「氏」之誤。
〔五〇〕成化本此下注曰：「論孔序。」
〔五一〕庚　成化本無。
〔五二〕孔安國注　成化本無。
〔五三〕某疑　成化本無。
〔五四〕亦非後漢文　成化本無。
〔五五〕文章　成化本此下注曰：「漢時文字粗，魏晉間文字細。」
〔五六〕成化本此下注曰：「論孔傳。」

〔五七〕因説書云　成化本無。

〔五八〕如此　成化本無。

〔五九〕可疑也　成化本無。

〔六〇〕難　朱本作「艱」。

〔六一〕他　成化本無。

〔六二〕却　成化本無。

〔六三〕成化本此下注曰：「論小序。」

〔六四〕所以除却　成化本爲「却除」。

〔六五〕於　成化本無。

〔六六〕王叔　成化本爲「三叔」。

〔六七〕訓　成化本作「詞」。

〔六八〕堯典小序　成化本作「序」。

〔六九〕成化本此下注有「人傑」。

〔七〇〕如何　原缺，據成化本補。

〔七一〕平章百姓　成化本無。

〔七二〕曆家　成化本爲「曆象」。

［七三］羲和伯　成化本爲「羲伯、和伯」。
［七四］卒乃復是事畢而歸非是以贊爲復也　成化本無。
［七五］非也　成化本此下有「古注以爲羲仲居治東方之官，非也」。
［七六］一　成化本作「亦」。
［七七］祭　成化本作「察」。
［七八］此條廣録成化本無。
［七九］此德明録成化本無。
［八〇］驩兜　成化本爲「放齊」。
［八一］黑　成化本此下注曰：「夔孫録云：『問：「『啓明』與『嚚訟』相反。『静言庸違』則不能成功，却曰『方鳩孱功』。」曰：「便是驩兜以白爲黑」云云。』」
［八二］是　成化本無。
［八三］處　成化本爲「人多」。
［八四］了　成化本無。
［八五］同　成化本作「略」。
［八六］司徒　成化本無。
［八七］家　成化本作「宗」。

［八八］其　成化本無。

［八九］成化本此下注曰：「必大録別出。」且其下條爲必大録，參成化本卷七十八必大録「正淳問四岳百揆……却下行六卿事」條。

［九〇］此　成化本作「允」。

［九一］云　成化本作「之」。

［九二］少典之子　成化本爲「非少典之子」。

［九三］人傑　成化本無。

［九四］雉　成化本無。

［九五］滎　成化本作「滎」。

［九六］則　成化本無。

［九七］此條廣録成化本無。

［九八］家　成化本無。

［九九］三　賀本爲「五玉、三」。

［一〇〇］遍　成化本爲「一遍」。

［一〇一］人傑録同　成化本爲「銖録云唐虞時以潛山爲南岳五嶽亦近非是一年只往一處」。

［一〇二］蔡仲默　成化本爲「仲默」。

〔一〇三〕奄　成化本作「以」。
〔一〇四〕人　成化本此下有「所犯罪各不同而爲刑固亦不一，然皆不出此五者之刑。但象其罪而以此刑加之」。
〔一〇五〕此條德明録成化本無。
〔一〇六〕宥　成化本作「流」。
〔一〇七〕使　成化本作「便」，屬下讀。
〔一〇八〕有　成化本作「存」。
〔一〇九〕百姓如喪考妣三載四海遏密八音　成化本無。
〔一一〇〕人　成化本作「仁」。
〔一一一〕此條夔孫録成化本無。
〔一一二〕義剛　成化本無。
〔一一三〕官　成化本爲「此官」。
〔一一四〕夔孫録同　成化本無。
〔一一五〕義剛録同惟末句作便不害傷人胡亂死了人　成化本無。「便不害傷人」，書蔡氏傳旁傳卷一所引爲「豈不害破傷風」。
〔一一六〕之　成化本無。

〔一一七〕鳥　成化本作「禽」。

〔一一八〕之説　成化本無。

〔一一九〕作詩之語言　「詩」原作「諸」。成化本爲「詩之語言」。尚書通考卷五、詩傳遺説卷六引此條，皆爲「作詩之語言」，據尚書通考、詩傳遺説卷六改。

〔一二〇〕又　成化本無。

〔一二一〕此條廣録成化本無。

〔一二二〕道夫　成化本無。

〔一二三〕成化本此下注有「廣」。

〔一二四〕成化本此下注有「廣」。

〔一二五〕儆戒無虞……罔違道以干百姓之譽　成化本爲「儆戒無虞至從己之欲」。

〔一二六〕便　成化本無。

〔一二七〕書中　成化本無。

〔一二八〕成化本此下注曰：「廣録云：『豈有此理！某嘗謂，雖堯舜之仁，亦只是「罪疑惟輕」而已。』」

〔一二九〕舜禹之傳只是此説　成化本無。

〔一三〇〕士毅　成化本無。

〔一三一〕士毅　成化本無。

［一三二］欲　成化本無。

［一三三］此條士毅録成化本載於卷六十二。

［一三四］惟危　成化本無。

［一三五］已　成化本作「則」。

［一三六］從周　成化本作「至」。

［一三七］是　成化本爲「不止是」。

［一三八］節　成化本無。

［一三九］道心惟微者難明　成化本録詳，云「心則一也，微則難明」，且「心」上有「『人心亦只是一個。知覺從饑食渴飲便是人心，知覺從君臣、父子處便是道心。微是微妙，亦是微晦』。又曰：『形骸上起底見識或作從形體上生出來底見識，便是人心；義理上起底見識或作就道理上生出來底見識，便是道心。』」

［一四〇］成化本此下注曰：「義剛録見下。」且其下條爲義剛録，參下條。

［一四一］那人心便是粗底　成化本爲「粗底便易見」。

［一四二］且如　成化本無。

［一四三］便　成化本無。

［一四四］這　成化本無。

［一四五］成化本此下注有「義剛」。

［一四六］此條卓録成化本以部分内容夾注於賀孫録中，參下條。
［一四七］人心惟危道心惟微　成化本無。
［一四八］心　成化本此下注曰：「卓録云：『人心、道心元來只是一個。』」
［一四九］説　成化本作「别」。
［一五〇］惟精惟一允執厥中　成化本無。
［一五一］固　成化本此下注曰：「卓作『專』。」
［一五二］亦太畏之……先作下般計較　成化本無。
［一五三］不　成化本此上有「説」。
［一五四］明　成化本作「存」。
［一五五］一　成化本無。
［一五六］成化本此下注有「驤」。
［一五七］蔣兄問人心道心曰　成化本無。
［一五八］若　成化本無。
［一五九］又問惟精惟一曰是擇善而固執之　成化本無。
［一六〇］之别　成化本無。
［一六一］又曰　成化本無。

〔一六二〕僩　成化本無。

〔一六三〕問人心道心曰　成化本無。

〔一六四〕人　成化本作「所」。

〔一六五〕惑　成化本作「仁」，朱本作「二」。

〔一六六〕者　成化本爲「之説」。

〔一六七〕時　成化本爲「之時」。

〔一六八〕指書几　成化本爲「因指書几云」。

〔一六九〕擗　成化本此下有「與他」。

〔一七〇〕成化本此下注有「德明録別出」。參下條。

〔一七一〕得　成化本無。

〔一七二〕故曰允執厥中　成化本無。

〔一七三〕則　成化本無。

〔一七四〕成化本此下注有「德明」。

〔一七五〕人心惟危……允執厥中　成化本無。

〔一七六〕時　成化本無。

〔一七七〕堯　成化本作「先」。

〔一七八〕且如　成化本無。
〔一七九〕至如中庸　成化本爲「又如」。
〔一八〇〕説　成化本爲「且説」。
〔一八一〕此條閎祖録成化本無。
〔一八二〕□　底本闕。
〔一八三〕此條人傑録成化本無。
〔一八四〕底　成化本此下有「次序」。
〔一八五〕故　成化本無。
〔一八六〕天　成化本無。
〔一八七〕懋哉　成化本爲「懋哉懋哉」。
〔一八八〕皋陶　成化本無。
〔一八九〕義剛　成化本無。
〔一九〇〕那　成化本此下有「夔」。
〔一九一〕他　成化本作「也」。
〔一九二〕戒　成化本此下有「其君」。
〔一九三〕吕東萊　成化本爲「東萊」。

〔一九四〕復問元德曰　成化本爲「問元德」。

〔一九五〕所　成化本無。

〔一九六〕又　成化本無。

〔一九七〕則　成化本此下有「承之」。

〔一九八〕纔　成化本此下有「射」。

〔一九九〕又　成化本無。

〔二〇〇〕又　成化本無。

晦庵先生朱文公語類卷第七十九

尚書二

夏書[一]

禹貢

李得之問薛常州九域圖。先生曰：「其書細碎，不是著書手段。『予決九川距四海，濬畎澮距川』，聖人做事便有大綱領，先決九川距四海了，却逐旋爬疏小水令至川。學者亦先識個大形勢，如江、河、淮先合識得。渭水入河，上面漆、沮、涇等又入渭，皆是第二重事。桑欽、酈道元水經亦細碎。」因言：「天下惟三水最大：江、河與混同江。混同江不知其所出。虜舊巢正臨此江，邪[二]迤東南流入海。其下爲遼海，遼東、遼西指此水而分也。」又言：「河東奥區，堯、禹所居，後世德薄不能有。混同江猶自是來裏河東。」又言：「長安山生過鄜延，然長安却低，鄜延是山尾，却高。」又言：「收復燕雲時不曾得居庸關，門却開在，所以不能守。然正使得之，亦必不能有也。」方子。學蒙録同而略，今附，云：〔三〕「因説薛氏九域志，曰：『也不成文字，細碎了。禹「予〔四〕決九川距四海，濬畎澮距川」，這便是聖人做事綱領處。先決九川以〔五〕距海，然後理會畎澮。論形勢須先識大綱。如水，則中國莫大於河，南方莫大於江，涇、渭則入河者也。先定個大者，則小者便易考。』又曰：『天下有三大水，江、河、混同江是也。混同江在虜中，虜人之都見濱此江。』」

禹貢集義今當分解。如「冀州既載壺口，治梁及岐」當分作三段，逐段下注地名，漢爲甚郡縣，唐爲甚郡縣，今爲甚郡縣。下文「既修太原，至于岳陽，覃懷底績，至于衡漳」當爲一段，「厥土白壤」云云又爲一段，「碣石」云云又爲一段，方得子細。且先分細段解了，有解得成片者方成片寫于後。黑水、弱水諸處皆須細分，不可作大段寫。庚。〔六〕

禹之治水，乃是自下而上了，又自上而下。後人以爲自上而下，此大不然。不先從下泄水却先從上理會，下水泄未得，下當愈甚。是甚治水如此！庚。〔七〕

「禹當時治水也只理會河患，餘處亦不大段用工夫。河水之行不得其所，故泛濫浸及他處。觀禹用功，初只在冀以及兖、青、徐、雍，却不甚來東南。積石、龍門，所謂『作十三載乃同』者，正在此處。龍門至今横石斷流，水自上而下，其勢極可畏。向未經鑿治時，龍門正道不甚泄，故一派西衮入關陝，一派東衮往河東，故此爲患最甚。禹自積石至龍門着工夫最多。又其上散從西域去，往往亦不甚爲患。行河東者多流黃泥地中，故只管推洗，泥汁只管凝滯淤塞，故道漸狹。值上流下來纔急，故道不泄，便致橫湍他處。先朝亦多造鐵爲治河器，竟亦何濟！」或問：「齊威塞九河以富國，事果然否？」曰：「當時葵丘之會，申五禁，且曰『無曲防』，是令人不得私自防遏水流，他終不成自去塞了最利害處！便是這般說話亦難憑。」問：「河患何爲至漢方甚？」曰：「史記表中亦自有河決之文。禹只是理河水，餘處亦因河溢有些患。看治江不見甚用力。書載『岷山導江，東别爲沱，東至于澧，過九江，至于東陵，東迆北會于匯，東爲中江，入于海』，若中間便用工夫，如何載得恁略？」又云：「禹治水先就土低處用工。」賀孫。

禹貢西方、南方殊不見禹施工處。緣是山高，少水患。當時只分遣官屬，而不了事底記述得文字不整齊耳。某作九江彭蠡辯，禹貢大概可見於此。禹貢只載九江，無洞庭；今以其地驗之，有洞庭，無九江，則洞庭之爲九江無疑矣。洞庭、彭蠡冬月亦涸，只有數條江水在其中。義剛。陳淳録同。〔八〕

「江陵之下〔九〕、岳州之上是雲夢。」又曰：「江陵之下，連岳州是雲夢。」節。

問：「岷山之分支何以見？」曰：「只是以水驗之。大凡兩山夾行，中間必有水；兩水夾行，中間必有山。江出於岷山。岷山夾江兩岸而行，那邊一支去爲隴，〔一〇〕這邊一支爲湖南，又一支爲建康，又一支爲兩浙，而餘氣爲福建、二廣。」淳。義剛録同。〔一一〕

因説禹貢，曰：「此最難説，蓋他本文自有繆[一二]處。且如漢水自是從今漢陽軍入江，下至江州，然後江西一帶江水流出，合爲[一三]大江。兩江下水相淤，故江西水出不得，溢爲彭蠡。上取漢水入江處有多少路，今言漢水『過三澨，至于大別，南入于江，東匯澤爲彭蠡』，全然不合，又如何去强解釋得？蓋禹當時只治得雍、冀數州爲詳，南方諸水皆不親見，恐只是得之傳聞，故多遺闕，又差誤如此。今又不成説他聖人之經不是，所以難説。然自古解釋者紛紛，終是與他地上水不合。」又言：「孟子説『瀹濟漯而注諸海，決汝漢，排淮泗而注諸江』。據今水路及禹貢所載，惟漢入江，汝、泗自入淮，而淮自入海。分明是誤，蓋一時牽於文勢而不暇考其實耳。今人從而强爲之解釋，終是可笑。」雉。

「東匯澤爲彭蠡」，多此一句。節。

問：「前日見[一四]先生説鄭漁仲以『東爲北江入于海』爲羨文，是否？」曰：「然。今考之，不見北江所在。」問：「鄭説見之何書？」曰：「家中舊有之，是川本，今不知所在矣。」又云：「洪水之患，意者只是如今河決之類，故禹之用功處多在河，所以於兗州下記『作十有三載乃同』，此言專爲治河也。兗州是河患甚處，正今之澶、衛州也。若其他江水，兩岸多是山石，想亦無泛溢[一五]之患，禹自不須大段去理會。」又云：「禹治水時，想亦不曾遍歷天下。如荊州乃三苗之國，不成禹一一皆到！往往是使官屬去彼相視其山川，具其圖説以歸，然後作此一書爾。

故今禹貢所載南方山川多與今地面上所有不同。」廣。

胤征

問：「東坡疑胤征。」答曰：「袁道潔考得是。太康失河北，至相方失河南。然亦疑羲、和是個曆官。曠職，廢之誅之可也，何至誓師如此？大抵古書之不可考，皆此類也。」大雅。

商書

湯誓

問：「湯誓[一六]『升自陑』，先儒以爲出其不意，如何？」先生曰：「此乃序説，經無明文。要之今不的見陑是何地，何以辨其正道、奇道？湯、武之興，決不爲後世之譎詐。若陑是取道近，亦何必迂路？大抵讀書須求其要處，如人食肉，畢竟肉中有滋味，有人却要於骨頭上咀嚼，縱得些肉，亦能得多少？古人所謂『味道之腴』最有理。」可學因問：「凡書傳中如此者皆可且置之？」曰：「固當然。」可學。

仲虺之誥

問：「仲虺之誥似未見其釋湯慚德處。」曰：「正是解他。云『若苗之有莠，若粟之有秕』，他緣何道這幾句？蓋謂湯若不除桀，則桀必殺湯。如說『推亡固存處』自是說伐桀，至『德日新』以下，乃是勉湯。又如『天乃錫王勇智』，他特地說『勇智』兩字便可見。尚書多不可曉，固難理會。然這般處，古人如何說得恁地好！如今人做時文相似。」夔孫。

問：「禮義本諸人心。惟中人以下爲氣稟物欲所拘蔽，所以反着求禮義自治。若成湯，尚何須『以義制事，以禮制心』？」曰：「『湯武反之也』，便也是有些子不那底了。但他能恁地，所以爲湯。若不恁地便是『惟聖罔念作狂』。聖人雖則說是『生知安行』，便只是常常恁地不已，所以不可及。若有一息不恁地，便也是凡人了。」問：「若〔一七〕舜『由仁義行』便是不操而自存否？」曰：「這都難說。舜只是不得似衆人恁地着心，自是操。」賀孫。

湯誥〔一八〕

蔡行父憝〔一九〕問書所謂「降衷」。曰：「古之聖賢纔說出便是這般話。成湯當放桀之初，便說：『惟皇上帝降衷于下民，若有常性，克綏厥猷惟后。』武王伐紂時便說：『惟天地萬物父母，惟人萬物之靈。亶聰明，作元后。元后作民父母。』傅說告高宗便說：『明王奉若天道，建邦設都，樹后王君公，承以大夫師長，不惟逸豫，惟以亂民。惟天聰明，惟聖時憲。』見古聖賢朝夕只見那天在眼前。」賀孫。

「惟皇上帝降衷于下民」，〔二〇〕孔安國以爲衷善〔二一〕便是〔二二〕無意思。「衷」不是「善」，〔二三〕便與「民受天地之中」一般。泳。

總說伊訓太甲說命

商書幾篇最分曉可玩。太甲、伊訓等篇又好看似說命。蓋高宗資質高，傅說所說底細了，難看。若是伊尹與太甲說，雖是粗，却切於學者之身。太甲也不是個昏愚底人，但「欲敗度，縱敗禮」爾。廣。

伊尹書及說命三篇，大抵分明易曉。今人觀書且看他那分明底，其難曉者且置之，政使曉得亦不濟事。廣。

伊訓

「伊尹祠于先生」，若有服，不可入廟。必有「外丙二年，仲壬四年」。節。

問：「伊訓『伊尹祠于先王，奉嗣王祗見厥祖』。是時湯方在殯宫，太甲於朝夕奠常在，如何伊尹因祠而見之？」曰：「此與顧命康王之誥所載冕服事同。意者，古人自有一件人君居喪之禮，但今不存，無以考據。蓋天子諸侯既有天下國家事體，恐難與常人一般行喪禮。」廣。

「與人不求備，檢身若不及」，大概是湯急己緩人，所以引爲「日新」之實。泳。

「具訓于蒙士」，吴斗南謂古者墨刑人以蒙蒙其首，恐不然。廣。

太甲上[二四]

近日蔡行之送得鄭景望文集來，略看數篇，見得學者讀書不去子細看正意，却便從外面説是與非。如鄭文亦平和純正，氣象雖好，然所説文字處，却是先立個己見，便都説從那上去，所以昏了正意。如説伊尹放太甲，三五版只説個「放」字，謂小序所謂「放」者正伊尹之罪，「思庸」二字所以雪伊尹之過，此皆是閑説。正是伊尹至誠懇惻告戒太甲處却都不説，此不可謂善讀書，學者不可不知也。銖。時舉録同。[二五]

太甲中[二六]

「並其有邦，厥鄰乃曰『徯我后，后來無罰』」，言湯與彼皆有土諸侯，而鄰國之人乃曰云

云[二七]。此可見湯得民心處。[二八]

視不爲惡色所蔽爲明，聽不爲姦人所欺爲聰。[二九]

咸有一德

「『爰革夏正』只是『正朔』之『正』。」賀孫因問：「伊尹説話自分明，間有數語難曉，如『爲上爲德，爲下爲民』之類。」曰：「伯恭四個『爲』字都從去聲，覺不[三〇]順。」賀孫因説：「如『逆[三一]君之惡』也是爲上，而非是爲德；『爲宮室妻妾之奉』也是爲下，而非是爲民。」曰：「然。伊尹告太甲却是與尋常人説話，便恁地分曉、恁地切身。至今看時，通上下皆使得。至傅説告高宗，語意却深。緣高宗賢明，可以説這般話，故傅説輔之，説得較精微。伊尹告太甲，前一篇許多説話，都從天理窟中抉出許多話分明説與他，今看來句句是天理。」又云：「非獨此，看得道理透，見得聖賢許多説話都是天理。」又云：「伊尹説得極懇切，許多説話重重疊疊，説了又説。」賀孫。

論「其難其謹」，曰：「君臣上下相與甚難。」節。

「『德無常師，主善爲師；　善無常主，協于克一。』上兩句是教人以其所[三二]師，下兩句是教人以其所擇善而爲之師。」道夫問：「『協于克一』莫是能主一則自默契于善否？」曰：「『協』字難説，只是個比對裁斷之義。蓋如何知得這善不善，須是自心主宰得定始得。蓋有主宰則是非善惡[三三]瞭然於心目間，合乎此者便是，不合者便不是。横渠云『德主天下之善，善原天下之一』，這見得他説極好處，蓋從一中流出者無有不善。所以他伊尹從前面説來便有此意，曰『常厥德』，曰『庸德』，曰『一德』，常、庸、一只是一個。」蜚卿謂：「『一』恐只是專一之『一』？」曰：「如此則絶説不來。」道夫曰：「上文自謂『德惟一，動罔不吉；德二三，動罔不凶』。」「纔[三四]尺度不定，今日長些子，明日短些子，便二三。」道夫曰：「到底説得來只是個定則明，明則事理見；不定則擾，擾則事理昏雜而不識矣。」曰：「只是如此。」曰：[三五]「看得道理多後，於這般所在都寬平開出，都無礙塞。如蜚卿恁地理會數日却是[三六]恁地，這便是看得不多，多少被他這個十六字礙。」又曰：「今若理會不得，且只看自家每日一與不一時便見。要之，今却正要人恁地理會，不得，又思量，但只當如横渠所謂『濯去舊見，以來新意』。且放下着許多説話，只將這四句來平看便自見。」又曰：「這四句極好看。南軒云：『自「人心惟危，道心惟微」數語外，惟此四句好。但舜大聖人言語渾淪，伊尹之言較露鋒鋩得些。』這[三七]説得也好。」頃之，又曰：「舜之語如春生，伊尹之言如秋殺。」道夫。

「協于克一」，「協」猶齊也。升卿。

問：「『德無常師，主善爲師；善無常主，協于克一。』或言主善人而爲師，若仲尼無常師之意，如何？」答曰：「非也。横渠説『德主天下之善，善原天下之一』，最好。此四句三段，一段緊似一段。德且是大體説，有吉德，有凶德，然必主於善始爲吉爾。善亦且是大體説，或在此爲善，在彼爲不善；或在彼爲善，在此爲不善；或在前日則爲善，而今日則爲不善；或在前日則不善，而今日則爲善。惟須『協于克一』是乃爲善，謂以此心揆度彼善爾。故横渠言『原』，則若善定於一耳，蓋善因一而後定也。德以事言，善以理言，一以心言。大抵此篇只是幾個『一』字上有精神，須與細看。此心纔一便終始不變而有常也。『協』字雖訓『合』事[三八]，却是如『以此合彼』之『合』，非『已相合』之『合』，與禮記『協於分藝』、書『協時月正日』之『協』同義，蓋若揆度參驗之意耳。張敬夫謂虞書『精一』四句與此爲尚書語之最精密者，而虞書爲尤精。」大雅。

説命中[三九]

「惟口起羞」以下四句皆是審。節。

口非欲起羞，而出言不當則反足以起羞。甲冑本所以禦戎，而出謀不當則反足以起戎。衣裳在笥，易以與人，則[四〇]不可不謹。干戈討有罪，則因以省身。

「惟甲冑起戎」，蓋不可有關防[四一]底意。方子。節録同。[四二]

「惟甲冑起戎」，如「歸與石郎謀反」是也。節。

「惟厥攸居」，所居，所在也。[四三]

南軒云：「『非知之艱，行之艱』，此特傅說告高宗爾。蓋高宗舊學甘盤，於義理知之亦多，故說得這話[四四]。若常人，則須以致知爲先也。」此等議論儘好。道夫。

說命下[四五]

「遜志」則無所墜落，志不低則必有漏落在下面。節。

問「爲學遜志」、「以意逆志」之分。曰：「『遜志』是小着這心去順那事理，自然見得出。『逆志』是將自家底意去推迎候[四六]他志，不似今人硬將此意去捉那志。」僩。

言「斅學半」，曰是教人□□是學。節。[四七]

因說「斅學半」，曰：「近見喻子才[四八]跋說命寫本[四九]，云：『教只斅得一半，學只學得一半，那一半教人自理會。』呂伯恭亦如此說。某舊在同安時見士人作書義如此說，[五〇]先說『王，人求多聞，時惟建事』，此是人君且學且斅，一面理會教人，又一面窮理義。後面說得[五一]『監于先王[五二]成憲，其永無愆』數語，是平正實語，不應中間翻空一句，如此深險。[五三]如斅得[五四]一半，不成那一半掉放冷處教他自得！此語全似禪語，只當依古注。[五五]」賜。

西伯戡黎

「西伯戡黎」，便是這個事難判斷。觀戡黎，大故逼近紂都了，豈有諸侯、臣子[五六]而敢稱兵於天子之都乎？看來文王只是不伐紂耳，其他事亦都做了，如伐崇、戡黎之類。韓退之拘幽操云「臣罪當誅兮，天王聖明」，伊川以爲此説出文王意中事。嘗疑這個説得來太過，據當日事勢觀之恐不如此。若文王終守臣節，何故伐崇侯虎[五七]？只是後人因孔子「以服事殷」一句，遂委曲回護個文王，説教好看，殊不知孔子只是説文王不伐紂耳。嘗見雜記[五八]云：「紂殺九侯，鄂侯爭之强，辯之疾，併醢鄂侯。西伯聞之竊歎，崇侯虎譖之曰：『西伯欲叛。』紂怒，囚之羑里。西伯歎曰：『父有不慈，子不可以不孝；君有不明，臣不可以不忠。豈有君而可叛者乎？』於是諸侯聞之，以西伯能敬上而恤下也，遂相率而歸之。」看來只這段説得平。[五九]

周書[六〇]

泰誓

石洪慶問：「尚父年八十方遇西伯，及武王伐商乃即位之十三年，又其後就國，高年如此！」先生曰：「此不可考。」因云：「泰誓序『十有一年，武王伐殷』，經云『十有三年春，大會于孟津』，必[六一]差誤。說者乃以十一年爲觀兵，尤無義理。舊有人引洪範『十有三祀，王訪于箕子』，則十一年之誤可知矣。」人傑。

「亶聰明作元后，元后作民父母。」須是剛健中正出人意表之君，方能立天下之事。如創業之君能定禍亂者，皆是智勇過人。人傑。

或問：「『天視自我民視，天聽自我民聽』，天便是理否？」曰：「若全做理，又如何說『自我民視、聽』？這裏有些主宰底意思。」庚。[六二]

莊仲問：「『天視自我民視，天聽自我民聽』，謂天即理也。」曰：「天固是理，然蒼蒼者亦是天，在上而有主宰者亦是天，各隨他所說。今既曰視、聽，理又如何是會視、聽？雖說不同又却只是一個，知其同不妨其爲異，知其異不害其爲同。嘗有一人題分水嶺，謂水不曾分。某和其詩曰：『水流無彼此，地勢有西東。若識分時異，方知合處同。』」文蔚。[六三]

武成

問：「武成一篇編簡錯亂。」曰：「新有定本，以程先生、王介甫、劉貢父、李叔易[六四]諸本推究甚詳。」僩。

包顯道［六五］問：「紂若改過遷善，則武王當何以處之？」曰：「他别自從那一邊去做。他既稱王，無倒殺，只着自去做。」［六六］

洪範

江彝叟疇問：「洪範武王勝殷殺紂，不知有這事否？」曰：「據史記所載，雖不是武王自［六七］，然説斬其頭懸之，亦是有這事。」又問「血流漂杵」。曰：「孟子所引雖如此，然以書考之，『前徒倒戈，攻于後以北』，是殷人自相攻以致血流如此之盛。觀武王整［六八］兵，初無意於殺人，所謂『今日之事不愆于六伐、七伐，乃止齊焉』是也。武王之言非好殺也。」卓。

問：「『勝殷殺受』之文是如何？」曰：「看史記載紂赴火死，武王斬其首以懸于旌，恐未必如此。書序，某看來煞有疑，相傳都説道孔子［六九］作，未知如何。」［七〇］

柯國材言：「『稱武王［七一］『十有一年』、『十［七二］有三年』，書序雖［七三］不足憑，至洪範謂『惟十有三祀』，則是十三年明矣。使武王十一年伐殷，到十三年方訪箕子，不應如是之緩。」此説有理。伯羽。［七四］

問：「『鯀則殛死，禹乃嗣興。』禹爲鯀之子，當舜用禹時何不逃去，［七五］以全父子之義？」曰：「伊川説『殛死』只是貶死之類。」德明。

問：「鯀既被誅，禹又出而委質，不知如何？」曰：「蓋前人之愆。」又問：「禹以鯀爲有罪而欲蓋其愆，非顯父之惡否？」曰：「且如而今人，其父打碎個人一件家事，其子買來填還，此豈是顯父之惡！」自修。

禹所以用於舜者，乃所以求蓋父之愆也。僩。[七六]

説洪範：「看來古人文字也不被人牽强説得出。只自恁地熟讀，少間字字都自會着實。」又云：「今人只管要説治道，這是治道最切緊[七七]處。這個若理會不通，又去理會甚麼零零碎碎！」賀孫。[七八]

問洪範諸事。曰：「此是個大綱目，天下之事，其大者大概備於此矣。」又[七九]問「皇極」。曰：「此是人君爲治之心法。如周禮[八〇]一書，只是個八政而已。」僩。

「凡數自一至五，五在中；自九至五，五亦在中。戴九履一[八一]，左三右七，五亦在中。」又曰：「若有前四者則方可以建極，四者乃[八二]一五行、二五事、三八政、四五紀是也。後四者却自皇極中出。三德是皇極之權，人君所嚮用五福，所威用六極，此曾南豐所説。諸儒所説，惟此説好。」又曰：「皇，君也；極，標準也。皇極之君常滴水滴凍無一些不善，人却不齊，故曰『不協于極，不罹于咎』之類[八三]。『天子作民父母，以爲天下王』，此便是『皇建其有極』。」又曰：「尚書前五篇大概易曉。後如甘誓、胤征、伊訓、太甲、咸有一德、説命，此皆易曉，亦好。此是孔氏壁中所藏之書。」又曰：「看尚書，漸漸覺得[八四]曉不得，便是有長進。若從頭至尾解得，則[八五]是亂道。高宗肜日是最不可曉者，西伯戡黎是稍稍不可曉者。太甲大故亂道，故伊尹之言緊切；高宗稍稍聰明，故説命之言細膩。」又曰：「讀尚書有一個法。半截曉得，半截曉不得。曉得底看，曉不得底且闕之，不可强通，强通則穿鑿。」又曰：「『敬敷五教在寬』，只是不急迫，慢慢地養他。」節。

因論洪範云：[八六]「洛書本文只有四十五點。班固云六十五字皆洛書本文。古字畫[八七]恐或有模樣，但今無所考。漢儒説此未是，恐只是以義起之，不是數如此。蓋皆以天道人事參互言之。五行最急，故第一；五事又參之於身，故第二；身既修，可推之於政，故八政次之；政既成，又驗之於天道，故五紀次之；又繼之皇極，居五，蓋能推五行、正五事、用八政、修五紀，乃可以建極也；六三德乃是權衡此皇極者也；德既修矣，稽疑庶政[八八]繼之者，著其驗也；又繼之以福極，則善惡之效至是不可加矣。皇極非大中，皇乃天子，極乃極至，言皇建此極也。東西南北到此恰好。」又云：「極非中也。[八九]但漢儒雖説作『中』字亦與今不同，如云『五事之中』是也。今人説『中』只是含胡依違，善不必盡賞，惡不必盡罰。如此，豈得謂之中！」可學。

箕子爲武王陳洪範，首言五行，次便及五事。蓋在天則是五行，在人則是五事。儒用。

自「水曰潤下」至「稼穡作甘」皆是二意：水能潤、能下，火能炎、能上，金曰「從」曰「革」，從而又能革也。德明。

忽問：「如何是『金曰從革』？」對曰：「是從人[九〇]之革。」答曰：「不然，是或從或革耳。從者，從所鍛制；革者，又可革而之他，而其堅剛之質依舊自存，故與『曲直』、『稼穡』皆成雙字。『炎上』者，上字當作上聲；『潤下』者，下字當作去聲。亦此意。」大雅。

「金曰從革」，一從一革，互相變而體不變。且如銀，打一隻盞便是從，更要別打作一件家事便是革。依舊只是這物事，所以云體不變。[九一]

問：「形質屬土否？」曰：「從前如此說。」問：「吳斗南說如何？」曰：「舊來謂雨屬木，暘屬金，及與五事相配，皆錯亂了。吳説謂雨屬水，暘屬火，燠屬木，寒屬金，風屬土。雨看來只屬得水，自分曉，怎生屬得木？」問：「寒如何屬金？」「他引證甚佳。左傳『厖涼冬殺，金寒玦離』是也。又曰『貌言視聽思』，皆只以次第相屬。」問：「貌如何屬水？」曰：「容貌光澤，故屬水；言發於氣，故屬火。」[九二]

伯模云：「老蘇著洪範論不取五行傳，而東坡以爲漢儒五行傳不可廢。此亦自是，既廢則後世有忽天之心。」先生曰：「漢儒也穿鑿。如五事，一事錯則皆錯，如何却云聽之不聰則某事應，貌之不恭則某事應。」道夫。

「『五皇極』，只是説人君之身端本示儀於上，使天下之人則而效之。聖人固不可及，然約天下而使之歸于正者，如『皇則受之』，『則錫之福』也。所謂『遵王之義』、『遵王之道』者，天下之所取法也。人君端本，豈有他哉？修於己而已。一五行是發原處，二五事是總持處，八政則治民事，五紀則協天運也，六三德則施爲之撙節處，七稽疑則人事已至而神明其德處，庶徵則天時之徵驗也，五福、六極則人事之徵驗也。其本皆在人君之心，其責亦甚重矣。『皇極』非説大中之道，若説大中則皇極都了，五行、五事等皆無歸着處。」又云：「便是『篤恭而天下平』之道。天下只是一理，聖賢語言雖多，皆是此理。如尚書中洛誥之類有不可曉處多，然間有説道理分曉處，不消[九三]訓釋自然分明。如云『王敬作所不可不敬德』、『肆惟王其疾敬德』、『不敢替厥義德』等語是也。」人傑。[九四]

「極，盡也。」先生指前面香卓：「四邊盡處是極，所以謂之四極。四邊視中央，中央是[九五]極也。堯都平陽，舜都蒲坂，四邊望之，一齊看着平陽、蒲坂。如屋之極，極高之處，四邊到此盡了，去不得，故謂之『極』。宸極亦然。至善亦如此，應乎[九六]事到至善，是極盡了，更無去處，『故君子無所不用其極』。書之『皇極』亦是四方所瞻仰者。『皇』有訓大處，惟『皇極』之『皇』不可訓大。『皇』只當作君，所以説『遵王之義，遵王之路』，直説到後面『以爲天下王』，其意可見。蓋『皇』字下從『王』。」泳。

「皇極」如「以爲民極」，標準立於此，四方皆面内而取法。皇謂君。太極[九七]如屋極，陰陽造化之總會樞紐。極之爲義，窮極、極至，以上更無去處。閎祖。

問：「先生言『皇極』之『極』不訓中，只是標準之義。然『無偏無黨』、『無反無側』亦有中意。」曰：「只是個無私意。」問：「標準之義如何？」曰：「此是聖人正身以作民之準則。」問：「何以能斂五福？」曰：「當就五行、五事上推究。人君修身，使貌恭、言從、視明、聽聰、思睿，即身自正。五者得其正則五行得其序，以之稽疑則『龜從，筮從，卿士從，庶民從』，在庶證則有休證無咎證。和氣致祥，有仁壽而無鄙夭便是五福，反是則福轉爲極。陸子静荆門軍曉諭乃是斂六極也。」德明。

「中」不可解做「極」。「極」無「中」意，只是在中，乃至極之所，爲四向所標準，故因以爲中。如屋極亦只是在中，爲四向所準。如建邦設都以爲民極，亦只是中天下而立，爲四方所標準。如「粒我烝民，莫匪爾極」，來牟豈有「中」意，亦只是使人皆以此爲準。如北極，如宸極、皇極[九八]，皆然。若只説「中」，則殊不見「極」之義矣。淳。

先生問曹：「尋常説『皇極』如何？」曹云：「只説作『大中』。」先生曰：「某謂不是『大中』。皇者王也，極者[九九]如屋之極，言王者之身可以爲下民之標準也。貌之恭，言之從，謀之聰，[一〇〇]則民觀而化之，故能使天下之民『無有作好而遵王之道，無有作惡而遵王之路』。王者又從而斂五者之福，而錫之於庶民。斂者，非有[一〇一]取之於外，亦自吾身先得其正，然後可以率天下之民以歸于正，此錫福之道也。」卓。

問：「比看箕子爲武王陳洪範，[一〇二]言『彝倫攸敘』，見事事物物中得其倫理，則無非此道。非道便無倫理。」答曰：「固是。曰『王道蕩蕩』，又曰『王道平平』；曰『無黨無偏』，又曰『無偏無黨』，只是一個道，如何如此反覆説？只是得[一〇三]人反覆思量入心來，則自有所見矣。」大雅。

民之有福，君所當嚮；民之有極，君所當畏。道夫。[一〇四]

符敘舜功云：「象山在荆門，彼中上元，太守須作醮於道觀以祈福，象山至，罷之。[一〇五]勸諭邦人以『福不在外，但當求之内心』。於是日入道觀[一〇六]，設講座，説『皇極』，令邦人聚聽之。次日，又畫爲一圖以示之。」先生曰：「人君建極如個標準。如東方望也如此，西方望也如此，南方望也如此，北方望也如此，莫不取則於此。如周禮『以爲民極』，詩『維民之極』、『四方之極』，都是此意。中固在其間，而『極』不可以訓『中』。漢儒注説『中』字只説『五事之中』，猶未爲害。最是近世説『中』字不是。近日之説只要含胡苟且，不分是非，不辨黑白，遇當做底事只略略做些，不要做盡。此豈聖人之意！」又云：「洪範一篇首尾都是歸從『皇極』上去，蓋人君以一身爲至極之標準，最是不易。又須『斂是五福』，所以斂聚五福以爲建極之本。又須是敬五事、順五行、厚八政、協五紀，以結裹個『皇極』。又須乂三德，使事物之接、剛柔之辨須區處教合宜。稽疑便是考之於神，庶徵是驗之於天，五福是體之於人。這下許多是維持這『皇極』。『正人』猶言中人，是平平底人，是有常産方有常心底人。」又云：「今人讀書粗心大膽，如何看得古人意思！如説『八庶徵』，這若不細心體識，如何會見得！『肅，時雨若』，肅是恭肅，便自有滋潤底意思，所以便説時雨順應之。『乂，時暘若』，乂是整治，便自有開明底意思，所以便説時暘順應之。『晢[一〇七]，時燠若』，晢[一〇八]是普照，便自有和暖底意思。『謀，時寒若』，謀是藏密，便自有寒結底意思。『聖，時風若』，聖是[一〇九]通明，便自有爽快底意思。」符云：「謀自有顯然著見之謀，聖是不可知之妙，不知於寒、於風果相關否？」曰：「凡看文字，且就地頭看，不可將大底便來壓了。箕子所指『謀』字只是且説密謀意思，『聖』只是説通明意思，如何將大底來壓了便休！如説喫棗，固是有大如瓜者，且就眼下説只是常常底棗。如煎藥合用棗子幾個，自家須要説棗如瓜大，如何用得許多！人若心下不細，如何讀古人書！洪範[一一〇]庶徵固不是必[一一一]定如漢儒之説，必以爲有是應必有是事。多雨之徵，必推説道是某時做某事不肅所以致此。爲此必然之説，所以教人難盡信。但古人意精密，只於五事上體察是有此理。如王荆公[一一二]又却要一齊都不消説感應，但把『若』字做『如似』字義説了，做譬喻説了，這[一一三]也不得。荆公固是也説道此事不足驗，然而人主自當謹戒。如漢儒必然之説固不可，如荆公全不相關之説亦不可。古人意思精密，恐後世見未到耳。」因云：「古人意思精密，如易中八字『剛柔』、『終始』、『動静』、『往來』，只這七八字移换上下，添助語，是多少精微，有意味！見得彖、象極分明。」賀孫。

謂林正卿曰：「理會這個且理會這個，莫引證見，相將都理會不得。理會『剛而塞』且理會這一個『剛』字，莫要理會『沈潛剛克』。各自不同。」節。〔一一四〕

「沈潛剛克，高明柔克。」克，治也。言人資質沈潛者當以剛治〔一一五〕之，資質高明者當以柔治之。此説爲勝。僩。

「衍忒。」衍，疑是過多剩底意思。忒是差錯了。僩。

「一極備凶，一極無凶。」多些子不得，無些子不得。泳。

「王省惟歲」，言王之所當省者，一歲；卿士所省者，一月之事。以下皆然。僩。

問「王省惟歲，卿士惟月，師尹惟日」。曰：「此但言職任之大小如此。」又問：「『庶民惟星』一句解不通，并下文『星有好風，星有好雨』意亦不貫。」曰：「『家用不寧』以上自結上文了，下文却又説起星之〔一一六〕意，似是兩段云云。」又問「箕星好風，畢星好雨」。曰：「箕只是簸箕。以其簸揚而鼓風，故月宿之則風。古語云『月宿箕，風揚沙』。畢是叉網，漉魚底叉子，〔一一七〕亦謂之畢。凡以畢漉魚肉，其汁水淋漓而下若雨然，畢星名義蓋取此。今畢〔一一八〕上有一柄，下開兩叉，形狀亦類畢，故月宿之則雨。漢書謂月行東北入軫，若東南入箕則風。所以風者，蓋箕是東〔一一九〕南方，屬巽，巽爲風，所以好風。恐未必然。」僩。

「五福六極」，曾子固説得極好。洪範，大概曾子固説得勝如諸人。僩。

旅獒

「人不易物，惟德其物。」「易」，改易也。言人不足以易物，惟德足以易物，德重而人輕也。「人」猶言位也，謂居其位者。如寶玉雖貴，若有人君之德，則所錫賚之物斯足貴；若無其德，則雖有至寶以錫諸侯，亦不足貴也。僩。

金縢

林聞一問：「周公代武王之死，不知亦有此理否？」曰：「聖人爲之，亦須有此理。」木之。

「若爾三王，是有丕子之責于天，以旦代某之身。」[一二〇]「責」如「責侍子」之「責」。周公之意云，設若三王欲得其子服事於彼，則我多才多藝可以備使令，且留武王以鎮天下也。人傑。

成王方疑周公，二年之間二公何不爲周公辨明？若天不雷電以風，二公終不追[一二一]說矣。當是時，成王欲誚周公而未敢。蓋周公東征，其勢亦難誚他，此成王雖深疑之而未敢誚之也。若成王終不悟，周公須有所處矣。人傑。

書中可疑諸篇，若一齊不信，恐倒了六經。如金縢亦有非人情者，「雨，反風，禾盡起」，也是差異。成王如何又恰限去啓金縢之書？然當周公納策於匱中，豈但二公知之？盤庚更没理會[一二二]。從古相傳來，如經傳所引用皆此書之文，但不知是何故説得都無頭。且如今要[一二三]告諭民間一二事，做得幾句如此，他曉得曉不得？只爲[一二四]説道要遷，更不説道自家如何要遷，如何不可以不遷，萬民是因甚不要遷。要得人遷也須説出利害，今更不説。吕刑一篇，如何穆王説得散漫，直從苗民蚩尤爲始作亂道[一二五]起？若説道都是古人元文，如何出於孔氏者多分明易曉，出於伏生者都難理會？賀孫。

大誥

大誥一篇不可曉。據周公在當時外則有武庚、管蔡之叛，内則有成王之疑，周室方且岌岌然。他作此書決不是備禮苟且爲之，必欲以此聳動天下也。而今大誥大意不過説周家辛苦做得這基業在此，我後人不可不有以成就之而已。其後又却專歸在卜上。其意思緩而不切，殊不可曉。廣。

因言武王既克紂，武庚、三監及商民畔，曰：「當初紂之暴虐，天下之人胥怨，無不欲誅之。及武王既順天下之心以誅紂，於是天下之怨皆解而歸德於[一二六]周矣。然商之遺民及與紂同事之臣，一旦見故主遭人戮，宗社爲墟，寧不動心！兹固畔心之所由生也。蓋始於紂，苦之暴而欲其亡，[一二七]故[一二八]人之心；及紂既死，則怨已解而人心復有所不忍，亦事勢人情之必然者。

又況商之流風善政，畢竟尚有在人心者，及其頑民感紂恩意之深，此其所以畔也云云。後來樂毅伐齊亦是如此。」僩。

「王若曰」、「周公若曰」，「若」字只是一似如此説底意思，如漢書中「帝意若曰」之類。蓋或宣道德意者敷演其語，或記録者失其語而追記其意如此也。僩。

書中「弗吊」字只如字讀。解者欲訓「吊」〔一二九〕爲至，故音「的」聲〔一三〇〕，非也。其義止〔一三一〕如詩中所謂「不吊昊天」耳，言不見憫吊於上帝也。僩。

尚書〔一三二〕「棐」字與「匪」同。據漢書。敬仲。

「忱」、「諶」字只訓「信」，「天棐忱」如云天不可信。僩。

總論康誥梓材

康誥、梓材、洛誥諸篇煞有不可曉處，今人都自强解説去。伯恭亦自如此看。伯恭説，書自首至尾皆無一字理會不得。且如書中注家所説，錯處極多，如「棐」字並作「輔」字訓，更曉不得。後讀漢書顔師古注，云「匪」、「棐」通用。如書中有「棐」字，止合作「匪」字義，如「率乂于民棐彝」乃是率治于民非常之事。賀孫。

「康誥三篇，此是武王書無疑。其中分明説：『王若曰：「孟侯，朕其弟，小子封。」』豈有周公方以成王之命命康叔，而遽述己意以告之乎？決不解如此。五峰、吴才老皆説是武王書。只緣誤以洛誥書首一段置在康誥之前，故敍其書於大誥、微子之命之後。」問：「如此，則封康叔在武庚未叛之前矣。」曰：「想是同時。商畿千里，紂之地亦甚大，所封必不止三兩國也。周公使三叔監殷，他却與武庚叛，此是一段〔一三三〕大疏脱事。若當時不便平息得〔一三四〕，模樣做出西晉初年時事。想見武庚日夜去説誘三叔，以爲周公，弟也，却在周作宰相；管叔，兄也，却去〔一三五〕監商，故管叔生起不肖之心如此。」廣。

康誥、酒誥是武王命康叔之詞，非成王也。如「朕其弟，小子封」。又曰「乃寡兄勗」，猶今人言「劣兄」也。故五峰編此書於皇王大紀，不屬成王而載於武王紀也。至若所謂「惟三月哉生魄，周公初基，作新大邑于東國洛」至「乃洪大誥」，自東坡看出，以爲非康誥之詞。而梓材一篇則又有可疑者。如「稽田垣墉」之喻，却與「無胥戕，無胥虐」之類不相似。以至於「欲至于萬年，惟王子子孫孫永保民」却又似洛誥之文，乃臣戒君之詞，非酒誥語也。〔一三六〕

康誥

「『惟三月哉生魄』一段自是脱落不〔一三七〕曉。且如『朕弟』、『寡兄』，是武王自告周公、〔一三八〕康叔之辭無疑。蓋武王，周公、康叔同叫作兄。豈應周公對康叔一家人説話，安得叫武王作『寡兄』以告其弟乎？蓋『寡』者，是向人稱我家、我國長上之辭也。只被其中有『作新大邑于周』數句，遂牽引得序來作成王時書。不知此是脱簡。且如梓材是君戒臣之辭，而後截又皆是臣戒君之辭。要之，此三篇斷然是武王時書。若是成王，不應所引多文王而不及武王。且如今人纔説太祖便須及太宗也。」又曰：「某嘗疑書注非孔安國作。蓋此傳不應是東晉方出，其文又皆不甚好，不似西漢時文。」義剛。

義剛[一三九]問：「『生明』、『生魄』如何？」曰：「日爲魂，月爲魄。魄是黯處。魄死則明生，書所謂『哉生魄[一四〇]』是也。老子所謂『載營魄』，載如人載車、[一四一]車載人之載。月受日之光，魂加於魄，魄載魂也。明之生時，大盡則初二，小盡則初三。月受日之光常全，人望在下却在側邊了，[一四二]故見其盈虧不同。或云月形如餅，非也。筆談云，月形如彈丸[一四三]，其受光如粉塗一半。月去日近則光露一屑[一四四]，漸遠則光漸大。且如日在午，月在酉，則是近一遠三，謂之弦。至日月相望則去日十矣，故[一四五]謂之『既望』。日在西而月在東，人在下面得以望見其光之全。月之中有影者，蓋天包地外，地形小，日在地下，則月在天中，日甚大，從地四面光起，[一四六]其影則地影也。地礙日之光，世所謂『山河地[一四七]影』是也。如星亦受日光，凡天地之光皆日光也。自十六日生魄之後，其光之遠近如前之弦，謂之下弦。至晦則月與日相疊[一四八]，月在日後，光盡體伏矣。魄加日之上則日食，在日之後[一四九]無食，謂之晦。朔則日月相並。」又問：「步里客談所載如何？」曰：「非。」又問：「月蝕如何？」曰：「至明中有暗處，[一五〇]其暗至微。望之時，月與之正對，無分毫相差。月爲暗處所射，故蝕。雖是陽勝陰，畢竟不好。若陰有退避之意則不[一五一]相敵，則不成[一五二]蝕矣。」義剛。

「非汝封刑人殺人，無或刑人殺人。非汝封又曰劓刵人，無或劓刵人。」康叔爲周司寇，故一篇多説用刑。此但言「非汝封刑人殺人」，則無或敢有刑人殺人者。蓋言用刑之權止在康叔，不可不謹之意耳。廣。

酒誥

徐孟寶問揚子雲言「酒誥之籍[一五三]俄空焉」。答曰：「孔書以巫蠱事不曾傳，漢儒不曾見者多，如鄭康成、晉杜預皆然。想揚子雲亦不曾見。」大雅。

因論點書，曰：「人説荆公穿鑿，只是好處亦用還他。且如『矧惟若疇圻父薄違，農父若保，宏父定辟』，古注從『父』字絕句，荆公則就『違』、『保』、『辟』絕句，敻出諸儒之表。」道夫曰：「更如先儒點『天降割于我家不少延』、『用甯王遺我大寶龜』，皆非注家所及。」曰：「然。」道夫。

召誥[一五四]

「王敬作所不可不敬德」只是一句。道夫。

洛誥[一五五]

因讀尚書，先生曰：「其間錯誤解不得處煞多。昔呂伯恭解書，因問之云：『尚書還有解不通處否？』答曰：『無有。』因舉洛誥問之云：『據成王只使周公往營洛，故伻來獻圖及卜。成王未嘗一日居洛，後面如何却與周公有許多答對？又云「王在新邑」，此如何解？』伯恭遂無以答。後得書云：『誠有解不得處。』」雉問先生近定武成新本。先生曰：「前輩定本更差一節。『王若曰』一段，或接於『征伐商』之下，以爲誓師之辭；或連『受命于周』之下，以爲命諸侯之辭。以爲誓師之辭者固是錯連下[一五六]說了。以爲命諸侯之辭者，此去祭日只爭一兩日，無緣有先誥命諸侯之理。某看，却[一五七]諸侯來，便教他助祭，此是祭畢臨遣之辭，當在『大誥成武』之下，比前輩只差此一節。」雉。

尚書中盤庚、五誥之類實是難曉。若要添減字硬說將去儘得，然只是穿鑿，終恐無益耳。時舉。[一五八]

淳[一五九]問：「周誥辭語艱澁，如何看？」曰：「此等是不可曉。」林丈[一六〇]說：「艾軒以爲方言。」曰：「只是古語如此。切意當時風俗恁地說話，人便都曉得。如這物事喚做這物事，今風俗不喚做這物事便曉他不得。如蔡仲之命君牙等篇乃當時與士大夫語，似今翰林所作制誥之文，故甚易曉。如誥，是與民語，乃今官司行移曉諭文字，有帶時語在其中。今但曉其可曉者，不可曉處則闕之可也。如詩『景員維河』，上下文皆易曉，却此一句不可曉。又云[一六一]『三壽作朋』，三壽是何物？歐陽公記古語亦有『三壽』之說，想當時自有此般說話，人都曉得，只是今不可曉。」問：「東萊書說如何？」曰：「說得巧了。向嘗問他有疑處否？曰：『都解得通。』到兩三年後再相見，曰：『儘有可疑處。』」淳。義剛録云：「問：『誥[一六二]辭語恁地短促，如何？』先生曰：『這般底不可曉。』林擇之云：『艾軒以爲方言。』曰：『亦不是方言，只是古語如此。』云云。」並同。[一六三]

無逸

萍鄉[一六四]柳兄言：「呂東萊[一六五]解無逸一篇極好。」先生扣之[一六六]曰：「伯恭如何解『君子所其無逸』？」柳兄[一六七]曰：「呂東萊[一六八]解『所』字爲『居』字。」先生曰：「若某則不敢如此說。」諸友問先生如何說。先生曰：「恐有脱字，則不可知。若說不行而必强立一說，雖若可觀，只恐道理不如此。」蓋卿。

舜功問：「『徽柔懿恭』是一字，是二字？」曰：「二字，上輕下重。柔者須徽，恭者須懿。柔而不徽則姑息，恭而不懿則非由中出。」可學。〔一六九〕

君奭

「召公不悦」，這意思曉不得。若論事了，儘未在。看來是見成王已臨政，便也小定了許多事，周公自可留〔一七〇〕得，所以求去。庚。〔一七一〕

包顯道問「召公不悦」之意。曰：「召公不悦只是小序恁地説，裏面却無此意。這只是召公要去後，周公去〔一七二〕留他，説道朝廷不可無老臣。」又問：「『先』『又曰』等語不可曉。」曰：「這個只是大綱綽得個意脈了〔一七三〕，便恁地説了。不要逐個字去討，便無理會處〔一七四〕。這個物事難理會。」又曰：「『不〔一七五〕吊』只當作去聲讀。」義剛。

多方

艾軒云：「文字只看易曉處，如尚書『惟聖罔念作狂，惟狂克念作聖』。下面便不可曉，只看這兩句。」節。〔一七六〕

「惟聖罔念作狂，惟狂克念作聖」，此兩句大段分曉，不與上下文相似。言上下文多不可曉也。〔一七七〕

立政

「文王惟克厥宅心」，人皆以「宅心」爲處心，非也，即前面所説「三有宅心」爾。若處心，則云「克宅厥心」。方子。

周官

漢人亦不見今文尚書，如以太尉、司徒、司空爲三公。當時只見牧誓有所謂司馬、司空、司徒、亞旅，遂以爲古之三公，不知此乃爲諸侯時制。古者諸侯只建三卿，如周公〔一七八〕所謂三太、三少、六卿。及周禮書，乃天子之制，漢皆不及見。又如中庸「一戎衣」解作「殪戎殷」，亦是不見今武成「一戎衣」之文。義剛。陳淳録同。〔一七九〕

問司馬、司徒、司空、三公、三少之官。曰：「漢自古文尚書出，方有周官篇。伏生口授二十五篇無周官，故漢只置太尉、司徒、司空爲三公，而無周三公、三少，蓋未見古文尚書，但見伏生書牧誓、立政篇中所説司徒、司馬、司空而置也。古者諸侯之國只置得司徒、司馬、司空三卿，惟天子方得置三公、三少、六卿。牧誓立政所説，周家是時方爲諸侯，故不及三公、三少。及周官篇所説，則周是時已得天下矣。三公、三少本以師道傅佐天子，只是加官。周公以太師兼冢宰，召公以太尉兼冢宰，是以加官而兼宰相之職也。後世官職益紊，今遂以三公、三少之官爲階官，不復有師保之任、論道經邦之責矣。然今加三公者，又須是加節度使了方得，故欲加三公者必除節。然朝廷又極惜節度使，蓋節度每月請俸千餘緡，所以不輕授人。然古者，猶是文臣之有功德重望者，方得加師保之官，以其有教輔天子之名也。後世遂以諸子或武臣爲之，既是天子之子與武臣，豈可任師保之責耶？訛謬傳襲，不復改正。本朝如韓、富、文、杜諸公欲加三公、少，爲須建節，不知是甚意。祖宗之法，先除檢校、太子少保、少師之屬，然後除開府儀同三司，既除開府，然後除三少、三公。今則不然，既建節了，或不除檢校，便抹過除開府，便加三公、少。或和開府抹過，便加三公、少者有之。南渡以來，如張、韓、劉、楊諸各臣皆除三公。」又云：「檢校、開府以上便得文官、文臣爲樞密使。樞密直學士者蔭子反得武官，如富鄭公家子弟有爲武官者是也。五代以武臣爲樞密使，武臣或不識字，故置樞密直學士，令文臣爲以輔之，故奏子皆得武官。本朝因而不廢，文官自金紫光禄大夫轉，特進開府儀同三司然後加三公、三少，如富、韓諸公是如此。本朝置三太、三少官而無司徒、司馬、司空之三公，然韓、杜諸公有兼司徒、司空，又有守司徒、司空者，皆不可曉。神宗贈韓魏公尚書令，令後世不得更加侍中、中書，以爲制。蓋已前贈者皆是以中書令兼尚書令，神宗特贈尚書令者，其禮極重，本朝惟韓魏公爲然。後來蔡京改神宗官制，遂奏云：『昔太宗皇帝嘗爲尚書令，令後更不除尚書令。』殊不知尚書令者乃唐太宗也。舉朝莫不笑之而不敢指其非。」問：「僕射名義如何？」曰：「古人説秦時置僕射，專主射，恐不然。周官注云：『卜人師扶右，射人師扶左，君薨以是舉。』僕射之名蓋起於此。承襲浸久，遂爲宰相之號，蓋皆是親近人主官，所以浸重。如侍中、中書令、尚書令亦是如此。」問：「侍中、中書、尚書三省起於何時？」「侍中，漢時置，多是侍衛人主，或執唾壺虎子之屬，行幸則從，參錯於宦官之間。其初職甚微，緣日與人主相親，故浸以用事而權日重。尚書只是管開拆群臣書奏，又云：「宰相如州府之都吏，尚書如開拆司，管進呈文字。」凡四方奏狀皆由之以達。其初亦甚微，只是如今之尚食、尚衣、尚輦、尚藥之類，亦緣居中用事，所以權日重。漢武帝游宴内廷，以外廷遠，故置中尚書，以宦者爲之，尤與人主親狎，故其權愈重。後來洪恭、石顯皆以中尚書居中用事而權權也。及光武即位，政事不任三公而歸臺閣，臺即尚書閣，即禁中也。三公皆擁虛器，凡天下事盡入中尚書，行下三公，或又不經由三公，徑行下九卿。而三公之權反不如九卿矣，所以漢世宦者弄權用事。曹操開魏王府，未敢即擬朝廷置中書，遂置祕書監，及篡漢，遂置中書監。所以荀淑由中書遷尚書監，人賀之，淑曰：『奪我鳳凰池，諸君何賀耶！』蓋尚書又不如中書之居中用事親密也。」問：「侍中是時爲何官？」曰：「黄門監，即今之門下省，左右散騎常侍皆黄門監之屬也。」問：「『省』字何義？」曰：「省即禁也。以前謂之『禁』，避魏元后父諱遂爲『省』，猶盡言省中禁中也。」又曰：「嘗見後漢群臣章奏，有云年月日臣某頓首死罪奏書尚書云云，蓋不敢指斥乘輿。如今云陛下、殿下之類。」庚。〔一八〇〕

顧命〔一八一〕

伏生以康王之誥合於顧命。今除着序文讀看，則文勢自相連接。道夫。

君牙

淳〔一八二〕問：「君牙、景〔一八三〕命等篇見得穆王氣象甚好，而後來乃有車轍馬跡馳天下之事，如何？」曰：「此篇乃内史〔一八四〕之屬所作，猶今之翰林作制誥然。如君陳、周官、蔡仲之命、微子之命等篇亦是當時此等文字，自有〔一八五〕格子，首呼其名而告之，末又爲『嗚呼』之辭以戒之。篇篇皆然，觀之可見。如大誥、梓材、多方、多士等篇乃當時編人君告其民之辭，多是方言。如『卬』字即『我』字，沈存中以爲秦語平音而謂之『卬』。故諸誥篇等〔一八六〕，當時下民曉得而今士人曉不得〔一八七〕。如尚書、尚衣、尚食，『尚』乃主守之意，而秦語作平音，與『常』字同。諸命等篇，今士人以爲易曉而當時下民却曉不得。」淳。義剛録同。〔一八八〕

呂刑[一八九]

東坡解呂刑「王享國百年耄」作一句，「荒度作刑」作一句，甚有理。如洛誥等篇不可曉處[一九〇]只合闕疑。德明。

問：「贖刑所以寬鞭扑之刑，則呂刑之贖刑如何？」曰：「呂刑蓋非先王之法也。故程子有一策問云：『商之盤庚、周之呂刑，聖人載之於書，其取之乎？抑將垂戒後世乎？』」廣。

義剛[一九一]問：「鄭敷文所論甫刑之意是否？」曰：「便是他門都不去考那贖刑。如古之『金作贖刑』只是刑之輕者，如『流宥五刑』之屬皆是流竄，但有『鞭作官刑，扑作教刑』便是法之輕者，故贖。想見那穆王胡做[一九二]，到那[一九三]晚年無錢使後[一九四]撰出這般法來。聖人也是志法之變處，但是他其中論不可輕於用刑之類，也有許多好説話，不可不知。」又問：「本朝之刑與古雖相遠，然也較近厚。」曰：「何以見得？」義剛曰：「如不甚輕殺人之類。」曰：「也是。但律較輕，勑較重。律是從[一九五]古來底，勑是本朝底。而今用時，勑之所無方用律。本朝自徒以下罪輕。古時流罪不刺面，只如今白面編管樣。是唐五代方是黥面。決脊如折杖，却是太祖方創起，言[一九六]却較寬。」陳安卿[一九七]問：「律起於何時？」曰：「律是從古底[一九八]，逐代相承修過，今也無理會處[一九九]。但是而今那[二〇〇]刑統便是古律，下面注底便是周世宗者。如宋莒公所謂『律應從而違，堪供而闕，此六經之亞文也』，所謂『律』者，漢書所引律便是，但其辭[二〇一]難曉。如當時之[二〇二]大獄引許多詞，便如而今款樣，引某罪引某法爲斷。本朝便都[二〇三]是用唐法。」義剛曰：「漢法較重於唐，當時多以語辭爲[二〇四]罪。」曰：「只是他用得如此，當時之法却不曾恁地。他只是見那[二〇五]前世輕殺人後[二〇六]便恁地。且如楊惲一書看得未[二〇七]有甚大段違法處，謂之不怨不可，但也無謗朝政之辭，却便謂之『腹誹』而腰斬。」義剛。

蔡仲默[二〇八]論五刑不贖之意。曰：「是穆王方有贖法[二〇九]。嘗見蕭望之言古不贖刑，某甚疑之，後來方省得贖刑不是古。」因取望之傳看畢，曰：「說得也無引證。」因論望之云：「想見望之也是拗。」義剛問：「望之學術不知是如何。又似好樣，又却也有那差異處。」先生徐應曰：「他說底也是正。」義剛曰：「如殺韓延壽，分明是他不是。」先生曰：「望之道理短。」義剛曰：「看來他也是暗於事機，被那兩個小人恁地弄後都不知。」先生但應之而已。義剛。

國秀問：「穆王去文、武、成、康時未遠，風俗人心何緣如此不好？」曰：「天下自有一般不好底氣質[二一〇]。聖人有那禮、樂、刑、政在此維持，不好底也能革面。至維持之具一有廢弛處，那不好氣質便自各出來，和那革面底都無了，所以恁地不好。人之學問，逐日恁地恐懼修省只[二一]得恰好，纔一日於[二二]倒便都壞了。」恪。

秦誓　費誓

秦誓、費誓亦皆有説不行、不可曉處。「民訖自若是多盤」，想只是説人情多要安逸之意。廣。

【校勘記】

[一]　夏書　成化本無。
[二]　邪　朱本作「斜」。
[三]　學蒙録同而略今附云　成化本爲「學蒙録云」。
[四]　予　成化本無。
[五]　以　成化本作「而」。
[六]　庚　成化本無。
[七]　庚　成化本無。

〔八〕陳淳録同　成化本無。
〔九〕下　成化本作「水」。
〔一〇〕隴　成化本此下注曰：「他本云：『那邊一支去爲江北許多去處。』」
〔一一〕淳義剛録同　成化本爲「義剛」。
〔一二〕繆　成化本爲「繆誤」。
〔一三〕爲　成化本無。
〔一四〕前日見　成化本無。
〔一五〕泛溢　成化本爲「泛濫」。
〔一六〕湯誓　成化本無。
〔一七〕若　成化本無。
〔一八〕湯誥　成化本爲「湯誓」。
〔一九〕蔡行父愻　成化本爲「蔡愻」。
〔二〇〕惟皇上帝降衷于下民　成化本無。
〔二一〕以爲衷善　成化本爲「以衷爲善」。
〔二二〕是　成化本無。
〔二三〕衷不是善　成化本爲「衷只是中」。

［二四］上　成化本無。

［二五］銖時舉録同　成化本爲「時舉」。

［二六］太甲中　成化本無。

［二七］曰云云　成化本爲「以湯爲我后而徯其來」。

［二八］成化本此下注有「閎祖」。

［二九］成化本此下注有「節」。

［三〇］不　成化本闕。

［三一］逆　成化本作「逢」。

［三二］所　成化本此下有「從」。

［三三］是非善惡　成化本爲「是是非非善善惡惡」。

［三四］纔　成化本此上有「曰」。

［三五］曰　成化本爲「又曰」。

［三六］是　成化本作「只」。

［三七］這　成化本無。

［三八］事　成化本作「字」。

［三九］説命中　成化本爲「説命」。

〔四〇〕則　成化本無。
〔四一〕防　成化本此下有「他」。
〔四二〕方子節録同　成化本作「節」。
〔四三〕成化本此下注有「節」。
〔四四〕故説得這話　成化本爲「故使得這説」。
〔四五〕説命下　成化本無。
〔四六〕候　成化本爲「等候」。
〔四七〕此條節録成化本無。
〔四八〕喻子才　成化本爲「俞子才」。按，「喻」字原脱，據朱本補。宋史卷四三三有喻樗傳，喻樗字子才。
〔四九〕寫本　成化本無。
〔五〇〕説　成化本此下注曰：「夔孫録云：『某看見古人説話不如此險。』」
〔五一〕得　成化本無。
〔五二〕先王　成化本無。
〔五三〕險　成化本此下注曰：「夔孫録云：『言語皆平正，皆是實語，不應得中間翻一個筋斗去。』」
〔五四〕斆得　成化本爲「説斆只得」。
〔五五〕注　成化本此下注曰：「夔孫録云：『此却似禪語。五通仙人問：「佛六通，如何是那一通？」那一通便是妙處。且如學記引此，亦只是依古注説。』」

〔五六〕臣子　成化本無。

〔五七〕崇侯虎　成化本作「崇」。

〔五八〕雜記　成化本爲「雜説」。

〔五九〕成化本此下注有「僩」。

〔六〇〕周書　成化本無。

〔六一〕必　成化本此上有「序」。

〔六二〕庚　成化本無。

〔六三〕成化本此下注曰：「疑與上條同聞。」

〔六四〕李叔易　「叔易」原脱，成化本亦脱。據朱本補。

〔六五〕包顯道　成化本爲「顯道」。

〔六六〕成化本此下注有「義剛」。

〔六七〕自　成化本爲「自殺」。

〔六八〕整　成化本作「興」。

〔六九〕孔子　成化本爲「夫子」。

〔七〇〕成化本此下注有「賀孫」。

〔七一〕稱武王　成化本爲「序稱」。
〔七二〕十　成化本此上有「史辭稱」。
〔七三〕雖　成化本無。
〔七四〕成化本此下注曰：「高録云：『見得釋箕子囚了，問他。若十一年釋了，十三年方問他，恐不應如此遲。』」
〔七五〕去　成化本作「走」。
〔七六〕此條僩録成化本無。
〔七七〕切緊　成化本爲「緊切」。
〔七八〕賀孫　成化本爲「道夫」。
〔七九〕又　成化本無。
〔八〇〕周禮　成化本爲「周公」。
〔八一〕一　原脱，據成化本補。
〔八二〕四者乃　成化本無。
〔八三〕之類　成化本無。
〔八四〕得　成化本無。
〔八五〕則　成化本作「便」。

〔八六〕因論洪範云　成化本無。
〔八七〕晝　成化本此下有「少」。
〔八八〕政　成化本作「證」，朱本作「徵」。
〔八九〕又云極非中也　成化本爲「乃中之極非中也」。
〔九〇〕人　成化本作「己」。
〔九一〕成化本此下注有「僩」。
〔九二〕此條成化本以部分内容夾注於胡泳録中，參成化本卷七十九胡泳録「問五行所屬……曰然」條。
〔九三〕消　成化本作「須」。
〔九四〕成化本此下有「卜九。砥録詳見下」，且其下爲砥録，參成化本卷七十九砥録「『皇極』二字……只是惟王不可不敬德而已」條。
〔九五〕是　成化本爲「即是」。
〔九六〕乎　成化本作「干」，朱本作「于」。
〔九七〕太極　成化本作「極」。
〔九八〕皇極　成化本無。
〔九九〕者　成化本無。
〔一〇〇〕謀之聰　成化本爲「視明聽聰」。

〔一〇一〕有　成化本無。
〔一〇二〕比看箕子爲武王陳洪範　成化本爲「箕子陳洪範」。
〔一〇三〕得　成化本爲「要得」。
〔一〇四〕此條道夫録成化本無。
〔一〇五〕彼中上元……罷之　成化本爲「上元須作醮象山罷之」。
〔一〇六〕入道觀　原脱，據成化本補。
〔一〇七〕晢　成化本作「哲」。
〔一〇八〕晢　成化本作「哲」。
〔一〇九〕是　成化本作「則」。
〔一一〇〕洪範　「洪」原作「湯」，據成化本改。
〔一一一〕必　成化本無。
〔一一二〕王荆公　成化本爲「荆公」。
〔一一三〕這　成化本無。
〔一一四〕成化本此下注有「訓學蒙」，且此條節録載於卷一百十八。
〔一一五〕治　成化本作「克」。
〔一一六〕之　成化本作「文」。

〔一一七〕子　成化本此下有「又，鼎中漉肉叉子」。

〔一一八〕畢　成化本爲「畢星」。

〔一一九〕東　成化本無。

〔一二〇〕若爾三王是有丕子之責于天以旦代某之身　成化本爲「是有丕子之責于天」。

〔一二一〕追　成化本作「進」。

〔一二二〕理會　成化本爲「道理」。

〔一二三〕要　成化本無。

〔一二四〕爲　成化本無。

〔一二五〕道　成化本作「説」。

〔一二六〕德於　成化本無。

〔一二七〕蓋始於紂苦之暴而欲其亡　成化本爲「蓋始苦於紂之暴而欲其亡」。

〔一二八〕故　成化本作「固」。

〔一二九〕吊　成化本無。

〔一三〇〕聲　成化本無。

〔一三一〕止　成化本作「正」。

〔一三二〕尚書　成化本無。

〔一三三〕段　成化本作「件」。
〔一三四〕得　成化本無。
〔一三五〕去　成化本作「出」。
〔一三六〕成化本此下注有「道夫」。
〔一三七〕不　成化本作「分」。
〔一三八〕周公　成化本無。
〔一三九〕義剛　成化本無。
〔一四〇〕魄　成化本作「明」。
〔一四一〕人載車　成化本無。
〔一四二〕人望在下却在側邊了　成化本爲「人在下望之却見側邊了」。
〔一四三〕彈丸　成化本爲「彈圓」。
〔一四四〕肙　成化本作「眉」。
〔一四五〕故　成化本作「既」。
〔一四六〕起　成化本此下注曰：「池本作『衝上』。」
〔一四七〕地　成化本爲「大地」。
〔一四八〕疊　成化本作「沓」。

〔一四九〕後　成化本此下有「則」。

〔一五〇〕處　成化本此下注曰：「池本作『暗虚』，下同。」

〔一五一〕不　成化本爲「不至」。

〔一五二〕則不成　成化本爲「而成」。

〔一五三〕籥　成化本作「篇」。

〔一五四〕召誥　成化本爲「召誥洛浩」。底本「洛誥」一目另置於此下。又，成化本「酒誥」與「召誥洛誥」間另有「梓材」一目，其下載兩條語録，參成化本卷七十九「吴材老説……此樣處恰恰好好」條、𥀿録「尚書句讀有長者……是一句」條。

〔一五五〕洛誥　成化本無。成化本「洛誥」與「召誥」合爲一目。

〔一五六〕下　成化本爲「下文」。

〔一五七〕却　成化本爲「却是」。

〔一五八〕此條時舉録成化本載於卷七十八。

〔一五九〕淳　成化本無。

〔一六〇〕林丈　成化本爲「林文」。

〔一六一〕云　成化本爲「如」。

〔一六二〕誥　成化本爲「五誥」。

〔一六三〕並同　成化本無。

〔一六四〕萍鄉　成化本無。

〔一六五〕吕東萊　成化本爲「東萊」。

〔一六六〕先生扣之　成化本無。

〔一六七〕柳兄　成化本作「柳」。

〔一六八〕吕東萊　成化本爲「東萊」。

〔一六九〕成化本此下注曰：「璘録云：『柔易於暗弱，徽有發揚之意；恭形於外，懿則有藴藏之意。』」

〔一七〇〕留　成化本作「當」。

〔一七一〕庚　成化本無。

〔一七二〕去　成化本無。

〔一七三〕了　成化本作「子」。

〔一七四〕處　成化本無。

〔一七五〕不　成化本作「弗」。

〔一七六〕成化本此下注曰：「或録云：『此兩句不與上下文相似。上下文多不可曉。』」

〔一七七〕此條成化本以部分内容爲注，附於節録後，參上條。

〔一七八〕周公　成化本爲「周官」。

［一七九］陳淳録同　成化本無。按，「同」字原脱，據文意補。
［一八〇］此條成化本以部分内容夾注於卷一百十二儒用録中，參底本該卷「或問漢三公之官……遂改爲省」條。
［一八一］顧命　成化本爲「顧命康王之誥」。
［一八二］淳　成化本爲「安卿」。
［一八三］景　朱本作「冏」，避宋太宗趙炅名諱。
［一八四］内史　成化本此下有「太史」。
［一八五］有　成化本爲「有個」。
［一八六］諸誥篇等　成化本爲「諸誥等篇」。
［一八七］曉不得　成化本爲「不曉得」。
［一八八］淳義剛録同　成化本爲「義剛」。按，「同」字原脱，據文意補。
［一八九］吕刑　成化本此目上有「冏命」一目，其下載一條銖録，而底本則載此條銖録於卷五十六，參底本該卷「或問格其非之格……如格鬭之格是也」條。
［一九〇］處　成化本無。
［一九一］義剛　成化本無。
［一九二］做　成化本此下有「亂做」。

〔一九三〕那　成化本無。
〔一九四〕後　成化本無。
〔一九五〕從　成化本無。
〔一九六〕言　成化本作「這」。
〔一九七〕陳安卿　成化本爲「安卿」。
〔一九八〕古底　成化本爲「古來底」。
〔一九九〕處　成化本作「了」。
〔二〇〇〕那　成化本無。
〔二〇一〕辭　成化本此下有「古」。
〔二〇二〕之　成化本作「數」。
〔二〇三〕都　成化本作「多」。
〔二〇四〕爲　成化本作「獲」。
〔二〇五〕那　成化本無。
〔二〇六〕後　成化本無。
〔二〇七〕未　成化本作「來」。
〔二〇八〕蔡仲默　成化本爲「仲默」。

［二〇九］贖法　成化本爲「贖刑」。

［二一〇］氣質　成化本爲「氣象」。

［二一一］只　成化本無。

［二一二］於　成化本作「放」。

晦庵先生朱文公語類卷第八十

毛詩[一]一

綱領

孔子所謂「思無邪」止是一個「正」字，孟子所謂「集義」止是一個「是」字。儒用。[二]

寬厚温柔，詩教也。若如今人説九罭之詩乃責其君之辭，何處討寬厚温柔之意！賀孫。[三]

因論詩，曰：「孔子取詩只取大意。三百篇詩[四]也有會做底，有不會做底。如君子偕老詩[五]『子之不淑，云如之何』，此是顯然譏刺他了[六]，到第二章已下又全然放寬了[七]，豈不是亂道！如載馳詩煞有首尾，委曲詳盡，非大段會底説不得。又如鶴鳴做得巧[八]，更含畜意思，全然不露。如清廟一倡三歎者，人多理會他[九]不得。注下分明説『一人倡之，三人和之』，譬如今人挽歌之類。今人解者又須要胡説亂説。」祖道。

問：「删詩果只是許多，如何？[一〇]」曰：「那曾見得聖人執筆删那個、存這個，也只得就相傳上說去。」賀孫。

恭父問：「詩章起於誰？」曰：「有『故言』者是指毛公，無『故言』者皆是鄭康成。有全章換一韻處。有全押韻[一一]，如頌中有全篇句句是韻。如殷武之類，無兩句不是韻，到『稼穡匪解』自欠了一句。前輩分章都曉不得，某細讀方知是欠了一句。」賀孫。

問：「詩次序是合當如此否？」曰：「也[一二]不見得。只是如[一三]楚茨、信南山、甫田、大田諸詩，元初却當作一片。」又曰：「如卷阿說『豈弟君子』自作賢者，如泂酌說『豈弟君子』自作人君。大抵詩中有可以比並看底，有不可如此看，自有這般樣子。」賀孫。[一四]

「詩，人只見他恁地重三疊兩[一五]說，將謂是無倫理次序，不知他一句不胡亂下。」文蔚曰：「今日偶看棫樸一篇凡有五章。前三章是說人歸附文王之德，後二章乃言文王有作人之功及紀綱四方之德，致得人歸附者在此。一篇之意次第甚明。」先生曰：「然。『遐不作人』却是說他鼓舞作興底事。功夫細密處又在後一章。如曰『勉勉我王，綱紀四方』，四方便都在他綫索內，牽着都動。」文蔚曰：「『勉勉』即是『純亦不已』否？」曰：「然。如[一六]『追琢其章，金玉其相』，是那工夫到後文章真個是盛美，資質真個是堅實。」文蔚。

李善注文選，其中多有韓詩章句，常欲寫出。「易直子諒」，韓詩作「慈良」。方子。

問：「王風是他風如此，不是降爲國風。」曰：「其辭語可見。風多出於在下之人，雅乃士夫

所出[一七]。雅雖有刺而其辭莊重，與風異。」可學。[一八]

「大序言：『一國之事係一人之本，謂之風。』所以析衛[一九]邶、鄘、衛。」先生曰：「詩，古之樂也，亦如今之歌曲，音各不同：衛有衛音，鄘有鄘音，邶有邶音。故詩有鄘音者係之鄘，有邶音者係之邶。若大雅、小雅則亦如今之商調、宮調，作歌曲者亦按其腔調而作爾。大雅、小雅亦古作樂之體格，按大雅體格作大雅，按小雅體格作小雅。非是做成詩後旋相度其辭目爲大雅、小雅也。大抵國風是民庶所作，雅是朝廷之詩，頌是宗廟之詩。」又云：「小序，漢儒所作，有可信處絶少。大序好處多，然亦有不滿人意處。」謨。去僞、人傑録同。[二〇]

器之問風、雅與「無天子之風」之義。先生舉鄭漁仲之説言：「出於朝廷者爲雅，出於民俗者爲風。文、武之時周、召之作者謂之周、召之風，東遷之後王畿之民作者謂之王風。似乎大約是如此，亦不敢爲斷然之説。但古人作詩，體自不同，雅自是雅之體，風自是風之體。如今人做詩曲亦自有體制不同者，自不可亂，不必説雅之降爲風。今且就詩上理會意義，其不可曉處不必反倒。」因説：「嘗見蔡行之舉陳君舉説春秋云：『須先看聖人所不書處，方見所書之義。』見成所書者更自理會不得，却又取不書者來理會，少間只是説得奇巧。」木之。

因説詩。答曰：[二一]「詩有是當時朝廷作者，雅頌是也。若國風，乃採詩者採之民間以見四方民情之美惡，二南亦是採民言而被樂章爾。程先生必要説是周公作以教人，不知是如何？

某不敢從。若變風，又多是淫亂之詩，故班固言『男女相與歌詠以言其傷』是也。聖人存此，亦以見上失其教則民欲動情勝，其弊至此，故曰『詩可以觀』也。且『詩有六義』，先儒更不曾説得明，却又[二二]因周禮説豳詩有豳雅、豳頌，即於一詩之中要見六義，思之皆不然。蓋所謂『六義』者，風、雅、頌乃是樂章之腔調也，如言仲呂調、大石調、越調之類是也[二三]。至比、興、賦又別，如[二四]直指其名、直叙其事者，賦也；如本要言其事而虚用兩句鈎[二五]起，因而接續去者，興也；引物爲況者，比也。立此六義非特使人知其聲音之所當，又欲使歌者知作詩之法度也。」問：「豳之所以爲雅、爲頌者，恐是可以用雅底腔調又可用頌底腔調否？」答[二六]曰：「恐是如此，某亦不敢如此斷，今只説恐是亡其二。」大雅。

問二雅所以分。答[二七]曰：「小雅是所係者小，大雅是所係者大。『呦呦鹿鳴』，其義小；『文王在上，於昭于天』，其義大。」問變雅。答[二八]曰：「亦是變用他腔調爾。大抵今人説詩多去辨他序文要求着落，至其正文『關關雎鳩』之義，却不與理會。」王德修云：「詩序只是『國史』一句可信，如『關雎，后妃之德也』。此下即講師説，如蕩詩自是説『蕩蕩上帝』，序却言是『天下蕩蕩』；賚詩自是説『文王既勤止，我應受之』，是説後世子孫賴其祖宗基業之意，他序却説『賚，予也』。豈不是後人多被講師瞞耶？」答[二九]曰：「此是蘇子由曾説來，然亦有不通處。如漢廣『德廣所及也』有何義理？却是下面『無思犯禮，求而不可得』幾句却有理。若某，只上一句亦不敢信他。舊曾有一老儒鄭漁仲，邵武人，[三〇]更不信小序，只依古本與疊在後面。某今亦只如此，令人虛心看正文，久之其義自見。蓋所謂序者類多世儒之談，不解詩人本意處甚多。且如『止乎禮義』，果能止禮義否？桑中之詩禮義在何處？」王曰：「他要存戒。」答[三一]曰：「此正文中無戒意，只是直述他淫亂事爾。若鶉之奔奔、相鼠等詩却是譏罵，可以爲戒，此則不然。某今看得鄭詩自叔于田等詩之外，如狡童、子衿等篇皆淫亂之詩，而説詩者誤以爲刺昭公、刺學校廢耳。衛詩尚可，猶是男子戲婦人。鄭詩則不然，多是婦人戲男子，所以聖人尤惡鄭聲也。出其東門却是個識道理底人做。」大雅。

林子武問：「『詩者，中聲之所止』，如何？[三二]」曰：「這只是正風、雅、頌是中聲，那變風不是。伯恭堅要牽合説是，然恐無此理。今但去讀看，便自有那輕薄底意思[三三]了。如韓愈説數句『其聲浮且淫』之類，這正是如此。」義剛。

問比、興。曰：「説出那個[三四]物事來是興，不説出那個[三五]物事是比。如『南有喬木』只是説個『漢有游女』，『奕奕寢廟，君子作之』只説個『他人有心，予忖度之』，關雎亦然，皆是興體。比底只是從頭比下來，不説破。興、比相近，却不同。周禮説『以六詩教萬民[三六]』，其實只是這賦、比、興三個物事。風、雅、頌，詩之擅名[三七]。理會得那興、比、賦時，裏面全不大段費解。今人要細解，不道此説爲是。如『奕奕寢廟』，不認得他人[三八]意在那『他人有心』處，只管解那

『奕奕寢廟』。[三九]」植。[四〇]

問：「詩中說興處多近比。」曰：「然。如關雎、麟趾相似，皆是興而兼比。然雖近比，其體却只是興。且如『關關雎鳩』本是興起，到得下面說『窈窕淑女』，此方是入題說那實事。蓋興是以一個物事貼一個物事說，上文興而起，下文便接說實事。如『麟之趾』，下文便[四一]『振振公子』，一個對一個說。蓋公本是個好底人，子也好，孫也好，族人也好。譬如麟趾也好，定也好，角也好。及比則不然[四二]入題了，如比那一物說便是說實事。如『螽斯羽詵詵兮，宜爾子孫振振兮』，『螽斯羽』一句便是說那人了，下面『宜爾子孫』依舊是就『螽斯羽』上說，更不用說實事，此所以謂之比。大率詩中比、興皆類此。」僩。

比雖是較切，然興却意較深遠。也有興而不甚深遠者、比而深遠者，這又係人之高下，有做得好底、有拙底。常看後世，如魏文帝之徒作詩皆只是說風景，獨曹操愛說那[四三]周公。其詩中屢說，便是那曹操意思也是也[四四]較別，也是乖。義剛。

比是以一物比一物，而所指之事常在言外。興是借彼一物以引起此事，而其事常在下句。但比意雖切而却淺，興意雖闊而味長。賀孫。

節[四五]問：「詩如何可以興？」答[四六]曰：「讀詩，見其不美者令人羞惡，見其美者令人興起。」節。[四七]

「詩可以興。」須是反復熟讀，使書與心相乳入，自然有感發處。閎祖。〔四八〕

詩之興全無巴鼻，〔四九〕後來古詩〔五〇〕猶有此體。如「青青陵上柏，磊磊澗中石。人生天地間，忽如遠行客」，又如「高山有涯，林木有枝。憂來無端，人莫之知」，「青青河畔草，綿綿思遠道」，皆是此體。方子。〔五一〕

六義自鄭氏以來失之，后妃自程先生以來失之。后妃安知當時之稱如何。可學。〔五二〕

器之問：「詩傳分别六義有未備處。」曰：「不必又只管滯却許多，且看詩意義如何。觀人一篇詩必有意思，〔五三〕且要理會得這個。」因説：〔五四〕「如柏舟之詩只説到『靜言思之，不能奮飛』，緑衣之詩説『我思古人，實獲我心』，此可謂『止乎禮義』。所謂『可以怨』便是『喜怒哀樂發而皆中節』處。推此以觀，則子之不得於父，臣之不得於君，朋友之不相信，皆當以此意處之。如屈原之懷沙赴水，賈誼言『歷九州而相其君，何必懷此都也』，便都過當了。古人胸中發出意思自好，看着三百篇詩，則後世之詩多不足觀矣。」木之。

問「詩傳説六義以『託物興辭』爲興，與舊説不同。」曰：「覺舊説費力，失本指。如興體不一，或借眼前物事説將起，或别自將一物説起，大抵只是將三四句引起。如唐時尚有此等詩體。如『青青河畔草』、『青青水中蒲』，皆是别借此物興起其辭，非必有感有見於此物也。有將物之無興起自家之所有，將物之有興起自家之所無。前輩都理會這個不分明，如何説得詩本指！只伊川先生[五五]也自未見得。看所説有甚廣大處，子細看，本指却不如此者[五六]。上蔡先生[五七]怕曉得詩，如他[五八]云『讀詩須先要識得六義體面』，這是他識得要領處。」問：「詩雖是吟咏，使人自有興起，固不專在文辭。然亦須是篇篇句句理會着實，見得古人所以作此詩之意，方始於吟咏上有得。」曰：「固是。若不得其真實，吟咏個甚麽？然古人已多不曉其意，如左傳所載歌詩，多是[五九]本意元不相關。」問：「我將詩云[六〇]『維天其右之』、『既右享之』，今所解都作左右之『右』，與舊不同。」曰：「周禮有『享右祭祀』之文。如詩中此例亦多，如『既右烈考，亦右文母』之類。如我將所云作保祐説，更難。方説『維羊維牛』，如何便説保祐！到『伊嘏文王，既右享之』，也説未得右助之『右』。」問：「振鷺詩不是正祭之樂歌，乃獻助祭之臣，未審如何？」曰：「看此文意都無告神之語，恐是獻助祭之臣。古者祭祀每一受胙，主與賓尸皆有獻酬之禮。既畢然後亞獻，至獻畢復受胙。如此，禮意甚好，有接續意思。到唐時尚然。今併受胙於諸獻既畢之後，主與賓尸意思皆隔了。古者一祭之中所以多事，如：『季氏祭，逮闇而祭，日不足，繼之以燭。雖有强力之容，肅敬之心，皆祭怠矣。有司跛倚以臨祭，其爲不敬大矣！他日祭，子路與，室事交乎户，堂事交乎階，質明而始行事，晏朝而退。孔子聞之曰：「誰謂由也而不知禮乎？」』古人祭禮是大段有節奏。」賀孫。

詩序起「關雎，后妃之德也」止「教以化之」，大序起「詩者，志之所之也」止「詩之至也」。

敬仲。[六一]

「變風止乎禮義」，如泉水、載馳固止乎禮義，如桑中有甚禮義？大序只是揀說，亦未盡。[六二]聲發出於口，成文而節宣和暢謂之音，乃合於音調。如今之唱曲合宮調、商調之類。[六三]

「詩大序只有六義之說是，而程先生不知如何又却說從別處去。如小序亦間有說得好處，只是杜撰處多。不知先儒何故不虛心子細看這道理，便只恁說却。後人又只依他那個說出，亦不看詩是有此意無。若說不去處又須穿鑿說將去。又，詩人當時多有唱和之詞，如是者有數十[六四]篇，序中都說從別處去。且如蟋蟀一篇，本其風俗勤儉，其民終歲勤勞不得少休，及歲之暮方且與[六五]燕樂。而又遽相戒曰『日月其除，無已太康』，蓋謂今雖不可以不爲樂，然不已過於樂乎！其憂深思遠固如此。至山有樞一詩，特以和答其意而解其憂爾，故說山則有樞矣，隰則有榆矣。子有衣裳，弗曳弗婁；子有車馬，弗馳弗驅。一旦宛然以死，則他人藉之以爲樂爾，所以解勸他及時而樂也。而序蟋蟀者則曰『刺晉僖公儉不中禮』。蓋風俗之變必由上以及下，今謂君之儉反過於禮，而民之俗猶知用禮，則必無是理也。至山有樞則以爲『刺晉昭公』，又不然矣。若魚藻，則天子燕諸侯而諸侯美天子之詩也，采菽則天子所以答魚藻矣，至鹿鳴則燕享賓客也，序頗得其意。四牡則勞使臣也，而詩序下文則安矣。皇皇者華則遣使臣之詩也，常棣則燕兄弟之詩也，序固得其意。伐木則燕朋友故舊之詩也。人君以鹿鳴而下五詩燕其臣，故臣受君之賜者，則歌天保之詩以答其上。天保之序雖略得此意，而古注言鹿鳴至伐木『皆君所以下其臣，臣亦歸美於上，崇君之尊而福禄之以答其歌』，却説得尤分明。又如行葦自是祭畢而燕父兄耆老之詩，首章言開燕設席之初，而慇懃篤厚之意已見於言語之外，二章言侍御獻酬飲食歌樂之盛，三章言既燕而射以爲懽樂，末章祝頌其既飲此酒皆得享夫長壽。今序者不知本旨，見有『勿踐履』之説，則便謂『仁及草木』；見『戚戚兄弟』，便謂『親睦九族』；見『黄耇台背』，便謂『養老』；見『以祈黄耇』，便謂『乞言』；見『介爾景福』，便謂『成其福禄』，細細碎碎，殊無倫理，其失爲尤甚也。既醉則父兄所以答行葦之詩也，鳧鷖則祭之明日繹而賓尸之詩也。古者宗廟之祭皆有尸，既祭之明日則煖其祭食，以燕爲尸之人，故有此詩。假樂則公尸之所以答鳧鷖也。今序篇皆失之。」又曰：「詩，即所謂樂章。雖有唱和之意，衹是樂工代歌，亦非是君臣自歌也。」道夫。

詩、書序當開在後面。升卿。〔六六〕

敬之問詩、書序。曰：「古本自是别作一處。如易大傳、班固序傳並在後。京師舊本揚子注，其序亦總在後。」德明。

王德修曰：「六經惟詩最分明。」先生曰：「詩本易明，只被前面序作梗。序出於漢儒，反亂詩本意。且只將四字成句底詩讀，却自分曉。見作詩集傳，待取詩令編排放前面，驅逐過後面自作一處。」文蔚。

詩序作而觀詩者不知詩意。節。

詩[六七]小序不可信。而今看詩，有詩中分明說某人某事者則可知，其他不曾實[六八]說者，而今但可知其說此等事而已。韓退之詩曰「春秋書王法，不誅其人身」。從周。[六九]

詩[七〇]小序極有難曉處，多是附會。如魚藻詩，見有「王在鎬」之言，便以爲君子思古之武王。似此類甚多。可學。

因論詩，歷言小序大無義理，皆是後人杜撰，先後增益湊合而作，多就詩中採摭言語，更不能發明詩[七一]大旨。纔見有「漢之廣矣」之句，便以爲德廣所及；纔見有「命彼後車」之言，便以爲不能飲食教載。行葦之序，但見「牛羊勿踐」，便謂「仁及草木」；但見「戚戚兄弟」，便謂「親睦九族」；見「黃耇台背」，便謂「養老」；見「以祈黃耇」，便謂「乞言」；見「介爾景福」，便謂「成其福祿」。隨文生義，無復倫理。卷耳之序以「求賢審官，知臣下之勤勞」爲后妃之志事，固不倫矣。況詩中所謂「嗟我懷人」，其言親暱太甚，寧后妃所得施於使臣者哉！桃夭之詩謂「婚姻以時，國無鰥民」爲「后妃之所致」，而不知其爲文王刑家及國，其化固如此，豈專后妃所能致耶？其他變風諸詩，未必是刺者皆以爲刺，未必是言此人必傅會以爲此人。桑中之詩放蕩留連，止是淫者相戲之辭，豈有刺人之惡而反自陷於流蕩之中？子衿詞[七二]意輕儇，亦豈刺學校之辭？有女同車等，皆以爲刺忽而作。鄭忽不娶齊女，其初亦是好底意思，但見後來失國，便將詩[七三]許多詩盡爲刺忽而作。考之於忽，所謂淫昏暴虐之類，皆無其實。至遂目爲「狡童」，豈詩人愛君之意？況其所以失國，正坐柔懦闊疏，亦何狡之有？幽厲之刺亦蓋[七四]有不然者[七五]。甫田諸篇，凡詩中無詆譏之意，皆以爲傷今思古而作。其他謬誤不可勝說。後世但見詩序巍然冠於篇首，不敢復議其非，至有解説不通多爲飾辭以曲護之者，其誤後學多矣。大序却好，或者謂補湊而成，亦有此理。書小序亦未是，只如堯典、舜典便不能通貫一篇之意，堯典不獨爲遜舜一事，舜典到「歷試諸難[七六]」之外便不該通了，其他書序亦然。至如書大序亦疑不是孔安國文字。大抵西漢文章渾厚近古，雖董仲舒、劉向之徒言語自別。讀書大序便覺欺慢[七七]無氣，未必不是後人所作也。謨。

詩序實不足信。向來見鄭漁仲有詩辨妄力詆詩序，其間言語太甚，以爲皆是村野妄人所作。始者[七八]亦疑之，後來子細看一兩篇，因質之史記、國語，然後知詩序之果不足信。因是看行葦、賓之初筵、抑數篇，序與詩全不相似。以此看其他詩序，其不足信者煞多。以此知人不可亂説話，便都被人看破了。大率[七九]詩人假物興辭，大率將上句引下句。如「行葦勿踐履」、「戚戚兄弟，莫遠具爾」，行葦是比兄弟，「勿」字乃興「莫」字。此詩自是飲酒會賓之意，序者却牽合作周家忠厚之詩，遂以行葦爲「仁及草木」。如云「酌以大斗，以祈黃耇」，亦是歡合之時祝壽之意，序者遂以爲「養老乞言」，豈知「祈」字本只是祝頌其高壽，無乞言意也。抑詩中間煞有好語，亦非刺厲王。如「於乎小子」，豈是以此指其君！兼厲王是暴虐大惡之主，詩人不應不述其事實，只説謹言節語。況厲王無道，謗訕者必不容，武公如何恁地指斥曰「小子」？却是[八〇]國語以爲武公自警之詩，却是可信。大率古人作詩與今人作詩一般，其間亦自有感物道情、吟咏情性，幾時盡是譏刺他人？只緣序者立例，篇篇要作美刺説，將詩人意思盡穿鑿壞了。且如今人見[八一]纔做事便作一詩歌美之，或譏刺之，是甚麼道理？如此，一似里巷無知之人胡亂稱頌諛説，把持放鵰，[八二]何以爲情性之正？詩中數處皆應答之詩，如天保乃與鹿鳴爲唱答，賓之初筵[八三]與既醉爲唱答，蟋蟀與山有樞爲唱答。唐自是晉未改號晉[八四]時國名，自作序者以爲刺僖公，便牽合謂此晉也，而謂之唐乃有堯之遺風。本意豈因此而謂之唐？是皆鑿説。但唐風自是尚有勤儉之意，作詩者是一個不敢放懷底人，説「今我不樂，日月其除」，便又説「無已太康，職思其居」。到山有樞是答者，便謂「子有衣裳，弗曳弗婁，宛其死矣，他人是愉」，「子有鐘鼓，弗鼓弗考，宛其死矣，他人是保」，這是答他不能享些快活，徒恁地苦澁。詩序亦有一二有憑據，如清人、碩人、載馳諸詩是也。昊天有成命中説「成王不敢康」，成王只是成王，何須牽合作成王業之王？自序者恁地附會，便謂周公作此以告成王[八五]。他既作周公告成功，便將「成王」字穿鑿説了，又幾曾是郊祀天地！被序者如此説，後來遂生一場事端，有南北郊之事。此詩自説「昊天有成命」，又不曾説着地，如何説道祭天地之詩？設使合祭，亦須幾句説及后土。如漢諸郊祀詩，祭某神便説某事。若用以祭地，不應只説天不説地。東萊詩記却編得子細，只是大本已失了，更説甚麽？向嘗與之論此，如清人、載馳一二詩可信。渠却云：「安得許多文字證據？」某云：「無證而可疑者只當闕之，不可據序作證。」渠又云：「只此序便是證。」某因云：「今人不以詩説詩，却以序解詩，是以委曲牽合，必欲如序者之意，寧失詩人之本意不恤也。此是序者大害處！」賀孫。

「詩序多是後人妄意推想詩人之美刺，非古人之所作也。古人之詩雖存而意不可得而知〔八六〕。詩序〔八七〕者妄誕其説，但擬〔八八〕見其人如此，便以爲是詩之美刺者必若人也。如莊姜之詩却以爲刺衛頃公。今觀史記所述，頃公竟無一事可紀，但言某公卒、子某公立而已，都無其事。頃公固亦是衛一不善〔八九〕之君，序詩者但見其詩有不美之迹，便指爲刺頃公之詩。此類甚多，皆是妄生美刺，初無其實。至有不能考之〔九〇〕者，則但言『刺時〔九一〕也』、『思賢妃也』。然此是泛泛而言。如漢廣之序言『德廣所及』，此語最亂道。詩人言『漢之廣矣』，其言已分曉。至如下面小序却説得是，謂『文王之化被于南國，美化行乎江漢之域，無思犯禮，求而不可得也』，此數語却好。」又云：「看來詩序當時只是個山東學究等人做，不是個老師宿儒之言，故所言都無一事是當。如行葦之序雖皆是詩人之言，但却不得詩人之意。不知而今做義人到這處將如何做，於理決不順。某謂此詩本是四章、章八句，他不知，作八章、章四句讀了。如『敦彼行葦，牛羊勿踐履。方苞方體，惟葉泥泥。戚戚兄弟，莫遠具爾。或肆之筵，或授之几』。此詩本是興詩，即是興起下四句言。以『行葦』興『兄弟』，『勿踐履』是『莫遠』意也。」又云：「鄭、衛詩多是淫奔之詩。鄭詩如將仲子以下皆鄙俚之言，只是一時男女淫奔相襲[九二]之語。如桑中之詩云『衆散民流，而不可止』，故樂記云：『桑間濮上之音，亡國之音也。其衆散，其民流，誣上行私而不可止也。』鄭詩自緇衣之外亦皆鄙俚，如『采蕭』、『采艾』、『青衿』之類是也，故夫子『放鄭聲』。如抑之詩，非詩人作以刺君，乃武公爲之以自警。又有稱『小子』之言，此必非臣下告君之語，乃自謂之言無疑也。」卓。

問：「先生[九三]詩傳盡撤去小序，何也？」答[九四]曰：「小序，如碩人、定之方中等見於左傳者自可無疑。若其他刺詩，無所據，多是世儒將他謚號不美者挨就立名爾。今只考一篇見是如此，故其他皆不敢信。且如蘇公刺暴公，固是姓暴者多，萬一不見得是暴公，則『惟暴之云』者只作一個狂暴底人説亦可。又如將仲子如何便見得是祭仲？某由此見得小序大故是後世陋儒所作。但既是千百年已往之詩，今只見得大意便了，又何必要指實得其人姓名？於看詩有何益也！」大雅。

問：「詩傳多不解詩序，何也？」曰：「予[九五]自二十歲時讀詩，便覺小序無意義。及去了小序，只玩味詩詞，却又覺得道理貫徹。當初亦嘗質問諸鄉先生，皆云序不可廢，而某之疑終不能釋。後到三十歲，斷然知小序之出於漢儒所作，其爲繆戾有不可勝言。東萊不合只因序講解，便有許多牽强處。某嘗與之言，終不肯信從[九六]。讀詩記中雖多說序，然亦有說不行處，亦廢之。某因作詩傳，遂成詩序辨說一册，其他繆戾辨之頗詳。」方子。[九七]

器之問詩叶韻之義。曰：「只要音韻相叶，好吟哦諷誦，易見道理，亦無甚要緊。今且要將七分工夫理會義理，三二分工夫理會這般去處。若只管留心此處，而於詩之義却見不得，亦何益也！」又曰：「叶韻多用吴才老本，或自以意補入。」木之。[九八]

問：「詩叶韻，是當時如此作，是樂歌當如此？」曰：「當時如此作。古人文字多有如此者，如正考父鼎銘之類。」可學。

問：「先生說詩，率皆叶韻，得非詩本樂章，播諸聲詩，自然叶韻，方諧律吕，其音節本如是耶？」曰：「固是如此。然古人文章亦多是叶韻。」因舉王制及老子叶韻處數段。又曰：「周頌多不叶韻，疑自有和底篇相叶。『清廟之瑟，朱弦而疏越，一唱而三歎』，歎即和聲也。」儒用。

詩之音韻是自然如此，這個與天通。古人音韻寬，後人分得密後隔開了。離騷注中發兩個例在前：「朕皇考曰伯庸」，「庚寅吾以降」。洪。「又重之以修能」，耐。「紉秋蘭以爲佩」。後人不曉，却謂只此兩韻如此。某有楚詞叶韻，作某[九九]名字，刻在漳州。方子。

又[一〇〇]因說叶韻，先生曰：「此謂有文有字。文是形，字是聲。文如從『水』、從『金』、從『木』、從『日』、從『月』之類，字是『皮』、『可』、『工』、『奚』之類。故鄭漁仲云『文，眼學也；字，耳學也』，蓋以形、聲别之[一〇一]。」時舉。[一〇二]

叶韻恐當以頭一韻爲準。且如「華」字叶音「旉」[一〇三]，如「有女同車」是第一句，則第二句「顔如舜華」當讀作「旉」[一〇四]字，然後與下文「佩玉瓊琚」、「洵美且都」皆叶。至如「何彼穠矣，唐棣之華」是第一韻，則當依本音讀，而下文「王姬之車」却當作尺奢反，如此方是。今只從吴才老舊説，不能又創得此例。然楚調[一〇五]「紛余既有此内美兮，又重之以修能」，「能」音「耐」，然後下文「紉秋蘭以爲佩」叶。若「能」字只從本音，則「佩」字遂無音，如此，則又未可以頭一韻爲定也。閎祖。

先生説：[一〇六]「詩音韻間有不可曉處。」因説：「如今所在方言，亦自有音韻與古今合去處[一〇七]。」子升因問：「今『陽』字却與『唐』字通，『清』字却與『青』字分之類，亦自不可曉。」曰：「古人韻疏，後世韻方嚴密。見某人好考古字，却説『青』字音自是『親』，如此類極多。」木之。

吴才老補韻甚詳，然亦有推不去者。某煞尋得，當時不曾記，今皆忘之矣。如「外禦其務」叶「烝也無戎」，才老無尋處，却云「務」字古人讀做「蒙」。不知「戎，汝也」，「汝」、「戎」二字古人通用，是協音「汝」也。如「南仲太祖，太師皇父，整我六師，以修我戎」，亦是叶音「汝」也。「下民有嚴」叶「不敢怠遑」，才老欲音「嚴」爲「莊」，云避漢諱，却無道理。某後來讀楚辭天問，見一「嚴」字乃押從「莊」字，乃知是叶韻，「嚴」讀作「昂」也。天問，才老豈不讀？往往無甚意義，只恁地［一〇八］打過去也。義剛。［一〇九］

或問：「吴氏叶韻何據？」曰：「他皆有據。泉州有其書，每一字多者引十餘證，少者亦兩三證。他説元初更多，後删去，姑存此耳。然猶有未盡。」因言：「商頌『天命降監，下民有嚴。不僭不濫，不敢怠遑』，吴氏云：『「嚴」字恐是「莊」字，漢人避諱改作「嚴」字。』某後來因讀楚辭天問，見『嚴』字都押入『剛』字、『方』字去。又此間鄉音『嚴』作户剛反，乃知『嚴』字自與『皇』字叶。然吴氏豈不曾看楚詞？想是偶然失之。又如伐木詩［一一〇］『兄弟鬩于墻，外禦其務；每有良朋，烝也無戎』。吴氏復疑『務』當作『蒙』，以叶『戎』字。某却疑古人訓『戎』爲『汝』，如『以佐戎辟』、『戎雖小子』，則『戎』、『女』音或通。後來讀常武詩有云：『南仲太祖，太師皇父，整我六師，以修我戎。』則與『汝』叶，明矣。」因言：「古之謡諺皆押韻，如夏諺之類。又如［一一一］散文亦有押韻者，如曲禮『安民哉』叶音『兹』，則與上面『思』、『辭』二字叶矣。又如『將上堂，聲必揚；將入户，視必下』，『下』叶音『護』。禮運孔子閒居亦多押韻。莊子中尤多。至於易之［一一二］彖辭，則皆韻語也。」［一一三］廣。

問：「詩叶韻有何所據而言？」曰：「叶韻乃吴才老所作，某又續添減之。蓋古人作詩皆押韻，與今人歌曲一般。今人信口讀之，全失古人詠歌之意。」晦夫。[一一四]

器之問詩。曰：「古人情意温厚寬和，道得言語自恁地好。當時叶韻只是要便於諷詠而已，到得後來一向於字韻上嚴切，却無意思。漢不如周，魏晉不如漢，唐不如魏晉，本朝又不如唐。如元微之劉禹錫之徒，和詩猶自有韻相重密。本朝和詩便定不要一字相同，不知却愈壞了詩！」木之。

論讀詩[一一五]

詩中頭項多，一項是音韻，一項是訓詁名件，一項是文體。若逐一根究，然後討得些道理，則殊不濟事，須是通悟者方看得。方子。[一一六]

聖人有法度之言，如春秋、書、禮是也，一字皆有理。如詩，亦要逐字將理去讀，便都礙了。淳。

問「聖人有法度之言」。「如春秋、書與周禮，字較實。詩無理會，只是看大意。若要將序去讀，便礙了。」問：「變風、變雅如何？」曰：「也是後人恁地説，今也只是[一一七]依他恁地説。如周南之[一一八]漢廣、汝墳諸詩[一一九]皆是説婦人。如此，則文王之化只化[一二〇]及婦人，不化[一二一]及男子？只看他大意。恁地拘不得。」寓。

公不會看詩。須是看他詩人意思好處是如何，不好處是如何。看他風土，看他風俗，又看他人情、物態。只看伐檀詩便見得他一個清高底意思，看碩鼠詩便見他一個。[一二二]看他好底[一二三]令自家善意油然感動而興起，看他不好底自家心下如着槍相似。如此看方得詩意。僩。

詩有説得曲折後好底，有只恁地去平直處[一二四]説後自好底。如燕燕末後一二[一二五]章，這不要看上文，考下文[一二六]便知得是恁地意，他[一二七]自是高遠，自是説得那人着。義剛。

林子武説詩。先生曰：「不消得恁地求之太深。他當初只是平[一二八]。橫看也好，竪看也好。今若是[一二九]要討個路頭去裏面尋，却怕迫窄了。」義剛。

讀詩之法，且如「白華菅兮，白茅束兮。之子之遠，俾我獨兮」，蓋言白華與茅尚能相依，而我與子乃相去如此之遠，何哉？又如「倬彼雲漢，爲章于天。周王壽考，遐不作人」，只是説雲漢恁地爲章于天，周王壽考豈不能作人也！上兩句皆是引起下面説，略有些意思傍著，不須深求，只如[一三〇]此讀過便得。僩。

看詩且看他大意。如衛之[一三一]諸詩，其中有説時事者固當細考。如鄭之淫亂底詩，若[一三二]搜求他，有甚意思？一日看五六篇可也。僩。

看詩，義理外更好看他文章。且如谷風，他只是如此説出來，然而敍得事曲折先後皆有次序。而今人費盡氣力去做後，尚做得不好。義剛。

看詩不要死殺看了，看了[一三三]見得無所不包。今人看詩無興底意思。節。[一三四]

讀詩便長人一格。如今人讀詩何緣會長一格？興處[一三五]最不緊要，然興起人意處正在興，會得詩人之興便有一格長。「豐水有芑，武王豈不仕」，蓋曰豐水且有芑，武王豈不有事乎！此亦興之一體，不必更注解。如龜山説關雎處意亦好，然終是説死了，如此便詩眼不活。伯豐。

問：「向見呂丈，問讀詩之法。呂丈舉横渠『置心平易』之説見教。某固嘗[一三六]遵用其説去涵味來，固有個涵泳情性底道理，然終不能有所啓發。程子謂『「興於詩」便知有着力處』，今讀之，止見其善可爲法、惡可爲戒[一三七]。」「不特詩也，他書皆然。古人獨以爲『興於詩』者，詩便有感發[一三八]底意思。今讀之無所感發者，正是被諸儒解殺了，死着詩義，興起人善意不得。如南山有臺序云『得賢則能爲邦家立太平之基』，蓋爲見詩中有『邦家之基』字故如此解。此序自是好句，但纔如此説定，便局了一詩之意。若果先得其本意，雖如此説亦不妨。正如易解，若得聖人繫辭之意，便横説竪説都得。今斷以一義解定，易便不活。詩所以能興起人處全在興。如『山有樞，隰有榆』别無意義，只是興起下面『子有車馬』、『子有衣裳』耳。小雅諸篇皆君臣燕飲之詩，道主人之意以譽賓，如今人宴飲有『致語』之類，亦有間[一三九]敍賓客辭[一四〇]者。漢書載客歌驪駒，主人歌客毋庸歸，亦是此意。古人以魚爲重，故魚麗、南有嘉魚皆特舉以歌之。儀禮載『乃間歌魚麗，笙由庚；歌南有嘉魚，笙崇丘；歌南山有臺，笙由儀』，本一套事。後人移魚麗附於鹿鳴之什，截以嘉魚以下爲成王詩，遂失當時用詩之意，故胡亂解。今觀魚麗、嘉魚、南山有臺等篇，辭意皆同。菁莪、湛露、蓼蕭皆燕飲之詩。詩中所謂『君子』皆稱賓客，後人却以言人君，正顛倒了。如以湛露爲恩澤，皆非詩義。故有〔一四一〕『野有蔓草，零露漙兮』，亦以爲君之澤不下流，皆局於一個死例，所以如此。周禮以六詩教國子，當時未有注解，不過教之曰此興也、此比也、此賦也。興者，人便自作興看；比者，人便自作比看。只〔一四二〕是興起，謂下句直說不起，故將上句帶起來說，如何去上頭〔一四三〕討義理？今欲觀詩，不若且置小序及舊說，只將元詩虛心熟讀，徐徐玩味，候彷彿見個詩人本意，却從此雅尋〔一四四〕將去，方有感發。如人拾得一個無題目詩，再三熟看亦須辨得出來，若被舊說一局局定看〔一四五〕不出。今雖說不用舊說，終被他先入在內，不期依舊從它去。某向作詩〔一四六〕文字初用小序，至解不行處亦曲爲之說。後來覺得不安，第二次解者，雖小序爲辨破，〔一四七〕然終是不見詩人本意。後來方知只盡去小序便自可通，於是盡滌舊說，詩意方活。」又曰：「變風中固多好詩，雖其間有没意思者，然亦須得其命辭遣意處，方可觀。後人便自做個道理解說，於其造意下語處元不及究。只後代文集中詩，亦多不解其辭意者。樂府中羅敷行，羅敷即史〔一四八〕君之妻，史〔一四九〕君即羅敷之夫。其曰『史君自有婦，羅敷自有夫』，正相戲之辭。又曰『夫婿從東來，千騎居上頭』，觀其氣象，即史君也。

後人亦錯解了。須得其辭意，方見好笑處。」伯豐。

讀詩正在於吟咏諷誦，觀其委曲折旋之意。如吾自作此詩，自然足以感發善心。今公讀詩只是將己意去包籠他，如做時文相似。中間委曲周旋之意盡不曾理會得，濟得甚事？若如此看，只一日便可看盡，何用逐日只睚得數章而又不曾透徹耶？且如人入城郭，須是逐街坊里巷、屋廬臺榭、車馬人物一一看過方是。今公等只是外面望見城是如此，便説我都知得了。如鄭詩雖淫亂，然出其東門一詩却如此好。又如〔一五〇〕女曰雞鳴一詩意思亦好，讀之真個有不知手之舞、足之蹈者。僩。〔一五一〕

「詩，如今恁地注解了，自是分曉易理會。但須是沉潛諷誦，玩味義理，咀嚼滋味，方有所益。若只草草看過，一部詩只三兩日可了，但不得滋味，也記不得，全不濟事。古人説『詩可以興』，須是讀了有興起處方是讀詩，若不能興起也〔一五二〕便不是讀詩。」因説：「永嘉之學只是要立新巧之説，少間指摘東西，鬭湊零碎，便立説去。縱説得是也只無益，莫道又未是。」木之。

讀詩之法只是熟讀涵泳〔一五三〕，自然和氣從胸中流出，其妙處不可得而言。不待安排措置，務自立説，只恁平讀着，意思自足。須是打疊得這心光蕩蕩地不立一個字，只管虚心讀他，少間推來推去，自然推出那個道理。所以説「以此洗心」，便是以這道理盡洗出那心裏物事，渾然都是道理。上蔡曰「學詩，須先識得六義體面而諷味以得之」，此是讀詩之要法。看來書只是要讀，讀得熟時道理自見，切忌先自布置立說。僩。

問學者誦詩：「每篇誦得幾遍？」答〔一五四〕曰：「也不曾記，只覺得熟便止。」曰：「便是不得。須是讀熟了，文義都曉得了，涵泳讀取百來遍方見得〔一五五〕，那好處方出，方見得精怪。見公每日說得來乾燥，元來不曾熟讀，若讀到精熟時意思自說不得。如人下種子，既下得種子〔一五六〕了，須是討水去灌溉他，討糞去培擁他，與他耘鋤，方正是下工夫養他處。今却只下得個種子〔一五七〕便休，都無耘治培養工夫。如人相見，纔見了便散去，都不曾交一談，如此何益？所以意思都不生，與自家都不相入，都恁地乾燥。這個貪多不得。讀得這一篇，恨不得常熟讀此篇，如無那第二篇方好。而今只是貪多，讀第一篇了便要讀第二篇，讀第二篇了便要讀第三篇。恁地不成讀書，此便是大不敬！此句厲聲說。須是殺了那走作底心了，〔一五八〕方可讀書。」僩。

「大凡讀書，先曉得文義了，只是常常熟讀。如看詩，不須得着意去裏面訓解，但只平平地涵泳，自好。」因舉「池之竭矣，不云自頻。泉之竭矣，不云自中」四句，吟咏者久之。又曰：「大雅中如烝民、板、抑等詩自有好底。董氏舉侯苞言，衛武公作抑詩，使人日〔一五九〕誦於其側。不知此出在何處。他讀書多，想見是如此。」又曰：「如孟子，也大故分曉，也不用解他，熟讀滋味自出。」夔孫。

先生問林武子：「看詩何處？」對[一六〇]曰：「至大雅。」大聲曰：「公前日方看節南山，如何恁地快？恁地不得！而今人看文字，敏底一揭開板便曉，但於意味却不曾得。而今[一六一]只管看時也只是恁地，但百遍自是强五十遍時，二百遍自是强一百遍時。『題彼脊鴒，載飛載鳴。我日斯邁，而月斯征。夙興夜寐，無忝爾所生』，這個看時也只是恁地，但裏面意思却有説不得底，解不得底，意思却在説不得底意思[一六二]裏面。」又曰：「生民等篇也可見祭祀次第，此與儀禮正相合。」義剛。

歐陽文忠公[一六三]有詩本義二十餘篇，煞説得有好處。有詩本末論[一六四]。又有論云：「何者爲詩之本？何者爲詩之末？詩之本不可不理會，詩之末不理會得也無妨。」其論甚好。近世自集注文字出，此等文字都不見有[一六五]了，也害事。如吕伯恭讀詩記，人只是看這個。它上面有底便看，無底更不知看了。僩。

「子由詩解好處多，歐公詩本義亦好。」因説：「吕東萊[一六六]改本書解無闕疑處，只據意説去。」木之因[一六七]問：「書解誰底好看？」曰：「東坡解大綱也好，只有失，如説『人心惟危』這般處便説得差了。如今看他底，須是識他是與不是處始得。」木之。

横渠云「置心平易始知詩」，然横渠解「悠悠蒼天，此何人哉」却不平易。小雅恐是燕禮用之，大雅須饗禮方用。小雅施之君臣之間，大雅則止人君可歌。伯豐。[一六八]

橫渠云「置心平易始知詩」，然橫渠解詩多不平易。程子説胡安定解九四作太子事，云「若一爻作一事，只做得三百八十四事」，此真看易之法，然易傳中亦有偏解作一事者。林艾軒嘗云：「伊川解經有説得未的當處。此文義間事，安能一一皆是？若大頭項，則伊川底却是。」此善觀伊川者。陸子静看得二程低，此恐子静看其説未透耳。譬如一塊精金，却道不是金，非金之不好，蓋是不識金也。人傑。[一六九]

先生[一七〇]問時舉：「看文字如何？」時舉云：[一七一]「詩傳今日方看得綱領。要知[一七二]緊要是要識得六義頭面分明，則詩亦無難看者。」先生云：[一七三]「讀詩全在諷詠得熟，則六義將自分明。須使篇篇有個下落始得。且如子善向看易傳，往往畢竟不曾熟，如此則何緣會浹洽！橫渠云：『書須成誦，精思多在夜中，或静坐得之。不記則思不起。』今學者看文字，若記不得，則何緣貫通？」時舉云：「緣資性魯鈍，全記不起。」先生云：[一七四]「只是貪多，故記不得。福州陳正之極魯鈍，每讀書只讀五十字，必三二百遍而後能熟，積習讀去，後來却赴賢良。要知人只是不會耐苦耳，凡學者要須做得人難做底事方好，若見做不得便不去做，要任其自然，何緣做得事成？切宜勉之！」時舉。

先生[一七五]問：「看詩如何？」時舉云[一七六]：「方看得關雎一篇，未有疑處。」先生云：[一七七]「未要去討疑處，只熟看。某注得訓詁字字分明，便却玩索涵泳，方有所得。若便要立議論，往往裏面曲折其實未曉，只髣髴見得便自虛説耳，恐不濟事。此是三百篇之首，可更熟看。」時舉。

先生謂學者曰：「公看詩只看集傳，全不看古注？」答〔一七八〕曰：「某意欲先看了先生集傳，却看諸家解。」曰：「便是不如此，無『却看』底道理。纔説『却理會』便是悠悠語。今見看詩，不從頭看一過，云，且等我看了一個了却看那個，幾時得再看？如斷殺相似，只是殺一陣便了。不成説今夜且如此斷殺，明日又重新殺一番。」僩。

因説學者解詩，曰：「某舊時看詩，數十家之説一一都從頭記得，初間那裏敢便判斷那説是，那説不是。看熟久之，方見得這説似是，那説似不是；或頭邊是，尾説不相應；或中間數句是，兩頭不是；或尾頭是，頭邊不是。然也未敢便判斷，疑恐是如此，又看久之，方審得這説是，那説不是。又熟看久之，方敢決定斷説這説是，那説不是。這一部詩并諸家解都包在肚裏。公而今只是見已前人解詩，便也要注解，更不問道理，只認捉着，便據自家意思説，於己無益，於經有害，濟得甚事！凡先儒解經，雖未知道，然其盡一生之力，縱未説得七八分，也有三四分。且須熟讀詳究，以審其是非而爲吾之益。今公纔看着便妄生去取，肆以己意，是發明得個甚麽道理？公且説人之讀書是要將作甚麽用？所貴乎讀書者，是要理會這個道理以反之於身、爲我之益而已。」僩。

詩傳中或云「姑從」、或云「且從其説」之類，皆未有所攷，不免且用其説。銖。[一七九]

詩傳只得如此説，不容更着語，工夫却在讀者。伯豐。

問：「分『詩之經，詩之傳』，何也？」曰：「此得之於吕伯恭。風雅之正則爲經，風雅之變則爲傳。如屈平之作離騷即經也，如後人作反騷與夫九辨之類，則爲傳耳。」[一八〇]

【校勘記】

[一] 毛詩　成化本作「詩」。

[二] 此條儒用録成化本無，但卷十九載夔孫同聞所録，參成化本該卷「孟子所謂『集義』……只是求個是底道理」條。

[三] 此條賀孫録成化本載於卷八十一。

[四] 詩　成化本無。

[五] 詩　成化本無。

[六] 了　成化本無。

[七] 了　成化本無。

〔八〕巧　成化本爲「極巧」。
〔九〕他　成化本無。
〔一〇〕果只是許多如何　成化本無。
〔一一〕韻　成化本此下有「處」。
〔一二〕也　成化本無。
〔一三〕如　成化本無。
〔一四〕成化本此下注曰：「説卷阿與詩傳不同。以下論詩次序章句。」
〔一五〕兩　朱本作「四」。
〔一六〕如　成化本無。
〔一七〕出　成化本作「作」。
〔一八〕成化本此下注曰：「以下論風、雅、頌。」
〔一九〕衛　成化本此下有「爲」。
〔二〇〕謨去僞人傑録同　成化本爲「去僞」。
〔二一〕因説詩答曰　成化本無。
〔二二〕又　成化本無。
〔二三〕是也　成化本無。

[二四] 如 成化本無。
[二五] 鈎 成化本作「鈞」。
[二六] 箚 成化本無。
[二七] 箚 成化本無。
[二八] 箚 成化本無。
[二九] 箚 成化本無。
[三〇] 邵武人 成化本無。
[三一] 箚 成化本無。
[三二] 如何 成化本無。
[三三] 思 成化本此下有「在」。
[三四] 個 成化本無。
[三五] 個 成化本無。
[三六] 萬民 成化本爲「國子」。
[三七] 擅名 成化本爲「標名」。
[三八] 他人 成化本無。
[三九] 只管解那奕奕寢廟 原爲「只受解那」，據成化本改補。

〔四〇〕成化本此下注有「以下賦、比、興。」

〔四一〕便　成化本爲「便接」。

〔四二〕然　成化本無。

〔四三〕那　成化本無。

〔四四〕也　成化本無。

〔四五〕節　成化本無。

〔四六〕答　成化本無。

〔四七〕此條節録成化本載於卷四十七。

〔四八〕此條閎祖録成化本載於卷四十七。底本卷四十七重複載録。

〔四九〕鼻　成化本此下注曰：「振録云：『多是假他物舉起，全不取其義。』」

〔五〇〕後來古詩　成化本爲「後人詩」。

〔五一〕成化本此下注曰：「振録同。」

〔五二〕成化本此下注曰：「以下六義。」

〔五三〕觀人一篇詩必有意思　成化本爲「古人一篇詩必有一篇意思」。

〔五四〕因説　成化本無。

〔五五〕伊川先生　成化本爲「伊川」。

［五六］者　成化本作「若」，屬下讀。
［五七］上蔡先生　成化本爲「上蔡」。
［五八］他　成化本無。
［五九］是　成化本作「與」。
［六〇］詩云　成化本無。
［六一］成化本此下注曰：「以下大序。」
［六二］變風止乎禮義……亦未盡　成化本無。
［六三］成化本此下注有「敬仲」。
［六四］數十　朱本爲「十數」。
［六五］與　成化本爲「相與」。
［六六］成化本此下注曰：「以下小序。」
［六七］詩　成化本此上有「詩，纔説得密便説他不着。『國史明乎得失之跡』，這一句也有病。周禮禮記中，史並不掌詩，左傳説自分曉。以此見得大序亦未必是聖人做，小序更不須説。他做小序不會寬説，每篇便求一個實事填塞了。他有尋得着底猶自可通，不然便與詩相礙。那解底，要就詩却礙序，要就序却礙詩。詩之興是劈頭説那没來由底兩句，下面方説那事，這個如何通解！『鄭聲淫』，所以鄭詩多是淫佚之辭，狡童、將仲子之類是也。今喚做忽與祭仲，與詩辭全不相似。這個只似而今閑潑曲子。南山有臺等數

篇是燕享時常用底，叙賓主相好之意，一似今人致語。又曰」。

〔六八〕實　成化本無。

〔六九〕從周　成化本作「高」。

〔七〇〕詩　成化本無。

〔七一〕詩　成化本此下有「之」。

〔七二〕謂　成化本作「詞」。

〔七三〕詩　成化本無。

〔七四〕蓋　成化本無。

〔七五〕者　成化本無。

〔七六〕難　朱本作「艱」。

〔七七〕欺慢　成化本爲「軟慢」。

〔七八〕者　成化本無。

〔七九〕大率　成化本無。

〔八〇〕却是　成化本無。

〔八一〕見　成化本此下有「人」。

〔八二〕鵰　成化本此下有「何以見先王之澤」。

〔八三〕賓之初筵　成化本爲「行葦」。
〔八四〕晉　成化本無。
〔八五〕成王　成化本爲「成功」。
〔八六〕存而　成化本爲「而存」。而知　成化本無。
〔八七〕詩序　成化本爲「序詩」。
〔八八〕擬　成化本作「疑」。
〔八九〕善　成化本作「美」。
〔九〇〕之　成化本無。
〔九一〕時　成化本作「詩」。
〔九二〕襲　成化本作「誘」。
〔九三〕先生　成化本無。
〔九四〕答　成化本無。
〔九五〕予　成化本作「某」。
〔九六〕從　成化本無。
〔九七〕方子　成化本作「煇」。
〔九八〕成化本此下注曰：「以下論詩韻。」

〔九九〕某　成化本爲「子厚」。
〔一〇〇〕又　成化本無。
〔一〇一〕之　成化本作「也」。
〔一〇二〕此條時舉録成化本載於卷一百四十。
〔一〇三〕㪷　成化本作「敷」。
〔一〇四〕㪷　成化本作「敷」。
〔一〇五〕調　成化本作「詞」。
〔一〇六〕先生説　成化本無。
〔一〇七〕古今合去處　成化本爲「古合處」。
〔一〇八〕地　成化本無。
〔一〇九〕成化本此下注曰：「饒何氏録云：『中庸「奏格無言」，「奏」音「族」，平聲音「騣」，所以毛詩作「鬷」字。』」
〔一一〇〕伐木詩　成化本無。
〔一一一〕又如　成化本無。
〔一一二〕之　成化本無。
〔一一三〕也　成化本此下有「又云：『禮記「五至」、「三無」處皆協。』」

〔一一四〕晦夫　成化本作「煇」。
〔一一五〕成化本「論讀詩」下又增「解詩」一目，其下載語録凡十八條。參成化本卷八十「解詩」目下。
〔一一六〕成化本此下注曰：「以下總論讀詩之方。」
〔一一七〕是　成化本無。
〔一一八〕周南之　成化本無。
〔一一九〕諸詩　成化本無。
〔一二〇〕化　成化本無。
〔一二一〕化　成化本無。
〔一二二〕個　成化本此下有「暴歛底意思。好底意思是如此，不好底是如彼」。
〔一二三〕看他好底　成化本爲「好底意思」。
〔一二四〕有只恁地去平直處　成化本爲「有只恁平直」。
〔一二五〕二　成化本無。
〔一二六〕文　成化本作「章」。
〔一二七〕他　成化本作「思」，屬上讀。
〔一二八〕平　成化本爲「平説」。
〔一二九〕是　成化本無。

〔一三〇〕如　成化本無。
〔一三一〕之　成化本無。
〔一三二〕若　成化本爲「苦苦」。
〔一三三〕看了　成化本無。
〔一三四〕成化本此下注曰：「以下論讀詩在興起。」
〔一三五〕興處　成化本爲「詩之興」。
〔一三六〕固嘗　成化本無。
〔一三七〕戒　成化本此下有「『而已，不知其他如何著力？』曰：『善可爲法，惡可爲戒』」。
〔一三八〕發　成化本此下有「人」。
〔一三九〕有間　成化本爲「間有」。
〔一四〇〕辭　成化本爲「答辭」。
〔一四一〕有　成化本無。
〔一四二〕只　成化本此上有「興」。
〔一四三〕頭　成化本無。
〔一四四〕雅尋　成化本爲「推尋」。
〔一四五〕看　成化本此上有「便」。

［一四六］詩　成化本爲「詩解」。

［一四七］雖小序爲辨破　成化本爲「雖存小序間爲辨破」。

［一四八］史　朱本作「使」。

［一四九］史　朱本作「使」

［一五〇］又如　成化本無。

［一五一］成化本此下注曰：「以下論詩在熟讀玩味。」

［一五二］也　成化本無。

［一五三］涵泳　成化本爲「涵味」，朱本爲「涵詠」。

［一五四］答　成化本無。

［一五五］得　成化本此下有「那好處」。

［一五六］子　成化本無。

［一五七］種子　成化本此下有「了」。

［一五八］了　成化本無。

［一五九］日　成化本作「自」。

［一六〇］對　成化本無。

［一六一］而今　成化本作「便」。

［一六二］意思　成化本無。
［一六三］歐陽文忠公　成化本爲「歐陽公」。
［一六四］論　朱本作「篇」。
［一六五］有　成化本無。
［一六六］吕東萊　成化本爲「東萊」。
［一六七］因　成化本無。
［一六八］此條伯豐（即必大）録作爲注，附於人傑録後，參下條。
［一六九］成化本此下注曰：「必大録云：『横渠解「悠悠蒼天，此何人哉」却不平易。』」
［一七〇］先生　成化本無。
［一七一］時舉　成化本作「曰」。
［一七二］知　成化本作「之」。
［一七三］先生云　成化本作「曰」
［一七四］先生云　成化本作「曰」
［一七五］先生　成化本無。
［一七六］時舉　成化本作「曰」。
［一七七］先生云　成化本作「曰」

〔一七八〕答　成化本無。

〔一七九〕銖　成化本爲「拱壽」。

〔一八〇〕成化本此下注有「煇」。

晦庵先生朱文公語類卷第八十一

毛詩二 風雅頌[一]

周南

關雎[二]

問：「程氏云『詩有二南，猶易有乾坤』，莫只是以功化淺深言之？」曰：「不然。」文蔚

又[三]問：「莫是王者、諸侯之分不同？」曰：「今只看大序中說便可見。大序云：『關雎、麟趾之化，王者之風，故繫之周公；鵲巢、騶虞之德，諸侯之風，先王之所以教，故繫之召公。』只看那『化』字與『德』字及『所以教』字，便見二南猶乾坤也。」文蔚。

敬子說詩周南。曰：「他大綱領處只在戒謹恐懼上。只自『關關雎鳩』便從這裏做起，後面只是漸漸推得闊。」僩。

「關雎一詩文理深奧，如乾坤之卦一般，只可熟讀詳味，不可說。至如葛覃、卷耳，其言迫切，主於一事，便不如此了。」又曰：「讀詩須得他六義之體，如風、雅、頌則是詩人之格。後人說詩以爲雜雅、頌者，緣釋七月之詩者以爲備風、雅、頌三體，所以啓後人之說如此。」又曰：「『興』之爲言起也，言興物而起意[四]。如『青青陵上麥』[五]、『青青河畔草』，皆是興物詩也。如『藁砧今何在』、『何當大刀頭』，皆是比詩體也。」卓。

問器遠：「君舉所說詩，謂關雎如何？」曰：「謂后妃自慊[六]，不敢當君子。謂如此之淑女方可爲君子之仇匹，這便是后妃之德。」曰：「這是鄭氏也自如此說了，某看來恁地說也得，只是覺得偏主一事，無正大之意。關雎如易之乾坤意思，如何得恁地無方際！如下面諸篇却多就一事說。這只反覆形容后妃之德，而不可指說道甚麼是德。只恁地渾淪說，這便見后妃德盛難言處。」賀孫。

「何福不除」，義如「除戎器」之「除」。伯豐。

「關雎之詩，此詩[七]非民俗所可言，度是宮闈中所作。」木之[八]問：「程子云是周公作。是否？[九]」曰：「也未見得是。」木之。

木之[一〇]問：「二南之詩真是以此風化天下否？」曰：「亦不須問是要風化天下與不風化天下，且要從『關關雎鳩，在河之洲』云云裏面看義理是如何。今人讀書只是說向外面去，却於本文全不識。」木之。

關雎之詩[一一]，看得[一二]來是妾媵做，所以形容得寤寐反側之事，外人做不到此。明作。

先生問曹兄云：「陳先生説詩如何？」曹未答。先生云：[一三]「陳丈説關雎之詩如何？」曹云：「言關雎以美夫人，有謙退不敢自當君子之德。」先生云：「如此則淑女又别是一個人也。」曹云：「是如此。」先生笑云：「今人説經多是恁地回互説去。如史丞相説書多是如此，説『祖伊恐奔告于受』處亦以紂爲好人而不殺祖伊，若他人則殺之矣。」先生乃云：「讀書且虚心去看，未要自去取舍。且依古人書恁地讀去，久後自然見得義理。」卓。

魏兄問「左右芼之」。曰：「芼是擇也，左右擇而取之也。」卓。

魏才仲問：「詩關雎注：『摯，至也。』至先生作『切至』説，似形容其美，何如？」曰：「也只是恁地。」問「芼」字。曰：「擇也。讀詩只是將意思想象去看，不如他書字字要捉縛教定。詩意只是疊疊推上去，因一事上有一事，一事上又有一事。如關雎形容后妃之德如此，又當知德[一四]君子之德如此；又當知得[一五]詩人形容得意味深長如此，必不是以下底人；又當知所以齊家，所以治國，所以平天下，人君則必當如文王，后妃則必當如太姒，其原如此。」賀孫。

王鳩，嘗見淮上人説淮上有之，狀如此間之鳩，差小而長，常是雌雄二個不相失。雖然二個不相失，亦不曾相近而立處，須是隔丈來地，所謂「摯而有别」是[一六]也。「人未嘗見其匹居而乘處」，乘處謂四個同處也。只是二個相隨，既不失其偶，又未嘗近相狎，所以爲貴也。余正甫云：「『宵行』自是夜光之蟲夜行於地，『熠燿』言其光耳，非螢也。芑，今之苦馬。」賀孫。

雎鳩，毛氏以爲「摯而有别」。一家作「猛摯」説，謂雎鳩是鶚之屬。鶚自是沉鷙之物，恐無和樂之意。蓋「摯」與「至」同，言其情意相與深至，而未嘗狎，便見其樂而不淫之意。此是興詩。興，起也，引物以起吾意。如雎鳩是摯而有别之物，荇菜是潔浄和柔之物，引此起興猶不甚遠。其他亦有全不相類，只借它物而起吾意者，雖皆是興，與關雎又略不同也。時舉。

卷耳

問：「卷耳與前篇葛覃同是賦體，又似略不同。蓋葛覃直敍其所嘗經歷之事，卷耳則是託言也。」曰：「亦安知后妃之不自采卷耳？設便不曾經歷而自言我之所懷者如此，則亦是賦體也。若螽斯則只是比，蓋借螽斯以比后妃之子孫衆多。然[一七]『宜爾子孫振振兮』却自是説螽斯之子孫，不是説后妃之子孫也。蓋比詩多不説破這意。然亦有説破者。此前數篇，賦、比、興皆已備矣。自此推之，令篇篇各有着落乃好。」時舉因云：「螽只是春秋所書之螽。切疑『斯』字只是語辭，恐不可把『螽斯』爲名。」曰：「詩中固有以『斯』爲語者，如『鹿斯之奔』、『湛湛露斯』之類是也。然七月詩乃云『斯螽動股』，則恐『螽斯』即便是名也。」時舉。

樛木

問：「樛木詩『樂只君子』，作后妃亦無害否？」曰：「以文義推之，不得不作后妃。若作文王，恐太隔越了。某所著詩傳蓋皆推尋其脈理，以平易求之，不敢用一毫私意。大抵古人道言語自是不泥著。」某云：「詩人道言語皆發乎情，又不比他書。」曰：「然。」可學。

螽斯

不妬忌是后妃之一節。關雎所論是全體。方子。

兔罝

問：「兔罝詩作賦看得否？」曰：「亦可作賦看，但其辭上下相應，恐當爲興。然亦是興之賦。」可學。

漢廣

問：「文王時，紂在河北，政化只行於江漢？」曰：「然。西方亦有玁狁。」可學。

漢廣游女，求而不可得。行露之男，不能侵陵正女。豈當時婦人蒙化而男子則非！亦是偶有此樣詩説得一邊。淳。

問：「『漢之廣矣，不可泳思；江之永矣，不可方思』，此是興，何如？」曰：「主意只説『漢有游女，不可求思』兩句。六句是反覆説。如『奕奕寢廟，君子作之。秩秩大猷，聖人莫之。他人有心，予忖度之。躍躍毚兔，遇犬獲之』，上下六句亦只興出『他人有心』兩句。」賀孫。〔一八〕

汝墳

陳君舉〔一九〕詩言汝墳是已被文王之化者，江漢是聞文王之化而未被其澤者。却有意思。大雅。〔二〇〕

麟趾

木之〔二一〕問：「麟趾、騶虞之詩莫是當時有此二物出來否？」曰：「不是，只是取以爲比，云即此便是麟趾，便是騶虞。」又問：「詩序説『麟趾之時』，無義理。」曰：「此語有病。」〔二二〕

時舉説詩至麟之趾因言小序云：〔二三〕「『雖衰世之公子，皆信厚如麟趾之時』，似亦不成文理。」先生曰：「是。」時舉。

召南

鵲巢

時舉[二四]問：「召南之有鵲巢，猶周南之有關雎。關雎言『窈窕淑女』，則是明言后妃之德也，惟鵲巢三章皆不言夫人之德，如何？」曰：「鳩之爲物，其性專静無比，可借以見夫人之德也。」時舉。

采蘩

問：「采蘋蘩以供祭祀，采枲耳以備酒漿，后妃夫人恐未必親爲之。」曰：「詩人且是如此說。」德明。

器之問：「采蘩詩[二五]何故存兩說？」曰：「如今不見得果是如何，且與兩存。從來說蘩所以生蠶，可以供蠶事。何必底死說道只爲奉祭事，不爲蠶事？」木之。

時舉又[二六]問：「采蘩詩，若只作祭事說自是曉然。若作蠶事說，雖與葛覃同類而恐實非也。葛覃是女功，采蘩是婦職，以爲同類亦無不可，何必以蠶事而後同耶？」曰：「此說亦姑存之而已。」時舉。

殷其雷

問：「殷其雷詩[二七]比君子于役之類，莫是寬緩和平，故入正風？」曰：「固然。但正、變風亦是後人如此分別，當時亦只是大約如此取之。聖人之言在春秋、易、書無一字虛，至於詩則發乎情，不同。」可學。

摽有梅

問：「摽有梅詩何以入於正風？」曰：「此乃當文王與紂之世，方變惡入善，未可全責備。」可學。

問：「摽有梅之詩固是出於正，只是如此急迫，何耶？」曰：「此亦是人之情。嘗見晉、宋間有怨父母之詩。讀詩者於此亦欲達父母一作「男女」。[二八]之情。」文蔚。

江有汜

器之問江有汜詩[二九]序有「勤而無怨」之說。曰：「便是序不可信如此。詩序自是兩三人作，今但信詩不必信序。只看詩中説『不我以』、『不我過』、『不我與』，便自見得不與同去之意，安得『勤而無怨』之意？」因問器之：「此是［三〇］召南詩。如何公方看周南，便又説召南？讀書且要逐處沉潛，次第理會，不要班班剥剥，指東摘西，都不濟事。若能沉潛專一看得文字，只此便是治心養性之法。」木之。

何彼穠矣

問：「何彼穠矣之詩何以録於召南？」曰：「也是有些不穩當。但先儒相傳如此説，也只得恁地就他説。如定要分個正經及變詩，也自難考據。如頌中儘多周公説話，而風雅又未知如何。」［三一］

騶虞

騶虞詩。［三二］仁在一發之前。使庶類蕃殖者，仁也；「一發五豝」者，義也。人傑。

「于嗟乎騶虞」，看來只可解做獸名，以「于嗟麟兮」類之可見。若解做騶虞官，終無甚意思。僩。

邶

柏舟

時舉問：[三三]「柏舟詩[三四]『泛彼柏舟，亦泛其流』，注作比義。看來與『關關雎鳩，在河之洲』亦無異，彼何以爲興？」答云：「他下面便説淑女，見得是因彼興此。此詩纔説柏舟，下面更無貼意，見得其義是比。」時舉。

陳器之疑柏舟詩解「日居月諸，胡迭而微」太深。又屢辨賦、比、興之體。曰：「賦、比、興固不可以不辨。然讀詩者須當諷味，看他詩人之意是在甚處。如柏舟，婦人不得於其夫，宜其怨之深矣。而其言曰『我思古人，實獲我心』，又曰『静言思之，不能奮飛』，其詞氣忠厚惻怛，怨而不過如此，所謂『止乎禮義』而中喜怒哀樂之節者，所以雖爲變風而繼二南之後者以此。臣之不得於其君，子之不得於其父，弟之不得於其兄，朋友之不相信，處之皆當以此爲法。如屈原不忍其憤，懷沙赴水，此賢者過之也。賈誼云『歷九州而相其君兮，何必懷此都也』，則又失之遠矣。讀詩須合如此看。所謂『詩可以興，可以觀，可以群，可以怨』，是詩中一個大義，不可不理會得也。」閎祖。

器之問：「柏舟詩[三五]『静言思之，不能奮飛』，似猶未有和平意。」曰：「也只是如此説，無過當處。既有可怨之事，亦須還他有怨底意思，終不成只如平時，却與土木相似！只看舜之號泣旻天，更有甚於此者。喜怒哀樂但發之不過其則耳，亦豈可無？聖賢處憂危[三六]，只要不失其正。如綠衣言『我思古人，實獲我心』，這般意思却又分外好。」木之。

燕燕[三七]

時舉說燕燕詩云[三八]：「前三章但見莊姜拳拳於戴嬀，有不能已者。及四章乃見莊姜於戴嬀非是情愛之私，由其有塞淵溫惠之德，能自淑謹其身，又能以先君之思而勉己以不忘，則見戴嬀平日於莊姜相勸勉以善者多矣。故於其歸而愛之若此，無非情性之正也。」先生頷之。時舉。

日月終風

又說：「日月、終風二篇，據集注云，當在燕燕之前。以某觀之，終風當在先，日月當次之，燕燕是莊公死後之詩，當居最後。蓋詩[三九]終風之辭，莊公於莊姜猶有往來之時，但不暴則狎，莊姜不能堪耳。至日月則見莊公已絕不顧莊姜，而莊姜不免微怨矣。以此觀之，則終風當先而日月當次。」先生曰：「恐或如此。」時舉。

式微

器之問：「式微詩以爲勸耶，戒耶？」曰：「亦不必如此看，只是隨它當時所作之意如此，便與存在，也可以見得有羈旅狼狽之君如此，而方伯連帥無救卹之意。今人多被『止乎禮義』一句泥了，只管去曲説。且要平心看詩人之意。如北門之詩只是説官卑禮[四〇]薄，無可如何。又如摽有梅之詩[四一]，女子自言婚姻之意如此。看來自非正理，但人情亦自有如此者，不可不知。向見伯恭麗澤詩，有唐人女言兄嫂不以嫁之詩，亦自鄙俚可惡。後來思之，亦自是得人之情處。爲父母者能於是而察之，則必使之及時矣，此所謂『詩可以觀』。」子升問：「麗澤詩編得如何？」曰：「大綱亦好，但自據他之意揀擇。大率多喜深巧有意者，若平淡底詩則多不取。」問：「此亦有接續三百篇之意否？」曰：「不知。他亦須有此意。」木之。

簡兮

時舉[四二]問：「簡兮詩，張子謂『其迹如此，而其中固有以過人者』。夫能卷而懷之，是固可以爲賢。然以聖賢出處律之，恐未可以爲盡善？」曰：「古之伶官亦非甚賤，其所執者猶是先王之正樂。故獻工之禮亦與之交酢，但賢者而爲此，則自不得志耳。」時舉。

泉水

又〔四三〕問：「泉水篇〔四四〕『駕言出遊，以寫我憂』，注云：『安得出遊於彼而寫其憂哉！』恐此莫〔四五〕只是因思歸不得，故欲出遊於國以寫其憂否？」曰：「夫人之遊亦不可輕出，只是思遊於彼地耳。」時舉。

北門

問：「北門詩只作賦説，如何？」曰：「當作賦而比。當時必因出北門而後作此詩，亦有比意思。」可學。

時舉〔四六〕問：「北風末章謂〔四七〕『莫赤匪狐，莫黑匪烏』，狐與烏，不知詩人以比何物？」曰：「不但指一物而言。當國將危亂時，凡所見者無非不好底景象也。」時舉。

静女

又〔四八〕問：「静女篇〔四九〕，注以此詩〔五〇〕爲淫奔期會之詩，以静爲閑雅之意。不知淫奔之人方相與狎溺，又何取乎閑雅？」曰：「淫奔之人不知其爲可醜，但見其爲可愛耳。以女而俟人於城隅，安得謂之閑雅？而此曰『静女』者，猶日月詩所謂『德音無良』也。無良則不足以爲德音矣，而此曰『德音』，亦愛之之辭也。」時舉。

二子乘舟

又[五一]問：「二子乘舟篇[五二]，注取太史公語，謂二子與申生不明驪姬之過同。其意似取之，未知如何？」曰：「太史公之言有所抑揚，謂三人皆惡傷父之志，而終於死之，其情則可取。雖於理爲未當，然視夫父子相殺、兄弟相戮者，則大相遠矣！」時舉。

鄘[五三]

干旄

先生問文蔚曰：[五四]「干旄詩[五五]『彼姝者子』指誰而言？」文蔚曰：「集傳言大夫乘此車馬以見賢者，賢者言：『車中之人德美如此，我將何以告之？』」曰：「此依舊是用小序説。此只是傍人見此人有好善之誠，曰『彼姝者子，何以告之』蓋指賢者而言也。如此説方不費力。今若如集傳説，是説斷了再起，覺得費力。」文蔚。

衛[五六]

淇奧

文蔚曰：「淇奧一篇，衛武公進德、成德之序始終可見。一章言切磋琢磨，則學問自修之功精密如此。二章言威儀服飾之盛，有諸中而形諸外者也。三章言如金錫圭璧則鍛煉已[五七]精，温純深粹而德器成矣。前二章皆有『瑟』、『僩』、『赫』、『咺』之詞，三章但言『寬』、『綽』、『戲』、『謔』而已，於此可見不事矜持而周旋自然中禮之意。」曰：「説得甚善。衛武公學問之功甚不苟，年九十五歲，猶命群臣使進規諫。至如抑詩是他自警之詩，後人不知，遂以爲戒厲王。畢竟周之卿士去聖人近，氣象自是不同。且如劉康公謂『民受天地之中以生』，便説得這般言語出。」文蔚。

王[五八]

君子陽陽

「『君子陽陽』詩，先生亦作淫亂説，[五九]何如？」曰：「有個『君子于役』，如何便[六〇]將這個做一樣説？『由房』只是人出入處，古人屋，於房處前有壁，後無壁，所以通内。所謂『焉得諼草，言樹之背』，蓋房之北也。」〔六一〕

鄭〔六二〕

狡童〔六三〕

江疇問：「『狡童刺忽也』言其疾之太重。」先生曰：「若以當時之暴斂於民觀之，爲言亦不爲重。蓋民之於君，聚則爲君臣，散則爲仇讎，如孟子所謂『君之視臣如草芥，則臣視君如寇讎』是也。然詩人之意本不如此，何曾言狡童是刺忽？而序詩〔六四〕妄意言之，致得人如此説。聖人言『鄭聲淫』者，蓋鄭人之詩多是言當時風俗男女淫奔，故有此等語。狡童，想説當時之人，非刺其君也。」又曰：「詩辭多是出於當時鄉談鄙俚之語，雜而爲之。如鴟鴞云『拮据』、『捋荼』之語，皆此類也。」又曰：「此言乃周公爲之。周公，不知其人如何，其言聱牙〔六五〕難考。如書中周公之言便難讀，如立政、君奭之篇是也。最好者惟無逸一書，中間用字亦有『譸張爲幻』之語。至若周官、蔡仲等篇，却是官樣文字，必出於當時有司潤色之文，非純周公語也。」又曰：「古人作詩多有用意不相連續。如『嘒彼小星，三五在東』，釋者皆云『小星』者〔六六〕是五緯之星應在於東也。其言全不相貫。」卓。

又問：「狡童詩如何說？」〔六七〕曹云：「陳先生以此詩不是刺忽，但詩人說他人之言，如『彼狡童兮，不與我言兮。微子之故，使我不能餐兮』，言狡童不與我言，則已之。」先生曰：「又去裏面添一個『休』字也。這只是衛人當時淫奔，故其言鄙俚如此，非是爲君言也。」卓。

問：「碩鼠、狡童之刺其君不已甚乎？」曰：「碩鼠刺君重斂，蓋暴取虐民，民怨之極，則將視君如寇讎，故發爲怨上之辭至此。若狡童詩本非是刺忽，纔做刺忽，便費得無限杜撰說話。鄭忽之罪不至已甚，往往如宋襄這般人大言無當，有甚狡處？狡童刺忽全不近傍些子，若鄭突却是狡。詩意本不如此。聖人云『鄭聲淫』，蓋周衰，惟鄭國最爲淫俗，故諸詩多是此事。東萊將鄭忽深文詆斥得可畏。」賀孫。

齊〔六八〕

魏〔六九〕

園有桃

園有桃似比詩。非卿。〔七〇〕

唐〔七一〕

蟋蟀

蟋蟀自做起底詩，山有樞自做到底詩，皆人所自作。升卿。

秦〔七二〕

陳〔七三〕

曹〔七四〕

豳

豳〔七五〕

問：「豳詩本風，而周禮籥章氏祈年於田祖則吹豳雅，蜡祭息老物則吹豳頌。不知就豳詩觀之，其孰爲雅，孰爲頌。」曰：「先儒因此説而謂風中自有雅，自有頌，雖程子亦謂然，似都壞了詩之六義。然有三説焉〔七六〕：一説謂豳之詩吹之，其調可以爲風，可以〔七七〕爲雅，可以〔七八〕爲頌；一説謂楚茨、大田、甫田是豳之雅，噫嘻、載芟、豐年諸篇是豳之頌，謂其言田之事如七月也；如王介甫則謂豳之詩自有雅頌，今皆亡矣。數説皆通，恐其或然，未敢必也。」道夫。

問：「古者改正朔，如以建子月爲首則謂之正月，抑只謂之十一月？」先生曰：「此亦不可考。如詩之月數即今之月。孟子『七八月之間旱』乃今之五、六月，『十一月徒杠成，十二月輿梁成』乃今之九、十月。國語夏令曰『九月成杠，十月成梁』，即孟子之十一月、十二月。若以爲改月，則與孟子、春秋相合而與詩、書不相合。若以爲不改月，則與詩、書相合而與孟子、春秋不相合。如秦元年以十月爲首，末又有正月，又似不改月。」淳。義剛録同。〔七九〕

問：「東萊曰：『十月而曰「改歲」，三正之通于民俗尚矣，周特舉而迭用之耳。』據七月〔八〇〕詩，如『七月流火』之類是用夏正，『一之日觱發』之類是周正，即不見其用商正，而吕氏以爲『舉而迭用之』，何也？」先生曰：「周歷夏、商，其未有天下之時固用夏、商之正朔。然其國僻遠，無純臣之義，又自有私紀其時月者，故三正皆曾用之也。」時舉。〔八一〕

問：「『躋彼公堂，稱彼兕觥』，民何以得升君之堂？」曰：「周初國小，君民相親，其禮樂法制未必盡備，而民事之艱難，君則盡得以知之。成王之時禮樂備，法制立，然但知爲君之尊而未必知爲國之初此等意思也[八二]。故周公特作此詩，使之因是以知民事也。」時舉。

鴟鴞

時舉[八三]因論鴟鴞詩，遂[八四]問：「周公使管叔監殷，豈非以愛兄之心勝，故不敢疑之耶？」曰：「若説不敢疑，則已是有可疑者矣。蓋周公以管叔是吾之兄，事同一體，今既克商，使之監殷，又何疑焉？非是不敢疑，乃是即無可疑之事也。不知他自差異，乃[八五]造出一件事，周公爲之奈何哉！」叔重因云：「孟子所謂『周公之過，不亦宜乎』者，正謂此也。」先生曰：「然。」時舉。

或問：「鴟鴞詩[八六]『既取我子，無毁我室』，解者以爲武庚既殺我管蔡，不可復亂我王室，不知是如此否？畢竟當初是管蔡挾武庚爲亂。武庚是紂子，豈有父爲人所殺而其子安然視之不報讎者？」曰：「詩人之言只得如此，不成歸怨管、蔡？周公愛兄，只得如此説，自是人情是如此。不知當初何故忽然使管、蔡去監他，做出一場大疏脱如此[八七]？合天下之力以誅紂了，却使出自家屋裏人自做出這一場大疏脱。這個[八八]是周公之過，無可疑者。然當初周公使管、蔡者，想見那時是[八九]好在，必不疑他。後來有這樣事，管、蔡必是後來[九〇]被武庚與商之頑民每日將酒去灌啗它，乘醉以語言離間之曰：『你是兄，却出來在此。周公是弟，反執大權以臨天下。』管、蔡獃，想得被這幾個喚[九一]動了，所以流言說：『公將不利於孺子。』這個[九二]都是武庚與商之頑民教他，所以使得這[九三]管、蔡如此。後來周公所以做酒誥丁寧如此，必是當日因酒做出許多事。其中間想煞有說話，而今書傳只載得大概，其中更有幾多機變曲折在。」僩。

東山

時舉[九四]問：「東山詩序前後都是，只中間插『大夫美之』一句，便知不是周公作矣。」曰：「小序非出於[九五]一手，是後人旋旋添續，往往失了前人本意，如此類者多矣。」時舉。

破斧

破斧詩，看聖人這般心下，詩人直是形容得出。這是答東山之詩。古人做事苟利國家，雖殺身爲之而不辭。如今人個個討[九六]較利害，看你四國如何不安也得，不寧也得，只是護了我斨、我斧莫得缺壞了。此詩說出極分明。毛注却云四國是管、蔡、商、奄。詩裏多少處說「四國」，如「正是四國」之類，猶言四海。他却不照這例，自恁地說。賀孫。

破斧詩須看那「周公東征，四國是皇」，見得周公用心始得。這個却是個好話頭。義剛。

先生謂淳曰：「公當初說破斧詩，某不合截得緊了，不知更有甚疑？」安卿對[九七]曰：「當初只是疑被堅執鋭是粗人，如何謂之『聖人之徒』？」先生曰：「有粗底聖人之徒，亦有讀書識文理底盗賊之徒。」淳。義剛録同。[九八]

淳[九九]問：「破斧，詩傳何以謂『被堅執鋭皆聖人之徒』？」曰：「不是聖人之徒，便是盗賊之徒。此語大概是如此，不必恁粘皮帶骨看，不成説聖人之徒便是聖人。且如『孳孳爲善』是舜之徒，然『孳孳爲善』亦有多少淺深。」淳。[一〇〇]

「破斧詩最是個好題目，大有好理會處，安卿適來只説那一句没緊要底。」淳曰：「此詩見得周公之心分明天地正大之情，只被那一句礙了。」先生曰：「只泥那一句，便是未見得他意味。」淳。

九罭

九罭詩分明是東人願其東，故致願留之意。公歸豈無所？於汝但暫寓信宿耳。公歸將不復來，於汝但暫寓信處耳。「是以有衮衣兮」，「是以」兩字如今都不説。蓋本謂緣公暫至於此，是以此間有被衮衣之人。「無以我公歸兮，無使我心悲兮」，其爲東人願留之詩，豈不甚明白？止緣序有「刺朝廷不知」之句，故後之説詩者悉委曲附會之，費多少辭語，到底鶻突！某嘗謂死後千百年須有人知此意。自看來直是盡得聖人之心！賀孫。

「鴻飛遵渚，公歸無所」；「鴻飛遵陸，公歸不復」。「飛」、「歸」叶，是句腰亦用韻。詩中亦有此體。方子。

狼跋

問：「『公孫碩膚』，注以爲此乃詩人之意，言『此非四國之所爲，乃公自讓其大美而不居耳。蓋不使讒邪之口得以加乎公之忠聖。此可見其愛公之深，敬公之至』云云。看來詩人此意也回互委曲，却太傷巧，得來不好。」曰：「自是作詩之體當如此，詩人只得如此説。如春秋『公孫于齊』，不成説昭公出奔？聖人也只得如此書，自是體當如此。」僩。

小雅[一〇一]　鹿鳴之什[一〇二]

鹿鳴四牡皇皇者華[一〇三]

時舉[一〇四]問：「鹿鳴、四牡、皇皇者華三詩，儀禮皆以爲上下通用之樂。不知如[一〇五]君勞使臣謂『王事靡盬』之類，庶人安得而用之？」曰：「鄉飲酒亦用。而『大學始教，宵雅肄三，官其始也』，正謂習此。蓋入學之始，須教他便知有君臣之義始得。」又曰：「上下常用之樂，小雅如鹿鳴以下三篇及南有嘉魚、魚麗、南山有臺三篇，風則是關雎、卷耳、采蘩、采蘋等篇，皆是。」

然不知當初何故獨取此數篇也。」時舉。

常棣

時舉説常棣詩。先生曰：〔一〇六〕「『雖有兄弟，不如友生』處〔一〇七〕，未必其人實以兄弟爲不如友生也。猶言喪亂既平之後乃爲〔一〇八〕反不如友生乎？蓋疑而問之辭也。」時舉。

天保〔一〇九〕

時舉説天保詩云〔一一〇〕：「第一章至第三章皆人臣頌祝其君之言。然辭繁而不殺者，以其愛君之心無已也。至四章則以祭祀先公爲言，五章則以『遍爲爾德』爲言。蓋謂人君之德必上無愧於祖考，下無愧於斯民，然後福禄愈遠而愈新也，故末章終之以『無不爾或承』。」先生頷之。叔重因云：「蓼蕭詩云『令德壽豈』亦是此意，蓋人君必有此德而後可以稱是福也。」先生曰：「然。」時舉。

采薇

又説采薇詩云〔一一一〕：「采薇首章略言征夫之出，蓋以玁狁不可不征，故舍其室家而不遑寧處。至〔一一二〕二章則既出而不能不念其家。三章則竭力致死而無還心，蓋〔一一三〕不復念其家矣。

至[一一四]四章、五章，則惟勉於王事而欲成其戰伐之功也。卒章則言其事成之後，極陳其勞苦憂傷之情而念之也。其序恐如此。」先生曰：「雅者，正也，乃王公大人所作之詩，皆有次序而文意不苟，極可玩味。風則或出於婦人、小子之口，故但可觀其大略耳。」時舉。

出車

「說出車詩至『畏此簡書』處。集傳有二說：一以爲簡書，戒命也，鄰國有急則以簡書戒命也；一以爲策命臨遣之詞。」先生曰：「後說爲長。前說雖據左氏，然此是天子命，將不得謂之鄰國也。」又曰：「『胡不旆旆』處，東萊以爲初出軍時旌旗未展，惟卷而建之而已，故曰此旗旐何不旆旆而飛揚乎。蓋以命下之初，我方憂心悄悄而僕夫又憔悴故耳。此說雖精熟，『胡不旆旆』一句語勢恐不如此。『胡不』猶『遐不作人』之類，猶言豈不旆旆乎，但我自『憂心悄悄』而僕夫又況瘁耳。如此却自平正。」又曰：「東萊說詩忒煞巧，詩正怕如此看。古人意思自覺平，何嘗如此纖細拘迫！」時舉。[一一五]

魚麗

「文武以天保以上治內，采薇以下治外；始於憂勤，終於逸樂」，這四句儘說得好。道夫。

白華由庚等[一一六]

先生因亞夫問詩三百處，因推説及由庚白華等乃是笙詩，有其譜而無其辭者也。時舉。[一一七]

南有嘉魚之什[一一八]

南有嘉魚

潘子善[一一九]問南有嘉魚詩中「汕汕」字。曰：「是以木葉捕魚，今所謂『魚花園』是也。」問枸。曰：「是機枸子，建陽謂之『皆拱子』，俗謂之『癩漢指頭』，味甘而解酒毒。有人家酒房一柱是此木而醞酒不成，左右前後有此則亦醞酒不成。」節。

蓼蕭

時舉説蓼蕭、湛露二詩。先生云：「文義也只如此。却更須要諷詠，實見他至誠和樂之意乃好。」時舉。

采芑[一二〇]

時舉說采芑詩。先生曰：「宣王南征蠻荆想不甚費力，不曾大段戰鬬，故只盛[一二一]稱其軍容之盛而已。」時舉。

車攻

時舉說車攻、吉日二詩。先生曰：「好田獵之事，古人亦多刺之。然宣王之田乃是因此見得其車馬之盛、紀律之嚴，所以爲中興之勢者在此。其所謂田，異乎尋常之田矣。」時舉。

鴻鴈之什[一二二]

庭燎

時舉說庭燎詩至[一二三]「庭燎有煇」。先生曰：「煇，火氣也，天欲明而見其烟光相雜。此是吴材老之說，說此一字極有功也。」時舉。

斯干

楊問：「橫渠說斯干『兄弟宜相好，不要相學』，指何事而言？」曰：「不要相學不好處。且如兄去友弟，弟却不能恭其兄，兄豈可學弟之不恭而遂亦不友？爲兄者但當盡其友可也。爲弟能恭其兄，兄乃不友其弟，爲弟者豈可亦學兄之不友而遂忘其恭？爲弟者但當知其盡恭而已。如寇萊公撻倒用印事，王文正公謂他底既不是則不可學他不是，亦是此意。然詩之本意，『猶』字作相圖謀說。」淳。寓録同。〔一一四〕

時舉說斯干詩至「載弄之瓦」處，先生云：〔一一五〕「瓦，紡磚也。瓦，〔一一六〕紡時所用之物。舊見人畫列女傳，漆室乃手執一物，如今銀子樣者〔一一七〕。意其爲紡磚也，然未可必。」時舉。

節南山之什〔一一八〕

節南山

林武子說節南山詩。先生曰：〔一一九〕「自古小人，其初只是它自竊國柄。少間又自不柰何，又〔一二〇〕引得別人來一齊不好了。如尹氏太師，却〔一二一〕只是它一個不好，少間到那『瑣瑣姻婭』

處是幾個人不好了。」義剛。

時舉說節南山詩至「秉國之均」。先生曰：〔一三二〕「『均』本當從『金』，所謂如泥之在鈞者，不知鈞是何物。」時舉曰：「恐只是爲瓦器者，所謂『車盤』是也。蓋運得愈急則其成器愈快，恐此即是鈞也。」先生曰：「『秉國之均』只是此義。今集傳訓『平』者，此物亦惟平乃能運也。」時舉。

小弁

時舉〔一三三〕問：「小弁詩，古今說者皆以爲此詩之意與舜怨慕之意同。切以爲只『我罪伊何』一句與舜『於我何哉』之意同，至後面『君子秉心，維其忍之』與『君子不惠，不舒究之』，分明是怨其親，却與舜怨慕之意似不同。」曰：「作小弁者自是未到得舜地位，蓋亦常人之情耳。只『我罪伊何』上面說『何辜于天』，亦一似自以爲無罪相似，未可與舜同日而語也。」問：「小弁末章〔一三四〕『莫高匪山，莫浚匪泉。君子無易由言，耳屬于垣』，集傳作賦體，疑莫〔一三五〕是以上兩句興下兩句耶？」曰：「此只是賦。蓋以爲莫高如山，莫浚如泉，而君子亦不可易其言，亦恐有人聞之也。」又曰：「看小雅雖未畢，且併看大雅。小雅後數篇大概相似，只消兼看。」因言：「詩人所見極大，如巧言詩『奕奕寢廟，君子作之。秩秩大猷，聖人莫之。他人有心，予忖度之。躍躍毚兔，遇犬獲之』，此一章本意只是惡巧言讒譖之人，却以『奕奕寢廟』與『秩秩大猷』起興。蓋以其大者興其小者，便見其所見極大，形於言者無非理義〔一三六〕之極致也。」時舉云：「此亦是先王之澤未泯，禮〔一三七〕義根於其心，故其形於言者自無非義理。」先生頷之。時舉。

谷風之什

楚茨〔一三八〕

楚茨一詩精深宏博，如何做得變雅！方子。

文蔚〔一三九〕問：「楚茨詩言『先祖是皇』，〔一四〇〕『神保是饗』，詩傳謂神保是鬼神之嘉號，引楚詞語『思靈保兮賢姱』。但詩中既説『先祖是皇』，又説『神保是饗』，似語意重複，如何？」曰：「近見洪慶善説，靈保是巫。今詩中不説巫，當便是尸。却是向來解錯了此兩字。」文蔚。

甫田之什〔一四一〕

瞻彼洛矣

賀孫〔一四二〕問：「瞻彼洛矣，洛水或云兩處。」曰：「只是這一洛，有統言之，有説小地名。東

西京共千里，東京六百里，西京四百里。」賀孫。此洛只就洛邑言之，非指關洛。〔一四三〕

賓之初筵〔一四四〕

賀孫〔一四五〕問：「『靺韐有奭。』靺韐，毛鄭以爲祭服，王氏以爲戎服。」曰：「只是戎服。左傳云『有靺韋之跗注』是也。」又曰：「詩多有酬酢應答之篇。瞻彼洛矣是臣歸美其君。君子指君也，當時朝會於洛水之上，而臣祝其君如此。裳裳者華又是君報其臣，桑扈、鴛鴦皆然。」賀孫。

或問：「賓之初筵詩是自作否？」曰：「有時亦是因飲酒之後作此自戒，也未可知。」卓。

大雅〔一四六〕　文王之什〔一四七〕

文王〔一四八〕

問：「周受命如何？」曰：「命如何受於天？只是人與天同。然觀周自后稷以來，積仁累義，到此時人心奔赴自有不可已。」又問：「太王翦商，左氏云『太伯不從，是以不祀〔一四九〕』，莫是此意？」曰：「此事難明。但太王居於夷狄之邦，强大已久，商之政令亦未必行於周。大要天下公器，所謂『有德者易以興，無德者易以亡』。使紂無道，太王取之何害？今必言太王不取，則是武王爲亂臣賊子。若文王之事，則分明是盛德過人處。孔子於泰伯亦云『至德』。」可學。

「在帝左右」，察天理而左右也。古注亦如此。左氏傳「天子所右，寡君亦右之；所左，亦左之」之意。人傑。

「於緝熙敬止」，緝熙是工夫，敬止是功效收殺處。寓。〔一五〇〕

馬節之問「無遏爾躬」一章〔一五一〕。先生曰：「無自遏絶於爾躬，如家自毀，國自伐。」蓋卿。

綿

「『虞芮質厥成，文王蹶厥生。』蹶，動也；生，是興起之意。當時一日之間，虞芮質成而來歸者四十餘國，其勢張盛，一時見之，如忽然跳起。」又曰：「粗説時，一〔一五二〕如今人言敵〔一五三〕勢益張樣〔一五四〕。」義剛。

舊嘗見横渠詩傳中説，周至太王辟國已甚大，其所據有之地皆是中國與夷狄夾界所空不耕之地，今亦不復見此書矣。意者，周之興與元魏相似。初自極北起來，漸漸强大，到得後來中原無主，遂被他取了。廣。

棫樸

「遐不作人」，古注并諸家皆作「遠」字，甚無道理。禮記注訓「胡」字，甚好。人傑。去僞録同〔一五五〕，下〔一五六〕注云：「道隨事著也。」

「遐不作人」只是胡不作人。敬仲。〔一五七〕

皇矣

時舉説皇矣詩。先生謂：「此詩稱文王德處是從『無然畔援，無然歆羡』上説起，後面却説『不識不知，順帝之則』。見得文王先有這個工夫，此心無一毫之私，故見於伐崇、伐密皆是道理合着恁地，初非聖人之私怒也。」問：「『無然畔援，無然歆羡』，竊恐是説文王生知之資得於天之所命，自然無畔援歆羡之意。後面『不識不知，順帝之則』乃是文王做工夫處。」先生曰：「然。」時舉。

下武

「昭茲來許」，漢碑作「昭哉」。洪氏隸釋「茲」、「哉」叶韻。柏梁臺詩末句韻亦同。方子。

文王有聲

問：「鎬至豐邑止二十五里，武王何故自豐遷鎬？」曰：「此只以後來事推之可見。秦始皇營朝宮渭南，史以爲咸陽人多，先王之宮廷小，故作之。想得遷鎬之意亦是如此。周得天下，諸侯盡來朝覲，豐之故宮不足以容之爾。」廣。

生民之什[一五八]

生民

問「履帝武敏」。曰：「此亦不知其何如，但詩中有此語，自歐公不信祥瑞，故後人纔見説祥瑞者[一五九]皆闢之。若如後世所謂祥瑞，固多是[一六〇]僞妄，然豈可因後世之僞妄而併真實者皆以爲無乎？『鳳鳥不至，河不出圖』，孔子之言[一六一]不成亦以爲非！」廣。

時舉説生民詩至[一六二]「履帝武敏，歆攸介攸止」處。先生曰：「『敏』字當爲絶句。蓋作母鄙反，叶上韻耳。履巨跡之事有此理，且如契之生，詩中亦云『天命玄鳥，降而生商』。蓋以爲稷契皆天生之爾，非有人道之感，非可以常理論也。漢高祖之生亦類此。此等不可以言盡，當意會之可也。」時舉。

既醉

時舉説既醉詩，以爲[一六三]古人祝頌多以壽考及子孫衆多爲言。如華封人祝堯，以爲[一六四]「願聖人壽，願聖人多男子」，亦是[一六五]此意。先生曰：「此兩事，孰有大於此者乎？」曰：「觀行葦及既醉二詩，見古之人君盡其誠敬於祭祀之時，極其恩義於燕飲之際。凡父兄耆老所以祝望之者如此，則其獲福也宜矣，此所謂『禍福無不自己求之者』也。」先生頷之。[一六六]

假樂

「千祿百福，子孫千億」是願其子孫之衆多。「穆穆皇皇，宜君宜王。不愆不忘，率由舊章」是願其子孫之賢。道夫。

舜功問：「『不愆不忘，率由舊章』，是勿忘、勿助長之意？」先生曰：「不必如此説。不愆是不得過，不忘是不得忘。能如此則能『率由舊章』。」可學。

時舉説假樂詩。先生曰：[一六七]「此詩末章即[一六八]承上章之意，故上章云『四方之綱』，而下章即繼之曰『之綱之紀』。蓋張之爲綱，理之爲紀。下面『百辟卿士』至於庶民，皆是賴君以爲綱。所謂『不解于位』者，蓋欲綱常張而不弛也。」時舉。

公劉

又〔一六九〕問：「第二章說『既庶既繁，既順乃宣』，而第四章方言居邑之成。不知未成邑之時，何以得民居之繁庶也？」先生曰：「公劉始於草創，而人之〔一七〇〕從之者已若是其盛，是以居邑由是而成也。」問第四章「君子武之〔一七一〕」處。先生曰：「東萊以爲爲之立君立宗，恐未必是如此，只是公劉自爲群臣之君宗耳。蓋此章言其一時燕饗，恐未說及立宗事也。」問「徹田爲糧」處。先生以爲「徹，通也」之說乃是橫渠說。然以孟子考之，只曰「八家皆私百畝，同養公田」。又公羊云「公田不治則非民，私田不治則非吏」。似又與橫渠之說不同，蓋未必是計畝而分也。又問：「此詩與豳七月詩皆言公劉得民之盛。想周家自后稷以來，至公劉始稍盛耳。」先生曰：「自后稷之後至於不窋，蓋已失其官守，故『文武不先不窋』。至於公劉乃始復修其業，故周室由是而興也。」時舉。

時舉說：「公劉詩『鞞琫容刀』，注云：『或曰：「容刀如言容臭，謂鞞琫之中容此刀也。」』如何謂之容臭？」先生曰：「如今香囊是也。」時舉。

卷阿

時舉説卷阿詩畢，以爲：「詩中凡稱頌人君之壽考福禄者，必歸於得人之盛。故既醉詩云『君子萬年，介爾景福』，而必曰『朋友攸攝，攝以威儀』。假樂詩言『受天之禄』與『千禄百福』，而必曰『率由群匹』與『百辟卿士，媚于天子』。蓋人君所以致福禄者，未有不自得人始也。」先生頷之。時舉。

民勞

時舉説民勞詩[一七二]：「竊謂每章上四句是刺厲王，下六句是戒其同列。如此是否？[一七三]」曰：「皆只是戒其同列。然鋪叙如此，便自可見。故某以爲古人非是直作一詩以刺其王，只陳其政事之失，自可以爲戒矣。」時舉因謂：「第二章末謂『無棄爾勞，以爲王休』，蓋以爲王者之休莫大於得人，惟群臣無棄其功，然後可以爲王之休美。至第三章後二句謂『敬慎威儀，以近有德』，蓋以爲既能拒絶小人，必須自反於己，能自反於己[一七四]又不可以不親有德之人。不然，則雖欲絶去小人，未必有以服其心也。後二章『無俾正敗』、『無俾正反』，尤見詩人憂慮之深。蓋『正敗』則惟敗壞吾之正道，而『正反』則全然反乎正矣。其憂慮之意，蓋一章切於一章也。」先生頷之。時舉。

板[一七五]

時舉說板詩，問：「張子謂『天體物而不遺，猶仁體事而無不在也』。[一七六]『天體物而不遺』是指理而言，『仁體事而無不在』是指人而言否？」曰：「『體事而無不在』是指心而言也。天下一切事皆此心發見爾。」因言：「讀書窮理當體之於身。凡平日所講貫窮究者，不知逐日常見得在吾心目間否？不然，則隨文逐義，趕趁期限，不見悅處，恐終無益。」時舉。[一七七]

「『昊天曰明，及爾出王；昊天曰旦，及爾游衍。』旦與明祇一意。這個豈是人自如此？皆有來處。纔有些放肆則[一七八]他便知，[一七九]所以曰『日監在兹』。」又曰「敬天之怒，無敢戲豫。敬天之渝，無敢馳驅」。道夫[一八〇]問：「『渝』字如何？」曰：「變也，如『迅雷風烈必變』之『變』，但未至怒耳。」道夫。[一八一]

道夫言：「昨來所論『昊天曰明』云云至『游衍』，此意莫祇是言人之所以爲人者皆天之所爲，故雖起居動作之頃而所謂天者未嘗不在也？」曰：「公說『天體物不遺』，既說得是，則所謂『仁體事而無不在』者亦不過如此。今所以理會不透祇是以天與仁爲有二也，今須將聖賢言仁處就自家身上思量，久之自見。記曰：『兩君相見，揖讓而入門，入門而縣興；揖讓而升堂，升堂而樂闋。下管象武，夏籥序興，陳其薦俎，序其禮樂，備其百官，如此而後君子知仁焉。』又曰：『賓入大門而奏肆夏，示易以敬也。卒爵而樂闋，孔子屢歎之。』」道夫曰：「如此，則是合正理而不紊其序便是仁。」曰：「恁地猜終是血脈不貫，且反復熟看。」道夫。

蕩之什〔一八二〕

抑

時舉說蕩詩云〔一八三〕：「首章前四句有怨天之辭。後四句乃解前四句，謂天之降命本無不善，惟人不以善道自終，故天命亦不克終，如疾威而多邪僻也。此章之意既如此，故自次章以下託文王言紂之辭而皆就人君身上說，使知其非天之過。如『女興是力』、『爾德不明』與『天不湎爾以酒』、『匪上帝不時』之類，皆自發明首章之意。大略如此，未知是否？〔一八四〕」先生頷之。時舉。〔一八五〕

先生說：「抑詩煞好。」鄭謂：「東萊硬要做刺厲王，緣以『爾』、『汝』字礙。」先生曰：「如『幕中之辨，人反以汝爲叛；臺中之評，人反以汝爲傾』等類，亦是自謂。古人此樣多。大抵他〔一八六〕詩，其原生於不敢異先儒，將詩去就那序。前面被這些子礙便轉來又〔一八七〕穿鑿胡說，更不向前求前面廣大處去〔一八八〕。或有兩三説，則俱要存之。如一句，或爲興，或爲比，或爲賦，則曰詩兼備此體。某謂既取興體，則更不應又取比體；既取比體，則更不應又取賦體。設〔一八九〕狡童便引石虎事證，且要有字不曳白。南軒不解詩，道詩不用解，諸先生説好了。南軒却易曉，説與他便轉。」淳。

雲漢

問：「雲漢詩乃他人述宣王之意，然責己處太少。」曰：「然。」可學。

崧高

問：「崧高、烝民二詩是皆遣大臣出爲諸侯築城。」曰：「此也曉不得。封諸侯固是大事。看黍苗詩，當初召伯帶領許多車徒〔一九〇〕人馬去，也自勞攘。古人做事有不可曉者，如漢築長安城，都是去别處調發人來，又只是數日便休。詩云『溥彼韓城，燕師所完』，注家多説是燕安之衆，某説即召公所封燕國之師。不知當初何故不只教本土人築，又須去别處發人來，豈不大勞攘？古人重勞民，如此等事又却不然，更不可曉，强説便成穿鑿。」又曰：「看烝民詩及左傳、國語，周人説底話多有好處。也是文、武、周公立學校，教養得許多人，所以傳得這些言語。如烝民詩大故細膩，劉子曰『人受天地之中以生』，皆説得好。」夔孫。義剛録同而少異，云：「林子武問：『宣王詩不知如何都使人臣去築城？』□曰：『也是不可曉。封諸侯也是一件大事。看召伯當時□□，封申伯、仲山甫也。夫築城但古制也，有難考處。且如漢築長安城，皆於數千里外調發來，又皆只是數日便罷。恁地千鄉萬里來做什麼？都不曉古人之意。且如説「召伯有成王心則寧」，「我徒我旅」，恁地帶許多人來，也自是勞苦。古人重民□，又不知不只用地頭人却用遠處人做什麼？且如□□建州、南劍上下築城，却去建康府發人來。這般都曉不得，強爲之説便穿鑿。』」。〔一九一〕

往近南「舅」，近音「記」，説文自從企從丌，文字差訛，一至於此。道夫。〔一九二〕

烝民

問：「烝民詩解云『仲山甫蓋以冢宰兼太保』，何以知之？」曰：「其言『式是百辟』，則是爲宰相可知。其曰『保茲天子』、『王躬是保』，則是爲太保可知。此正召康公之舊職。」廣。

烝民詩〔一九三〕「仲山甫之德，柔嘉維則」，詩傳中用東萊呂氏説。文蔚舉似及此。〔一九四〕先生曰：「記得他甚主張那『柔』字。」文蔚曰：「他後面〔一九五〕一章云『柔亦不茹，剛亦不吐』，此言仲山甫之德剛柔不偏也。而二章首舉『仲山甫之德』，獨以『柔嘉維則』蔽之。崧高稱『申伯番番〔一九六〕』，終論其德亦曰『柔惠且直』，然則入德之方其可知矣。」曰：「如此，則乾卦不用得了。人之姿〔一九七〕稟自有柔德勝者，自有剛德勝者。如本朝范文正公、富鄭公輩是以剛德勝，如范忠宣、范淳夫、趙清獻、蘇子容輩是以柔德勝，只是他柔却柔得好。今仲山甫『令儀令色，小心翼翼』却是柔，但其中自有骨子，不是一向如此柔去。便是人看文字要得言外之意。若以仲山甫『柔嘉維則』必要以此爲入德之方則不可，人之進德須用剛健不息。」文蔚。

又論[一九八]「既明且哲，以保其身」。曰：「只是上文『肅肅王命，仲山甫將之。邦國若否，仲山甫明之』，便是明哲。所謂『明哲』者只是曉天下事班[一九九]，順理而行自然災害不及其身，可以保其禄位。今人以邪心讀詩，謂明哲是見幾知微，先去占取便宜。如揚子雲説『明哲煌煌，旁燭無疆。遜于不虞，以保天命』，便是占便宜底説話，所以它一生被這幾句誤。然『明哲保身』亦只是常法，若到那舍生取義處，又不如此論。」文蔚。

頌[二〇〇]

周頌[二〇一]　清廟之什[二〇二]

我將[二〇三]

問：「我將之詩[二〇四]乃祀文王於明堂之樂章。詩傳以謂『物成形於帝，人成形於父，故季秋祀帝於明堂而以父配之，取其成物之時也。此乃周公以義起之，非古禮也』。不知周公以後將以文王配耶，以時王之父配耶？」曰：「諸儒正持此二議，至今不決，看來只得以文王配。且周公所制之禮不知在武王之時，在成王之時？若在成王，則文王乃其祖也，亦自可見。」又問：「繼周者如何？」曰：「只得以有功之祖配之。」僩。

臣工之什〔二〇五〕

敬之

「日就月將」是日成月長。就，成也；將，大也。節。

商頌〔二〇六〕

商頌簡奧。公謹。〔二〇七〕

玄鳥〔二〇八〕

問：「玄鳥詩吞卵事，亦有此否？」先生曰：「當時恁地說，必是有此。今不可以聞見不及定其爲必無。」淳。

【校勘記】

〔一〕毛詩二風雅頌　成化本爲「詩二」。

〔二〕成化本此下注曰：「兼論二南。」

〔三〕文蔚又　成化本無。

〔四〕意　成化本爲「其意」。

〔五〕麥　成化本作「柏」。

〔六〕慊　成化本作「謙」。

〔七〕此詩　成化本無。

〔八〕木之　成化本無。

〔九〕是否　成化本無。

〔一〇〕木之　成化本無。

〔一一〕之詩　成化本無。

〔一二〕得　成化本無。

〔一三〕先生問曹兄云陳先生説詩如何曹未答先生云　成化本爲「問曹兄云」。
〔一四〕德　成化本無。
〔一五〕得　成化本無。
〔一六〕是　成化本無。
〔一七〕然　成化本無。
〔一八〕成化本此下注曰：「詩傳今作『興而比』。」
〔一九〕陳君舉　成化本爲「君舉」。
〔二〇〕大雅　成化本無。
〔二一〕木之　成化本無。
〔二二〕成化本此下注有「木之」。
〔二三〕詩至麟之趾因言小序云　成化本無。
〔二四〕時舉　成化本無。
〔二五〕詩　成化本無。
〔二六〕時舉又　成化本無。
〔二七〕詩　成化本無。
〔二八〕父母一作男女　成化本爲「男女」。

〔二九〕詩　成化本無。
〔三〇〕是　成化本作「詩」。
〔三一〕成化本此下注有「賀孫」。
〔三二〕騶虞詩　成化本無。
〔三三〕時舉問　成化本無。
〔三四〕柏舟詩　成化本無。
〔三五〕柏舟詩　成化本無。
〔三六〕危　成化本作「患」。
〔三七〕燕燕　成化本此目上有「緑衣」一目，其下載一條胡泳録，參成化本卷八十一胡泳録「或問緑衣卒章……政謂是爾」條。
〔三八〕云　成化本無。
〔三九〕詩　成化本作「詳」。
〔四〇〕禮　成化本作「禄」。
〔四一〕之詩　成化本無。
〔四二〕時舉　成化本無。
〔四三〕又　成化本無。

[四四] 泉水篇　成化本無。
[四五] 此莫　成化本無。
[四六] 時舉　成化本無。
[四七] 北風末章謂　成化本無。
[四八] 又　成化本無。
[四九] 篇　成化本無。
[五〇] 此詩　成化本無。
[五一] 又　成化本無。
[五二] 篇　成化本無。
[五三] 鄘　成化本無。
[五四] 先生問文蔚曰　成化本爲「問文蔚」。
[五五] 干旄詩　成化本無。
[五六] 衛　成化本無。
[五七] 已　朱本作「以」。
[五八] 王　成化本無。
[五九] 詩　成化本無。亦　成化本作「不」。

［六〇］便　成化本作「别」。
［六一］成化本此下注有「賀孫」。
［六二］鄭　成化本無。
［六三］成化本此下注有「兼論鄭詩」。
［六四］詩　成化本此下有「者」。
［六五］其言聱牙　成化本爲「然其言皆聱牙」。
［六六］者　成化本此下有「是在天至小之星也。『三五在東』者」。
［六七］又問狡童詩如何説　成化本無。
［六八］齊　成化本無此目，但另有齊風之「雞鳴」、「著」二目。且「雞鳴」下載一條琮録，即「問雞鳴詩序……如此説亦可」條；而「著」下載一條子蒙録，即「問著是刺何人……恐只是以綿穿垂在當耳處」條。
［六九］魏　成化本無。
［七〇］非卿　成化本爲「升卿」。
［七一］唐　成化本無。
［七二］秦　成化本無。
［七三］陳　成化本無。
［七四］曹　成化本無。

〔七五〕豳　成化本爲「豳七月」。

〔七六〕焉　成化本無。

〔七七〕以　成化本無。

〔七八〕以　成化本無。

〔七九〕淳義剛録同　成化本爲「義剛」。

〔八〇〕七月　成化本無。

〔八一〕成化本此下注曰：「『無純臣』語恐記誤。」

〔八二〕也　成化本無。

〔八三〕時舉　成化本無。

〔八四〕遂　成化本無。

〔八五〕乃　成化本無。

〔八六〕鴟鴞詩　成化本無。

〔八七〕如此　成化本無。

〔八八〕個　成化本無。

〔八九〕是　成化本無。

〔九〇〕後來　成化本無。

〔九一〕喚　成化本作「唆」。
〔九二〕個　成化本無。
〔九三〕這　成化本無。
〔九四〕時舉　成化本無。
〔九五〕於　成化本無。
〔九六〕討　成化本作「計」。
〔九七〕安卿對　成化本無。
〔九八〕義剛録同　成化本無。
〔九九〕淳　成化本無。
〔一〇〇〕成化本此下注曰：「義剛録詳，别出。」且其下條爲義剛録，參成化本卷八十一義剛録「安卿問破斧詩傳……便是不曉」條。
〔一〇一〕小雅　成化本無，但此上有「二雅」一目，其下載兩條語録。參成化本卷八十一必大録「小雅恐是燕禮用之……則止人君可歌」條，及嵤録「大雅氣象宏闊……意義自然明白」條。
〔一〇二〕鹿鳴之什　成化本爲「鹿鳴諸篇」。
〔一〇三〕鹿鳴四牡皇皇者華　成化本無。
〔一〇四〕時舉　成化本無。

〔一〇五〕如　朱本作「爲」。
〔一〇六〕時舉説常棣詩先生曰　成化本無。
〔一〇七〕處　成化本無。
〔一〇八〕爲　成化本作「謂」。
〔一〇九〕天保　成化本此目上有「伐木」一目，其下載兩條語録。參成化本卷八十一榦録「問伐木大意……故以茅縮酒也」條，及燾録「問神之聽之……而錫之以和平之福」條。
〔一一〇〕天保詩云　成化本無。
〔一一一〕采薇詩云　成化本無。
〔一一二〕至　成化本無。
〔一一三〕蓋　成化本無。
〔一一四〕至　成化本無。
〔一一五〕此條時舉録成化本無，但卷八十一載銖録曰：子善問：「詩『畏此簡書』。『簡書』有二説：一説，簡書，戒命也。鄰國有急則以簡書相戒命；一説策命臨遣之詞。」曰：「後説爲長，當以後説載前。前説只據左氏『簡書，同惡相恤之謂』。然此是天子戒命，不得謂之鄰國也。」又問：「『胡不旆旆』，東萊以爲初出軍時旌旗未展，爲卷而建之，引左氏『建而不旆』。故曰此旗何不旆旆而飛揚乎。蓋以命下之初，我方憂心悄悄而僕夫憔悴，亦若人意之不舒也。」曰：「此説雖精巧，然『胡不旆旆』一句，語勢似不如此。『胡不』

猶言『遐不作人』，言豈不旆旆乎，但我自『憂心悄悄』而僕夫又況瘁耳。如此却自平正。伯恭詩太巧，詩正怕如此看。古人意思自寬平，何嘗如此纖細拘迫！」

〔一一六〕白華由庚等　成化本無。

〔一一七〕此條時舉録成化本無。

〔一一八〕南有嘉魚之什　成化本無。

〔一一九〕潘子善　成化本爲「子善」。

〔一二〇〕采芑　成化本此目上有「六月」一目，其下載一條方録曰：「六月詩『既成我服』，不失機。『于三十里』。常度。律。」

〔一二一〕盛　成化本作「極」。

〔一二二〕鴻鴈之什　成化本無。

〔一二三〕庭燎詩至　成化本無。

〔一二四〕淳寓録同　成化本作「寓」。

〔一二五〕時舉説斯干詩至載弄之瓦處先生云　成化本爲「載弄之瓦」。

〔一二六〕瓦　成化本無。

〔一二七〕者　成化本無。

〔一二八〕節南山之什　成化本無。

〔一二九〕林武子説節南山詩先生曰　成化本無。
〔一三〇〕又　成化本無。
〔一三一〕却　成化本無。
〔一三二〕時舉説節南山詩至秉國之均先生曰　成化本爲「秉國之均」。
〔一三三〕時舉　成化本無。
〔一三四〕小弁末章　成化本無。
〔一三五〕疑莫　成化本無。
〔一三六〕理義　朱本爲「義理」。
〔一三七〕禮　朱本作「理」。
〔一三八〕楚茨　成化本此目上有「大東」一目，其下載兩條語録。參成化本卷八十一炎録「有饛簋飧……有一様全無義理」條，及泳録「東有啓明……故日將没則西見」條。
〔一三九〕文蔚　成化本無。
〔一四〇〕楚茨詩言先祖是皇　成化本無。
〔一四一〕甫田之什　成化本爲「甫田」，且此下載兩條語録。參成化本卷八十一銖録「子善問甫田詩……亦何益哉」條，及必大録「驕驕張王之意……今田畝間莠最硬搶」條。
〔一四二〕賀孫　成化本無。

［一四三］此洛只就洛邑言之非指關洛　成化本無。

［一四四］賓之初筵　成化本此目上有「車牽」一目，其下載一條方子録曰：「問：『列女傳引詩「辰彼碩女」，作「展彼碩女」。』先生以爲然，且云：『向來煞尋得。』」又，成化本「賓之初筵」目下，又有「漸漸之石」一目，其下載一條文蔚録曰：「周家初興時，『周原膴膴，堇荼如飴』，苦底物事亦甜。及其衰也，『牂羊墳首，三星在罶；人可以食，鮮可以飽』，直恁地蕭索。」

［一四五］賀孫　成化本無。

［一四六］大雅　成化本爲「大雅文王」。

［一四七］文王之什　成化本無。

［一四八］文王　成化本無。

［一四九］祀　成化本作「嗣」。

［一五〇］此條寓録成化本載於卷十六。

［一五一］一章　成化本無。

［一五二］一　成化本無。

［一五三］敵　成化本作「軍」。

［一五四］様　成化本無。

［一五五］同　成化本無。

［一五六］下　成化本無。
［一五七］此條敬仲録成化本無。
［一五八］生民之什　成化本無。
［一五九］者　成化本無。
［一六〇］是　成化本無。
［一六一］孔子之言　成化本無。
［一六二］生民詩至　成化本無。
［一六三］以爲　成化本無。
［一六四］以爲　成化本無。
［一六五］是　成化本無。
［一六六］成化本此下注有「時舉」。
［一六七］時舉説假樂詩先生曰　成化本無。
［一六八］即　朱本作「則」。
［一六九］又　成化本無。
［一七〇］之　成化本無。
［一七一］君子武之　成化本爲「君之宗之」。

［一七二］説民勞詩　成化本無。
［一七三］如此是否　成化本無。
［一七四］能自反於己　成化本無。
［一七五］板　此目原無，據語録内容及成化本補。
［一七六］張子謂天體物而不遺猶仁體事而無不在也　成化本無。
［一七七］成化本此下注曰：「餘見張子書類。」
［一七八］則　成化本無。
［一七九］知　成化本此下注曰：「賀孫録云：『這裏若有些違理，恰似天知得一般。』」
［一八〇］道夫　成化本無。
［一八一］成化本此下注曰：「賀孫録同。」
［一八二］蕩之什　成化本作「蕩」。
［一八三］蕩詩云　成化本無。
［一八四］大略如此未知是否　成化本無。
［一八五］此條時舉録成化本置於「蕩」目下。
［一八六］他　成化本爲「他説」。
［一八七］又　成化本無。

〔一八八〕求前面廣大處去　成化本爲「來廣大處去」。
〔一八九〕設　成化本作「説」。
〔一九〇〕徒　朱本作「從」。
〔一九一〕義剛録同而少異……强爲之説便穿鑿　成化本爲「義剛録小異」。
〔一九二〕此條道夫録成化本無。
〔一九三〕烝民詩　成化本無。
〔一九四〕文蔚舉似及此　成化本無。
〔一九五〕面　成化本無。
〔一九六〕番番　此二字原缺，據成化本補。
〔一九七〕姿　朱本作「資」。
〔一九八〕又論　成化本無。
〔一九九〕班　成化本作「理」。
〔二〇〇〕頌　成化本無。
〔二〇一〕周頌　成化本爲「周頌清廟」，且此目下載一條方子録曰：「『假以溢我』，當從左氏作『何以恤我』。『何』、『遐』通轉而爲『假』也。」
〔二〇二〕清廟之什　成化本無。

［二〇三］我將　成化本此目上有「昊天有成命」一目，其下載一條炎録曰：「昊天有成命詩『成王不敢康』，詩傳皆斷以爲成王詩。某問：『下武言「成王之孚」如何？』曰：『這個且只得做武王説。』」

［二〇四］之詩　成化本無。

［二〇五］臣工之什　成化本無。

［二〇六］商頌　成化本此目上有「絲衣」、「魯頌泮水」、「閟宮」三目，其下各載一條語録。其中「絲衣」目下載敬仲録曰：「繹，祭之明日也。賓尸，以賓客之禮燕爲尸者。」「魯頌泮水」目下載佐録曰：「泮宮小序，詩傳不取。或言詩中『既作泮宮』則未必非修也。直卿云，此落成之詩。」「閟宮」目下載揚録曰：「『太王翦商』，武王所言。中庸言『武王纘太王、王季、文王之緒』，是其事素定矣。横渠亦言周之於商有不純臣之義，蓋自其祖宗遷豳、遷邰，皆其僻遠自居，非商之所封土也。」

［二〇七］公謹　成化本爲「方子」。

［二〇八］玄鳥　成化本此目下有「長發」一目，且其下載一條䓮録曰：「『湯降不遲，聖敬日躋』，天之生湯恰好到合生時節，湯之修德又無一日間斷。」

晦庵先生朱文公語類卷第八十二

孝經

或問：「孝經是聖人全書否？」先生曰：「某自有考孝經說。早晚尋出。」時舉。〔一〕

古文孝經却有不似今文順者。如「父母生之，續莫大焉」，又着一個「子曰」字，方說「不愛其親而愛他人者謂之悖德」。兼上更有個「子曰」，亦覺無意思。此本是一段，以「子曰」分爲三，恐不是。温公家範以父子、兄弟、夫婦等分門，却成一個文字，但其間有欠商量未通行者耳。本作一段聯寫去，今印者分作小段，無意思。伯恭閫範無倫序，其所編書多是如此。賀孫。

孝經疑非聖人之言。且如「先王有至德要道」，此是說得好處。然下面都不曾說得切要處着，但說得孝之效如此。如論語中說孝，皆親切有味，都不如此。士庶人章說得更好，只是下面都不親切。賜。

問：「『郊祀后稷以配天，宗祀文王以配上帝』，〔二〕帝只是天，天只是帝，却分祭，何也？」曰：「爲壇而祭故謂之天，祭於屋下而以神祇祭之故謂之帝。」寓。

問：「周公〔三〕『郊祀后稷以配天，宗祀文王於明堂以配上帝』，此説如何？」曰：「此自是周公創立一個法如此，將文王配明堂，永爲定例。以后稷配〔四〕郊，推之自可見。後來妄將『嚴父』之説亂了。」賜。

問：「向見先生説，孝經中〔五〕『孝莫大於嚴父，嚴父莫大於配天』非是〔六〕聖人之言。必若此而後可以爲孝，豈不啓人僭亂之心？而中庸説舜、武王之孝，亦以『尊爲天子，富有四海之内』言之，如何？」曰：「中庸是著舜、武王言之，何害？若泛言人之孝而必以此爲説，則不可。」廣。

問：「孝經一書文字不多，先生何故不爲理會過？」曰：「此亦難説。據此書，只是前面一段自「仲尼居」至「未之有也」。〔七〕是當時曾子聞於孔子者，後面皆是後人綴緝而成。」問：「如『天地之性人爲貴』、『人之行莫大於孝』，恐非聖人不能言此。」曰：「此兩句固好。如下面説『孝莫大於嚴父，嚴父莫大於配天』，則豈不害理！儻如此則須是如武王、周公方能盡孝道，尋常人都無分盡孝道也，豈不啓人僭亂之心？」其中煞有左傳及國語中言語。」或問：「莫是左氏引孝經中言語否？」曰：「不然。其言在左氏傳、國語中即上下句文理相接，在孝經中却不成文理。見程沙隨説，向時汪端明亦嘗疑此書是後人僞爲者。」廣。

器之又問「嚴父配天」。曰：「『嚴父』，只是周公於文王如此稱纔是，成王便是祖。此等處儘有理會不得處。大約必是郊時以〔八〕后稷配天，明堂則以文王配帝。孝經亦是湊合之書，不可盡信，但以義起，亦是如此。」因説：「孝經只有前一段，後皆云『廣至德』、『廣要道』，都是湊合來演説前意，得[九]其文多不全。只是如[一〇]諫諍、五刑、喪親三篇稍是全文。如『配天』等説，亦不是聖人説孝來歷，豈有人人皆可以配天？豈有必配天斯可以爲孝？如禮記煞有好處，可附於孝經。」賀孫問：「恐後人湊合成孝經時亦未必見禮記。如曲禮、少儀之類，猶是説禮節。若祭義後面許多説孝處説得極好，豈不可爲孝經？」曰：「然。今看孝經中有得一段似這個否？」賀孫。

「事地察」、「天地明察」、「上下察」、「察乎天地」、「文理密察」，皆明著之意。閎祖。[一一]

「明」、「察」是彰著之義。能事父孝則事天之理自然明，能事母孝則事地之理自然察。道夫。

【校勘記】

[一] 此條時舉録成化本無。

[二] 郊祀后稷以配天宗祀文王以配上帝　成化本爲「配天配上帝」。

[三] 周公　成化本無。

[四] 配　成化本無。

〔五〕孝經中　成化本無。
〔六〕是　成化本無。
〔七〕自仲尼居至未之有也　成化本無。
〔八〕以　成化本作「是」。
〔九〕得　成化本作「但」。
〔一〇〕如　成化本無。
〔一一〕此條閎祖録成化本作爲注，附於卷六十三廣録後。參底本卷六十三廣録「問『上下察』……經中『察』字義多如此」條。

晦庵先生朱文公語類卷第八十三

春秋

綱領

春秋獲麟，某不敢指定是書成感麟，亦不敢指定是感麟作。大概出非其時，被人殺了，是不祥。淳。

春秋今來大綱是從胡文定說，但中間也自有難穩處。如叔孫婼祈死事，昭公二十五年。〔一〕把他做死節，本自無據。後却將「至自晉」一項說，又因穀梁「公孫舍」云云。他若是到歸來，也須問我屋裏人，如何同去弒君？也須誅討斯得，自死是如何？春秋難說。若只消輕看過，不知是如何。如孟子說道「春秋無義戰，彼善於此」，只將這意看如何。左氏是三晉之後，不知是甚麽人。看他說魏畢萬之後必大，如說陳氏代齊之類，皆是後來設爲豫定之言。春秋分明處只是如「晉士匄侵齊，至穀聞齊侯卒，乃還」，這分明是與他。賀孫。

說春秋。云：[二]「程子所謂『春秋大義數十，炳如日星』者，如『成宋亂』、『宋災故』之類，乃是聖人直著誅貶，自是分明。如胡氏謂書『晉侯』爲以常情待晉襄，書『秦人』爲以王事責秦穆處，却恐未必如此。須是己之心果與聖人之心神交心契，始可斷他所書之旨，不然則未易言也。程子所謂『微辭隱義、時措從宜者爲難知』耳。」人傑。

問：「春秋當如何看？」曰：「只如看史樣看。」時舉云：[三]「程子所謂『以傳考經之事迹，以經別傳之真僞』，此意[四]如何？」曰：「便是亦有不可考處。」時舉云：[五]「其間不知是聖人果有褒貶否？」曰：「也見不得。」時舉云：[六]「如許世子止嘗藥之類如何？」曰：「聖人亦只因國史所載而録之耳。聖人光明正大，不應以一二字加褒貶於人。若如此屑屑求之，恐非聖人之本意。」時舉。

義剛[七]問：「文定公[八]據孟子『春秋天子之事』一句作骨，如此則是聖人有意誅賞。」曰：「文定是如此說，道理也是恁地。但聖人只是書放那裏，使後世因此去考見道理如何便爲是，如何便爲不是。若說道聖人當時之意，說他當如此我便書這一字[九]，他當如彼我便書那一字[一〇]，則恐聖人不解恁地。聖人當初只直寫那事在上面，如說張三打李四，李四打張三，未嘗斷他罪，某人杖六十，某人杖八十。如孟子便是說得那地步闊。聖人之意只是如此，不解恁地細碎。且如『季子來歸』，諸公說得恁地好。據某看來，季友之罪與慶父也不爭多。但是他歸來後會平了難，魯人歸之，故如此說。況他世執魯之大權，人自是怕他。史官書得恁地，孔子因而存此，蓋以見他執權之漸耳。」義剛。陳淳及別本録同而略。〔一一〕

「世間人解經多是杜撰。且如春秋只據赴告而後〔一二〕書之，孔子只因舊史而作春秋，非有許多曲折。且如書鄭忽與突事，纔書『忽』又書『鄭忽』，又書『鄭伯突』，胡文定便要說突有君國之德，須要因『鄭伯』兩字字〔一三〕上求他是處，似此皆是杜撰。大概自成、哀已前舊史不全，有舛逆〔一四〕，故所記各有不同。若昭、哀已後皆聖人親見其事，故記得其實，不至於有遺處。如何却說聖人予其爵，削其爵，賞其功，罰其罪，是甚說話！」祖道問曰：「孟子說『春秋，天子之事』，如何？」曰：「只是被孔子寫取在此，人見者自有所畏懼耳。若要說孔子去褒貶他，去其爵，與其爵，賞其功，罰其罪，豈不是謬也！其爵之有無與人之有功有罪，孔子也予奪他不得。」祖道。〔一五〕

蘇子由解春秋，謂其從赴告，此說亦是。既書「鄭伯突」又書「鄭世子忽」，據史文而書耳。定、哀之時，聖人親見，據實而書。隱、威之世，時既遠，史册亦有簡略處，夫子亦但據史册而寫出耳。人傑。

或說：「沈卿說春秋，云：『不當以褒貶看。聖人只備録是非使人自見。如「克段」之書而兄弟之義自見，如蔑之書而私盟之罪自見，來賵仲子便自見得以天王之尊下賵諸侯之妾。聖人以公平正大之心，何嘗規規於褒貶？』」先生〔一六〕曰：「只是中間不可以一例說，自有曉不得處。

公且道如『翬帥師』之類是如何？」曰：「未賜族，如挾、柔、無駭之類。無駭，魯卿，隱二年書『無駭』，九年書『挾卒』，莊十一年書『柔』，皆未命也。到莊以後，却不待賜而諸侯自予之。」先生[一七]曰：「便是這般所在，那裏見得這個是賜、那個是未賜？三傳唯左氏近之。或云左氏是楚左史倚相之後，故載楚事較詳。國語與左傳似出一手，然國語使人厭看。如齊、楚、吳、越諸處又精采。如紀周、魯自是無可説，將虚文敷衍，如説籍田等處令人厭看。左氏必不解是丘明，如聖人所稱，煞是正直底人。如左傳之文自有縱横意思。史記却説『左丘失明，厥有國語』。或云左丘明，左丘，其姓也。左傳自是左姓人作。又如秦始有臘祭，而左氏謂『虞不臘矣』，是秦時文字分明。」賀孫。

春秋大旨其可見者，誅亂臣討賊子、内中國外夷狄、貴王賤伯而已，未必如先儒所言字字有義也。想孔子當時只是要備二三百年之事，故取史文寫在這裏，何嘗云某事用某法、某[一八]事用某例邪？且如書會盟侵伐，大意不過見諸侯擅興自肆耳。書郊禘，大意不過見魯僭禮耳。至如三卜四卜，[一九]是失禮之中又失禮也。如「不郊，猶三望」，是不必望而猶望也。如書「仲遂卒，猶繹」，是不必繹而猶繹也。如此等義却自分明。近世如蘇子由、吕居仁却看得平。閎祖。

春秋只是直載當時之事，要見當時治亂興衰，非是於一字上定褒貶。初間王政不行，天下都無統屬，及五伯出來扶持，方有統屬，「禮樂征伐，自諸侯出」。到後來五伯又衰，政自大夫出。

到孔子時，皇、帝、王、伯之道掃地，故孔子作春秋，據它事實寫在那裏，教人見得當時事是如此，安知用舊史與不用舊史？今硬説那個字是孔子文，那個字是舊史文，如何驗得？果[二〇]聖人所書，好惡自易見。如葵丘之會、召陵之師、踐土之盟自是好，本末自是別。及後來五伯既衰，湨梁之盟，大夫亦出與諸侯之會，這個自是差異不好。今要去一字兩字上討意思，甚至以日月、爵氏、名字上皆寓褒貶。如「王人子突救衛」，自是當救衛[二一]，當時是有個子突，孔子因存他名字。今諸公解却道王人本不書字，緣其救衛故書字。又如季子來歸，諸解多做好看。某看季子之罪與慶父不争多，只是它歸來會平了難，故魯人如此説。更是它家世執魯之大權，史官怕它，自是恁地書。孔子因而存之，以見季氏之專萌芽於此。[二二]如[二三]孟子説：「臣弒其君者有之，子弒其父者有之。孔子懼，作春秋。」説得極是[二四]。又曰：「春秋無義戰，彼善於此則有之矣。」此等皆看得地步闊。聖人之意只是如此，不解恁地細碎。淳。義剛録少異[二五]，云：「或問春秋。曰：[二六]『春秋，[二七]某便[二八]不敢似諸公道聖人是於一字半字上定去取。聖人只是存得那事在，要見當時治亂興衰。如那一部左傳載得許多事，也未知是與不是，但是道理也是恁地，今且把來參考。[二九]見得其初王政不行，天下皆無統屬，及五伯出來，如此扶持，方有統屬。恁地便見得天王都做主不起。』」後同。

看春秋且須看得一部左傳首尾意思通貫，方能略見聖人筆削與當時事之大意。道夫。

春秋之書且據左氏。當時天下大亂，聖人且據實而書之，其是非得失付諸後世公論，蓋有言外之意。若必於一字一辭之間求褒貶所在，竊恐不然。齊威、晉文所以有功於王室者，蓋當時楚最强大，時復加兵于鄭，鄭則在王畿之內。又伐陸渾之戎，觀兵周疆，其勢與六國不同。蓋六國勢均力敵，不敢先動。楚在春秋時，他國皆不及其强，向非威、文有以遏之，則周室爲其所并矣。又，諸侯不朝聘于周而周反下聘於列國，是甚道理！廣。[三〇]

問春秋。曰：「此是聖人據魯史以書其事，使人自觀之以爲鑒戒爾。其事則齊威、晉文有足稱，其義則誅亂臣賊子。若欲推求一字之間，以爲聖人褒善貶惡專在於是，切恐不是聖人之意。如書即位者是魯君行即位之禮，繼故不書即位者是不行即位之禮。若威公之書即位則是威公自正其即位之禮耳。其他崩、薨、卒、葬亦無意義。」人傑。

或有解春秋者專以日月爲褒貶，書時月則以爲貶，書日則以爲褒，穿鑿得全無義理。若胡文定公所解乃是以義理穿鑿，故可觀。人傑。

春秋所書，如某人爲某事，本據魯史舊文筆削而成。今人看春秋必要謂某字必[三一]譏某人，如此則是孔子專任私意，妄爲褒貶。孔子但據直書而善惡自著。今若必要如此推説，須是得魯史舊文參校筆削異同，然後爲可見。而亦豈復可得也？謨。

書「人」恐只是微者。然朝非微者之禮而有書「人」者，此類亦不可曉。閎祖。

問：「『春王正月』是用周正，用夏正？」曰：「兩邊都有證據，將何從？[三二]某向來只管理會此，不放下，竟擔閣了。吾友讀書不多，不見得此等處。某讀書多後，有時此字也不敢喚做此字。如家語周公祝成王冠辭：『近爾民，遠爾年，嗇爾時，惠爾財，親賢任能。』『近爾民』言得民之親愛也，『遠爾年』言壽也。『年』與『民』叶，音紉。『能』與『財』叶，囊來反；與『時』叶，音尼，『財』音慈。」淳。義剛録云：「陳安卿問：『「王正月」是周正，或是夏正？』先生曰：『這個難稽考，莫要理會這個。』」〔三三〕

春秋有書「天王」者，有書「王」者，此皆難曉。或以爲王不稱「天」，貶之。某謂若書「天王」，其罪自見。宰咺以爲冢宰亦未敢信，其他如莒去疾、莒展輿、齊陽生，恐只據舊史文。若謂添一個字、減一個字便是褒貶，某不敢信。威公不書秋冬，史闕文也。或謂貶天王之失刑，不成議論，可謂亂道。夫子平時稱顏子「不遷怒，不貳過」，至作春秋却因惡魯威而及天子，可謂「桑樹着刀，穀樹汁出」者。魯威之弑，天王之不能討，罪惡自著，何待於去秋冬而後見乎！又如貶滕稱「子」，而滕遂至於終春秋稱「子」，豈有此理！今朝廷立法，降官者猶經赦敍復，豈有因滕子之朝威，遂併其子孫而降爵乎？人傑。

「胡文定說春秋『公即位』終是不通。且踰年即位，凶服如何入廟？胡文定却說是冢宰攝行。他事可攝，即位豈可攝？且如『十一月乙丑，伊尹以冕服奉嗣王』，『惟十有三祀』却是除服了。康王之誥，東坡道是召公失禮處。想古時是這般大事必有個權宜，如借吉之例。」或問：

「金縢，前輩謂非全書。」曰：「周公以身代武王之說只緣人看錯了。此乃周公誠意篤切以庶幾其萬一。『丕子之責于天』，只是以武王受事天之責任。如今人說話他要個人來服事，周公便說是他不能服事天，不似我多才多藝自能服事天。」賀孫。

某[三四]問：「胡氏傳春秋盟誓處，以爲春秋皆惡之。楊龜山亦嘗議之矣。自今觀之，豈不可因其言之[三五]與否而褒貶之乎？今民『泯泯棼棼，罔中于信，以覆誼盟』之時，而遽責以未施信而民信之事，恐非化俗以漸之意也。」先生[三六]曰：「不然。盟誼[三七]必竟非君子之所爲，故曰『君子屢盟，亂是用長』。將欲變之，非去盟崇信，俗不可得而變[三八]也。故伊川有言曰：『凡委靡隨俗者不能隨時，惟剛惟毅特立，乃所以隨時也。』斯言可見矣。」先生[三九]問洽：「尋常如何理會胥命？」洽[四〇]曰：「嘗考之矣，當從劉侍讀之說。自王命不行，則諸侯上僭之事由階而升，然必與勢力之不相上下者[四一]共爲之，所以布於衆而成其僭也。齊、衛當時勢敵，故齊僖自以爲小伯而黎人責衛以方伯之事。當時王不敢命伯而欲自爲伯，故於此彼此相命以成其私也。及其久也，則力之能爲者專之矣，故威公遂自稱伯。以至戰國諸侯各有稱王之意，不敢獨稱於國，必與勢力之相侔者共約而爲之，齊、魏會于苴澤以相王是也。其後七國皆王，秦人思有以勝之，於是使人致帝于齊，約共稱帝，豈非相帝？自相命而至於相王，自相王而至於相帝，僭竊之漸勢必至此，[四二]豈非其明證乎？」先生曰：「然則左傳所謂『胥命于弭』，何也？」某[四三]曰：

「此以納王之事相讓〔四四〕相先也。」先生云：「説亦有理。」洽。〔四五〕

黄問：「春秋諸臣多曉義理。」曰：「那時多是世臣，君臣之分密，其情亦自不能相舍，非皆由曉義理。古者君臣素講自一家一國以及天下，大處有大君臣，小處有小君臣。今世在士人猶略知有君臣，如田夫豈識君臣是如何？太祖軍法曰『一階一級皆存服事之儀』，向來軍中却有定分。」淳。〔四六〕

張元德問春秋周禮疑難。先生曰：「此等皆無佐證，强説不得。若穿鑿説出來便是侮聖言。不如且研窮義理，義理明則皆可遍通矣。」因曰：「看文字且先看明白易曉者。此語是某發出來，諸公可記取。」時舉。〔四七〕

經〔四八〕

薛士龍曰「魯隱初僭史」，殊不知周官所謂「外史合四方之志」，便是四方諸侯皆有史。諸侯若無史，外史何所稽考而爲史？如古人生子則閭史書之。且二十五家爲閭，閭尚有史，况一國乎！正卿。隱元年。〔四九〕

惠公仲子恐是惠公之妾，僖公成風却是僖公之母，不可一例看，不必如孫明復之説。閎祖。孫明復云：「文九年冬，秦人來〔五〇〕歸僖公成風之襚，與此不稱夫人義同，譏其不及事而又兼之貶也。」

「夫人子氏薨」只是仲子。左氏「豫凶事」之説亦有此[五一]理。「考仲子之宮」是到[五二]立廟。人傑。二年。

陳仲蔚説「公矢魚于棠」，云：「或謂『矢』如『皐陶矢厥謨』之『矢』。」先生曰：「便是亂説。今據傳曰『則君不射』，則『矢魚』[五三]是將弓矢去射之，如漢武帝親射江中蛟之類。何以[五四]見得？夫子作春秋，征只書征，伐只書伐，不曾恁地下[五五]一字。如何平白無事，陳魚不只寫作『陳』字，却要下個『矢』字則麽？『遂往陳魚而觀之』這幾句却是左氏自説，據他上文則無此意。」義剛。五年。

問：「書蔡威侯，文定以爲蔡季之賢知請謚，如何？」曰：「此只是文誤。」人傑。桓[五六]十七年。

問：「魯桓公爲齊襄公所殺，其子莊公與桓公會而不復讎，先儒謂春秋不譏，是否？」曰：「他當初只是據事如此寫在，如何見他譏與不譏？當桓公被殺之初便合與他理會，使上有明天子，下有賢方伯[五七]，興復讎之師。只緣周家衰弱，無告[五八]愬處，莊公又無理會，便自與之主婚，以王姬嫁齊。及到桓公時，又自隔一重了。況到此，事體又别，桓公率諸侯以尊周室，莊公安得不去？若是不去，却不是叛齊，乃是叛周。」文蔚[五九]曰：「使莊公當初自能舉兵殺了襄公，還可更赴桓公之會否？」曰：「他若是能殺襄公，他却自會做霸主，不用去隨桓公。若是如此，

便是這事結絶了。」文蔚。〔六〇〕

問：「穀梁釋『夫人孫于齊』，其文義如何？」曰：「『始人之也』猶言始以人道治莊公也。命猶名也，猶曰『若於道』、『若於言』，天人皆以爲然，則是吾受是名也。『臣子受〔六一〕命』，謹其所受命之名而已。大抵齊魯之儒多質實，當時或傳誦師説，見理不明，故其言多不備〔六二〕。禮記中亦然，如云『仁者右也，義者左也』，道它不是不得。」人傑。莊元年。穀梁曰：「『夫人孫于齊』，諱奔也。接練時録母之變，始人之也。不言氏姓，貶之也。人之於天也，以道受命於人也；以言受命不若於道者，天絶之也；不若於言者，人絶之也。臣子大受命。」〔六三〕

荆楚初書國，後進稱人、稱爵，乃自是他初間不敢驟交於中國，故從卑稱。後漸大，故稱爵。賀孫。十一年。〔六四〕

吴楚盟會不書王，恐是吴楚當時雖自稱王於其國，至與諸侯盟會則未必稱也。閎祖。十二年。〔六五〕

「『季子來歸』如『高子來盟』、『齊仲孫來』之類。當時魯國内亂，得一季子歸國則國人皆有慰望之意，故魯史喜而書之。夫子直書史家之辭。其實季子無狀，觀於成風之事〔六六〕可見。一書『季子來歸』，而季氏得政，權去公室之漸皆由此起矣。」問：「魯君弒而書『薨』，如何？」曰：「如晉史書趙盾弒君，齊史書崔杼弒君，魯却不然，蓋恐是周公之垂法，史書之舊章。韓宣子所謂周禮在魯者，亦其一事也。」問諸侯書「卒」。曰：「劉道原嘗言之，此固當書『卒』。」問：「魯君書『薨』而諸侯書『卒』，内大夫卒而略外大夫，只是别内外之辭。」曰：「固是。且如今虜主死，其國必來告哀，史官必書虜主之死。若虜中宰相大臣，彼亦不告，此亦必不書之也。但書『王猛』又書『王子猛』，皆不可曉。所謂『天子未除喪曰「予小子」，生名之，死亦名之』，此乃據春秋例以爲之説耳。」人傑。閔元年。[六七]

問季友之爲人。曰：「此人亦多可疑。諸家多言季友『來歸』爲聖人美之之辭。據某看，此一句正是聖人著季氏所以專國爲禍之基。又『成風聞季氏之繇，乃事之』，左氏記此數句亦有説話。成風没巴鼻，事之則甚？據某看，此等人皆是[六八]魯國之賊耳。」又問子家子。曰：「它却是忠於昭公。只是也無計畫，不過只欲勸昭公且泯默含垢受辱，因季氏之來請而歸魯耳。昭公所以不歸，必是要逐季氏而後歸也。當時列國之大夫，如晉之欒、魯之季氏、鄭之伯有之徒，國國皆然。二百四十二年，真所謂五濁惡世，不成世界！孔子説『有用我者，吾其爲東周乎』，不知如何地做，從何處做起。某實曉不得。」或曰：「相魯可見。」曰：「他合下只説得季威子透，威子事事信之，所以做得。及後來被公斂處父一説破了，威子便不信之，孔子遂做不得矣。孟子説五年七年可『爲政於天下』，不知如何做，孔子不甚説出來。孟子自擔負不淺，不知怎生做也。」僩。

「成風事季友與敬嬴事襄仲一般，春秋何故褒季友？如書『季子來歸』是也。」人傑謂：「季子既歸，而閔公被弑，慶父出奔。季子不能討賊，是其意在於立僖公也。」先生曰：「縱失慶父之罪小，而季子自有大惡，今春秋不貶之而反褒之，殆不可曉。蓋如高子、仲孫之徒，只是舊史書之，聖人因其文而不革。所以書之者，欲見當時事迹付諸後人之公議耳。若謂季子爲命大夫，則叔孫婼嘗受命服，何爲書名乎？」人傑。[六九]

春秋書「會王世子」，與齊威公也。廣。僖[七〇]五年。

晉里克事只以春秋所書，未見其是非。國語載驪姬陰託里克之妻，其後里克守不定，遂有中立之説。他當時只難里克，里克若不變，太子可安。由是觀之，里克之罪明矣。後來殺奚齊、[七一]卓子，亦自快國人之意，且與申生伸冤。如春秋所書多有不可曉。如里克等事，只當時人已自不知孰是孰非，況後世乎？如蔡人殺陳佗，都不曾有陳佗弑君蹤跡。「會王世子」却是威公做得好。賀孫。七年。[七二]

或問：「春秋書『晉殺其大夫荀息』，是取他否？」曰：「荀息亦未見有可取者，但始終一節，死君之難，亦可取耳。後又書『晉殺其大夫里克』者，不以弑君之罪討之也。然克之罪則在中立。今左傳中却不見其事，國語中所載甚詳。」廣。十年。

文蔚[七三]問：「里克、丕鄭、荀息三人，當初晉獻公欲廢太子申生，立奚齊，荀息便謂『君命立之，臣安敢貳』，略不能諫君以義，此大段不是。里克、丕鄭謂『從君之義，不從君之惑』，所見甚正，只是後來却做不徹。」答[七四]曰：「他倒了處便在那中立上。天下無中立之事，自家若排得他退便用排退他，若奈何[七五]不得便用自死。今驪姬一許他中立，便他事便了，便是他只要求生避禍。正如隋高祖篡周，韋孝寬初甚不能平，一見衆人被殺便去降他，反教他添做幾件不好底事。看史到此，使人氣悶。」或曰：「晉荀息[七六]亦有不是處。」曰：「全然不是。豈止有不是處？只是辦得一死亦是難事。」文蔚曰：「里克當獻公在時不能極力理會，及獻公死後却殺奚齊，此亦未是。」曰：「這般事便是難說。獻公在日，與他說不聽，又怎生奈何得他？後來亦用理會，只是不合殺了他。」文蔚。

「諸侯滅國未嘗書名。『衛侯燬滅邢』，說者以爲滅同姓之故。今經文只隔『夏四月癸酉』一句，便書『衛侯燬卒』，恐是因而傳寫之誤，亦未可知。」又曰：「魯君書『薨』，外諸侯書『卒』。劉原父答温公書，謂『薨』者臣子之詞，温公亦以爲然。以『卒』爲貶詞者恐亦非是。」僴用。人傑録同。[七七]二十五年。

僖公成風與東晉簡文帝鄭太后一也，皆所以著妾母之義。至本朝真宗既崩，始以三后並配。當時群臣亦嘗争之，爲其創見也。後來遂以爲常，此禮於是乎紊矣。人傑。文[七八]四年。

「公孫敖如京師，不至而復。」延平先生云：「只不至而復便是大不恭。又魯更不再使人往，

皆罪也。」胡氏只貶他從己氏之過。經文元不及此事。人傑。八年。〔七九〕

問：「滕本侯爵，降而稱子。胡文定以爲『朝弑君之賊』，然終春秋之世以子書，似有可疑者。」先生曰：「程沙隨説此却頗有理。謂此乃自貶之爵，蓋懼以侯爵貢，故以子禮來。如鄭子産争承曰：『鄭伯，男也。而使從公侯之貢，懼弗給也。』恐類是。」十二年。争承，見昭十三年。僩用。〔八〇〕

「遂以夫人姜氏至自齊」，恐是當時史官所書如此。蓋爲如今魯史不存，無以知何者是舊文，何者是聖人筆削，怎見得聖人之意？閎祖。宣元年。

宣公十五年，「公孫歸父會楚子于宋。夏五月，宋人及楚人平」。春秋之責宋、鄭，正以其叛中國而從夷狄爾。中間諱言此事，故學者不敢正言，今猶守之而不變，此不知時務之過也。罪其貳霸亦非是，春秋豈率天下諸侯以從三五〔八一〕之罪人哉！特罪其叛中國爾。道夫。此章，先生親批章浦縣學課簿。

因問：「胡氏傳欒書，載〔八二〕晉厲公事，其意若許欒書之弑，何也？」先生曰：「舊亦嘗疑之，後見范伯達〔八三〕而問焉。伯達曰：『文定公之意，蓋以爲欒書執國之政而厲公無道如此，亦不得坐視。爲欒書〔八四〕之計，厲公可廢而不可殺也。』」某曰：〔八五〕「傳中全不見此意。」先生曰：「文定既以爲其人〔八六〕當如此作傳，雖不可明言，豈不可微示其意乎？今累數百言而其意絶不可曉，是亦拙於傳經者也。」洽。

胡解「晉弑其君州蒲」一段，意不分明，似是爲欒書出脱。曾問胡伯逢，伯逢曰：「厲公無道，但當廢之。」閎祖。成十九年。[八七]

春秋書「蔡人殺陳佗」，此是夫子據魯史書之。佗之弑君初不見於經者，亦是魯史無之耳。廣。[八八]

楊至之問：「左傳『元者體之長』等句是左氏引孔子語，抑古有此語？」曰：「或是古已有此語，孔子引他，也未可知。左傳又云『克己復禮，仁也』。『克己復禮』四字亦是古已有此語。」淳。以下論三傳。[八九]

義剛[九〇]問：「石碏諫得已自好了，如何更要那『將立州吁』四句？」曰：「也是要得不殺那桓公。」又問：「如何不禁其子與州吁遊？」曰：「次第也是那[九一]石碏老後，奈那[九二]兒子不何。」又問：「殺之如何要引他從陳去？忽然陳不殺却如何。」曰：「如喫飯樣，不成説道喫不得後便不喫，也只得喫。」義剛。[九三]

義剛曰：「莊公見潁考叔而告之悔，此只[九四]是他天理已漸漸明了。考叔當時聞莊公之事而欲見之，此蓋[九五]是他欲撥動他機，及其既動却好開明義理之説，使其心豁然知有天倫之親。今却教恁地去做，則母子全恩依舊不出於真理。此其母子之間雖能如此，而其私欲固未能瑩然消釋。其所以略能保全而不復開其隙者，特幸耳。」先生曰：「恁地看得細碎，不消如此。某便是不喜伯恭博議時，他便都是這般議論，恁地忒細碎，不濟得事。且如這樣，他是且欲全他母子之恩。以他重那盟誓未肯變，故且教他恁地做。這且得他全得大義，未暇計較這個，又何必如此去論他？」義剛。

陳仲蔚問：「東萊論潁考叔之説是否？」曰：「古人也是重那盟誓。」又問：「左傳於釋經處但略過，如何？」曰：「他釋經也有好處。如説『段不弟故不言弟。稱『鄭伯』，譏失教也』，這樣處説得也好，蓋説得闊。」又問：「『宋宣公可謂知人矣，立穆公，其子享之』，這也不可謂知人。」曰：「這樣處却説得無巴鼻。如公羊説，宣公却是宋之罪腦。公羊曰：「宋之禍，宣公爲之也。」[九六]左氏有一個大病時[九七]是他好以成敗論人，遇他做得來好時便説他好，做得來不好時便説他不是，却都不折之以理之是非，這却[九八]是他大病。敍事時，左氏却多是，公、穀却都是胡撰。他去聖人遠了，只是想是[九九]胡説。」或問：「左氏果丘明否？」曰：「左氏敍至韓、魏、趙殺智伯事，去孔子六七十年，決非丘明。」義剛。

林黄中謂：「左傳『君子曰』是劉歆之辭。」胡先生謂周禮是劉歆所作，不知是如何。「左傳『君子曰』最無意思。」因舉：「『芟夷蘊崇之』一段是關上文甚事？」賀孫。

晉「驪姬之亂，詛無畜群公子，自是晉無公族」，而以卿爲公室大夫，這個便是六卿分晉之漸

也。始驪姬諫逐群公子，欲立奚齊、卓子爾。後來遂以爲例，則疑六卿之陰謀也。然亦不可曉。僩。〔一〇〇〕

昔嘗聞長上言：「齊威公伐楚不責以僭王之罪者，蓋威公每事持重，不是一個率然不思後手者。當時楚甚强大，僭王已非一日。威公若以此問之，只宜楚即服罪，不然齊豈遽保其必勝楚哉？」及聞先生言及，亦以爲然。處謙。

楊至之問晉悼公。先生曰：「甚次第。他才大段高，觀當初人去周迎他時只十四歲，他説幾句話便乖，便有操有縱。纔歸晉做得便别。當時厲公恁地弄得狼當，被人攛掇，胡亂殺了，晉室大段費力。及悼公歸來不知如何便被他做得恁地好，恰如久雨積陰忽遇天晴，光景便别，赫然爲之一新。」又問：「勝威文否？」先生曰：「儘勝。但威文是白地做起來，悼公是見成基址。某嘗謂晉悼公、宇文周武帝、周世宗三人之才一般，却做得事，都是一做便成，及纔成又便死了，不知怎生地。」義剛。陳淳、人傑録同。〔一〇一〕

植因舉楚人「卒偏之兩」乃一百七十五人。先生〔一〇二〕曰：「一廣有百七十五人，二廣計三百五十。楚分爲左、右廣，前後更番，次舉額牒。〔一〇三〕」植。〔一〇四〕

春秋權臣得政者皆是厚施於民，故晏子對景公之辭曰「在禮，家施不及國」，乃先王防閑之意。人傑。

陳仲卿[一〇五]問：「三卿爲侯，[一〇六]司馬、胡氏之説孰正？」先生曰：「胡氏説也[一〇七]如此。但他也只從春秋中間説起，這却不特如此。蓋自平王以來便恁地無理會，縁是如此日降一日，到下梢自是没奈他何。而今看春秋初時，天王尚略略有戰伐之屬，到後來都無事，及到定哀之後更不敢説着他。然其初只是諸侯出來抗衡，到後來諸侯纔不奈何便又被大夫出來做，及大夫稍做得没奈何又被陪臣出來做。這便似唐之藩鎮樣，其初是節度抗衡，後來牙將、孔目官、虞候之屬，皆殺了節度使後出來做。當時被他出來握天下之權，恣意恁地做後更没奈他何，這個自是其勢必如此。如夫子説『禮樂征伐自天子出』一段，這個説得極分曉。」義剛。[一〇八]

臧文仲廢六關，若以爲不知利害而輕廢，則但可言「不知」，所以言「不仁」者，必有私意害民之事。但古事既遠，不可攷耳。[一〇九]從周。董銖録同。[一一〇]

或問：「子産相鄭，鑄刑書，作丘賦，時人不以爲然。是他不達『爲國以禮』底道理，徒恃法制以爲國，故鄭國日以衰削。」曰：「是他力量只到得這裏。觀他與韓宣子争時似守得定，及到伯有、子皙之徒撓他時，則度其可治者治之，若治他不得便只含糊了[一一一]過。亦縁當時列國世卿，每族[一一二]須有三兩族强大，根株盤互，勢力相依倚，卒急動他不得。不比如今大臣，纔被人論便可逐去。故當時自有一般議論，如郤獻子『分謗』之説，只是要大家含糊了[一一三]過，不要見得我是你不是。又如魯以相忍爲國，意思都如此。後來張文潛深取之，故其所著雖連篇累牘，

不過只是這一意。」廣。〔一一四〕

「我思古人，實獲我心」言古人所爲恰與我相合，只此便是至善。前乎百世之已往，後乎千世之未來，只是此個道理。孟子所謂「得志行乎中國，若合符節」，政謂是爾。僩。〔一一五〕

問：「季札觀樂，如何知得如此之審？」曰：「此是左氏粧點出來，亦自難信。如聞齊樂而曰『國未可量』，然一再傳而爲田氏，烏在其爲未可量也！此處皆是難信處。」時舉。〔一一六〕

某常疑誅少正卯無此事，出於齊魯陋儒欲尊夫子之道，而造爲之説。若果有之，則左氏記載當時人物甚詳，何故有一人如許勞攘，而略不及之也？史傳間不足信事如此者甚多。僩。〔一一七〕

問：「『自陝以東，周公主之；自陝以西，召公主之。』周召既爲左右相，如何又主二伯事？」曰：「此春秋説所未詳，如顧命説召公率西方諸侯入應門左，畢公率東方諸侯入應門右，所可見者，其略如此。」〔一一八〕

先生問人傑：「記左傳分謗事否？」人傑以韓獻子將殺人，郤獻子馳救不及，使速以徇對。事見成二年。左傳。〔一一九〕先生曰：「近世士大夫多是如此，只要徇人情。如荀林父邲之役，先縠違命而濟，乃謂『與其專罪，六人同之』，是何等見識！當時爲林父者，只合按兵不動，召先縠而誅之。」人傑曰：「若如此，豈止全軍，雖進而救鄭可也。」因問：「韓厥殺人事，在郤克只得如此。」

先生云：「既欲馳救，則殺之未得爲是，然這事却且莫管。」因云：「當時楚孫叔敖不欲戰，伍參爭之。若事有合爭處須當力爭，不可苟徇人情也。」人傑。[一二〇]

「形民之力而無醉飽之心」，左傳作「形」字解者，胡說。今家語作「刑民」，注云「傷也」，極分曉。蓋言傷民之力以爲養而無饜足之心也。又如禮記中說「耆欲將至，有開必先」，家語作「有物將至，其兆必先」爲是。蓋「有」字似「耆」字，「物」字似「欲」字，「其」字似「有」字，「兆」字篆文似「開」字之「門」，必誤無疑。今欲作「有開」解亦可，但無意思爾。王肅所引證也有好處。後漢鄭玄與王肅之學互相詆訾，王肅固多非是，然亦有考援得好處。僩。

左傳「形民之力而無醉飽之心」，杜預煞費力去解。後王肅只解作刑罰之「刑」，甚易曉，便是杜預不及他。李百藥也有兩處說，皆作「刑罰」字說。義剛。見昭[一二一]十二年。

問：「左氏駒支之辯，見襄公十四年。[一二二]劉侍讀以爲無是事。」曰：「某亦疑之。既曰『言語衣服，不與華同』，又却能賦青蠅，何也？又，太子申生伐東山皐落氏，攛掇申生之死，乃數公也。申生以閔二年十二月出師，衣之偏衣，佩之金玦，數公議論如此，獻公更舉事不得，便有『逆詐、億不信』底意思。左氏一部書都是這意思，文章浮艷，更無事實。蓋周衰時自有這一等迂闊人，觀國語之文可見周之衰也。某嘗讀宣王欲籍千畝事便心煩。及戰國時人却尚事實，觀太史公之[一二三]史記可見。公子成與趙武靈王爭胡服，甘龍與衛鞅爭變法，其他如蘇張之辯，莫不皆然。衛鞅之在魏，其相公孫痤[一二四]勸魏君用之，不然須殺之。魏君不從則又與鞅明言之，鞅以爲不能用我焉能殺我。及秦孝公下令，鞅西入秦。然觀孝公下令數語，如此氣勢，乃是吞六國規模。鞅之初見孝公，説以帝道王道，想見好笑，其實乃是霸道。鞅之如此，所以堅孝公之心，後來迂闊之説更不能入。使當時無衛鞅必須別有人出來，觀孝公之意定是不用孟子。史記所載事實，左氏安得有此！」人傑。[一二五]

左氏説得春秋事有七八分。泳。[一二六]

春秋傳例多不可信。聖人記事安有許多義例！如書伐國，惡諸侯之擅興；書山崩、地震、螽、蝗之類，知災異有所自致也。德明。

或論及春秋之凡例。先生曰：「春秋之有例固矣，奈何非夫子之爲也。昔嘗見有人言及命格，予曰：『命格，果[一二七]誰之所爲乎？』人[一二八]曰：『善談五行者爲之也。』予曰：『然則何貴？設若自天而降，具言其爲美爲惡，則誠可信矣。今特出於人爲，烏可信也？』知此則知春秋之例矣。」又曰：「『季子來歸』，以爲季子之在魯不過有立僖之私恩耳，初何有大功於魯！又況通於成風，與慶父之徒何異？然則其歸也何足喜？蓋以啓季氏之事而書之乎！」處謙。

先生因[一二九]或人論春秋，以爲多有變例，所以前後所書之法多有不同。先生曰：「此烏可信！聖人作春秋正欲褒善貶惡，示萬世不易之法。今乃忽用此説以誅人，未幾又用此説以賞人，使天下後世皆求之而莫識其意，是乃後世弄法舞文之吏之所爲也，曾謂大中至正之道而如此乎！」處謙。

胡叔器問讀左傳法。先生曰：「也只是平心看那事理、事情、事勢。春秋十二公時各不同。如隱、桓之時，王室新東遷，號令不行，天下都星散無主。莊、僖之時，威、文迭伯，政自諸侯出，天下始有統一。宣公之時，楚莊王盛强，夷狄主盟，中國諸侯服齊者亦皆朝楚，服晉者亦皆朝楚。及成公之世，悼公出來整頓一番，楚始退去；繼而吴越又强入來争伯。定、哀之時，政皆自大夫出，魯有三家，晉有六卿，齊有田氏，宋有華向，被他肆意，故終春秋之世更没奈何。但是某嘗説，春秋之末與初年大不同。然是[一三〇]諸侯征戰只如戲樣，亦無甚大殺戮。及戰國七國争雄，那時便多是胡相殺。如鴈門斬首四萬，不知怎生地[一三一]殺了許多。又其後秦人[一三二]長平之戰四十萬人坑死，是殺了多少，[一三三]不知如何有許多人。如[一三四]後來項羽也坑十五萬，不知他如何地掘那坑後那死底都不知，當時不知如何地對副許多人。」陳安卿[一三五]曰：「恐非掘坑。」先生曰：「是掘坑。嘗見鄧艾伐蜀坑許多人，載説是掘坑。」義剛。淳録同。□□魏志：「胡烈給語親兵曰：『會已作大坑。』」鍾會伐蜀見本傳。[一三六]

左氏之病是以成敗論是非，而不本於義理之正。嘗謂左氏是個猾頭熟事、趨炎附勢之人。夔孫。[一三七]

李丈問：「左傳如何？」曰：「左傳一部載許多事未知是與不是，但道理亦是如此，今且把來參考。」又問：「公穀如何？」曰：「據他説亦是有那道理，但恐聖人當初無此等意。如孫明復、趙啖、陸淳、胡文定皆説得好，道理皆是如此。但後世因春秋去考時當如此區處。若論聖人當初作春秋時，其意不解有許多説話。」林丈[一三八]説：「文定説得理太多，盡堆在裏面。」先生曰：「不是如此底，亦壓從理上來。」淳。[一三九]

左氏傳是個博記人做，只是以世俗見識斷當它事，皆功利之説。公、穀雖陋，亦有是處，但皆得於傳聞，多訛謬。德明。

國秀問三傳優劣。曰：「左氏曾見國史，考事頗精，只是不知大義，專去小處理會，往往不曾講學。公羊、穀梁[一四〇]考事甚疏，然義理却精。此[一四一]二人乃是經生，傳得許多説話，往往都不曾見國史。」時舉。

「孔子作春秋，當時亦須與門人講説，所以公、穀、左氏得一個源流，只是漸漸訛舛。當初若是全無傳授，如何鑿空撰得？」文蔚[一四二]問：「今欲看春秋，且將胡文定説爲正，如何？」曰：「便是他亦有太過處。蘇子由教人只讀左傳，只是他春秋亦自分曉。且如『公與夫人如齊』必竟是理會甚事自可見，又如季氏逐昭公畢竟因甚如此。今理會得一個義理後將他事來處置，合於義理者爲是，不合於義理者爲非。亦有喚做是而未盡善者，亦有謂之不是而彼善於此者。且如讀史記，便見得秦之所以亡，漢之所以興，及至後來劉、項事又知劉之所以得、項之所以失，不難判斷。只是春秋却精細，他都不説破，教後人自將義理去折衷。」文蔚。

問：「公、穀傳大概皆同？」曰：「所以林黄中説只是一人。只是看他文字疑若非一手者。」或曰：「疑當時皆有所傳授，其後門人弟子始筆之於書爾。」曰：「想得皆是齊魯間儒，其所著之書恐有所傳授，但皆雜以己意，所以多差舛。其有合道理者疑是聖人之舊。」僩。〔一四三〕

近時言春秋者皆是計較利害，大義却不曾見。如唐之陸淳、本朝孫明復之徒，他雖未曾〔一四四〕深於聖經，然觀其推言治道凜凜然可畏，終是得聖人個意思。春秋之作蓋以當時人欲横流，遂以二百四十二年行事寓其褒貶。恰如今之事送在法司相似，極是嚴謹〔一四五〕，一字不輕易。若如今之説，只是個權謀智略兵機譎詐之書爾。聖人晚年痛哭流涕，筆爲此書，豈肯恁地纖巧！豈至恁地不濟事！道夫。〔一四六〕

或問伊川先生〔一四七〕春秋序後條。曰：「四代之禮樂，此是經世之大法也。春秋之書亦經世之大法也。然四代之禮樂是以善者爲法，春秋是以不善者爲戒。」又問：「孔子有取乎五霸，豈非時措從宜？」曰：「是。」又曰：「觀其予五霸，其中便有一個奪底意思。」賀孫。

今日得程春秋解，中間有説好處。如難理會處，他亦不爲決然之論。如〔一四八〕向見沙隨作〔一四九〕春秋解，只有説滕子來朝一處最好。如〔一五〇〕隱十一年方書「滕侯、薛侯」來朝，如何到[一五一]桓二年便書「滕子來朝」？先輩爲説甚多，或以爲時王所黜故降而書「子」，不知是時時王已不能行黜陟之典。就使能黜陟諸侯，當時亦不止一滕之可黜。或以春秋惡其朝桓，特削而書「子」。自此之後滕一向書「子」，豈春秋惡其朝桓而并後代子孫削之乎？或以爲當喪未君，前又不見滕侯卒。皆不通之論。沙隨則[一五二]謂此見得春秋時小國事大國，其朝聘貢賦之多寡隨其爵之崇卑。滕子之事魯以侯禮見則所供者多，故自貶降而以子禮見，庶得貢賦省少易供。此説却恐是。如此[一五三]何故？緣後面鄭朝晉云：「鄭伯，男也，而使從公侯之賦。」見得鄭本是男爵，後襲用侯伯之禮以交於大國，初焉不覺其貢賦之難辦，後來益困於此，方説出此等話。非獨是鄭[一五四]，想[一五五]當時小國多是如此。今程公春秋亦如此説滕子。程是紹興以前文字。不知沙隨見此而爲之説，還是自見得此意。賀孫。

問：「諸家春秋解如何？」曰：「某盡信不及。如胡文定春秋，某也信不及。知得聖人意裏是如此説否？今只眼前朝報差除尚未知他[一五六]朝廷意思如何，况生乎千百載之下而[一五七]欲逆推乎千百載上聖人之心。况自家之心又未如得聖人，如何知得聖人肚裏事。某所以都不敢信諸家解，除非是得孔子還魂親説出。不知如何也[一五八]。」僩。

胡文定公[一五九]春秋非不好，却不合這件事聖人意是如何下字，那件事聖人意又如何下字。要之，聖人只是直筆據見在而書，豈有許多忉怛！友仁。

胡春秋傳有牽强處，然議論有開合精神。闔祖。

時舉〔一六〇〕問：「胡春秋大抵〔一六一〕如何？」曰：「胡春秋大義正，但春秋自難理會。如左氏尤有淺陋處，如『君子曰』之類病處甚多。林黃中嘗疑之，却見得是。」時舉。

胡文定説春秋高而不曉事情。説「元年」不要年號。且如今中興以來更七個元年，若無號，則契券能無欺弊者乎？淳。

吕居仁春秋亦甚明白，正如某詩傳相似。道夫。

「春秋難看，三家皆非親見孔子。或以『左丘明耻之』是姓左作傳〔一六二〕，左氏乃楚左史倚相〔一六三〕，故載楚事極詳。吕舍人春秋不甚主張胡氏，要是此書難看。如劉原父春秋亦好。」可學云：「文定解『宋災故』一段乃是原父説。林黃中〔一六四〕春秋又怪異，云隱公篡桓公。可學云黃中説『歸仲子之賵』，乃是周王以此爲正其分。」先生曰：「要正分更有多少般，却如此不契勘！」某又云：〔一六五〕「杜預每到不通處多云告辭略。經、傳互異不云傳誤，云經誤。」先生云：「可怪！是何識見！」可學。〔一六六〕

薛常州解春秋不知如何率意如此，只是幾日成此文字。如何説諸侯無史？内則尚有「閭史」。又如趙盾事，初靈公要殺盾，盾所以走出，趙穿便弑公，想是他本意如此，這個罪首合是誰做！賀孫。

東萊有左氏説，亦好，是人記録他語言。淳。[一六七]

昔楚相作燕相書，其燭暗而不明。楚相曰：「舉燭。」書者不察，遂書「舉燭」字於書中。燕相得之曰：「舉燭者，欲我之明於舉賢也。」於是舉賢退不肖而燕國大治，故曰「不是郢書，乃成燕説」。今之説春秋者正此類也。人傑。[一六八]

學春秋者多鑿説。後漢五行志注中[一六九]載漢末有人發范明友奴冢，奴猶活。明友，霍光女婿。説光家事及廢立之際多與漢書相應。某嘗説與學春秋者曰：「今如此穿鑿説亦不妨，只恐一旦有於地中得夫子家奴出來，説夫子當時之意不如此爾。」廣。

林問：「先生論春秋一經本是明道正誼、權衡萬世典刑之書。如朝聘、會盟、侵伐等事，皆是因人心之敬肆爲之詳略；或書字，或書名，皆就其事而爲之義理。最是斟酌毫忽不差。後之學春秋多是較量齊、魯長短。自此以後，如宋襄、晉悼等事，皆是論霸事業。不知當時爲王道作邪，爲伯者作邪？若是爲伯者作，則此書豈足爲義理之書？」曰：「大率本爲王道正其紀綱。看已前春秋文字雖觕，尚知有聖人明道正誼道理，尚可看。近來止説得霸業譎[一七〇]底意思，更開眼不得。此義不可不知。」寓。[一七一]

春秋本是明道正誼之書，今人只較齊、晉伯業優劣，反成謀利，大義都晦了。且如[一七二]今人做義，且做得齊威、晉文優劣論。銖。[一七三]

春秋之作不爲晉國伯業之盛衰，此篇大意失之，亦近歲言春秋者之通病也。正誼不謀利，明道不計功；尊王，賤霸；内諸夏，外夷狄，此春秋之大指，不可不知也。[一七四]道夫。

問：「今科舉習春秋學，只將霸者事業纏在心胸。則春秋先儒謂尊王之書，其然邪？」曰：「公莫道『這個物事是取士弊，如此免得不應之』。今將六經做時文，最説得無道理是易與春秋。他經猶自可。」容。

今之治春秋者都只[一七五]許多權謀變詐爲説，氣象局促，不識聖人之意，不論王道之得失，而言霸業之盛衰，失其旨遠矣！「公即位」，要必當時别有即位禮數。不書即位者，此禮不備故也。今不可考，其義難見，諸家之説所以紛紛。「晉侯侵曹」、「晉侯伐衛」，皆是文公譎處，考之左氏可見，皆所以致楚師也。謨。

先生話間説春秋，因語及[一七六]「今之做春秋義都是一般巧説，專是計較利害，將聖人之經做一個權謀機變之書。如此不是聖經，却成一個百將傳」。因説：「前輩做春秋義，言辭雖粗率，却説得聖人大意出。年來一味巧曲，但將孟子『何以利吾國』句説盡一部春秋。這文字不是今時方恁地。自秦師垣主和議，一時去趨媚他，春秋義纔出會夷狄處。此最是春秋誅絶底事，人却都做好説。看來此書自將來做文字不得，纔説出便有忌諱。常勸人不必做此經，他經皆可做，何必去做春秋？這處也是世變。如二程未出時，便有胡安定、孫泰山、石徂徠，他們説經雖是甚有疏略處，觀其推明治道，直是凜凜然可畏。春秋本是嚴底文字，聖人此書之作遏人欲於橫流，遂以二百四十二年行事寓其褒貶。恰如大辟罪人，事在款司，極是嚴緊，一字不敢胡亂下。使聖人作經有今人巧曲意思，聖人亦不解作得。」因問文定春秋。先生曰：「某相識中多有不取其説者。『正其義不謀其利，明其道不計其功』，春秋大法正是如此。今人却不正其義而謀其利，不明其道而計其功。不知聖人將死，作一部書如此感麟涕濡，雨淚沾襟，這般意思是豈徒然！」問：「春秋繁露如何？」曰：「尤延之以此書爲僞，某看來不是董子書。」又言：「呂舍人春秋却好，白直説去。卷首與末梢又好，中間不似。伯恭以爲此書只粧點爲説。」寓。

春秋固是尊諸夏、外夷狄。然聖人當初作經，是要率天下諸侯而尊齊、晉！自秦檜和戎之後，士人諱言内外，而春秋大義晦矣。淳。

問：「春秋一經，夫子親筆，先生不可使此一經不明於天下後世。」答〔一七七〕曰：「某實看不得。」問：「以先生之高明，看如何難？」答〔一七八〕曰：「劈頭一個『王正月』便説不去。」劉曰：「六經無建子月，惟是禮記雜記中有個『正月日至，可以有事于上帝；七月日至，可以有事于先王』，其他不見説建子月。」先生〔一七九〕曰：「惟是孟子出來作鬧，『七八月之間旱則苗槁矣』，便是而今五、六月，此句又可鶻突。『歲十一月徒杠成，十二月輿梁成』，是而今九月、十月，若作今十一月、十二月，此去天氣較煖便可涉過，唯是九月、十月不可涉過。止有此處説，其他便不可說。」劉云：「若看春秋，要信傳不可。」先生[一八〇]曰：「如何見得？」答[一八一]曰：「『天王使宰咺來歸仲子之賵』，傳謂『預凶事』，此非人情。天王歸賵於魯，正要得牢籠魯。這人未死，却歸之賵，正所以怒魯也。」先生[一八二]曰：「天王正以此厚魯。古人却不諱死。」舉漢梁王事云云，又「季武子成寢，杜氏之葬在西階之下，請合葬焉」云云[一八三]一段。先生舉此大笑，云：「似一個人家，一火人扛個棺櫬入來哭，豈不可笑？古者大夫入國以棺隨其後，使人抬扛個棺櫬隨行，死便要用，看古人不諱凶事。」砥。[一八四]

春秋，某煞有不可曉處，不知是聖人真個說底話否。泳。

問：「先生於二禮書春秋未有說，何也？」答[一八五]曰：「春秋是當時實事，孔子書在冊子上。後世諸儒學未至而各以己意猜摶，正橫渠所謂『非理明義精而治之，故其說多鑿』是也。唯伊川以爲『經世之大法』，得其旨矣。然其間極有無定當難處置處，今不若且存取胡文定本子與後世[一八六]看，縱未能盡得之，然不中不遠矣。書中間亦極有難考處，只如禹貢說三江及荊、揚間地理，是吾輩親目見者，皆有疑。至北方即無疑，此無他，是不曾見耳。康誥以下三篇更難理會，如酒誥却是戒飲酒，乃曰『肇牽車牛遠服賈』，何也？梓材又自是臣告君之辭，更不可曉。其他諸篇亦多可疑處。解將去固易，豈免有疑？禮經要須編成門類，如冠、昏、喪、祭及他雜碎禮數，皆須分門類編出，考其異同而訂其當否方見得。然今精力已不逮矣，姑存與後人。」趙幾道又問：「禮合如何修？」答[一八七]曰：「禮非全書，而禮記尤雜。今合取儀禮爲正，然後取禮記諸書之說以類相從，更取諸儒剖擊之說各附其下，庶便搜閲。」又曰：「前此三禮同爲一經，故有三禮學究。王介甫廢了儀禮，取禮記。某以此知其無識。」大雅。

春秋難看，此生不敢問。如鄭伯髡頑之事，傳家甚異。[一八八]

【校勘記】

［一］昭公二十五年　成化本無。

［二］說春秋云　成化本無。

［三］時舉云　成化本作「曰」。

［四］此意　成化本無。

［五］時舉云　成化本作「曰」。

［六］時舉云　成化本無。

［七］義剛　成化本無。

［八］文定公　成化本爲「胡文定」。

〔九〕字　成化本此下注曰：「淳録云：『以褒之。』」
〔一〇〕字　成化本此下注曰：「淳録云：『以貶之。』別本云：『如此便爲予，如彼便爲奪。』」
〔一一〕陳淳及別本録同而略　成化本爲「淳録略」。
〔一二〕後　成化本無。
〔一三〕字　成化本無。
〔一四〕逆　成化本作「逸」。
〔一五〕成化本此下以人傑録爲注，附於録末，底本則以人傑録另作一條，參下條。
〔一六〕先生　成化本無。
〔一七〕先生　成化本無。
〔一八〕某　成化本作「甚」。
〔一九〕卜　成化本此下有「牛傷牛死」。
〔二〇〕果　成化本作「更」。
〔二一〕當救衛　成化本爲「衛當救」。
〔二二〕又如季子來歸……以見季氏之專萌芽於此　成化本無。
〔二三〕如　成化本無。
〔二四〕是　成化本此下有「了」。

〔二五〕少異　成化本無。

〔二六〕或問春秋曰　成化本無。

〔二七〕春秋　成化本無。

〔二八〕便　成化本無。

〔二九〕如那一部左傳……今且把來參考　成化本無。

〔三〇〕成化本此下注曰：「以下論左氏。」

〔三一〕必　成化本無。

〔三二〕從　成化本此下注曰：「義剛録云：『這個難稽考，莫去理會這個。』」底本將此部分注置於録末。參下文。

〔三三〕義剛録云……莫要理會這個　成化本爲「『能』字通得三音，若作十五灰韻則與『才』字叶，與『時』字又不叶。今更不可理會。據今叶『時』字則當作『尼』字讀」。

〔三四〕某　成化本無。

〔三五〕言之　成化本爲「言盟之能守」。

〔三六〕先生　成化本無。

〔三七〕誼　成化本作「詛」。

〔三八〕變　成化本作「善」。

〔三九〕先生　成化本無。
〔四〇〕洽　成化本無。
〔四一〕者　成化本此下注曰：「池録作：『如歷階而升以至於極。蓋既無王命必擇勢力之相敵者。』」
〔四二〕此　成化本此下注曰：「池録云：『春秋於此，蓋紀王命不行而諸侯僭竊之端也。』」
〔四三〕某　成化本無。
〔四四〕讓　成化本作「遜」。
〔四五〕成化本注曰：「池録少異。」
〔四六〕此條淳録成化本無，但卷一百三十四載義剛録，參成化本義剛録「因論甯武子……故軍中階級却嚴有定分」條。
〔四七〕成化本此下注曰：「以下看春秋法。」
〔四八〕經　成化本此下注有「傳附」。
〔四九〕隱元年　成化本無。
〔五〇〕人來　原脱，據成化本補。
〔五一〕有此　原脱，據成化本補。
〔五二〕到　成化本作「别」。
〔五三〕矢魚　原脱，據成化本補。

［五四］何以　原脱，據成化本補。
［五五］地下　原脱，據成化本補。
［五六］桓　成化本無。
［五七］伯　成化本此下有「便合上告天子，下告方伯」。
［五八］告　成化本作「赴」。
［五九］文蔚　成化本無。
［六〇］成化本此下注曰：「僩録詳見本朝六。」參成化本卷一百三十三僩録「陳問復讐之義……須看他大意」條。底本卷八十六及卷一百三十三亦載，可參。
［六一］受　成化本此上有「大」。
［六二］備　成化本作「倫」。
［六三］莊元年……臣子大受命　成化本爲「穀梁傳莊元年」。
［六四］十一年　成化本爲「莊十年」。
［六五］十二年　成化本爲「二十一年」。
［六六］之事　成化本爲「事之」。
［六七］閔元年　成化本無。
［六八］是　成化本無。

[六九] 成化本此下注有「閔元年」。
[七〇] 僖　成化本無。
[七一] 夷齊　成化本爲「奚齊」。
[七二] 七年　成化本爲「九年」。
[七三] 文蔚　成化本無。
[七四] 答　成化本無。
[七五] 奈何　成化本此下有「他」。
[七六] 晉荀息　成化本爲「看荀息」。
[七七] 儒用人傑録同　成化本爲「人傑」。
[七八] 文　成化本無。
[七九] 此條人傑録成化本以部分内容爲注，附於畨録後。參成化本卷八十三畨録「胡氏春秋文八年記公孫敖事云……蓋經初無從己氏之説」條。
[八〇] 此條儒用録成化本無。
[八一] 五　成化本作「王」。
[八二] 載　成化本作「弑」。
[八三] 范伯達　成化本爲「文定之甥范伯達」。

［八四］欒書　成化本作「書」。
［八五］某曰　成化本爲「洽言」。
［八六］其人　成化本無。
［八七］成十九年　成化本爲「十八年」。據春秋左傳「晉弒其君州蒲」事出自成公十八年傳。
［八八］成化本此下注有「六年」，據春秋左傳，即桓公六年傳。
［八九］以下論三傳　成化本爲「九年」。據春秋左傳，「元，體之長」出自襄公九年傳。
［九〇］義剛　成化本無。
［九一］次第也是那　成化本爲「次第是」。
［九二］那　成化本無。
［九三］成化本此下注有「二年」。據春秋左傳「將立州吁」之句出自隱公三年傳。
［九四］只　成化本無。
［九五］蓋　成化本無。
［九六］公羊曰宋之禍宣公爲之也　成化本無。
［九七］時　成化本無。
［九八］祈　成化本作「折」。却　成化本無。
［九九］是　成化本作「象」。

［一〇〇］成化本此下注有「三年」。據春秋左傳，「初驪姬之亂，詛無畜群公子，自是晉無公族」出自宣公二年傳。
［一〇一］陳淳人傑録同　成化本無。
［一〇二］先生　成化本無。
［一〇三］次舉額牒　成化本無。
［一〇四］成化本此下注有「十二年」。據春秋左傳，「卒偏之兩」出自宣公十二年傳。
［一〇五］陳仲卿　成化本爲「仲亨」。
［一〇六］三卿爲侯　成化本爲「晉三卿爲諸侯」。
［一〇七］也　成化本爲「也是」。
［一〇八］成化本此下注有「附此」。
［一〇九］成化本此下注曰：「有言：『臧文仲知征之爲害而去之，遂并無以識察姦僞。』故先生云然。」
［一一〇］從周董銖同　成化本爲「方子文二年」。據春秋左傳，文公二年傳有「仲尼曰：『臧文仲其不仁者三，不知者三』」。
［一一一］了　成化本無。
［一一二］族　成化本作「國」。
［一一三］了　成化本無。

［一一四］成化本此下注有「昭六年」。

［一一五］此條僴録成化本無，但卷八十一載胡泳録與此内容相似，參成化本胡泳録「或問緑衣卒章『我思古人，實獲我心』……正謂是爾」條。又，據春秋左傳，成化九年傳有「取其『我思古人，實獲我心』喻文子言得己意」之語。

［一一六］成化本此下注有「二十九年」。據春秋左傳，「國未可量」引自襄公二十九年傳。

［一一七］此條僴録成化本載於卷九十三。

［一一八］成化本此下注曰：「公羊隱五年。」

［一一九］事見成二年左傳　成化本無。

［一二〇］成化本此下注有「成二年」。

［一二一］見昭　成化本無。

［一二二］見襄公十四年　成化本無。

［一二三］之　成化本無。

［一二四］公孫痤　成化本爲「公孫座」。

［一二五］成化本此下注有「十四年」。

［一二六］此條泳録成化本無。

［一二七］果　成化本無。

〔一二八〕人　成化本無。

〔一二九〕先生因　成化本無。

〔一三〇〕是　成化本爲「是時」。

〔一三一〕地　成化本無。

〔一三二〕又其後秦人　成化本無。

〔一三三〕是殺了多少　成化本無。

〔一三四〕如　成化本無。

〔一三五〕陳安卿　成化本爲「安卿」。

〔一三六〕淳録同……鍾會伐蜀見本傳　成化本無。

〔一三七〕夔孫　成化本無。

〔一三八〕林丈　成化本爲「擇之」。

〔一三九〕成化本此下注曰：「義剛録少異。」

〔一四〇〕公羊穀粱　成化本爲「公穀」。

〔一四一〕此　成化本無。

〔一四二〕文蔚　成化本無。

〔一四三〕成化本此下注曰：「以下公穀。」

［一四四］曾　成化本作「能」。
［一四五］謹　成化本作「緊」。
［一四六］此條道夫録成化本作爲注，附於寓録後，參本卷寓録「先生語問説春秋……伯恭以爲此書只粧點爲説」條。
［一四七］伊川先生　成化本爲「伊川」。
［一四八］如　成化本無。
［一四九］作　成化本無。
［一五〇］如　成化本無。
［一五一］到　成化本無。
［一五二］則　成化本無。
［一五三］如此　成化本無。
［一五四］鄭　成化本爲「鄭伯」。
［一五五］想　成化本無。
［一五六］他　成化本無。
［一五七］而　成化本無。
［一五八］也　成化本無。

〔一五九〕胡文定公　成化本爲「胡文定」。
〔一六〇〕時舉　成化本無。
〔一六一〕大抵　成化本無。
〔一六二〕是姓左作傳　成化本爲「是姓左丘」。
〔一六三〕倚相　成化本此下有「之後」。
〔一六四〕林黄中　成化本此上有「曰」。
〔一六五〕某又云　成化本爲「可學云」。
〔一六六〕成化本此下注曰：「以下諸家解春秋。」
〔一六七〕淳　成化本爲「義剛」。
〔一六八〕成化本此下注曰：「揚録少異。」
〔一六九〕中　成化本無。
〔一七〇〕譎　成化本爲「權譎」。
〔一七一〕成化本此下注曰：「論治經之弊。」
〔一七二〕且如　成化本無。
〔一七三〕銖　成化本作「淳」。
〔一七四〕成化本此下注曰：「此亦先生親筆。」

［一七五］只　成化本爲「只將」。

［一七六］先生話間説春秋因語及　成化本無。

［一七七］答　成化本無。

［一七八］答　成化本無。

［一七九］先生　成化本無。

［一八〇］先生　成化本無。

［一八一］答　成化本無。

［一八二］先生　成化本無。

［一八三］云云　成化本無。

［一八四］成化本此下注曰：「寓録略。以下自言不解春秋。」

［一八五］答　成化本無。

［一八六］後世　成化本爲「後來」。

［一八七］答　成化本無。

［一八八］成化本此下注有「可學」。

晦庵先生朱文公語類卷第八十四

論考禮綱領[一]

東坡見伊川主司馬文正[二]之喪，譏其父在何以學得喪禮如此熟[三]。後人遂爲伊川解説，道伊川先丁母艱。也不消如此。人自少讀書，如禮記儀禮便都已理會了。古人謂居喪讀喪禮，亦平時理會了，到這時更把來温審，不是方始[四]理會。賀孫。[五]

南北朝是甚時節[六]，而士大夫[七]間禮學不廢。有考禮者説得亦[八]好。淳。[九]

「禮經難考。今若看得一兩般書[一〇]猶自得，若看上三四般去後便無討頭處[一一]。如孟子[一二]當時自是無可尋處了，今看孟子考禮亦疏[一三]，理會古[一四]制亦不甚得。如『諸侯之禮，吾未之學』。」又曰：「『其詳不可得聞』。又如説井田，引詩『雨我公田，遂及我私』，『惟助爲有公田，由此觀之，雖周亦助也』。似此樣證皆疏。周禮一書，他皆不曾見。如説夏后氏五十而貢，殷人七十而助，其終不敢十分信。且如今一家有五十畝，其中疆界溝洫廬舍已定，今忽然添二十畝，又須改易疆界溝洫廬舍再爲分畫。東遷西移，天下騷然不寧，是費多少心力。切恐不然，

疑自古皆只是百畝。向解孟子且隨文如此解，若實行之則大不然。」淳。[一五]

古禮難行。後世苟有作者必須酌古今之宜。若是古人如此煩[一六]縟，如何教今人要行得！古人上下習熟，不待家至户曉，皆如飢食而渴飲，略不見其爲難。本朝陸農師之徒大抵説禮都要先求其義，豈知古人所以講明其義者，蓋緣其儀皆在，其具並存，耳聞目見無非是禮，所謂「三千」、「三百」者較然可知，故於此論説其義皆有據依。若是如[一七]今古禮散失百無一二存者，如何懸空於上面説義[一八]，是説[一九]得甚麽義。須是且將散失諸禮錯綜參考[二〇]，令節文度[二一]數一一着實，方可推明其義，若錯綜得實[二二]，其義亦不[二三]待説而自明矣。賀孫。

「若[二四]聖人有作，古禮未必盡用[二五]，須[二六]別有個措置；若聖人有作，[二七]視許多瑣細制度[二八]，且是要理會大本大原。曾子臨死丁寧説及[二九]『君子所貴乎道者三：動容貌，斯遠暴慢矣；正顔色，斯近信矣；出辭氣，斯遠鄙倍矣。籩豆之事則有司存』，上許多正是大本大原。如今所理會許多正是籩豆之事，曾子臨死教人不要去理會這個。『夫子焉不學，則[三〇]亦何常師之有』，非是孔子如何盡做這事？到孟子已是不説到這[三一]細碎上，答滕文公喪禮[三二]只説『諸侯之禮，吾未之學也。吾嘗聞之矣，[三三]齊疏之服，饘粥之食，自天子達於庶人』，這三項便是大原大本。又如説井田，也不曾見周禮，只據詩裏説『雨我公田，遂及我私』，『由此觀之，雖周亦助也』。這是不曾識周禮，[三四]只用詩意帶將去。後面都[三五]説『鄉田同井，出入相友，守望相助，疾病相扶持』，『井九百畝，其中爲公田，[三六]八家皆私百畝，同養公田』，説井田[三七]只説這幾句是多少好。這也是大原大本處。看孟子不去理會許多細碎，只理會許多大原大本。」又曰：「理會周禮，非位至宰相不能行其事。自一介論之更自[三八]遠在，且要就切實理會受用處。若做到宰相，亦須上[三九]遇文武之君，始可以[四〇]得行其志。」又曰：「且如孫吴專[四一]説用兵，如他説也有個本原。如説『一曰道：道者[四二]，與上[四三]同意，可與之死、可與之生。有道之主將用其民，先和而後造大事』，若使不合於道理，不和於人神，雖有必勝之法，無所用之。」問器遠：「昨日又得書，説得大綱也是如此。只是某看仙鄉爲學，一言以蔽之，只是説得都似。須是理會到十分是始得。如入[四四]射一般，須是要中紅心。如今直要中的，少間猶且不會中的；若只要中帖，只會中垛，少間都是胡亂發，枉了氣力。二百步外若不曾中的，只是枉矢。如今且要分別是非，是底直是是，非底直是非，少間做出便會是。若依希底也喚作是便了，下梢只是非。須是要做第一等人，若決是要做第一等人，若[四五]才力不逮也只做得第四五等人。今合下便要做第四五等人，説道就他才地如此，下梢成甚麽物事。」又曰：「須是先理會本領端正，其餘事物漸漸理會到上面。若不理會本領了，假饒你百靈百會，若有些子私意便粉碎了。只是這私意如何卒急除得！如顔子天姿[四六]如此，孔子也只教他『克己復禮』。其餘弟子，告之雖不同，莫不以此意望之。公書所説冉求、仲由，當初他這[四七]是只要做到如此[四八]。聖人[四九]教由、求之徒莫不以曾、顔望之，無奈何他才質只做[五〇]到這裏。如『可使治其賦』、『可使爲之宰』，他當初也不止[五一]是要恁他[五二]。」又曰：「胡氏開治道齋亦非獨只理會這些[五三]。如所謂『頭容直，足容重，手容恭』，許多説話都是本原。」又曰：「君舉所説，某非謂其理會不是，只不是次序。如莊子云『語道非其序，則非其道也』，他這説[五四]自説得好。如今人且[五五]須是理會身心。如一片地相似，須是用力子細開墾。未能如此，只管説種東種西，其實種得甚麽物事。」又曰：「某嘗説佛老也自有快活得人處，是那裏？只緣他打併得心下浄潔。所以本朝如李文靖公、[五六]王文正公、[五七]楊文公、劉元城、吕申公都是恁麽地人，也都去學他。」又曰：「論來那樣事不着理會？若本領是了，少間如兩漢之所以盛是如何，所以衰是如何，三國分併是如何，唐初間如何興起，後來如何衰，以至於本朝大綱，自可理會。若有工夫更就裏面看，若更有工夫就裏面討些光采更好。某之諸生，度得他脚手也未可與拈盡許多，只是且教他就切身處理會。如讀虞、夏、商、周之書許多，聖人亦有説賞罰，亦有説兵刑，只是這個不是本領。」問：「封建，周禮説公五百里，孟子説百里，如何不同？」曰：「看漢儒注書，於不通處即説道這是夏商之制，大抵且要賴將去。若將這説來看二項，却怕孟子説是。夏商之制，孟子不詳考，亦只説『嘗聞其略也』。若夏商時諸處廣闊，人各自聚爲一國，其大者止百里，故禹合諸侯，執玉帛者萬國。到周時漸漸吞并，地里只管添，國數只管少。到周時只千八百國，較之萬國，五分已滅[五八]了四分已上，此時諸國已自大了。到得封諸公，非五百里不得。如周公封魯七百里，蓋欲優於其他諸公。如左氏說云，大國多兼數圻，也是如此。後來只管併來併去，到周衰便制他不得，也是尾大了。到孟子時只有七國，這是事勢必到這裏，雖有大聖大智，亦不能遏其衝。今人只說漢封諸侯王土地太過，[五九]看來也是[六〇]不如此不得。初間高祖定天下，不能得韓、彭、英、盧許多人來使，所得地又未定是我底。當時要殺項羽，若有人說道：『中分天下與我，我便與你殺項羽。』也没奈何與他。到少間封自子弟也自要狹小不得，須是教當得許多異姓過。」又曰：「公今且收拾這心下，勿爲事物所勝。且如一日全不得去講明道理，不得讀書，只去應事，也須使這心常常在這裏。若不先去理會得這本領[六一]，只要去[六二]就事上理會，雖是理會得許多骨董，只是添得許多雜[六三]亂，只是添得許多驕吝。某這說的定是恁地[六四]，雖孔子復生[六五]不能易其說，這道理只一而已[六六]。」

胡兄問禮。曰：「『禮，時爲大[六七]』，有聖人[六八]者作，必將因今之禮而裁酌其中，取其簡易易[六九]曉而可行，必不至復取古人繁縟之禮而施之於今也。古禮如此零碎繁冗，今豈可行？亦且得隨時裁損爾。孔子『從先進』恐已有此意。」或曰：「禮之所以亡，正以其太繁而難行耳。」「然。[七〇]蘇子由古史說忠、質、文處亦有此意，只是發揮不出，首尾不相照應，不知文字何故如此。其說云『自夏商周以來，人情日趨於文』，其終却云『今須復行夏商之質乃可』。夫人情既日趨於文矣，安能復行夏商之質？其意本欲如『先進』之説，但辭不足以達之耳。」僩。

古禮於今實是難行。當祭之時獻神處少，只祝酌奠。卒祝、迎尸以後都是人自食了。主人獻尸，尸又酢主人，酢主婦，酢祝，及佐食、宰、贊、衆賓等，交相勸酬，甚繁且久，所以季氏之祭至於繼之以燭。竊謂後世有大聖人者作，與他整理一過，令人蘇醒，必不一一如古人之繁，但放古人大[七一]意，簡而易行耳。温公[七二]儀人所憚行者，只爲閑辭多，長篇浩瀚，[七三]令人難讀，其實行禮處無多。某嘗修祭儀[七四]，只就中間行禮[七五]處分作五六段，甚簡易曉。後被人竊去[七六]，亡之矣。[七七]

凶服古而吉服今[七八]，不相抵接。[七九]釋奠惟[八〇]三獻法服，其餘皆今服。[八一]某謂[八二]百世以下有聖賢[八三]出，必不踏舊本子，必須斬[八四]新別做。如周禮如此繁[八五]密，必不可行。且以明堂位觀之，周人每事皆添四[八六]重虞黻，不過是一水擔[八七]相似。夏火、殷藻、周龍章皆重添去。若聖賢有作，必須簡易疏通，使見之而易知，推之而易行。蓋文、質相生，秦漢初已自趨於質了。太史公、董仲舒每欲改用夏之忠，不知其初蓋已是質也。國朝文德殿正衙常朝，升朝官已上皆排班，宰相押班，再行[八八]拜而出。時歸班官甚苦之，其後遂廢，致王樂道以此攻魏公，蓋以人情趨於簡便故也。方子。

胡伯量[八九]問：「殯禮可行否？」曰：「此不用問人，當自觀其宜。今以不漆不灰之棺而欲以甎土圍之，此可不可耶？』必不可矣。數日見公説喪禮太繁絮，禮不如此看，説得人都心悶。須討個活物事弄，如弄活蛇相似方好。公今只是弄得一條死蛇，不濟事。某嘗説，古者之禮今只是存它一個大概，令勿散失，使人知其意義，要之必不可盡行。如始喪一段[九〇]，若必[九一]欲盡行古禮，[九二]則必無哀戚哭泣之情[九三]。何者？[九四]方哀苦荒[九五]迷之際，有何心情一一如古禮之繁細委曲[九六]？古[九七]者有[九八]相禮者，所以導孝子爲之。若欲孝子一一盡依古禮[九九]必躬[一〇〇]必親，則必無哀戚之情矣。況只依今世俗之禮[一〇一]亦未爲失，但使哀戚之情盡耳。有虞氏瓦棺而葬，夏后氏堲周，必無周人之繁文委曲也。又禮，壙中用生體之屬，久之必潰爛，却引蟲蟻，非所以爲亡者慮久遠也。古人壙中置物甚多。以某觀之，禮文之意太備則防患之意反不足。要之，只當防慮久遠，『毋使土親膚』而已，其他禮文皆可略也。又如古者棺不釘，不用漆粘。而今灰漆如此堅密猶有蟻子入去，何況不使釘漆？此皆不可行。孔子曰『如用之則吾從先進』，已是厭周之文了。又曰『行夏之時，乘殷之輅』，此意皆可見。使有[一〇二]聖賢者作，必不盡如古之[一〇三]禮，必當[一〇四]裁酌從今之宜而爲之也。又如士相見禮、鄉飲酒禮、射禮之屬，而今去那裏行？只是當存他大概，使人不可不知。方當[一〇五]周之盛時禮文[一〇六]全體皆備，所以不可有纖毫之差。今世盡不見，徒掇拾編緝於殘編斷簡之餘，如何必欲盡倣古之禮得！」或曰：「『郁郁乎文哉，吾從周』，聖人又欲從周之文，何也？」曰：「聖人之言固非一端。蓋聖人生[一〇七]於周之世，周之一代禮文皆備，誠是整齊[一〇八]，聖人如何不[一〇九]從得！只是『如用之，則吾從先進』，謂自爲邦則從[一一〇]先進。」[一一一]

高宗登遐，壽皇麻衣不離身，而[一一二]臣子晏然朝服如常，只於朝見時略换皂帶以爲[一一三]服至尊之服。冠有數樣，衣有數樣，所以當來如此者，乃是甚麼時便着甚麼樣冠服。昨聞朝廷無所折衷，將許多衣服一齊重疊着了。古禮恐難行，如今來却自有古人做未到處。如古者以皮束棺，如何會彌縫？又，設熬黍稷於棺旁以惑蚍蜉，可見少智。然三日便殯了，又見得防慮之深遠。今棺以用漆爲固，要拘三日便殯亦難。喪最要不失大本。如不用浮屠，送葬不用樂，這也須除却。所謂古禮難行者，非是禮[一一四]不當行，只怕少間止了得要合那邊，要合這邊，到這裏一重大利害處却没理會，却便成易了。古人已自有個活法，如身執事者面垢而已之類。[一一五]

今日百事無人理會。姑以禮言之，古禮既莫之考，至於後世之沿革因襲者亦浸失其意而莫之知矣。非止浸失其意，以至名物度數亦莫有曉者，差舛譌謬不堪着眼。三代之禮今固難以盡見，其略幸散見於他書，如儀禮十七篇多是士[一一六]禮，邦國禮人君者僅存一二。遭秦人焚滅之後[一一七]，至河間獻王[一一八]始得邦國禮五十八篇獻之[一一九]，惜乎不行。[一二〇]至唐此書向在，[一二一]諸儒注疏猶時有引爲説者[一二二]。及後來無人説着[一二三]則書亡矣，豈不大可惜！叔孫通所制漢儀[一二四]，及曹褒[一二五]所修固已非古，然今亦不存。唐有開元、顯慶二禮[一二六]，顯慶已亡，開元襲隋舊爲之。本朝修開寶禮多本開元而頗加詳備。及政和間修五禮，一時姦邪以私智損益，疏略牴牾，更没理會，又不如開元禮。僩。

嘗見劉昭信云「禮之趨翔、登降、揖遜皆須習」，也是如此。漢時如甚大射等禮，雖不行，却依舊令人習，人自傳得一般。今雖是不能行，亦須是立科，令人習得，也是一事。

論後世禮書

開寶禮全體是開元禮，但略改動。五禮新儀其間有難定者，皆稱「御製」以決之。如禱山川者，又只開元禮内有。方子。

祖宗時有開寶通禮科，學究試默義，須是念得禮熟始得，禮官用此等人爲之。介甫一切罷去，盡令做大義。故今之禮官不問是甚人皆可做。某嘗謂朝廷須留此等專科，如史科亦當有〔一二七〕。方子。

問五禮新儀。曰：「古人於禮直如〔一二八〕今人相揖相似，終日周旋〔一二九〕於其間，自然使人有〔一三〇〕感化〔一三一〕處。後世安得如此！」可學。

横渠所制禮多不本諸儀禮〔一三二〕，有自〔一三三〕杜撰處。如温公却是本諸儀禮，最爲適古今之宜〔一三四〕。義剛。

胡叔器問四先生禮。先生曰：「二程與横渠多是古禮，温公則大概本儀禮而參以今之可行者。要之，温公較穩，其中與古不甚遠，是七分好。若伊川禮則祭祀可用，婚禮則[一三五]惟温公者好。大抵古禮不可全用，如古服古器，今皆難用。」又問：「向見人設主，有父在子死而主牌書『父主祀』字，如何？」先生曰：「便是禮書中説得不甚分曉，此類只得不寫，若向上尊長則寫。」又問：「温公所作主牌甚大，闊四寸，厚五寸八分，不知大小當以何者爲是？」先生曰：「便是温公錯了，他却本荀勗禮。」義剛。

吕與叔集諸家禮[一三六]補儀[一三七]，以儀禮爲骨。方子。

福州有前輩三人皆以明禮稱：王普，字伯照；劉藻，字昭信；任文薦，字希純。某不及見王伯照而觀其書，其學似最優，説得皆有證據，儘有議論，却不似今人杜撰胡説。麻沙有王伯照文字三件，今[一三八]合爲一書。廣。

「福州[一三九]王侍郎普，字伯照，[一四〇]禮學、律曆皆極精深。蓋其所著皆據本而言，非出私臆[一四一]。某[一四二]細考其書，皆有來歷，可行。考訂精確，極不易得。[一四三]林黄中[一四四]屢稱王伯照，他何嘗得其髣髴，都是杜撰[一四五]。」或言：[一四六]「福州黄繼道樞密祖舜。與伯照齊名。」曰：「不同。黄只是讀書，[一四七]不曾[一四八]理會這功夫。是時福州以禮學齊名者三人[一四九]：王伯照、[一五〇]任希純、劉昭信。某識任、劉二公。任搭乾不曉事，問東答西，不可曉。劉説話極子細，有來歷，可聽。某嘗問以易說，其解亦有好處。如云『見險而止爲需，見險而不止爲訟』；需訟下卦皆坎。能通其變爲隨，不能通其變爲蠱』之類。想有成書，近來解易者多引之。」僩。

「古者禮學是專門名家，始終理會此事，故學者有所傳授，終身守而行之。凡欲行禮，有疑者輒就質問，所以上自宗廟朝廷，下至士庶鄉黨，典禮各各分明。漢唐時猶有此意。如今直是無人如前者。某人丁所生繼母憂，禮經必有明文。當時滿朝更無一人知道合當是如何，大家打鬨一場，後來只說莫若從厚。恰似無奈何，本不當如此，姑徇人情從厚爲之。是何所爲如此？豈有堂堂中國朝廷之上以至天下儒生，無一人識此禮者！然而也是無此人。州州縣縣秀才與太學秀才，治周禮者不曾理會得周禮，治禮記者不曾理會得禮記，治周易者不曾理會得周易，以至春秋、詩都恁地，國家何賴焉[一五二]！」因問張舅，[一五二]淳。聞其已死，再三稱歎，且詢其子孫能守其家學否[一五三]？且云：「可惜朝廷不舉用之使典禮儀[一五四]。『天叙有典，[一五五]自我[一五六]五典五敦[一五七]哉！天秩有禮，自我五禮五庸哉[一五八]』，這個典禮[一五九]自是天理之當然，欠他一毫不得，添他一毫不得。惟是聖人之心與天合一，故行出這禮無一不與天合，其間曲折厚薄淺深莫不恰好。這都不是聖人白撰出，都是天理決定合著如此。後之人此心未得似聖人之心，只得將聖人已行底，聖人所傳於後世底，依這樣子做，做得合時，便是合天理之自然。」賀孫。

劉原父好古，在長安偶得一周敦，其中刻云「弡中」，原父遂以爲周張仲之器。後又得一枚，刻云「弡伯」，遂以爲張伯。曰：「詩言『張仲孝友』，則仲必有兄矣。」遂作銘述其事。後來趙明誠金石録辨之，云「弡」非「張」，乃某字也。今之説禮無所據而杜撰者，此類也。廣。

論儀禮經傳通解[一六〇]

「『禮，時爲大。』使聖賢有作，[一六一]必不一切從古之禮。疑只是以古禮減殺，從今世俗之禮，令稍有防範節文，不至太簡而已。觀孔子欲『從先進』，又曰『行夏之時，乘殷之輅』，便是有意於損周之文[一六二]，從古之朴矣。今所以[一六三]集禮書也只是略存古[一六四]之制度，使後[一六五]之[一六六]人自去減殺，求其可行者而已[一六七]。若必欲一一[一六八]盡如古人衣服冠屨之纖悉畢備，其勢也行[一六九]不得。」問：「温公所集之[一七〇]禮如何？」曰：「早是詳了。又，喪服一節也太詳[一七一]。爲人子者方遭喪禍，使其一一欲纖悉盡如古人制度，有甚麽心情去理會？古人此等衣服冠屨，每日接熟於耳目，所以一旦喪禍，不待講究便可以如禮。今却閑時不曾理會，一旦荒迷之際欲旋講究，勢之必難行者[一七二]。必不得已，且得從俗之禮而已。若有識禮者相之可也。」[一七三]

問：「所編禮今可一一遵行否？」曰：「人不可不知此源流，豈能一一盡行？後世有聖人出

来[一七四]亦須着變。夏、商、周之禮已自不同，今人[一七五]只得且把周之禮文行。」賀孫。[一七六]

先生[一七七]問賀孫所編禮書，曰：「某嘗説，使有聖王復興爲今日禮，且[一七八]怕必不能悉如古制。今且要得大綱是，若其小處，亦難盡用。且如喪禮、冠服、斬衰如此而吉服全不相似，却到遭喪時方做一副當如此着，也是咤異。」賀孫問：「今齊斬尚存此意。而齊衰期便太輕，大功、小功以下又輕，又[一七九]且無降殺。今若得斟酌古今之儀制爲一式，庶幾行之無礙，方始立得住。」先生[一八〇]曰：「上面既如此，下面如何盡整頓得！這須是一齊都整頓過方好。未説其他瑣細處[一八一]，且如冠[一八二]便須於祭祀當用如何底，於軍旅當用如何底[一八三]，於平[一八四]居當用如何底，於見長上當用如何底[一八五]，於朝廷治事當[一八六]用如何底，天子之制當如何，卿、大夫之制當如何[一八七]，士[一八八]當如何，庶人當如何，這是許多冠都定了。更須理會衣服等差，須用上衣下裳。若佩玉之類只於大朝會、大祭祀用之。五服亦各用上衣下裳。齊斬用粗布，期功以下又各爲降殺。如上紐衫一等紕繆鄙陋服色都除了，如此便得大綱正。今若只去零零碎碎理會些小，不濟事，如今若考究禮經，須是一一自着考究教定。」賀孫。

賀孫因問：「祭禮附祭義，如説孝許多，如何來得？」曰：「便是祭禮難附。兼祭義前所説多是天子禮，若儀禮所存，唯少牢饋食、特牲饋食禮是諸侯大夫禮。兼又只是有饋食。若天子祭便合有初間祭腥等事，如所謂『建設朝事，燔燎羶薌』。若附儀禮，此等皆無入頭處。意間欲將周禮中天子祭禮逐項作一總腦，却以禮記附。如疏中有説天子處皆編出。」因云：「某已衰老，其間合要理會文字皆起得個頭在，及見其成與不見其成皆未可知。萬一不及見此書之成，諸公千萬勉力整理。得成此書，所係甚大！」賀孫[一八九]問：「前日承教，喻以五服之制乃上有制作之君[一九〇]，其等[一九一]差如此。今在下有志之士欲依古禮行之既[一九二]不可，若一向徇俗之鄙陋又覺大不經，於心極[一九三]不安，如何？」曰：「『非天子不議禮，不制度，不考文。』這事要整頓便著從[一九四]頭整頓，吉凶皆相稱。今吉服既不如古，獨於喪服欲如古已[一九五]不可。古禮也須一一考究着所在在這裏[一九六]，却始酌今之宜而損益之。若今便要理會一二項小小去處不濟事，須大看世間都得其宜方好。」問：「如今父母喪且如古服，如齊衰期乃兄弟、祖父母、伯叔父母，此豈可從俗輕薄如此？」曰：「自聖賢不得位，此事終無由正。」又云：「使鄭康成之徒制作，也須略成個模樣，未説待周公出制作。如今全然没理會，奈何！若有考禮之人，又須得上之人信得及這事，行之天下亦不難。且如冠制尊卑，且以中梁爲等差。如今天子者用二十四，如何安頓？所以甚大而不宜。要好，天子以十二梁[一九七]，一品官[一九八]以九，陞朝以七，選人以五，士以三，庶人只用紗帛裹髻。如今道人自有此[一九九]意思。」賀孫[二〇〇]問：「且如權宜期喪當如何？」曰：「且依四脚帽子加絰。此帽本只是巾，前二脚縛於後，後二[二〇一]脚反前縛於上，今硬帽、幞頭皆是。後來漸變重遲，不便於事。如初用冠帶，一時似好。某必知其易变[二〇二]，今果如此。若一個紫衫涼衫，便可懷袖間去見人，又費輕。如帽帶皂衫是多少費，窮秀才如何得許多錢？是應必廢也。」居父問：「期之服合如何？用上領衫而加衰可乎？」曰：「上領衫已不是。」曰：「用深衣制，而粗布加衰可乎？」曰：「深衣於古便服。『朝玄端，夕深衣』，深衣是簡便之衣。吉服依玄端制，却於凶服亦倣爲之，則宜矣。」問：「士禮，如喪祭等可通行否？古有命士，有不命士，今如之何？」曰：「喪祭禮節繁多，今士人亦難行。但古今士不同。古時諸侯大夫皆可以用士，如今簿、尉之類，乃邑宰之士；節推、判官之屬，則是太守之士。只一縣一州之中有人才，自家便可取將來使，便是士。如藩鎮之制尚存此意。最[二〇三]無奈何，便[二〇四]是如今將下面一齊都截了，盡教做一門入，盡教由科舉而得，是將奈何！」歎息久之。器之問：「國初衙前役用鄉户？」曰：「客將次於太守，其權甚重，一州之兵皆其將之，凡教閱出入，皆主其事。當時既是大户做，亦自愛惜家産，上下相體悉。若做得好底且教他做。更次一等户便爲公人，各管逐項職事。更次一等户爲吏人，掌文書簿牘。極下户爲胥徒，是今弓手、節級、奔走之屬。其終各各有弊。英宗時有詔，韓絳等要變不成。王荆公做參政，一變變了。」[二〇五]

楊通老問禮書。曰：「看禮書，見古人極有精密處，事無微細，各各有義理。然又須自家工夫到，方看得古人意思出，若自家工夫未到，只見得度數文爲之末，如此豈能識得深意？如將一椀乾硬底飯來喫，有甚滋味！若白地將自家所見揣摸他本來意思不如此，也不濟事。兼自家工夫未到，只去理會這個，下梢溺於器數，一齊都昏倒了。如今度得未可盡曉其意，且要識得大綱。」賀孫。

語次，[二〇六]問：「聞郡中近已開六經。」先生云：「已開詩、書、易、春秋，惟二禮未暇及。詩、書序各置於後以還其舊。易用呂伯恭[二〇七]所定本。周禮自是一書。惟禮[二〇八]尚有説話。儀禮，禮之根本，而禮記乃其枝葉。禮記本[二〇九]秦、漢上下諸儒解釋儀禮之書，又有他説附益於其間。今欲定作一書，先以儀禮篇目置於前，而附禮記於其[二一〇]後。如射禮，則附以射義，似此類已得二十餘篇。若其餘曲禮、少儀，又自作一項而以類相從。若疏中有説制度處亦當采取以益之。舊嘗以此例授潘恭叔，渠亦曾整理數篇來。今居喪無事，想必下手。儀禮舊與六經、三傳並行，至王介甫始罷去。其後雖復春秋，而儀禮卒廢。今士人讀禮記而不讀儀禮，故不能見其本末。場屋中禮[二一一]義，格調皆凡下。蓋禮記解行於世者，如方、馬之屬，源流出於熙、豐。士人作義者多讀此，故然。」可學。[二一二]

賀孫[二一三]問禮書。曰：「惟儀禮是古全書。若曲禮、玉藻諸篇，皆戰國士人及漢儒所裒集。王制、月令、內則是成書。要好，自將説禮物處，如內則、王制、月令諸篇，附儀禮成一書，如中間却將曲禮、玉藻又附在末後；不説禮物處，如孔子閒居、孔子燕居、表記、緇衣、儒行諸篇，却自成一書。樂記文章頗粹，怕不是漢儒做，自與史記、荀子是一套，怕只是荀子作。家語中説話猶得，孔叢子分明是後來文字，弱甚。天下多少是僞書，開眼看得透，自無多書可讀。」賀孫。

因理會所編禮書分經分傳而言曰：「經文精確峻潔，傳文則詞語泛濫。國語所載事跡多如此。如今人作文，因一件事便要泛濫成章。」人傑。

「周禮自是全書。如今禮書欲編入，又恐分拆了周禮，殊未有所處。」因説：「周禮只是説禮之條目，其間煞有文字，如『八法』、『八則』、『三易』、『三兆』之類，須各自別有書。」子升問：「儀禮傳記是誰作？」曰：「傳是子夏作，記是子夏以後人作。」子升云：「今禮書更附入後世變禮亦好。」曰：「有此意。」木之。

「余正父欲用國語而不用周禮，然周禮豈可不入！國語辭多理寡，乃衰世之書，支離蔓衍，大不及左傳。看此時文章若此，如何會興起國家！」坐間朋友問是誰做。曰：「見説是左丘明做。」此條以編禮書而言。〔二一四〕賀孫。

禮編，纔到長沙，即欲諸公來同共〔二一五〕理會。後見彼事叢，且不爲久留計，遂止。後至都下，庶幾事體稍定，做個規模，盡喚天下識禮者修書，如余正父諸人皆教來。今日休矣。賀孫。

或問：「禮書修得有次第否？」曰：「散在諸處，收拾不聚。最苦每日應酬多，工夫不得專一。若得數月之〔二一六〕閑，更得一兩個朋友相助，則可畢矣。頃在朝欲奏乞專創一局，召四方朋友習禮者數人入局〔二一七〕編修。俟書成將上，然後乞朝廷命之以官以酬其勞，亦以少助朝廷蒐用遺才之意。事未及舉而某已[二一八]去國矣。」僩。

文蔚[二一九]問：「禮書學禮首引舜命契爲司徒敷五教、命夔典樂教冑子兩條。文蔚切謂古人教學不出此兩者。契敷五教，是欲使人明於人倫，曉得這道理；夔典樂教冑子，是欲使人養其德性而實有諸己。此是一篇綱領。」答[二二〇]曰：「固是如此。後面只是明此一意，如大司徒之教只是契敷教事，大司樂之教即是夔樂事。」因曰：「『直而温，寬而栗』，直與寬本自是好，但濟之以温與栗則盡善。至如『剛』、『簡』二字則微覺有弊，故戒之以『無虐』、『無傲』，蓋所以防其失也。某所以特與分開，欲見防其失者，專爲『剛』、『簡』而設，不蒙上『直』、『寬』二句。『直』、『寬』但曰『而温』、『而栗』，至『剛』、『簡』則曰『無虐』、『無傲』，觀其立言之意自可見。[二二一]」文蔚曰：「教以人倫者固是又欲養其德性，要養德性便只是下面『詩言志，歌永言，聲依永，律和聲』四句上。」曰：「然。諷誦歌詠之間足以和其心氣，但上面三句抑揚高下尚且由人，到那[二二二]『律和聲』處直是不可走作，所以詠歌之際深足養人情性。至如播之金石、被之管絃，非是不和，終是不若人聲自然。故晉人孟嘉有言『絲不如竹，竹不如肉』，謂『漸近自然』。至『八音克諧，無相奪倫，神人以和』，此是言祭祀燕享時事，又是一節。」文蔚。

或問：「禮書所引伊川言『古者養士，其公卿大夫士之子弟固不患於無養，而庶人子弟之入學者亦皆有以養之』，不知是否？」曰：「恐不然。此段明州諸公添入，當刪。不然則注其下云：『今按，程子之言，未知何所據也。』古者教士，其比閭之學則鄉老坐于門而察其出入。其來學也有時，既受學則退而習於其家。及其升而上也則亦有時。春夏耕耘，餘時肄業，未聞上之人復有以養之也。夫既給之以百畝之田矣，又給之以學糧，亦安得許多糧給之耶！周禮自有士田可考。史記言孔子養弟子三千人，而子由古史亦遽信而取之，恐不然也。想得弟子來從學者則自賫糧，而從孔子出遊列國者則食孔子之食耳。然孔子亦安得許多糧？想亦取之列國之饋爾。孔子居衛最久，所以於靈公、孝公有交際、公養之仕，其所以奉孔子者必厚，至他國則不然矣。故晏子諫齊景公勿用孔子之言曰『游説丐貸，不可以爲國』。孟子之時，徒衆尤盛。當時諸侯重士又非孔子之時之比。春秋時人淳，未甚有事，故齊、晉皆累世爲伯主，人莫敢争。戰國之時人多姦詐，列國紛争，急於收拾人才以爲用，故不得不厚待士。」又曰：「古者三年大比，興其賢者、能者而進于天子，大國三人，中國二人，小國一人，不進則有罰。看來數年後所進極多。然天子之國亦小，其員數亦有限，不知如何用得許多人？今以天下之大，三年一番進士猶無安頓處，何況當時？白虎通曰：『古者諸侯進士，一不當則有罰，再不當則削其地，三不當則罷之廢之，而託於諸侯爲寓公。』恐無此理，蓋出後世儒者之傅會。進士不當有甚大過而遂廢其君、絶其社稷耶！」或曰：「想得周家此法行之殊不能久。成、康數世之後，諸侯擅政，天子諸侯之公卿大夫皆爲世臣盤據，豈復容外人爲之耶？」曰：「然。兼當時諸侯國中亦自要人才用，必不會再貢之於天子。天子亦自擁虛器，無用它處也。當時天子威令不行，公卿大夫世襲，諸侯之國猶寬，故人才之窮而在下者多仕於諸侯之國。及公室又弱，而人才復多仕於列國之大夫。當時爲大夫之陪臣者其權甚重，大夫執一國之權而陪臣復執大夫之權。所以説『禄去公室』、『陪臣執國命』。」又曰：「以爵位言之則大夫亦未甚尊，以權勢言之則甚重。自天子而下三等便至大夫。」又曰：「再命爲士，三命爲大夫，天子之大夫四命，小國之大夫再命或一命。一樣小小官職皆無命。他命禮極重。」又問：「當時庶民之秀者，其進而上之不過爲大夫極矣。至於公卿之貴皆世臣世襲，非若今之可以更進而代爲也，則士之生於斯時者，亦可謂不幸矣。」曰：「然。然當時之大夫宰臣，其權甚重。如晉、楚、齊諸國，其大夫皆握天下之權，操縱旨麾，天下莫不從之；其宰臣復握大夫之權。蓋當時其重在下，其輕在上；今日則其重在內，其輕在外，故不同也。」僩。

【校勘記】

〔一〕論考禮綱領　成化本此上有「禮一」。

〔二〕司馬文正　成化本爲「司馬公」。

［三］熟　成化本作「然」。
［四］始　成化本無。
［五］此條賀孫録成化本載於卷九十三。
［六］節　原脱，據成化本補。
［七］而士大夫　「而」、「士」、「大」三字原脱，據成化本補。
［八］亦　成化本此下有「自」。
［九］淳　成化本爲「義剛」。
［一〇］若看得一兩般書　原脱，據成化本義剛録補。
［一一］討頭處　原脱，據成化本義剛録補。
［一二］如孟子　原脱，據成化本義剛録補。
［一三］亦疏　原脱，據成化本義剛録補。
［一四］理會古　原脱，據成化本義剛録補。
［一五］此條淳録成化本以部分内容爲注，夾於卷九十義剛録中，參成化本義剛録「堯卿問高爲穆之義……看他如何地」條。
［一六］煩　成化本作「繁」。
［一七］若是如　原脱，據成化本補。

〔一八〕上面説義　原脱，據成化本補。
〔一九〕是説　原脱，據成化本補。
〔二〇〕綜參考　原脱，據成化本補。
〔二一〕令節文度　原脱，據成化本補。
〔二二〕得實　原脱，據成化本補。
〔二三〕其義亦不　原脱，據成化本補。
〔二四〕若　成化本無。
〔二五〕禮未必盡用　原脱，據成化本補。
〔二六〕須　原脱，據成化本補。
〔二七〕若聖人有作　成化本無。
〔二八〕度　成化本此下有「皆若具文」。
〔二九〕及　成化本無。
〔三〇〕則　成化本作「而」。
〔三一〕這　成化本無。
〔三二〕答滕文公喪禮　成化本無。
〔三三〕矣　成化本此下有「三年之喪」。

〔三四〕這是不曾識周禮　成化本無。
〔三五〕都　成化本作「却」。
〔三六〕井九百畝其中爲公田　成化本無。
〔三七〕説井田　成化本無。
〔三八〕一介論之更自　原脱，據成化本補。
〔三九〕到宰相亦須上　原脱，據成化本補。
〔四〇〕以　成化本無。
〔四一〕且如孫吴專　原脱，據成化本補。
〔四二〕道者　原脱，據成化本補。
〔四三〕與上　原脱，據成化本補。
〔四四〕入　成化本作「人」。
〔四五〕若依希底也唤作是便了……若決是要做第一等人若　原有約十六字空缺，但成化本「是」與「才」間有三十三字。疑底本此處似缺兩行。
〔四六〕姿　朱本作「資」。
〔四七〕這　成化本無。
〔四八〕做到如此　原脱，據成化本補。

〔四九〕聖人　原脱，據成化本補。

〔五〇〕奈何他才質只做　原脱，據成化本補。

〔五一〕他當初也不止　原脱，據成化本補。

〔五二〕他　成化本作「地」。

〔五三〕獨只理會這些　原脱，據成化本補。

〔五四〕他這説　成化本無。

〔五五〕且　成化本無。

〔五六〕李文靖公　成化本爲「李文靖」。

〔五七〕王文正公　成化本爲「王文正」。

〔五八〕滅　成化本作「滅」。

〔五九〕那様事不着理會……今人只説漢封諸侯王土地太過　此部分内容原脱，據成化本補。

〔六〇〕也是　成化本無。

〔六一〕領　原脱，據成化本補。

〔六二〕只要去　原脱，據成化本補。

〔六三〕只是添得許多雜　原脱，據成化本補。

〔六四〕定是恁地　原脱，據成化本補。

〔六五〕雖孔子復生　原脱，據成化本補。

〔六六〕已　原脱，據成化本補。成化本此下注有「賀孫」。

〔六七〕時爲大　原脱，據成化本補。

〔六八〕有聖人　原脱，據成化本補。

〔六九〕易　原脱，據成化本補。

〔七〇〕然　成化本此上有「曰」。

〔七一〕大　原脱，據成化本補。

〔七二〕温　原脱，據成化本補。

〔七三〕長篇浩瀚　原脱，據成化本補。

〔七四〕某　原作「其」，據成化本改。儀　原脱，據成化本補。

〔七五〕只就中間行禮　原脱，據成化本補。

〔七六〕竊去　原脱，據成化本補。

〔七七〕亡之矣　原脱，據成化本補。此條成化本載於卷九十，且於語録末注曰：「淳。李丈問：『祭儀更有修收否？』曰：『大概只是温公儀，無修改處。』」

〔七八〕今　原脱，據成化本補。

〔七九〕不相抵接　原脱，據成化本補。

〔八〇〕釋奠惟　原脱，據成化本補。

〔八一〕服　成化本此下注曰：「至録云：『文、質之變相生。』」

〔八二〕某謂　成化本無。

〔八三〕百世以下有聖賢　原脱，據成化本補。

〔八四〕斬　原脱，據成化本補。

〔八五〕周禮如此繁　原脱，據成化本補。

〔八六〕皆添四　原脱，據成化本補。

〔八七〕擔　成化本作「檐」。

〔八八〕行　成化本無。

〔八九〕胡伯量　成化本爲「伯量」。

〔九〇〕始喪一段　原脱，據成化本補。

〔九一〕若必　「若」字原脱。成化本爲「必若」。據其上下文意及成化本補。

〔九二〕古禮　成化本無。

〔九三〕情　原脱，據成化本補。

〔九四〕何者　原脱，據成化本補。

〔九五〕方哀苦荒　原脱，據成化本補。

〔九六〕之繁細委曲　原脱，據成化本補。
〔九七〕古　原脱，據成化本補。
〔九八〕有　原脱，據成化本補。
〔九九〕一一盡依古禮　原脱，據成化本補。
〔一〇〇〕必躬　原脱，據成化本補。
〔一〇一〕依今世俗之禮　原脱，據成化本補。
〔一〇二〕有　成化本無。
〔一〇三〕之　成化本無。
〔一〇四〕當　成化本無。
〔一〇五〕當　成化本無。
〔一〇六〕文　成化本作「又」。
〔一〇七〕蓋聖人生　原脱，據成化本補。
〔一〇八〕整齊　原脱，據成化本補。
〔一〇九〕聖人如何不　原脱，據成化本補。
〔一一〇〕自爲邦則從　原脱，據成化本補。
〔一一一〕進　成化本此下有「耳」，「耳」下注有「僩」，且此條載於卷八十九。

〔一一二〕壽皇麻衣不離身而　原脱，據成化本補。
〔一一三〕略换皂帶以爲　原脱，據成化本補。
〔一一四〕禮　成化本作「道」。
〔一一五〕成化本此下注有「賀孫」，且此條載於卷八十九。
〔一一六〕七篇多是士　原脱，據成化本補。
〔一一七〕焚滅之後　原脱，據成化本補。
〔一一八〕至河間　原脱，據成化本補。
〔一一九〕之　原脱，據成化本補。
〔一二〇〕惜乎不行　原脱，據成化本補。
〔一二一〕至唐此書向在　「至」、「此」、「書」三字原脱，據成化本補。「向」，成化本作「尚」。
〔一二二〕者　原脱，據成化本補。
〔一二三〕及後來無人説着　原脱，據成化本補。
〔一二四〕制漢儀　原脱，據成化本補。
〔一二五〕及曹褒　原脱，據成化本補。
〔一二六〕顯慶二禮　「慶」、「二」二字原脱，據成化本補。
〔一二七〕科亦當有　原脱，據成化本補。

〔一二八〕古人於禮直如　原脱，據成化本補。
〔一二九〕周旋　成化本爲「周匝」。
〔一三〇〕自然使人有　原脱，據成化本補。
〔一三一〕化　成化本作「他」。
〔一三二〕多不本諸儀禮　原脱，據成化本補。
〔一三三〕有自　原脱，據成化本補。
〔一三四〕爲適古今之宜　原脱，據成化本補。
〔一三五〕則　成化本無。
〔一三六〕禮　成化本爲「之説」。
〔一三七〕儀　成化本爲「儀禮」。
〔一三八〕今　成化本無。
〔一三九〕福州　成化本無。
〔一四〇〕字伯照　成化本無。
〔一四一〕私臆　原脱，據成化本補。
〔一四二〕某　原脱，據成化本補。
〔一四三〕極不易得　原脱，據成化本補。

晦庵先生朱文公語類卷第八十四

〔一四四〕林黄中　原脱，據成化本補。
〔一四五〕是杜撰　原脱，據成化本補。
〔一四六〕或言　原脱，據成化本補。
〔一四七〕黄只是讀書　原脱，據成化本補。
〔一四八〕不曾　原脱，據成化本補。
〔一四九〕名者三人　原脱，據成化本補。
〔一五〇〕王伯照　「王」、「伯」二字原脱，據成化本補。
〔一五一〕國家何賴焉　「家」、「何」、「賴」、「焉」四字原脱，據成化本補。
〔一五二〕因問張舅　「因」、「問」、「張」三字原脱，據成化本補。
〔一五三〕子孫能守其家學否　原脱，據成化本補。
〔一五四〕儀　原脱，據成化本補。
〔一五五〕天叙有典　原脱，據成化本補。
〔一五六〕自我　原脱，據成化本補。自　尚書皋陶謨作「敕」。
〔一五七〕敦　尚書皋陶謨作「惇」，此避宋光宗趙惇諱。
〔一五八〕五庸哉　原脱，據成化本補。
〔一五九〕這個典禮　「這」、「個」、「典」三字原脱，據成化本補。

〔一六〇〕論儀禮經傳通解　成化本爲「論修禮書」。
〔一六一〕有作　成化本爲「有禮」。
〔一六二〕周之文　原脱，據成化本補。
〔一六三〕以　成化本無。
〔一六四〕存古　原脱，據成化本補。
〔一六五〕使後　原脱，據成化本補。
〔一六六〕之　成化本無。
〔一六七〕已　原脱，據成化本補。
〔一六八〕若必欲一一　原脱，據成化本補。
〔一六九〕也行　原脱，據成化本補。
〔一七〇〕之　成化本無。
〔一七一〕也太詳　原脱，據成化本補。
〔一七二〕者　成化本無。
〔一七三〕成化本此下注有「僴」。
〔一七四〕來　成化本無。
〔一七五〕人　成化本無。

〔一七六〕成化本此下注曰：「以下論修書大指。」
〔一七七〕先生　成化本無。
〔一七八〕且　成化本無。
〔一七九〕又　成化本無。
〔一八〇〕先生　成化本無。
〔一八一〕他瑣細處　原脱，據成化本補。
〔一八二〕且如冠　原脱，據成化本補。
〔一八三〕旅當用如何底　原脱，據成化本補。
〔一八四〕於平　原脱，據成化本補。
〔一八五〕何底　原脱，據成化本補。
〔一八六〕於朝廷治事當　原脱，據成化本補。
〔一八七〕制當如何　原脱，據成化本補。
〔一八八〕士　原脱，據成化本補。
〔一八九〕賀孫　成化本無。
〔一九〇〕上有制作之君　原脱，據成化本補。
〔一九一〕其等　原脱，據成化本補。

〔一九二〕禮行之既　原脱，據成化本補。
〔一九三〕於心極　原脱，據成化本補。
〔一九四〕要整頓便著從　原脱，據成化本補。
〔一九五〕已　成化本作「也」。
〔一九六〕裏　原脱，據成化本補。
〔一九七〕梁　成化本無。
〔一九八〕官　成化本無。
〔一九九〕自有此　成化本爲「這自有些」。
〔二〇〇〕賀孫　成化本無。
〔二〇一〕二　原作「一」。成化本作「二」。幞頭爲古代一種頭巾。古人以皂絹三尺裹髮，有四帶，二帶繫腦後垂之，二帶反繫頭上，令曲折附項，故稱「四脚」或「折上巾」，故從成化本改作「二」。
〔二〇二〕变　成化本作「廢」。
〔二〇三〕最　成化本無。
〔二〇四〕便　成化本無。
〔二〇五〕成化本此下注有「賀孫」。
〔二〇六〕語次　成化本無。

[二〇七] 吕伯恭　成化本爲「伯恭」。

[二〇八] 禮　成化本爲「禮記」。

[二〇九] 本　成化本作「乃」。

[二一〇] 其　成化本無。

[二一一] 禮　成化本爲「禮記」。

[二一二] 成化本此下注曰：「以下修書綱目。」

[二一三] 賀孫　成化本無。

[二一四] 此條以編禮書而言　成化本無。

[二一五] 共　成化本無。

[二一六] 之　成化本無。

[二一七] 入局　成化本無。

[二一八] 已　成化本無。

[二一九] 文蔚　成化本無。

[二二〇] 答　成化本無。

[二二一] 觀其立言之意自可見　成化本爲「觀其言意自可見」。

[二二二] 那　成化本無。

晦庵先生朱文公語類卷第八十五

儀禮[一]

總論

漢[二]河間獻王得古禮五十六篇，想必有可觀。但當時君臣間有所不曉，遂至無傳。故先儒謂聖經不亡於秦火而壞於漢儒，其説亦好。温公論景帝太子既亡，當時若立獻王爲嗣，則漢之禮樂制度必有可觀。又胡致堂[三]謂武帝若使董仲舒爲相、汲黯爲御史大夫，則漢治必盛。某常[四]謂：「若如此差除，那裏得來！」廣。人傑録同。[五]

先王之禮今存者無幾。漢初自有文字都無人收拾。河間獻王既得雅樂，又有禮書五十六篇，惜乎不見於後世。是當時儒者專門名家，自一經之外都不暇講，况在上又無興禮樂之主。故胡氏説道，使河間獻王爲君、董仲舒爲相、汲黯爲御史，則漢之禮樂必興。這三個差除豈不甚盛！賀孫。

今儀禮多是士禮，天子諸侯喪祭之禮皆不存，其中不過有些小朝聘燕享之禮。自漢以來，凡天子之禮皆是將士禮來增加爲之。漢[六]河間獻王所得禮五十六篇却有天子諸侯之禮，故班固謂「愈於推士禮以爲天子諸侯之禮者」。班固作漢書時此禮猶在，不知何代何年失了，可惜！可惜！廣。[七]

「今之儀禮只是士大夫禮，無天子諸侯禮。河間獻王五十六篇却有天子諸侯禮，班固作漢書時此禮尚存，不知如何失了。故班固云，今之言禮，愈於推士禮以達天子，豈若用此禮哉？」賀孫問：「女子子已嫁不爲父母禫否？今禮文只有『父在爲母、爲妻禫』。」曰：「想是無此禮。所謂父在爲母、妻禫，乃是只主男子而言。」賀孫。[八]

河間獻王集禮古經五十六篇。時謂愈於儀禮，推士禮以知天子諸侯之禮。班固作漢書時其書想尚在，不知是甚時失了。方子索漢書藝文志□古禮五十六卷，經七十篇。□□□記百三十一篇。七十子從禮學者所記。「禮古經出於魯淹中及孔氏，存七十篇文相似，多三十九篇。及明堂陰陽、王史氏記所見，多天子諸侯卿大夫之制，雖不能備，猶愈倉等推士禮以至於天子之說。」其言正如此，無河間獻王集之文，疑聽之誤也。[九]

禮書如儀禮，尚完備如他書。僴用。

儀禮不是古人預作一書如此。初間只以義起，漸漸相襲，行得好，只管乃至於情文極細密、施周緻處。〔一〇〕聖人見此意思好，故録成書。只看古人君臣之際，如公前日所畫圖子，君臨臣喪，坐撫當心要絰〔一一〕而踊。今日之事至於死生之際，恝然不相關，不啻如路人。所謂君臣之恩義安在！祖宗時於舊執政喪亦嘗〔一二〕親臨，自〔一三〕渡江以來一向廢此。只秦檜之死，高宗臨之，後來不復舉。如陳福公，壽皇眷之如此隆至，其死亦不親臨。祖宗凡大臣死，遠地不及臨者必遣郎官往弔。今來一向如此。〔一四〕壽皇凡百提掇得意思，這般處却恁地不覺。今日便一向廢却。賀孫。

禮有經有變。經者，常也；變者，常之變也。先儒以曲禮爲變禮，看來全以爲變禮亦不可。蓋曲者委曲之義，故以曲禮爲變禮。然「毋不敬，安定辭，安民哉」，此三句豈可謂之變禮？先儒以儀禮爲經禮。然儀禮中亦自有變，變禮中又自有經，不可一律看也。禮記，聖人説禮及學者問答處，多是説禮之變。上古禮書極多，如河間獻王收拾得五十六篇，後來藏在祕府，鄭玄輩尚及見之，今注疏中有引援處，後來遂失不傳，可惜！可惜！儀禮古亦多有，今所餘十七篇，但多士禮耳。僴。

「儀禮是經，禮記是解儀禮。且〔一五〕如儀禮有冠禮，禮記便有冠義；儀禮有昏禮，禮記便有昏義。以至燕、射之類，莫不皆然。只是儀禮有士相見禮，禮記却無士相見義。後來劉原父補成一篇。」文蔚問：「他〔一六〕補得如何？」曰：「他亦學禮記下言語，只是解他儀禮。」文蔚。

魯共王壞孔子宅得古文儀禮五十六篇，其中十七篇與高堂生所傳十七篇同。鄭康成注此十七篇多舉古文作某，則是他當時亦見此壁中之書。不知如何只解此十七篇而三十九篇不解，竟無傳焉。淳。[一七]

儀禮疏説得不甚分明。温公禮有疏漏處，高氏送終禮勝得温公禮。撫州學有板本。[一八]淳。[一九]

永嘉張忠甫所校儀禮甚子細，然却於目録中冠禮玄端處便錯了。但此本較他本爲最勝。賀孫。

陳振叔亦儘得。見[二〇]其説儀禮云：「此乃是義[二一]，更須有禮書。儀禮只載行禮之威儀，所謂『威儀三千』是也。禮書如云『天子七廟，諸侯五，大夫三，士二』之類，是説大經處。道[二二]是禮，須自有個文字。」賀孫。

士冠

問：「士冠禮『筮于廟門』，其禮甚詳。而昏禮止云『將加諸卜，占曰，吉』。既無筮而卜禮略，何也？」曰：「恐卜筮通言之。」又問：「禮家之意，莫是冠禮既詳其筮，則於昏禮不必更詳，且從省文之義，如何？」曰：「亦恐如此。然儀禮中亦自有不備處，如父母戒女，止有其辭而不言於某處之類。」人傑。

古朝服用布，祭則用絲，詩絲衣「繹賓尸也」。「皮弁素積」，皮弁，以白鹿皮爲之；素積，白布爲裙。泳。

寓[二三]問：「士冠禮有所謂『始加』、『再加』、『三加』，如何？」曰：「所謂『三加彌尊』只是三次加：初是緇布冠，以粗布爲之；次皮弁；次爵弁。爵弁，[二四]諸家皆作畫爵，看來亦只是皮弁模樣，皆以白皮爲之。緇布冠古來有之，初是緇布冠，齊則緇之。次皮弁者，只是朝服；爵弁，士之祭服。周禮，爵弁居五冕之下。」又問：「『致美乎黻冕』，注言『皆祭服也』。黻冕恐不全是祭服否？」曰：「祭服謂之『黻冕』，朝服謂之『韠』，如詩『鞸琫有珌』、內則『端韠紳』皆是。」問：「士冠禮『一加』、『再加』，『吉[二五]月』、『令月』，至『三加』言『以歲之正』。『正』[二六]不知是同時否？」曰：「只是一時節行此文，自如此說。加緇布冠，少頃又更加皮弁，少頃又更加爵弁，然後成禮。如溫公冠禮亦倣此：初裹巾，次帽，次幞頭。」又問：「黻冕，蔽黻膝也，以韋爲之。舜之畫衣裳有黼、黻、絺、繡，不知又如何畫於服上？」曰：「亦有不可曉。黻在裳之前，亦畫黼於其上。」寓。

陳仲蔚問冠時威儀[二七]。先生曰：「凡婦人見男子每先一拜，男拜，又[二八]答拜。再拜亦然。若子冠則見母亦如之，重成人也。尋常則不如此。但古人無受拜禮，雖兄亦答拜，君亦然。

但諸侯見君，則兩拜還一拜。」義剛。

冠者見母與兄弟，而母與兄弟皆先拜，此一節亦差異。昏禮亦然。婦始見舅姑，舅姑亦拜。義剛。陳淳録同。〔二九〕

古人祭酒於地。祭食於豆間，有板〔三〇〕盛之，卒食撤去。人傑。〔三一〕

「有體，有俎。」祭享：體，半邊也。俎以骨爲斷。卓。〔三二〕

木豆爲豆，銅豆爲登。「登」本作「鐙」。道夫。〔三三〕

「死謚，周道也。」史云夏商以上無謚，以其號爲謚，如堯、舜、禹之類。看來堯、舜、禹爲謚也無意義。「堯」字從三土，如土之堯然而高；「舜」只是花名，所謂「顔如舜華」；「禹」者，獸跡，今篆文「禹」字如獸之跡。若死而以此爲謚號也無意義，况虞舜側微時已云「有鰥在下曰虞舜」，則不得爲死而後加之謚號矣。看來堯、舜、禹只是名，非號也。僩。〔三四〕

士昏

儀禮昏禮「下達用鴈」，注謂「在下之人，達二家之好而用鴈」，非也。此只是公卿大夫下達庶人皆用鴈，後得陸農師解亦如此說。陸，名佃。〔三五〕陸解多杜撰，亦煞有好處，但簡略難看。陳祥道禮書考得亦穩。淳。〔三六〕

問：「昏禮用鴈，『壻執鴈』，或謂取其不再偶，或謂取其順陰陽往來之義。」先生曰：「士昏禮謂之『攝乘』，蓋以士而服大夫之服[三七]，乘大夫之車[三八]，則當用[三九]大夫之贄。前説恐傅會。」又曰：「重其禮而盛其服。」儒用。[四〇]賜録同而略，云：「昏禮用鴈禮，謂之攝乘。蓋以士而服大夫之服，雀弁。乘大夫之車，墨車。執大夫之摯。蓋重其禮，故盛其服。」[四一]

門是外門，雙扇。户是室中之户，隻扇。觀儀禮中可見。淳。義剛録略同。[四二]

几是坐物，有可以按手者，如今之三清椅。明作。[四三]

或問：「禮經，婦三月而後廟見，與左氏不同。」曰：「左氏説禮處多與禮經不同，恐是他[四四]當時俗禮，非必合於禮經。」又問：「既爲婦便當廟見，必待[四五]三月之久，何邪？」曰：「三月而後事定。三月以前恐更有可去等事，至三月不可去則爲婦定矣，故必待三月而后廟見。」或曰：「未廟見而死則以妾[四六]葬之。」先生曰：「歸葬於婦氏之黨。」文蔚。

士相見[四七]

劉原父補亡記，如士相見義、公食大夫義儘好。蓋偏會學人文字，如今人善爲百家書者。又如學古樂府，皆好。意林是專學公羊，亦似公羊。其他所自爲文章，如雜著等，却不甚佳。人傑。

鄉飲酒

鄉飲酒云：「笙入，樂南陔、白華、華黍。」想是笙入吹此詩而樂亦奏此詩，樂便是衆樂皆奏之也。庚。〔四八〕

「旅酬」是客勸〔四九〕主人，主人復勸客，客〔五〇〕又勸次客，次客又勸第三客，以次傳去。如客多，則兩頭勸起。義剛。〔五一〕

大射〔五二〕

鎛鍾甚大，特懸鍾也。衆樂未作，先擊特鍾以發其聲；衆樂既闋，乃擊特磬以收其韻。僩。卓録同。〔五三〕

聘禮

問聘禮所言「君行一，臣行二」之義。曰：「君行步闊而遲，臣行步狹而疾，故君行一步而臣行兩步，蓋不敢同君之行而踐其跡也。國語齊君、晏子行，子貢怪之，問孔子君臣交際之禮一段，説得甚分曉。」僩。

公食大夫禮

公食大夫禮乃是專饗大夫。爲主人者時出勸賓，賓辭而獨饗。人傑。

覲禮

天子常服皮弁。惟諸侯來朝見於廟中，服冕服，用鬱鬯之酒灌神。文蔚。

覲是正君臣之禮，較嚴。天子當依而立，不下堂而見諸侯。朝是講賓主之儀，天子當宁而立，在路寢門之外相與揖遜而入。義剛。陳淳録同。[五四]

喪服經傳

今人齊衰用布太細，又大功、小功皆用苧布，恐皆非禮。大功須用市中所賣火麻布稍細者，或熟麻布亦可。小功須用虔布之屬。古者布帛精粗皆有升數，所以説「布帛精粗不中數[五五]不鬻於市」。今更無此制，聽民之所爲，所以倉卒難得中度者，只得買來自以意釋[五六]製之爾。僩。

喪服葛布極粗，非若今之細也。僩。

「緦十五升，抽其半」者，是一簆只用一經。如今廣中有一種疏布，又如單經黄草布，皆只一經也。然小功十二升則其縷反多於緦矣，又不知是如何。閎祖。

問婦人首絰之制。曰：「亦只是大麻索作一環耳。」淳。[五七]

首絰大一搤，只是拇指與第二指一圍。要[五八]絰較小，此絞帶又小於要絰。象[五九]大帶，兩頭長垂下。絞帶象革帶，一頭有圈[六〇]子，以一頭穿於中而束之。淳。[六一]

問：「温公儀，首絰綴於冠，而儀禮疏説別材而不相綴。」曰：「綴也得，[六二]無緊要。」淳。

緦[六三]如今之髻巾。括髮是束髮爲髻。淳。[六四]

淳問：「鄭氏儀禮注及疏，以男子括髮與免及婦人髻，皆云『如著幓頭音騷。』。所謂幓頭者，如何？」曰：「幓頭只如今之著頭鞭樣，自項而前交於額上，却繞髻也。『免』字或讀，不音問而只音俛，謂去冠耳。」淳。[六五]

或問服制。曰：「儀禮事事都載在裏面，其間曲折難行處，他都有個措置得恰好。」因舉一項：「父卒，繼母嫁，後，[六六]爲之服報。傳曰：『何以期也？貴終也。』嘗爲母子，貴終其恩，此爲繼母服之義。」賀孫。

問「妾母」之稱。曰：「恐也只得稱母，他無可稱。在經只得云『妾母』，不然無以別於他母也。」又問：「弔慰[六七]人妾母之死，合稱之[六八]云何？」曰：「恐也只得隨其子平日所稱而稱之。」或曰：「五峰稱妾母爲『少母』，南軒亦然。據爾雅，亦有『少姑』之文，五峰想是本此。」先生又曰：「『爲人後者爲其父母服。』本朝濮王之議欲加『皇考』字，引此爲證。當時雖是衆人爭得住，然至今士大夫猶以爲未然。蓋不知禮經中若不稱作爲其父母，别無個稱呼，只得如此説也。」僩。[六九]

沈存中説，喪服中，曾祖齊衰服，曾祖以上皆謂之曾祖。恐是如此。如此則皆合有齊衰三月服。看來高祖死，豈有不爲服之理？須合行齊衰三月也。伊川頃言祖父母喪須是不赴舉，後來不曾行。法令雖無明文，看來爲士者爲祖父母期服内不當赴舉。僩。

沈存中云，高祖齊衰三月，不特四世祖爲然，自四世以上，凡逮[七〇]事皆當服衰麻三月，高祖蓋通稱耳。閎祖。

問：「某人不[七一]丁所生母憂。」先生云：「禮爲所生父母齊衰杖期，律文許其[七二]申心喪。若所生父再娶，亦當從律，某人是也。」又問：「若所生父與所繼父俱再娶，當持六喪乎？」先生云：「固是。」又問先儒爭濮議事。先生云：「此只是理會稱親。當時蓋有引戾園事欲稱『皇考』者。」又問：「稱『皇考』是否？」曰：「不是。近[七三]世儒者亦有多言合稱『皇考』者。」人傑。

儀禮「期喪」條内，注説：「國君有疾不能爲祖父母、曾祖父母服，則世子斬。」又曰：「『君喪皆斬』，説已分明。天子無期喪。凡有服，則必斬三年。」淳。

因言孫爲人君，爲祖承重。頃在朝，檢此條不見。後歸家檢儀禮疏，説得甚詳，正與今日之事一般，乃知書多看不辨。舊來有明經科，便有人去讀這般書，注疏都讀過。自王介甫新經出，廢明經學究科，人更不讀書。卒有禮文之變，更無人曉得，爲害不細。如今秀才和那本經也有不看底，朝廷更要將經義、賦、論、策頒行印下教人在。僩。

「與爲人後者不入。」「與爲人後者」，謂大宗已有後而小宗復爲之後，却無意思。因言李光祖嘗爲人後，其家甚富，其父母死，竭家貲以葬之，而光祖遂至於貧。雖不中節，然意思却好。人傑。[七四]

無大功尊。父母本是期，加成三年。祖父母、世父母、叔父母本是大功，加成期。其曾祖父母小功及從祖、伯父母、叔父母小功者，乃正服之不加者耳。閎祖。

母之姊妹服反重於母之兄弟，緣於兄弟既嫁則降服，而母[七五]於姊妹之服則未嘗降。故爲子者於舅服緦，於姨母服小功也。賀孫。

舅於甥之妻有服，甥之妻於夫之舅却無服，此也是[七六]可疑。恐是舅則從父身上推將來故廣，甥之妻則從夫身上推將來故狹。夔孫。義剛録同而少異。[七七]

「禮，妻之父曰舅，『謂我舅者，吾謂之甥』。古禮『甥』字用處極多，如壻謂之『甥』，姑之子亦曰『甥』。」或問：「『姪』字，本非兄弟之子所當稱？」曰：「然。伊川嘗言之。胡文定家子弟稱『猶子』，禮『兄弟之子，猶子也』，亦不成稱呼。嘗見文定家藏[七八]伊川語録，凡家書說『姪』

處皆非〔七九〕『猶子』，私常怪之。後見他本只作『姪』字，乃知『猶子』字文定所改，以伊川嘗非之故也。殊不知伊川雖非之，然未有一字替得，亦且只得從俗。若改爲『猶子』，豈不駭俗！據禮，兄弟之子當稱『從子』爲是。自曾祖而下三代稱『從子』，自高祖四世而止〔八〇〕稱『族子』。」僩。

始封之君不臣其兄弟，封君之子不臣其諸父，不忘其舊也。公謹。

喪服，五服皆用麻。朋友麻，是加麻於弔服之上。麻謂絰也。閎祖。

既夕

問：「朝祖時有遷祖奠，恐在祖廟之前。祖無奠而亡者難獨享否？」曰：「不須如此理會。禮說有奠處便是合有奠，無奠處便是〔八一〕合無奠，更何用疑？其他可疑處却多。如溫公儀斬、齊古制，而功、緦又却不古制，是何說也？古者五服皆用麻，但有等差，皆有冠絰，但功、緦之經小耳。今人吉服不古而凶服古，亦無謂也。今俗喪服之制，下用橫布作襴，惟斬衰用不得。」淳。〔八二〕

李守約問：「喪未葬可行虞祔否？」曰：「虞，所以安神，故既葬而虞。未葬，不可也。」僩。〔八三〕

特牲饋食[八四]

杜佑云：「祭用尸是上古朴野之俗。」先生制禮，本欲變朴野之俗，此等是去不盡者。文蔚。[八五]

少牢饋食

先生曰：[八六]「儀禮『日用丁巳』，按注家説則當作『丁、己』，蓋十干中柔日也。」雉。

有司[八七]

繹，祭之明日也。賓尸，以賓客之禮燕爲尸者。敬仲。[八八]

【校勘記】

［一］儀禮　成化本此上有「禮二」。

［二］漢　成化本無。

[三] 胡致堂　成化本爲「致堂」。
[四] 常　成化本作「嘗」。
[五] 人傑録同　成化本無。
[六] 漢　成化本無。
[七] 成化本此下注曰：「賀孫録略。」
[八] 此條賀孫録成化本以部分内容爲注附於卷八十九廣録中，載曰：「或問：『女子已嫁，爲父母禫否？』曰：賀孫録云：『想是無此禮。』『據禮云父在爲母禫，止是主男子而言。』」
[九] 此條成化本無。
[一〇] 乃　成化本作「巧」。施周緻　成化本爲「極周經」。
[一一] 經　成化本作「緻」，儀禮喪服鄭玄注作「絰」。
[一二] 嘗　成化本無。
[一三] 自　成化本無。
[一四] 今來一向如此　成化本無。
[一五] 且　成化本無。
[一六] 他　成化本無。
[一七] 淳　成化本爲「義剛」。

［一八］撫州學有板本　成化本無。
［一九］淳　成化本爲「義剛」。
［二〇］見　成化本無。
［二一］義　成化本作「儀」。
［二二］道　成化本作「這」。
［二三］寓　成化本無。
［二四］爵弁　成化本無。
［二五］吉　成化本此上有「言」。
［二六］正　成化本無。
［二七］冠時威儀　成化本爲「冠儀」。
［二八］又　成化本此上有「則」。
［二九］陳淳録同　成化本無。
［三〇］板　成化本作「版」。
［三一］此條人傑録成化本載於卷八十七。
［三二］此條卓録成化本載於卷八十七。
［三三］此條道夫録成化本載於卷八十七。

〔三四〕此條僩録成化本載於卷八十七。
〔三五〕陸名佃　成化本無。
〔三六〕成化本此下注曰：「義剛録云：『擇之云：「自通典後無人理會禮。本朝但有陳祥道、陸佃略理會來。」曰：「陳祥道理會得也穩，陸農師也有好處，但杜撰處多，如儀禮」云云。』」
〔三七〕服　成化本此下注有「爵弁」。
〔三八〕車　成化本此下注有「墨車」。
〔三九〕用　成化本作「執」。
〔四〇〕儒用　成化本作「賜」，但據底本此下所附賜録，則似有不同。
〔四一〕賜録同……故盛其服　成化本無。
〔四二〕淳義剛録略同　成化本爲「義剛」，且此條載於卷八十七。
〔四三〕此條明作録成化本載於卷八十七。
〔四四〕他　成化本無。
〔四五〕待　成化本無。
〔四六〕妾　成化本爲「妾禮」。
〔四七〕士相見　成化本無此目，且此目下所載人傑録置於「總論」目下。
〔四八〕庚　成化本無。

［四九］勸　成化本爲「先勸」。

［五〇］客　原脱，據上下文及成化本補。

［五一］此條義剛録成化本載於卷六十三。

［五二］大射　成化本無此目，且此目下所載僩録置於卷九十二「樂古今」目下。

［五三］卓録同　成化本無，且此條僩録載於卷九十二。

［五四］陳淳録同　成化本無。

［五五］數　成化本作「度」。

［五六］釋　成化本作「擇」。

［五七］此條淳録成化本無，但載義剛録與此相似，參成化本卷八十五義剛録「堯卿問經帶之制……亦只是大麻索作一環耳」條。

［五八］要　成化本義剛録作「腰」。

［五九］象　成化本義剛録此上有「要經」。

［六〇］圈　成化本義剛録作「扣」。

［六一］此條淳録成化本無。

［六二］得　成化本此下有「不綴也得」。

［六三］緫　成化本作「總」。

〔六四〕此條淳録成化本無。
〔六五〕此條淳録成化本無。
〔六六〕後　儀禮喪服作「從」。
〔六七〕慰　成化本無。
〔六八〕之　成化本無。
〔六九〕此條僩録成化本載於卷八十七。
〔七〇〕逮　成化本作「建」。
〔七一〕不　成經本爲「不肯」。
〔七二〕其　成化本無。
〔七三〕近　成化本此上有「然」。
〔七四〕此條人傑録成化本載於卷八十七。
〔七五〕毋　成化本無。
〔七六〕此也是　成化本作「也」。
〔七七〕夔孫義剛録同而少異　成化本爲「義剛」。
〔七八〕藏　成化本作「將」。
〔七九〕非　成化本作「作」。

〔八〇〕止　成化本作「上」。
〔八一〕是　成化本無。
〔八二〕成化本此下注有「義剛同」。
〔八三〕此條僩録成化本無。
〔八四〕特牲饋食　成化本無。
〔八五〕此條文蔚録成化本以部分内容爲注，夾於卷九十子蒙録中，參成化本子蒙録「用之問祭用尸之意……亦是此意」條。
〔八六〕先生曰　成化本無。
〔八七〕有司　成化本無。
〔八八〕此條敬仲録成化本載於卷八十一。

晦庵先生朱文公語類卷第八十六

周禮[一]

總論

問[二]周禮。先生曰：「不敢教人學。此[三]非是不可學，亦非是不當學，只爲學有先後，先須理會自家身心合做底，學周禮却是後一截事。而今且把來説看，還有一句干涉吾人身心上事否？」庚。[四]

「今只有周禮儀禮可全信。禮記有信不得處。」又曰：「周禮只疑得[五]有行未盡處。看來周禮規模皆是周公做，但其言語是他人做。如[六]今時宰相提舉勑令，豈是宰相一一下筆？有不是處周公須與改，至小可處或未及改，或是周公晚年作此書[七]。」庚。[八]

「大抵説制度之書，惟周禮儀禮可信，禮記便不可深信。周禮畢竟出於一家。謂是周公親筆做成固不可，然大綱却是周公意思。某所疑者，但恐周公立下此法却不曾行得盡。」文蔚。僩録同，而沈又注云：〔九〕「周禮是一個草本，尚未曾行。」

周禮，胡氏父子以爲是王莽令劉歆撰著〔一〇〕，此恐不然。周禮是周公遺典也。德明。〔一一〕

周禮一書好看，廣大精密，周家法度在裏許〔一二〕，但未敢令學者看。方子。

周禮一書也是做得來〔一三〕縝密，真個盛水不漏。廣。

子升問：「周禮合〔一四〕如何看？」曰：「也且循注疏看去。第一要見得聖人是個公平底意思。如陳君舉說，天官之職，如膳羞衣服之官皆屬之，此是治人主之身，此說自是。到得中間有官屬相錯綜處，皆謂聖人有使之相防察之意，這便不是。天官是正人主之身，兼統百官；地官主教民之事，大綱已具矣。春、夏、秋、冬之官各有所掌，如太史等官屬之宗伯，蓋以祝、史之事用之祭祀之故；職方氏等屬之司馬，蓋司馬掌封疆之政。最是大行人等官屬之司寇難曉，蓋儀禮覲禮，諸侯行禮既畢，出，『乃右肉袒於廟門之東』。王曰：『伯父無事，歸寧乃邦。』然後再拜稽首，出自屏。此所謂『懷諸侯則天下畏之』是也，所以屬之司寇。如此等處皆是合着如此，初非聖人私意。大綱要得如此看。如其間節目有不可曉處，如官職之多與子由所疑三處之類，只得且缺之，所謂『其詳不可得而聞也』。或謂周公作此書有未及盡行之者，恐亦有此理。只如今時法令，其間頗有不曾行者。」木之因說：「舊時妄意看此書，大綱是要人主正心、修身、齊家、治國、平天下，使天下之民無不被其澤，又推而至於鳥獸草木，無一不得其所而已〔一五〕。不如是不足以謂之裁成輔相、參贊天地耳。」曰：「是恁地，須要識公平意思。」因說：「如今學問不考古固不得，若一向去採摭故事、零碎湊合說出來，也無甚益。孟子慨然以天下自任，曰『當今天下[一六]，舍我其誰哉』，到說制度處也[一七]只說『諸侯之禮，吾未之學也，嘗聞其略也』。要之，後世若有聖賢出來，如儀禮等書也不應便行得。如今若要將一州一縣封某人爲諸侯，人亦未必安之，兼數世之後其弊非一。如封建諸侯，柳子厚之說自是。當時却是他各自推戴爲主，聖人從而定之耳。如鄉飲酒之禮若要教天下之人都如此行，也未必能。只後世太無制度。若有聖賢，爲之就中定其尊卑隆殺之數，使人可以通行，這便是禮；爲之去其哇淫鄙俚之辭，使之不失中和歡悅之意，這便是樂。」木之。

問：[一八]「社主平時藏在何處？」曰：「向來沙隨說以所宜木刻而爲主。某嘗辨之，後來覺得却是，但以所宜木爲主，如今世俗神樹模樣，非是將木來截作主也。以木爲社，如櫟社、枌榆社之類。」又問社稷之[一九]神。先生曰：「說得不同。或云稷是山林原隰之神，或云是穀神，看來穀神較是。社是土神。」又問：「社何以有神？」曰：「能生物便是神也。」又曰：「周禮，亡國之社却用刑人爲尸。一部周禮却是見[二〇]得天理都爛熟也。」夔孫。[二一]

周禮中多有說事之綱目者。如屬民讀法，其法不可知。司馬職「乃陳車徒，如戰之陳」，其陳法亦不可見矣。人傑。

「周都豐、鎬，則王畿之内當有西北之戎，如此則稍、甸、縣、都如之何其[二二]可爲也？」答[二三]曰：「周禮一書，聖人姑爲一代之法爾。到不可用法處，聖人須別有通變之道。」謨。去僞、人傑録並同。[二四]

今人不信周官，若據某言却不恁地。蓋古人立法無所不有，天下有是事，他便立此一官，但只是要不失正耳。且如女巫之職，掌宫中巫、祝之事，凡宫中所祝皆在此人。次第[二五]如此則便無後世巫蠱之事矣。道夫。

五峰以周禮爲非周公致太平之書，謂如天官冢宰却管甚宫閫之事，其意只是見後世宰相請託宫闈，交結近習，以爲不可。殊不知此正人君治國、平天下之本，豈可以後世之弊而併廢聖人之良法美意哉！又如王后不當交通外朝之説，他亦是懲後世之弊。要之，儀禮中亦分明自載此禮在[二六]。至若所謂「女祝掌凡内禱、祠、禬、禳之事」，使後世有此官，則巫蠱之事安從有哉！道夫。

論近世諸儒説

於丘子服處見陳、徐二先生周禮制度菁華。下半册徐元德作，上半册即陳君舉所奏周官説。先生云：「孝宗嘗問君舉：『聞卿博學，不知讀書之法當如何？』陳奏云：『臣生平於周官粗嘗用心推考。今周官數篇已屬藁，容臣退，繕寫進呈。』遂寫進御。大概推周官制度亦稍詳，然亦有杜撰錯説處。[二七]如云冢宰之職，不特朝廷之事，凡内而天子飲食、服御、宮掖之事無不畢管。蓋冢宰以道詔王，格群[二八]心之非，所以如。此説固是。[二九]但云主客行人之官合屬春官宗伯，而乃掌於司寇；宗伯典禮，司寇典刑。[三〇]土地疆域之事合掌於司徒，乃掌於司馬。[三一]蓋周家設六官互相檢制之意。此大不然！何聖人不以君子長者之道待其臣？既任之而復疑之邪？」或問：「如何？」先生曰：「賓客屬秋官者，蓋諸侯朝覲、會同之禮既畢，則降而肉袒請刑，司寇主刑，所以屬之，有威懷諸侯之意。夏官掌諸侯土地封疆，如職方氏皆屬夏官。蓋諸侯有變則六師移之，[三二]所以屬司馬也。」又問：「冬官司空掌何事？」曰：「次第是管土田之事。蓋司馬職方氏存[三三]其疆域之定制，至於申畫井田，創置纖悉，必屬於司空，而今亡矣。」又云：「陳、徐周禮制度講三公宰相處甚詳，然皆是自秦漢以下説起。云漢承秦舊，置三公之官。若仍秦舊，何不只倣秦爲丞相、太尉、御史大夫？却置司馬、司徒[三四]者，何故？蓋他不知前漢諸儒未見孔壁古文尚書有周官一篇，説太師、太傅、太保爲三公爾。孔安國古文尚書藏之祕府，諸儒專門伏生二十五篇，一向不取孔氏所藏古文者。及至魏晉間，古文者始出而行於世。漢初亦只仍秦舊，置丞相、御史、太尉爲三公。及武帝始改太尉爲大司馬。然武帝亦非是有意於復古，但以衛霍功高官大，上面去不得，故於驃騎大將軍之上加大司馬以寵異之，如加階官『冠軍』之號爾，其職無以異於大將軍也。及何武欲改三公，他見是時大司馬已典兵，兼名號已正，故但去大字，而以丞相爲司徒，御史大夫爲司空。後漢仍舊改司馬爲太尉，而司徒、司空之官如故。然政事歸於臺閣，三公備員。後來三公之職遂廢，而侍中、中書、尚書之權獨重，以至今日。」庚。[三五]

君舉說井田，道是周禮、王制、孟子三處說皆通。他說千里不平直量四邊，又突出圓算，則是有千二百五十里。說出亦自好看，今考來乃不然。周禮，鄭氏自於匠人注内說得極子細。前面正說處却未見，却於後面僻處說。先儒這般處[三六]極子細。君舉於周禮甚熟，不是不知，只是做個新樣好話謾人。本文自說「百里之國」、「五十里之國」。賀孫。

周禮有井田之制，有溝洫之制。井田是四數，溝洫是十數。今永嘉諸儒論田制乃欲混井田、溝洫爲一，則不可行。鄭氏注解分作兩項，却是。人傑。

溝洫以十爲數，井田以九爲數，決不可合，永嘉必欲合之。王制、孟子、武成分土皆言三等，周禮乃有五等，決不合，永嘉必欲合之。閎祖。

「諸公之地，封疆方五百里。」又云：「凡千里，以方五百里封四公。」則是每個方五百里，甚是分明。陳乃云方一百二十五里，又以爲合加地、賞田、附庸而言之，何欺誑之甚！閎祖。

向來君舉進制度說，周禮封疆方五百里是周圍五百里，徑只百二十五里，方四百里者徑只百里，方三百里者徑只七十五里，方二百里者徑只五十里，方百里者徑只二十五里。自奇其說與王制等語相合。然本文「方千里之地，以封公則四公，以封侯則六侯，以封伯則七伯，以封子則二十五子，以封男則百男，其地已有定數」，此説如何可通？況男國二十五里之小，則國君即今之一耆長耳，何以爲國君？某嘗作辨，與逐項破其説。淳。〔三七〕

先生以禮鑰授黄直卿〔三八〕，令誦一遍畢。先生曰：「他論封國將孟子説在前，而後又引周禮『諸公之地封疆方五百里』説，非是。」直卿問：「孟子所論五等之地是如何與周禮不合？」先生曰：「先儒説孟子所論又〔三九〕夏商以前之制，周禮是成王之制，此説是了。但又説是周斥大封域而封之，其説又不是。若是恁地每一國添了許多地，便着移了許多人家社稷，某便説道〔四〇〕恐無此理。這個〔四一〕只是夏商以來漸漸相吞併後〔四二〕，至周自恁地大了。周公也是不奈他何後〔四三〕就見在封他，且如當初許多國也不是先王要恁地封。便如柳子厚説樣，他是爲〔四四〕人占得這些子地在〔四五〕，故〔四六〕先王從而命之以爵，不意到後來相吞併得恁地〔四七〕大了。且如今孟子説：『周公之封於魯也，地非不足也，而儉於百里；太公之封於齊也，地非不足也，而儉於百里。』這個〔四八〕也不是。當時封許多功臣親戚，也是要他國〔四九〕因而藩衛王室。他那舊時國都恁地〔五〇〕大了，便〔五一〕却封得恁地小，教他與那大國雜居，也於理勢不順。據今看〔五二〕左傳所説『東至於海，西至於河，南至於穆陵，北至無棣』，齊是恁地闊。詩『復周公之宇』，魯是恁地闊。這個也是勢着恁地。陳君舉却説只是封疆方五百里，四維各〔五三〕一面只二百五十里，蓋以維言[五四]則只百二十五里。某説，若恁地，則男國不過似一耆長，如何是[五五]建國？他那[五六]職方氏説一千里封四伯、一千里封六侯之類，此説極分明了。[五七]這一千里，縱横是四個五百里，便是開破[五八]可以封四個伯。他那算得國數極定，更無可疑。君舉又却云，一千里地封四伯外，餘地只是[五九]存留得[六〇]在那裏。某説，不知恁地[六一]存留得[六二]作甚麽？若是[六三]恁地，則一千里只將三十來同封了四伯，那七十來同却不知留得[六四]作何用？」直卿曰：「武王『分土惟三』，則百里、七十里、五十里似是周制。」先生曰：「武王是初得天下，事勢未定，且大概恁地。如文王治岐，那制度也自不同。」先生論至此，蹙眉曰：「這個也且大概恁地説，不知當時子細是如何。」義剛問：「孟子想是[六五]不見周禮？」先生曰：「孟子是不見周禮。」直卿曰：「觀子産責晉之辭，則也恐不解封得恁地大。」先生曰：「子産是應急之説。他一時急後且恁地放鵰，云何故侵小。這非是至論。」直卿曰：「府、史、胥、徒則是庶人在官者，不知如何有許多？」先生曰：「嘗看子由古史，他疑三事：其一，謂府、史、胥、徒太多。這個當時却都是兼官，其實府、史、胥、徒無許多。」直卿曰：「那司市一官更動誕不得，法可謂甚嚴。」先生曰：「周公當時做得法大段齊整。如市，他[六六]便不放教人四散去買賣，他只立得一市在那裏，要買物事便入那市中去。不似而今要買物只於門前，自有人擔來賣。更是一日三次會合，亦通人情。看他所立法極是齊整，但不知周公此書行得幾時耳。」義剛。按，池本無自「若是恁地」至「留得作何

用」一節。〔六七〕

天官

「天官之職是總五官者，若其心不大，如何包得許多事？且冢宰，内自王之飲食衣服，外至五官庶事，自大至小，自本至末，千頭萬緒。若不是大其心者區處應副，事到面前便且區處不下。況於先事措置，思患預防，是着多少精神，所以記得此復忘彼。佛氏只合下將那心頓下〔六八〕無用處，纔動步便疏脱。所以吾儒貴窮理致知，便須事事物物理會過。「舜明於庶物」，物即是物，只是明便見皆有其則。今文字在面前尚且看不得，況許多事到面前，如何奈得他！須襟懷大底人〔六九〕。」又云：「後人皆以周禮非聖人書。其間細碎處雖可疑，其大體直是非聖人做不得！」賀孫。以下冢宰。〔七〇〕

「周之天官統六卿之職爾〔七一〕，是提〔七二〕其大綱。至其他卿則一人理一事。然天官之職，至於閽寺、宮嬪、醢醬、魚鹽之屬，無不領之。」道夫問：「古人命官之意，莫是以其切於君身，故使之領否？」曰：「然。」道夫。

問：「宮伯、宮正所率之屬五百人皆入宮中，似不便否？」曰：「此只是宿衛在外，不是入宮。皆公卿王族之子弟爲之，不是兵卒。」淳。宮伯、宮正。

地官

義剛[七三]問：「司徒職在『敬敷五教』，而地官言教者甚略，而言山林陵麓之事却甚詳。」曰：「也須是教他有飯喫、有衣着，五方之民各得其所，方可去教他。若不恁地，教如何地[七四]施？但是其中言教也大略[七五]，如閭胥書其孝悌婣卹、屬民讀法之類，皆是。」義剛。[七六]

問：「大司徒掌邦教而多主於山陵林麓之事者，何也？」曰：「民無住處，無物喫，亦如何教得？所以辨五方之宜以定民居，使之各得其所，而後教可行也。」淳。[七七]

直卿問：「司徒所謂教只是十二教否？」曰：「非也。只如[七八]教民以六德、六行、六藝及歲時讀法之類。」淳。

周禮中說教民處止及於畿內之民，都不及畿外之民，不知如何。豈應如此？廣。

問六德「智」、「聖」。曰：「智是知得事理。聖便高似智，蓋無所不通明底意思。」伯羽。

直卿問：「古以百步爲畝，今如何？」曰：「今以二百四十步爲畝。百畝當今四十一畝。」賀孫。

問：「一夫均受田百畝，而有食九人、八人、七人、六人、五人多少之不等者，何以能均？」曰：「田均受百畝。此等數乃言人勤惰之不齊耳。上農夫勤於耕則可食得九人，下不勤則可食

得五人。故庶人在官者之禄，亦準是以爲差也。」淳。〔七九〕

古者百畝之地收皆畝一鍾，爲米四石六斗。以今量較之，爲米一石五斗爾。僩。

今謂周官非聖人之書。至如比、閭、族、黨之法，正周公建太平之基本也。他這個一如棋盤相似，秤布定後棋子方有放處。〔八〇〕道夫。

二十五家爲閭。閭，呂也，如身之有脊呂骨。蓋閭長之居當中而二十四家列於兩旁，如身之脊呂骨當中而肋骨分布兩旁也。僩。

先生與曹兄論井田，先生云：「當時須自〔八一〕有個道理。天下安得有個王畿千里之地，將鄭康成圖來安頓於上！今看古人地制，如豐、鎬皆在山谷之間，洛邑、伊闕之地亦多是小溪澗，不知如何措置。」卓。

問：「畿内采地只是仕於王朝而食禄，退則無此否？」曰：「采地不世襲，所謂『外諸侯嗣也，内諸侯禄也』。然後來亦各占其地，競相侵削，天子只得鄉、遂而已。」淳。〔八二〕

「子約疑井田之法，一鄉一遂爲一萬有餘夫，多溝洫川澮，而匠人一同爲九萬夫，川澮溝洫反少者，此以地有遠近，故治有詳略也。鄉遂近王都，人衆稠密，家家勝兵，不如此則不足以盡地利而養民，且又縱横爲溝洫川澮，所以寓設險之意而限車馬之衝突也，故治近爲甚詳。若鄉遂之外則民少而地多，欲盡開治則民力不足，故其治甚略。晉郤克帥諸國伐齊，齊求盟，晉人曰

『必以蕭同叔子爲質而盡東其畝』，齊人曰『唯吾子戎車是利，無顧土宜』云云，晉謀遂塞。蓋鄉遂之畝，如中間是田，兩邊是溝，向東直去，而前復有横畝向南，溝復南流。一東一南，十字相交在此，所以險阻多而非車馬之利也。晉欲使齊盡東其畝，欲爲侵伐之利耳。而齊覺之，若盡東其畝則無縱横相銜，但一直向東，戎馬可以長驅而來矣。」次日又曰：「昨夜説匠人九夫之制無許多溝洫，其實不然。適間檢看許多溝洫川澮與鄉遂之地一般，乃是子約看不子細耳。」僩。

周家每年一推排，十六歲受田，六十者歸田。其後想亦不能無弊，故蔡澤言商君決裂井田，廢壞阡陌，以静百姓之業而一其志。唐制，每歲十月一日，應受田者皆集於縣令廷中而升降之，若縣令非才，則是日乃胥吏之利耳。方子。

「五家爲比，五比爲閭，四閭爲族，五族爲黨，五黨爲州，五州爲鄉」，「五家爲鄰，五鄰爲里，四里爲酇，五酇爲鄙，五鄙爲縣，五縣爲遂」，此鄉遂[八三]制田里之法也。「五人爲伍，五伍爲兩，四兩爲卒，五卒爲旅，五旅爲師，五師爲軍」，此鄉遂出兵之法也。故曰：「凡起徒役，無過家一人。」既一家出一人，則兵數宜甚多，然只是擁衛王室，如今禁衛相似，不令征行也。都鄙之法，則「九夫爲井，四井爲邑，四邑爲丘，四丘爲甸」，然後出長轂一乘、甲士三人、步卒七十二人。以五百一十二家而共只出七十五人，則可謂甚少。然有征行，則發此都鄙之兵，悉調者不用而用者不悉調。此二法所以不同，而貢、助之法亦異。大率鄉遂以十爲數，是長連排去；井田以九爲數，是一個方底物事。自是不同。而永嘉必欲合之，如何合得！閎祖。以下小司徒。

淳[八四]問：「鄭氏『旁加一里』之説是否？」曰：「如此方得數相合，亦不見所憑據處，今且大概依他如此看。」淳。[八五]

鄉遂雖用貢法，然「巡野觀稼，以年之上中下出斂法」，則亦未嘗拘也。閎祖。[八六]

周制鄉遂用貢法，故十夫治溝，長底是十，方底是百，長底是千，方底是萬。都鄙用助法，故八家同溝共井。鄉遂則以五爲數，家出一人爲兵以守衛王畿，役次必簡。如周禮，惟挽匶則用之，此役之最輕者。都鄙則以四爲數，六七家始出一人，故甸出甲士三人、步卒七十二人、馬四匹、牛三頭。鄉遂所以必爲溝洫而不爲井者，以欲起兵數故也。五比、五鄰、五伍之後，變五爲四閭、四里、四兩者，用四則成百之數，復用五，則自此奇零不整齊矣。如曰周制皆井者，此欺人之説，不可行也。因言永嘉之説，受田則用溝洫，起賦斂則依井。方子。[八七]

天子六卿，故有六軍；諸侯三卿，故有三軍。所謂「五家爲比」，比即伍也；「五比爲閭」，閭即兩也；「四閭爲族」，族即卒也，則是夫人爲兵矣。至於「九夫爲井，四井爲邑，四邑爲丘，四丘爲甸」，甸出兵車一乘。且以九夫言之，中爲公田，只是八夫甸，則五百一十二夫，何其少於鄉遂也？便是難曉。以某觀之，鄉遂之民以衛王畿，凡有征討止用丘甸之民。又，學校之制所以取士者但見於鄉遂，之[八八]外不聞教養之制，亦可疑也。人傑。

問：「都鄙四丘爲甸，甸六十四井，出車一乘、甲士三人、步卒七十二人。不審鄉遂車賦則如何？」曰：「鄉遂亦有車，但不可見其制。六鄉一家出一人，排門是兵。都鄙七家而出兵[八九]。在内者役重而賦輕，在外者役輕而賦重。六軍只是六鄉之衆，六遂不與。六遂亦有軍，但不可見其數。侯國三軍亦只是三郊之衆，三遂不與。大國三郊，次國二郊，小國一郊。蔡季通說，車一乘不止甲士三人、步卒七十二人，此是輕車用馬馳者，更有二十五人將重車在後，用牛載糗糧戈甲衣裝，見七書。如魯頌『公徒三萬』，亦具其說矣。」淳。

問：「司馬法車乘士徒之數與周禮不同，如何？」曰：「古制不明，皆不可考，此只見於鄭氏注。七書中司馬法又不是。此林勳本政書錯說，以爲文王治岐之政。」曰：「或以周禮乃常數，司馬法乃調發時數，是否？」曰：「不通處如何硬要通？不須恁思量，枉費心力。」淳。

問：「侯國亦倣鄉遂都鄙之制否？」曰：「鄭氏說侯國用都鄙法。然觀『魯人三郊三遂』，及孟子『請野九一而助，國中什一使自賦』，則亦是如此。」[九〇]淳。[九一]

「『王受賢能之書，再拜受之，登於天府。』[九二]内史貳之，内史掌策命諸侯及群臣者，卿大夫既獻賢能之書，王拜受，登於天府。其副本則内史掌之，以内史掌策命諸侯及群臣故也。古之王者封建諸侯，王坐，使内史讀策命之。非特命諸侯，亦欲在廷詢其可否。且如後世除拜百官亦合有策，只是辭免了。」「祖[九三]宗之制亦如此否？」曰：「自唐以上皆如此。今除宰相宣麻，是其遺意。立后以上用玉策，其次皆用竹策。漢常用策，緣他近古。其初亦不曾用，自武帝[九四]立三王始用起。」齊懷王閎、燕刺王旦、廣陵王胥。卿大夫。[九五]

問：「周禮黨正謂：[九六]『一命齒於鄉里，再命齒於父族，三命不齒。』若據如此，雖說『鄉黨莫如齒』，到得爵尊後又不復序齒。」曰：「古人貴貴長長，並行而不悖。他雖說不序，亦不相壓。自別設一位，如今之掛位然。」[九七]文蔚。以下[九八]黨正。

問：「周禮書其[九九]『德行道藝』，德、行、藝三者猶有可指名者。『道』字不知[一〇〇]當如何解？」曰：「舊嘗思之，未甚曉。看來『道』字只是曉得那道理而已。大而天地事物之理，以至古今治亂興亡事變，聖賢之典策，一事一物之理，皆曉得所以然，謂之道。且如禮、樂、射、御、書、數，禮樂之文，却是祝史所掌，至於禮樂之理，則須是知道者方知得。如所謂『天高地下，萬物散殊，而禮制行矣；流而不息，合同而化，而樂興焉』之謂。又德是有德，行是有行，藝是有藝，道則知得那德、行、藝之理所以然也。注云『德行是賢者，道藝是能者』，蓋曉得許多事物之理，所以屬能。」僩。

古制微細處今不可曉，但觀其大概如此[一〇一]。「宅田、士田、賈田」、「官田、牛田、賞田、牧田」，鄭康成作一說，鄭司農又作一說，憑何者爲是？淳。以下載師。

問：「商賈是官司令民爲之，抑民自爲之邪？」曰：「自[一〇二]爲之，亦受田，但少耳，如載師所謂『賈田』者是也。」淳。

問：「士人受田如何？」曰：「上士、中士、下士是有命之士也[一〇三]，有禄。如管子『士鄉十五』是未命之士，若民皆爲士則無農矣，故鄉止十五。亦受田，但不多，所謂『士田』者是也。」淳。[一〇四]

「近郊十一，遠郊二十而三，縣、稍、都、鄙[一〇五]皆無過十二」，此即是田税。然遠近輕重不等者，蓋近處如六鄉，排門皆兵，其役多，故税輕；遠處如都鄙，井法七家而賦一兵，其役少，故税重。所謂「十二」者，是并雜税皆無過此數也。都鄙税亦只納在采邑。淳。

淳問：「『山林川澤三分去一』之説如何？」先生曰：「此亦是解不行後便如此説。如蜀中有七百里之地，置處州皆平坦膏腴良田，如何三分去一？嘗登雲谷山頂，望見密密皆山，其間有些空隙黄白處是田，蓋百分之二，又如何三分去一？」淳。[一〇六]

周禮[一〇七]載師云：「凡宅不毛者有里布，凡田不耕者出屋粟，凡民無職事者出夫家之征。」閭師又云：「凡民無職者出夫布。」前重後輕者，前以待士大夫之有土者，後方是待庶民。「宅不毛」爲其爲亭臺也，「田不耕」爲其爲池沼也。凡民無職事者，此是大夫家所養浮泛之人也。賀孫。

「周禮[一〇八]師氏『居虎門，司王朝』。虎門，路寢門也。正義謂路寢庭朝、庫門外朝非常朝。

此是常朝，故知在路門外。」文蔚問：「路寢庭朝、庫門外朝，如何不是常朝？」曰：「路寢庭在門之裏，議政事則在此朝。庫門外，是國有大事，詢及衆庶，則在此處，非每日常朝之所。若每日常朝，王但立於寢門外與群臣相揖而已。然王却先揖，揖群臣就位，王便入。只是揖亦不同，如『土揖庶姓，時揖異姓，天揖同姓』之類，各有高下。胡明仲嘗云，近世朝禮每日拜跪乃是秦法，周人之制元不如此。」文蔚。師氏。

古者教法，禮、樂、射、御、書、數，不可闕一。就中樂之教尤親切。夔教胄子只用樂，大司徒之職也是用樂。蓋是教人朝夕從事於此，拘束得心長在這上面。蓋爲樂有節奏，學他底，急也不得，慢也不得，久之，都换了他一副當情性。植。以下保氏。

周禮「六書」，制字固有從形者，然爲義各不同，却如何必欲説義理得！龜山有辯荆公字説三十餘字。夫[一〇九]荆公字説，其説多矣，而[一一〇]止辯三十字，何益哉？又不去頂門上下一轉語，而隨其後屑屑與之辨。使其説轉，則吾之説不行矣。僩。

問：[一一一]「復讎之義，禮記疏云『穀梁春秋許百世復讎，庶[一一二]人許五世復讎』。又云『國君許九世復讎』。又引[一一三]魯威[一一四]公爲齊襄公所殺，其子莊公與齊威公會盟，春秋不譏。自威至定[一一五]九世，孔子相定公，會齊侯於夾谷，是九世不復讎也。此説如何？」曰：「謂復百世之讎者，亂説也。[一一六]許五世復讎者，謂親親之恩至[一一七]五世而斬也。春秋許九世復讐與春秋不譏、春秋美之之事，皆解春秋者亂説也。聖[一一八]人作春秋不過直書其事，美惡自[一一九]見。後世言春秋者動引譏、美爲言，不知你[一二〇]何從見聖人譏、美之意。皆是亂説。[一二一]」或[一二二]云：「夷狄亂華[一二三]之禍，雖百世復之可也。」曰：「這事難説。凡[一二四]事貴謀始，也要及早乘勢[一二五]，纔放冷了便做不得。如莊公[一二六]之事，較之[一二七]他親見襄公[一二八]殺其父，既不能復讎[一二九]，反[一三〇]與之燕會，又與之主婚，築王姬之館於外[一三一]，使周天子之女去嫁他。所爲如此，豈特不能復而已？既親與讐人如此，如何更責他去報齊威公？況更欲責定公夾谷之會，争那裏去！見讐在面前，不曾報得，更欲報之於其子若孫，非惟事有所不可，也自做得[一三二]没氣勢、無意思了。又況齊威公率諸侯尊周室以義而舉，莊公雖欲不赴其盟會，豈可得哉！事又當權個時勢義理輕重。若威公不是尊王室，無事自來召諸侯，如此，則莊公不赴可也。今威公名爲尊王室，若莊公不赴，非是叛齊，乃叛周也。又況威公做得氣勢如此盛大，自家如何便復得讐？若欲復讐，則襄公殺其父之時，莊公當以不共戴天之故告之天子、方伯、連牧[一三三]，必以復讐爲事，殺得襄公而後已，如此方快。人既不能然，反[一三四]親與之燕會、與之主婚，尚何責焉？[一三五]」又[一三六]問：「莊公若能殺得襄公，[一三七]不知可復與威公盟會否？[一三八]」曰：「既殺襄公，則自[一三九]家之事已了，兩邊方平，自與威公爲會亦何妨？但莊公若能殺襄公，則『九合諸侯，一正天下』之功將在莊公而不在齊威矣。惟其不能，所以只得俛首而〔一四〇〕屈服事之也。只要乘氣勢做，及時做得方好。〔一四一〕纔到一〔一四二〕二世後事便冷了，假使自家欲如此做，也自氣〔一四三〕不振。又況復讎須復得親殺吾父兄〔一四四〕之讎方好，若復其子孫，有甚意思！漢武帝引春秋『九世復讎』之説，遂征夷狄，名〔一四五〕爲高祖報讎，春秋何處有〔一四六〕此説？諸公讀此還信否？他自好大喜功，欲攘伐四夷〔一四七〕，故〔一四八〕姑托此以自詭爾。」

又〔一四九〕問：「疏中説〔一五〇〕君以無辜殺其父，其子當報〔一五一〕。引伍子胥事爲證，以爲聖人是之。〔一五二〕如此則是報君，豈有此理？」曰：「盡是〔一五三〕疏家胡説，豈有此理！聖〔一五四〕人何嘗有明文是子胥來！今之解〔一五五〕春秋者都是如此胡説〔一五六〕。」問：「疏中〔一五七〕又引子思曰『今之君子，退人若將墜諸淵。毋爲戎首，不亦善乎』，言亦當報之，〔一五八〕但勿爲兵首，從人以殺之可也。」曰：「盡是胡解。子思之意，蓋爲或人問『禮爲舊君有服』，禮歟？子思因言人君退人無禮如此，他不爲戎首來殺你已自好了，何況更望其爲你服？此乃自人君而言，蓋甚之之辭，非言人臣不見禮於其君便可以如此也。讀書不可窒塞，須看他大意。」僴。調人。〔一五九〕

「泉府掌以市之征布，斂貨之不售者」，或買，或賒，或貸。貸者以國服爲息，此能幾何？而云「凡國事之財用取具焉」，何也？閎祖。泉府。

淳〔一六〇〕問：「鄉遂爲溝洫、用貢法，都鄙爲井田、行助法。何以如此分别？」曰：「古制不明，亦不曉古人是如何。遂人溝洫之法，田不井授，而以夫數制之，『歲時登其夫家之衆寡』，以

令貢賦，便是用貢法。」淳。以下遂人。〔一六一〕

問：「遂，何以上地特加萊五十畝？」曰：「古制不明，亦不可曉。鄉之田制亦如此，但此見於遂耳。大抵鄉吏專主教，遂吏專主耕。」淳。〔一六二〕

「稍」者，稍稍之義，言逐旋給與之也。不特待使者，凡百官廩禄皆然，猶今官中給俸米。僩。稍人。

春官

周禮載用赤璋、白璧〔一六三〕，此豈長策？要是周公未思〔一六四〕耳。觀季孫斯死用玉，而孔子歷階言其不可，則是孔子方思量到，而周公思量未到也。義剛。大宗伯。〔一六五〕

黄問：「周禮祀天神、地示、人鬼之樂，何以無商音？」曰：「五音無一則不成樂。非是無商音，只是無商調。先儒謂商調是殺聲，鬼神畏商調。」淳。以下大司樂。

周禮不言祭地，止於大司樂一處言之。舊見陳君舉亦云，社稷之祭乃是祭地，却不曾問大司樂祭地祇之事。人傑。

因説及夢，曰：「聖人無所不用其敬。」曰：「雖至小没緊要底物事也用其敬。到得後世儒者方説得如此闊大没收殺。如周禮，夢亦有官掌之，此有甚緊要？然聖人亦將做一件事。某平

生每夢見故舊親戚，次日若不接其書信及見之，則必有人説及。看來惟此等是正夢，其他皆非正。」僩。〔一六六〕

夏官

大凡人不曾着實理會，則説道理皆是懸空。如讀易不曾理會揲法，則説易亦是懸空。如周禮所載蒐田事云「如其陣之法」，便是古人自識了陣法，所以更不載。今人不曾理會陣法，則談兵亦皆是脱空。道夫。大司馬。〔一六七〕

路門外有鼓，謂之路鼓，王崩則擊此鼓用以宣傳四方。肺石，其形若肺，擊之有聲；冤民訴〔一六八〕，擊此石，如今登聞鼓。唐人亦有肺石。文蔚。太僕。

秋官

人謂周公不言刑。秋官有許多刑，如何是不言刑！淳。

義剛〔一六九〕問：「周禮五服之貢限以定名，不問其地之有無。與禹貢不合，何故？」先生曰：「一代自有一代之制。他大概是近處貢重底物事，遠處貢輕底物事，恰如禹貢所謂『納銍、納秸』之類。」義剛。大行人。

冬官[一七〇]

車所以揉木又以圍計者，蓋是用生成圓木揉而爲之，故堅耐，堪馳騁。[一七一]輪人。

【校勘記】

[一] 周禮　成化本此上有「禮三」。
[二] 問　成化本爲「曹問」。
[三] 此　成化本無。
[四] 庚　成化本無。
[五] 得　成化本無。
[六] 如　成化本無。
[七] 書　成化本無。
[八] 庚　成化本無。
[九] 僩録同而沈又注云　成化本爲「僩録云」。

〔一〇〕著　成化本無。
〔一一〕德明　「明」字原脱，據成化本補。
〔一二〕許　成化本無。
〔一三〕來　成化本無。
〔一四〕合　成化本無。
〔一五〕而已　成化本爲「而後已」。
〔一六〕天下　成化本爲「之世」。
〔一七〕也　成化本無。
〔一八〕問　成化本爲「堯卿問」。
〔一九〕之　成化本無。
〔二〇〕見　成化本作「看」。
〔二一〕成化本此下注有「以下社」，且此條夔孫録載於卷九十。
〔二二〕其　成化本無。
〔二三〕答　成化本無。
〔二四〕謨去僞人傑録並同　成化本爲「去僞」。
〔二五〕次第　成化本無。

［二六］在　成化本無。

［二七］處　成化本此下注曰：「儒用録云：『但説官屬，不悉以類聚、錯綜互見，事必相關處却多含糊。或者又謂有互相檢制之意，此尤不然。』」

［二八］群　朱本作「君」。

［二九］所以如此説固是　成化本爲「所以如此，此説固是」。

［三〇］宗伯典禮司寇典刑　成化本爲「儒用録云：『大行人司儀掌賓客之事，當屬春官，而乃領於司寇。』」

［三一］司馬　成化本此下注曰：「儒用録云：『懷方氏辨正封疆之事，當屬地官，而乃領於司馬。』」

［三二］之　成化本此下注曰：「儒用録云：『不得有其土地。司馬主兵，有威懷諸侯之義故也。』」

［三三］存　成化本此下注曰：「儒用録作『正』。」

［三四］司徒　成化本此下有「司空」。

［三五］庚　成化本爲「儒用略」。

［三六］處　成化本無。

［三七］此條淳録成化本以部分内容夾注於卷九十義剛録中，參成化本義剛録「堯卿問高爲穆之義……看他如何地」條。

［三八］黄直卿　成化本爲「直卿」。

［三九］又　成化本作「乃」。

〔四〇〕某便説道　成化本無。
〔四一〕個　成化本無。
〔四二〕後　成化本無。
〔四三〕後　成化本無。
〔四四〕爲　成化本作「各」。
〔四五〕在　成化本無。
〔四六〕故　成化本無。
〔四七〕地　成化本無。
〔四八〕個　成化本無。
〔四九〕國　成化本無。
〔五〇〕地　成化本無。
〔五一〕便　成化本無。
〔五二〕今看　成化本無。
〔五三〕各　成化本作「每」。
〔五四〕蓋以維言　成化本爲「以徑言」。
〔五五〕是　成化本無。

〔五六〕他那　成化本無。

〔五七〕此説極分明了　成化本爲「極分明」。

〔五八〕開破　成化本爲「破開」。

〔五九〕是　成化本無。

〔六〇〕得　成化本無。

〔六一〕恁地　成化本無。

〔六二〕得　成化本無。

〔六三〕若是　成化本無。

〔六四〕得　成化本無。

〔六五〕是　成化本無。

〔六六〕他　成化本無。

〔六七〕按池本無自若是恁地至留得作何用一節　成化本無。

〔六八〕下　成化本作「在」。

〔六九〕人　成化本此下有「始得」。

〔七〇〕以下冢宰　成化本無。

〔七一〕爾　成化本無。

〔七二〕是提　成化本爲「亦是」。
〔七三〕義剛　成化本無。
〔七四〕地　成化本無。
〔七五〕大略　成化本爲「不略」。
〔七六〕成化本此下注曰：「淳録云：『民無住處，無物喫，亦如何教得？所以辨五方之宜以定民居，使之各得其所而後教可行也。』」
〔七七〕此條淳録成化本以部分内容爲注，附於義剛録後，參上條。
〔七八〕如　朱本作「爲」。
〔七九〕此條淳録成化本載於卷八十七。
〔八〇〕成化本此下注曰：「因論保伍法。」
〔八一〕自　成化本作「别」。
〔八二〕此條淳録成化本載於卷八十七。
〔八三〕此鄉遂　成化本無。
〔八四〕淳　成化本無。
〔八五〕成化本此下注曰：「以下小司徒注。」
〔八六〕成化本此下注有「司稼」。

［八七］成化本此下注曰：「下條聞同。」且其下條爲「問周制都鄙用助法……遠郊勞逸所繫」條，可參。
［八八］之　成化本此上有「鄉遂」。
［八九］兵　成化本爲「一兵」。
［九〇］此　成化本此下注曰：「義剛録作『當亦是鄉遂』。」
［九一］成化本此下注有「匠人注」。
［九二］王受賢能之書再拜受之登於天府　成化本無。
［九三］祖　成化本此上有「問」。
［九四］武帝　原脱，據成化本補。
［九五］齊懷王閎燕刺王旦廣陵王胥卿大夫　成化本無，但另注有「文蔚」。
［九六］周禮黨正謂　成化本爲「黨正」。
［九七］然　成化本此下注曰：「燾録云：『猶而今別設卓也。』」
［九八］以下　成化本無。
［九九］書其　成化本無。
［一〇〇］不知　成化本無。
［一〇一］此　成化本無。
［一〇二］自　成化本此上有「民」。

〔一〇三〕也　成化本作「已」，屬下讀。
〔一〇四〕淳　成化本爲「義剛」。
〔一〇五〕縣稍都鄙　成化本爲「甸、稍、縣、都」。
〔一〇六〕此條淳録成化本以部分内容夾注於卷九十義剛録中，參成化本義剛録「堯卿問高爲穆之義……看他如何地」條。
〔一〇七〕周禮　成化本無。
〔一〇八〕周禮　成化本無。
〔一〇九〕夫　成化本無。
〔一一〇〕而　成化本無。
〔一一一〕問　成化本爲「陳問」。
〔一一二〕庶　成化本此上有「又某書」。
〔一一三〕引　成化本此上有「某人」。
〔一一四〕威　成化本作「恒」，但缺筆避諱。此條下同。
〔一一五〕定　成化本爲「定公」。
〔一一六〕亂説也　成化本爲「是亂説」。
〔一一七〕至　成化本爲「欲至」。

〔一一八〕聖　成化本此上有「春秋何嘗説不譏與美他來」。
〔一一九〕自　成化本此上有「人」。
〔一二〇〕你　成化本作「他」。
〔一二一〕皆是亂説　成化本無。
〔一二二〕或　成化本作「倜」，且此上有「又曰：『事也多樣。國君復讐之事又不同。』」
〔一二三〕夷狄亂華　成化本爲「如本朝夷狄」。
〔一二四〕凡　成化本此上有「久之，曰」。
〔一二五〕勢　成化本此下有「做」。
〔一二六〕莊公　成化本爲「魯莊公」。
〔一二七〕較之　成化本無。
〔一二八〕襄公　成化本爲「齊襄公」。
〔一二九〕讎　成化本無。
〔一三〇〕反　成化本作「又」。
〔一三一〕外　成化本爲「東門之外」。
〔一三二〕做得　成化本無。
〔一三三〕連牧　成化本爲「連率」。

〔一三四〕反　成化本作「又」。

〔一三五〕尚何責焉　成化本爲「於其正當底讎人尚如此則其子何罪又况其子承其被殺後而入國又做得國來自好莊公之所不如宜其不能復而俛首事之也」。

〔一三六〕又　成化本作「陳」。

〔一三七〕莊公若能殺得襄公　成化本爲「若莊公能殺襄公了」。

〔一三八〕不知可復與威公盟會否　成化本爲「復與桓公爲會可否」。

〔一三九〕自　成化本作「兩」。

〔一四〇〕俛首而　成化本無。

〔一四一〕只要乘氣勢做及時做得方好　成化本爲「只要乘氣勢方急時便做了方好」。

〔一四二〕一　成化本爲「一世」。

〔一四三〕氣　成化本爲「鼓氣」。

〔一四四〕兄　成化本作「祖」。

〔一四五〕名　成化本作「欲」。

〔一四六〕有　成化本作「如」。

〔一四七〕四夷　成化本爲「夷狄」。

〔一四八〕故　成化本無。

［一四九］又　成化本此上有「『如本朝靖康虜人之禍，看來只是高宗初年，乘兀朮、粘罕、斡離不及阿骨打未死之時，人心憤怒之日，以父兄不共戴天之讐，就此便打疊了他方快人意。孝宗即位，鋭意雪耻，然事已經隔，與吾敵者非親殺吾父祖之人，自是鼓作人心不上。所以當時號爲端人正士者，又以復讐爲非、和議爲是。而乘時喜功名、輕薄巧言之士則欲復讐。彼端人正士豈故欲忘此虜？蓋度其時之不可而不足以激士心也。如王公明炎、虞斌父之徒百方勸用兵，孝宗盡被他説動。其實無能，用着輒敗，只志在脱賺富貴而已。所以孝宗盡被這樣底欺，做事不成，蓋以此耳』。僩云：『但不能殺虜主耳。若而今捉得虜人來殺之，少報父祖之怨，豈不快意？』曰：『固是好，只是已不干他事，自是他祖父事。你若捉得他父祖來殺，豈不快人意！而今是他子孫，干他甚事。』」

［一五〇］説　成化本爲「又引」。

［一五一］報　成化本此下有「父之讐」。

［一五二］引伍子胥事爲證以爲聖人是之　此句成化本置於「聖人何嘗有明文是子胥來」之上，參下文。

［一五三］盡是　成化本無。

［一五四］聖　成化本此上有「又引伍子胥事，説聖人是之」。

［一五五］解　成化本作「爲」。

［一五六］胡説　成化本作「胡」。

［一五七］中　成化本無。

〔一五八〕言亦當報之　成化本爲「言當執之」。
〔一五九〕調人　成化本無，且此條僩録載於卷一百三十三。底本於卷一百三十三重複載録，但文字稍有差異。
〔一六〇〕淳　成化本無。
〔一六一〕以下遂人　成化本無。
〔一六二〕成化本此下注曰：「以下遂人。」
〔一六三〕璧　成化本此下有「等斂」。
〔一六四〕思　成化本爲「思量」。
〔一六五〕大宗伯　成化本爲「典瑞」。
〔一六六〕成化本此下注有「占夢」。
〔一六七〕大司馬　成化本無，且此條道夫録載於卷六十六。
〔一六八〕訴　成化本作「許」。
〔一六九〕義剛　成化本無。
〔一七〇〕冬官　原無。其下所載語録成化本置「冬官」目下。又，「輪人」出自冬官考工記。
〔一七一〕成化本此下注有「閎祖」。

晦庵先生朱文公語類卷第八十七

小戴禮[一]

總論

節[二]問：「看禮記、語、孟，孰先？」答[三]曰：「禮記有説宗廟朝廷，説得遠後，雜亂不切於日用。若欲觀禮，須將禮記節出切於日用常行者看，節出玉藻、内則、曲禮、少儀看。」節。

先生云：[四]「學禮者[五]先看儀禮。儀禮是全書，其他皆是講説。[六]如周禮、王制是制度之書，大學、中庸是説理之書。儒行、樂記非聖人之書，乃戰國賢士爲之。」又云：「人不可以不莊嚴，所謂『君子莊敬日强，安肆日偷』。」又曰：「『智崇禮卑。』人之智識不可以不高明，而行之在乎小心。如大學之格物、致知是智崇處，正心、修身是禮卑處。」卓。

有許順之者[七]説，人謂禮記是漢儒説，恐不然。漢儒最純者莫如董仲舒，仲舒之文最純者莫如三策，何嘗有禮記中説話來！如樂記所謂「天高地下，萬物散殊，而禮制行矣；流而不息，合同而化，而樂興焉」，仲舒如何説得到這裏？想必是古來流傳得此個文字如此。李本作[八]：「以是知禮記必出於孔門之徒無疑。順之此言極是。」廣。方子同而少異。[九]

問禮記正義載五養老、七養老之禮。曰：「漢儒説制度有不合者，多推從殷禮去。大抵古人制度恐不便於今。如鄉飲酒禮節文甚繁，今强行之畢竟無益，不若取今之禮酌而行之。」人傑。

禮記有王肅注煞好。太史公樂書載樂記全文，注家兼存得王肅。又，鄭氏注覺得好。[一〇]如[一一]陸農師禮象、陳用之禮書亦該博，陳氏勝陸氏。[一二]如[一三]後世禮樂全不足取[一四]。但諸儒議禮頗有好處，此不可廢，當别類作一書[一五]。六朝人多是精於此，必竟當時此學自專門名家，朝廷有禮事便用此等人議之，如今之[一六]刑法官只除[一七]用試大法人做。如本生父母事却在隋書劉子翼傳，江西有士人方庭堅引處[一八]，今言者得以引用。賜。[一九]

鄭康成是個好人，考禮名數大有功，事事都理會得。如漢律令亦有注，儘有許多精力。東漢風俗[二〇]，諸儒煞好，盧植也好。淳。義剛同。[二一]

王肅議禮必反鄭玄。賀孫。

問：「禮記古注外無以加否？」答[二二]曰：「鄭注自好。看注、看疏自可了。」大雅。[二三]

或曰：「經文不可輕改。」答[二四]曰：「改經文固是[二五]啓學者不敬之心。然舊有一人專攻鄭康成解禮記不合改其文。如『蛾子時術之』，亦不改，只改作『蠶蛾』字。〔二六〕云，如蠶種之生，循環不息。是何義也！且如大學云『舉而不能先，命也』，若不改，成甚義理！」大雅。

鄭康成解「非天子不議禮」云：「必聖人在天子之位然後可。」若解經得如此簡而明，方好。大雅。〔二七〕

漢儒初不要窮究義理，但是會讀，記得多，便是學。義剛。〔二八〕

「方、馬二解合當參考，儘有說好處，不可以其新學而黜之。如『君賜衣服，服以拜賜』。絶句是。『以辟之命，銘爲烝彝鼎』，舊點『以辟之』爲一句，極無義。辟乃君也，以君之命銘彝鼎。最是。又如陸農師點『人生十年曰幼』作一句，『學』作一句，下放此，亦有理。『聖人作』作一句，『爲禮以教人』。學記『大學之教也』作一句，『時教必有正業，退息必有居學』。『乃言底可績三載』，皆當如此。『不在此位也』，吕與叔作『豈不在此位也』，是。後看家語乃無『不』字，當從之。大戴禮或有注或無注，皆不可曉。其本文多錯，注亦錯。如武王諸銘有煞着題處，有全不着題處。或是當時偶有警戒之語便隨處寫記，不必恰好。不似今人爲某銘，須要做象本色。」賀孫因舉問數銘可疑。先生曰：「便是如盥盤之銘，又恰似可做船銘，亦是當時因見水而起意。然此等錯雜亦未可知。如明堂篇，鄭注於『二九四七五三六一八』之下，謂周室法龜文。看『二九四七五三六一八』正是洛書。他那時已自把九疇作洛書看了。」〔二九〕賀孫。

曲禮上[三〇]

陳叔晉云：「經禮，如天子七廟、士二廟之類，當別有一書，今亡矣。曲禮，如威儀之類，[三一]今曲禮儀禮是也。」恨不及問之。方子。

曲禮必須別有一書協韻，如弟子職之類。如今篇首「若思」、「定辭」、「民哉」，兹。及「上堂聲必揚」、「入户視必下」，户。皆是協[三二]韻。今上下二篇却是後人補湊而成，不是全篇做底，「若夫」等處文意都不接。内則却是全篇做底，但「曾子曰」一段不是。方子。

問：「艾軒解『毋不敬，儼若思，安定辭，安民哉』[三三]，訓『思』字作助語，然否？」曰：「訓『思』字作助語尚庶幾，至以『辭』字亦爲助語，則全非也。他門大率偏枯，把心都在邊角上用。」方子。[三四]

文蔚[三五]問：「曲禮篇[三六]首三句是從源頭説來，此三句固是一篇綱領。要之，『儼若思，安定辭』又以『毋不敬』爲本。」曰：「然。」又曰：「只是下面兩句便是『毋不敬』。今人身上大節目只是一個容貌言語，便如『君子所貴乎道者三』，這裏只是不曾説『正顔色』。要之，顔色、容貌亦不争多，只是顔色有個誠與僞。」沈録此下又云：[三七]「箕子九疇，其要只在五事。」文蔚。

「若夫坐如尸，立如齊」本大戴禮之文。上意[三八]尊親，因假説此乃成人之儀，非所以事親也。記曲禮者撮其言，反帶「若夫」二字，不成文理。而鄭康成又以「丈夫」解之，益謬。他也是解書多後更不暇子細。此亦猶「子曰好學近乎智，力行近乎仁，知耻近乎勇」，家語答問甚詳，子思取入中庸而删削不及，反衍此[三九]「子曰」兩字。義剛。陳淳録同。[四〇]

文蔚[四一]問：「『禮聞取於人，不聞取人；禮聞來學，不聞往教。』吕與叔謂上二句學者之道，下二句教者之道。取猶致也。取於人者，我爲人所取而教之，在學[四二]者言之，則來學者也。取人者，我致人以教己，在教者言之，則往教者也。此説如何？」曰：「道理亦大綱是如此，只是説得不甚分曉。據某所見，都只就教者身上説。取於人者，是人來求我，我因而教之；取人者，是我求人以教。今欲下一轉語：取於人者便是『有朋自遠方來』、『童蒙求我』；取人者便是『好爲人師』、『我求童蒙』。」文蔚。

「班朝治軍，涖官行法，非禮，威嚴不行；禱祠祭祀，供給鬼神，非禮，不誠不莊。」以「誠莊」對「威嚴」，則涖官當以威嚴爲本。然恐其太嚴，又當以寬濟之。德明。

問：「『七十老而傳』則嫡子、嫡孫主祭。如此，則廟中神主都用改換作嫡子、嫡孫名奉祀。然父母猶在，於心安乎？」曰：「然。此等也難行，也且得躬親耳。」又問：「嫡孫主祭則便須祧六世、七世廟主，自嫡孫言之則當祧。若叔祖尚在，則乃是祧其高曾祖，於心安乎？」曰：「也只得如此。聖人立法，一定而不可易，兼當時人習慣，亦不以爲異也。」又問：「先生舊時立春祭先祖，冬至祭始祖，後來廢之，何故？」曰：「覺見[四三]得忒煞過當，和那[四四]禘、祫都包在裏面了。恐太僭，遂廢之。」僩。

義剛[四五]問：「『年長以倍則父事之』，這也只[四六]是同類則可行此禮否[四七]？」曰：「他也是説得年輩當如此。」又問：「如此則不必問德之高下，但一例如此否？」曰：「德也隱微難見。德行底人，人也自是篤[四八]敬他。」又問：「如此則不必問年之高下，但有德者皆篤敬之？」曰：「若是師他則又不同，若朋友中德行底也自是較篤敬也。」義剛。

「爲人子者，居不主奧。」古人室在東南隅開門，東北隅爲宧，西北隅爲屋漏，西南隅爲奧。人纔進便先見東北隅，却到西北隅，然後始到西南隅，此是至深密之地。銖。

尸用無父母者爲之，故曰「食饗不爲概，祭祀不爲尸」。文蔚。

「父召無諾，唯而起」，唯速於諾。文蔚。

文蔚[四九]問：「曲禮[五〇]云『父不祭子，夫不祭妻』，何也？」曰：「便是此一説，被人解得都無理會了。據某所見，此二句承上面『餕餘不祭』説。蓋謂餕餘之物，雖父不可將去祭子，夫不可將去祭妻。且如孔子『君賜食，必正席先嘗之；君賜腥，必熟而薦之』。君賜腥則必非[五一]餕餘矣，雖熟之以薦先祖可也。賜食則或爲餕餘，但可正席先嘗而已，固是不可祭先祖，雖妻子至卑，亦不可祭也。」文蔚。

「餕餘不祭，父不祭子，夫不祭妻。」先儒自說[五二]一說，横渠又自爲一說。看來只是祭祀之「祭」，此因「餕餘」起文，謂父不以是祭其子，夫不以是祭其妻，舉其輕者言，則他可知矣。雉。「餕餘不祭，父不祭子，夫不祭妻」，古注説不是。今思之，只是不敢以餕餘又將去祭神。雖以父之尊，亦不可以祭其子之卑；夫之尊，亦不可以祭其妻之卑，蓋不敢以鬼神之餘復以祭也。「祭」非「飲食必有祭」之「祭」。賀孫。

居喪，初無不得讀書之文。「古人居喪不受業」者，業謂簨虡上一片板，不受業謂不敢作樂耳。古人禮樂不離身，惟居喪然後廢樂，故曰「喪復常，讀樂章」。周禮有司業者，謂司樂也。僩。

凡有一物必有一個則，如「羹之有菜者用梜」。祖道。

凡御車，皆御者居中、乘者居左。惟大將軍之車，將自居中，所謂「鼓下」。大將自擊此鼓，爲三軍聽他節制。雖王親征，亦自擊鼓。文蔚。

檀弓上

孔子令伯魚喪出母而子上不喪者，蓋猶子繼祖，與祖爲體。出母既得罪於祖，則不得入祖廟。不喪出母，禮也。孔子時人喪之，故亦令伯魚、子思喪之；子上時人不喪之，故子上守法，亦不喪之。其實子上是正禮，孔子却是變禮也，故曰「道隆則從而隆，道污則從而污」。方子。

問子上不喪出母。曰：「今律文甚分明。」又問：「伯魚母死，期而猶哭，如何？」曰：「既期則當除矣，而猶哭，是以夫子非之。」又問「道隆則從而隆，道污則從而污」。曰：「以文意觀之，道隆者，古人爲出母無服，迨德下衰，有爲出母制服者。夫子之聽伯魚喪出母，隨時之義也。若子思之意，則以爲我不能效先君子之所爲，亦從古者無服之義耳。」人傑。

問「不喪出母」。曰：「子思所答與喪禮都不相應，不知何故。據其問意，則以孔子嘗令子思喪之，却不令子上喪之，故疑而問之也。子思之母死，孔子令其哭於廟。蓋伯魚死，其妻再嫁於衛。子思答以道之污隆，則以孔子之時可以隨俗，而今據正禮則爲伋妻者則爲白母，不爲伋妻者是不爲白母爾。禮，爲父後者，爲出母無服。只合以此答之。」僩。

「稽顙而後拜」，謂先以頭至地而後下手，此喪拜也。若「拜而後稽顙」，則今人常用之拜也。人傑。

「稽顙而後拜」，稽顙者，首觸地也。「拜」字從兩手下。人傑。

申生不辨驪姬，看來亦未是。若辨而後走，恐其他公子亦不免於難。方子。

施問：「每疑夫子言『我非生而知之』，『若聖與仁，則吾豈敢』，及至夢奠兩楹之間則曰：『太山其頹乎！梁木其壞乎！哲人其萎乎！』由前似太謙，由後似太高。」先生曰：「檀弓出於漢儒之雜記，恐未必得其真也。」寓。

「曾子襲裘而弔，子游裼裘而弔」，裘似今之襖子，裼衣似今背子，襲衣似今涼衫公服。襲裘者，冒之不使外見；裼裘者，袒其半而以裼衣襯出之。「緇衣，羔裘；素衣，麑裘；黄衣，狐裘」，緇衣、素衣、黄衣即裼衣，禪衣也。欲其相稱也。僩。

「從母之夫，舅之妻，二夫人相爲服」，這恰似難曉。往往是外甥在舅家，見得妗[五三]與姨夫相爲服。其本來無服，故異之。[五四]

喪禮只二[五五]十五月，「是月禫，徙月樂」。文蔚。

檀弓下

「君之喪，諸達官之長，杖。」達官謂得自通於君者，如内則公卿、宰執與六曹之長、九寺五監之長，外則監司、郡守，得自通章奏於君者。凡此皆杖，次則不杖。如太常卿杖[五六]，太常少卿則不杖，若太常卿闕，則少卿代之杖。僩。[五七]

問子貢、曾子入弔修容事。先生曰：「未必恁地。」夔孫。[五八]

王制

王制説王畿采地只是内諸侯之禄。後來如祭公、單父、劉子、尹氏亦皆是世嗣，然其沾王教細密，人物皆好。劉康公所謂「民受天地之中以生」，都是識這道理。想當時識這道理者亦多，所以孔子亦要行一遭，問禮於老聃。淳。

問王制封國之制。曰：「漢儒之説只是立下一個算法，非惟施之當今有不可行，求之昔時亦有難曉。且如九州之地，冀州極闊，河東、北皆屬焉。雍州亦闊，陝西五路皆屬焉。若青、兗、徐、豫，則疆界有不足者矣。設如夏時封建之國革命之後，不成地多者削其國以予少者，如此則彼未必服，或以生亂。又如周王以原田與晉文，其民不服，至於伐之。蓋世守其地，不肯遽從他人。若封王子弟，必須有空地方可封。左氏載齊地蒲姑氏因之，而後太公因之。若成王不得蒲姑之地，太公亦未有頓放處。」人傑。[五九]

王制、祭法廟制不同。以周制言之，恐王制爲是。闔祖。

問「天子犆礿，祫禘，祫嘗，祫烝」，正義所解數段。曰：「此亦難曉。礿祭以春物未成，其禮稍輕，須着逐廟各祭。祫、禘之類又却合爲一處，則犆反詳而祫反略矣。又據正義，禘禮是四處各序昭穆，而大傳謂『不王不禘。王者禘其祖之所自出，以其祖配之』，若周人禘嚳，配以后稷，是也。如此，則説禘又不可通矣。」又云：「春秋書『禘于太廟，用致夫人』，又不知禘于太廟其禮如何？太廟是周公之廟。先儒有謂魯亦有文王廟。左氏載鄭祖厲王。諸侯不敢祖天子，而當時越禮如此，故公廟設於私家，皆無理會處。」又問：「『諸侯礿則不禘』一段，是[六〇]歲朝天子，廢一時祭。」曰：「春秋朝會無節，[六一]豈止一歲[六二]廢一時祭而已哉！不然，則或有世子，或大臣居守。[六三]」人傑。[六四]

月令

黃直卿[六五]云：「今仲冬中星，乃東壁。」義剛。

明堂，想只是一個三間九架屋子。賀孫。

論明堂之制者非一。某竊意當有九室，如井田之制：東之中爲青陽太廟，東之南爲青陽右個，東之北爲青陽左個，南之中爲明堂太廟，南之東即東之南。爲明堂左個，南之西即西之南。爲明堂右個，西之中爲總章太廟，西之南即南之西。爲總章左個，西之北即北之西。爲總章右個，北之中爲玄堂太廟，北之東即東之北。爲玄堂右個，北之西即西之北。爲玄堂左個，中是[六六]爲太廟太室。凡四方之太廟異方所。其左個右個則青陽之右個乃明堂之左個，明堂之右個乃總章之左個也；總章之右個乃玄堂之左個，玄堂之左個乃青陽之右個也，但隨其時之方位開門耳。太廟太室則每季十八日，天子居焉。古人制事

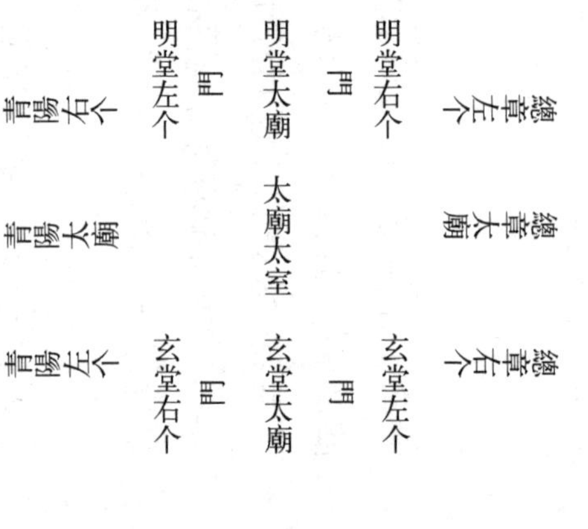

多用井田遺意，此恐也是。砥。

問：「禮注疏中所説祀五帝神名，如靈威仰、赤熛怒、白招拒、叶光紀之類，果有之否？」曰：「皆是妄説。漢時已祀此神。漢是火德，故祀赤熛怒，謂之『感生帝』。本朝火德，亦祀之。」問「感生」之義。曰：「如玄鳥卵、大人跡之類耳。」「漢赤帝子事，果有之否？」曰：「豈有此理，盡是鄙俗相傳、傅會之談。」又問：「五行相生相勝之説，歷代建國皆不之廢，有此理否？」曰：「須也有此理，只是他前代推得都没理會。如秦以水德，漢却黜秦爲閏而自以火德繼周。如漢初張蒼自用水德，後來賈誼、公孫臣輩皆云當用土德，引黄龍見爲證，遂用土德。直至漢末，方申火德之説。及光武以有赤伏符之應，遂用火德。歷代相推去。唐用土德，五代〔六七〕後梁繼之以金。及至後唐，又自以爲唐之後，復用土德而不繼梁。後晉以金繼土，後漢以水，後周以木，本朝以火。是時諸公皆争以爲本朝當用土德，改正五代之序而去其一以承周。至引太祖初生時，胞衣如菡萏，遍體如真金色，以爲此真土德之瑞。一時煞争議，後來卒用火德。此等皆没理會。且如五代僅有三四年者亦占一德，此何足以繫存亡之數！若以五代爲當繫，則豈應黜秦爲閏？皆有不可曉者，不知如何。」又曰：「五行之建，於國家初無利害，但臘日則用此推之耳。如本朝用戌日爲臘，是取此義。」又曰：「如秦以水德，以爲水者刻深，遂專尚殺罰，此却大害事！」僩。

又[六八]問："月令『仲春行秋令』云云，[六九]不知是天行令，是人行令？"先生曰："是人行此令，則召天之災。"辛。[七〇]

文王世子

"師保、疑丞"，"疑"字曉不得，想只是有疑即問他之意。庚。[七一]

"公族有罪無宮刑，不翦其類也。"纖剸於甸人，特不以示衆耳，刑固不可免。今之法，乃殺人不死。祖宗時宗室至少，又聚於京師，犯法絶寡，故立此法。今散於四方萬里，與常人無異，乃縱之殺人，是何法令？不可不革。可學。

禮運

問："禮運似與老子同？"曰："不是聖人書。胡明仲云『禮運是子游作，樂記是子貢作』。計子游亦不至如此之淺。"問："樂記以樂爲先，與濂溪異。"曰："他却將兩者分開了。"[七二]可學。

孔子曰："我欲觀夏道，是故之杞，而不足徵也，吾得夏時焉；我欲觀殷道，是故之宋，而不足徵也，吾得坤、乾焉。"説者謂夏小正與歸藏，然聖人讀此二書必是大有發明處。歸藏之書無傳，然就使今人得二書讀之，豈能有聖人意思也！人傑。

楊問：「禮運『故百姓則君以自治也』，云云。注『則』字作『明』字，不知可從否？」曰：「只得作『明』字。」寓問：「六經中，注家所更定字不知盡從之否？」曰：「亦有不可依他處。」寓問：「禮記『主人既祖，填池』，鄭氏作『奠徹』，恐只是『填池』，是殯車所用者。」先生曰：「如『魚躍拂池[七三]』，固是如此。但見葬車用此，恐殯車不用此，此處亦有疑。」又問：「『其慎也，蓋殯也』，『慎』蓋[七四]爲『引』，如何？」曰：「若此處皆未可曉。」寓。

問：「七情，[七五]喜、愛、欲發於陽，怒、哀、懼、惡發於陰否？」曰：「也是如此。」問：「怒如何屬陰？」曰：「怒畢竟屬義，義屬陰。怒與惡皆羞惡之發，所以屬陰。愛與欲相似，欲又較深。愛是只[七六]說這物事好可愛而已，欲又是欲得之於己。他這物事又自分屬五行。」問：「欲屬水，喜屬火，愛屬木，惡與怒屬金，哀與懼亦屬水否？」曰：「然。」僩。

問：「七情中[七七]愛與欲何以別？」曰：「愛是泛愛那物。欲則有意於必得，便要拏將來。」淳。

賀孫[七八]問：「喜、怒、哀、懼、愛、惡、欲是七情，論來亦自性發。只是怒自羞惡發出，如喜、怒、哀、欲，恰都自惻隱上發。」曰：「哀、懼是那個發？看來也只是從惻隱發，蓋懼亦是怵惕之甚者。但七情不可分配四端，七情自於四端橫貫過了。」賀孫。

問：「喜、愛、欲三者不同，如何分別？」曰：「這只[七九]各就他地頭看。如誠只是實，就他本來説喚做誠，就自家身上[八〇]説誠又自與本來不同。如信，就本然之理説是信，就自家身己説信又不同，就物上説又不同。要知也只是一個實。如曰『主忠信』之類，皆是自家身上説也。」賀孫。

問：「『欲』與『慾』字有何分別？」答[八一]曰：「無心『欲』字虚，有心『慾』字實。有心『慾』字是無心『欲』字之母。此兩字亦通用。今人言滅天理而窮人慾，亦使此『慾』字。」㬊曰：「方動者慾，行出來者欲。」節。

愛是泛愛，欲是要得之心。道夫。[八二]

郊特牲[八三]

禮記[八四]出人情，亦是人情用。可學。

問：「蜡祭何以言『仁之至，義之盡』？」曰：「如猫[八五]、虎等事，雖至微至細處亦有所不違，故曰『仁之至，義之盡』。」謨。去僞録同。[八六]

玉藻[八七]

「笏者，忽也，所以備忽忘也。『天子以球玉，諸侯以象，大夫以魚須、文竹，士竹本、象可也。』漢書有秉笏奏事。」又曰：「執簿亦笏之類，本只是爲備遺忘，故手執、眼觀、口誦。或於君前有所指畫，不敢用手，故以笏指畫。今世遂用以爲常執之物。周禮典瑞『王搢大圭，執鎮圭』，大圭不執，只是搢於腰間，却執鎮圭，用藻藉以朝日。而今郊廟天子皆執大圭，大圭長三尺，且重，執之甚難，古者本非執大圭也。」僩。

文蔚［八八］問：「禮記九容與論語九思，一同本原之地，固欲存養；於容貌之間，又欲隨事省察。」曰：「即此便是涵養本原。這裏不是存養，更於甚處存養？」文蔚。

明堂位

問：「明堂位一篇是有此否？」答［八九］曰：「看魯人有郊禘，也是有此。」問曰：「當時周公制禮，『父爲大夫，子爲士，葬以大夫，祭以士；父爲士，子爲大夫，葬以士，祭以大夫』。不成周公制禮使其子亂之？看來子思前如此説，後却説『郊社之禮，禘嘗之義，治國其如示諸掌乎』，怕是子思以此譏魯之僭禮。」先生曰：「子思自是稱武王、周公之達孝，不曾是譏魯。」劉曰：「孔子言『魯之郊禘，非禮也，周公其衰矣』，孔子尚有此説。」先生曰：「孔子後來是如此譏之。」先生因曰：「看公文字有幾件，要合作一處説。［九〇］」又曰：「這個自是周公死了，成王賜伯禽，不干周公事。堯之有丹朱，舜之有商均，不肖子弟亦有之。成王、伯禽猶似可［九一］。」問：「當時不曾封公，只是封侯，如何？」答[九二]曰：「天子之宰、二王之後方封公，伯禽勢不得封公。」楊問秦會之當時云云。先生曰：「他當時有震主之勢出於己，只是跳一步便是這物事。如吳王濞，漢[九三]既立丞相、御史大夫、百官，與天子不相遠，所以起不肖之心。周公當時七年天子之位，其勢成，王所以賜之天子之禮樂。」砥。寓同而略。[九四]

喪服小記

禮記只是解儀禮，如喪服小記便是解喪服傳，推之每篇皆然。惟大傳是總解。德明。

凡文字，有一兩本參對則義理自明。如禮記中喪服小記、喪服大傳，都是解注儀禮。喪服小記云：「庶子不祭禰，明有[九五]宗也。」又曰：「庶子不祭祖，明有宗也。」注謂不祭禰者，父之庶子。不祭祖者，其父爲庶子。說得繁碎。大傳只說「庶子不祭」，則祖、禰皆在其中矣。某所以於禮書中只載大傳說。[九六]

大傳

吳斗南說：「『禮，不王不禘』，『王』如『來王』之『王』。四夷[九七]之君，世見中國。一世王者立則彼一番來朝，故王者行禘禮以接之。彼本國之君一世繼立則亦一番來朝，故歸國則亦行

禘禮。」此說亦有理。所謂「吉禘於莊公」者亦此類，非五年之禘也。淳。[九八]

諸侯奪宗，大夫不可奪宗。泳。

「別子爲祖，繼別爲宗。」是諸侯之庶子與他國之人在此邦居者皆爲別子，既爲別子[九九]則其子孫各自以爲太祖。如魯之三家：季友，季孫[一〇〇]氏之太祖也；慶父，孟孫[一〇一]氏之太祖也；公子牙，叔孫氏之太祖也。僩。

問「有小宗而無大宗者，有大宗而無小宗者，有無宗亦莫之宗者」。先生云：「此說公子之宗也。謂如人君有三子，一嫡而二庶則庶宗其嫡，是謂『有大宗而無小宗』；皆庶則宗其庶長，是謂『有小宗而無大宗』；止有一人則無人宗之，已亦無所宗焉，是謂『有[一〇二]無宗亦莫之宗』也。下云『公子之公，爲其士大夫之庶者，宗其士大夫之嫡者』，此正解『有大宗而無小宗』一句。『之公』之『公』猶君也。」人傑。

學記[一〇三]

學記云[一〇四]「九年知類通達」，橫渠說得好：「學者至於能立，則教者無遺恨矣，此處方謂大成。」蓋學者既到立處，則教者亦不消得管他，自住不得。故橫渠又云：「學者能立，則自强不反而至於聖人之大成。而今學者不能得扶持到立處。」嘗謂此段是個致知之要。如云「一年視離經辨志」，古注云，「離經」，斷絶句也。此只[一〇五]是讀得成句。辨志是知得這個是爲己、那個是爲人，這個是義、那個是利。「三年敬業樂群」，敬業是知得此是合當如此[一〇六]；樂群是知得滋味，好與朋友切磋。「五年博習親師」，博習是無所不習，親師是所見與其師相近了。「七年論學取友」，論學是他論得有頭緒了，取友是知賢者而取之，此「謂之小成」。「九年知類通達」，此「謂之大成」。横渠説得「推類」兩字最好，如荀子「倫類不通，不足謂之善學」，而今學者只是不能推類。到得「知類通達」是無所不曉，便是「自强不反」。這幾句都是上兩字説學，下兩字説所得處，如離經便是學，辨志便是所得處。他皆倣此。賜。[一〇七]

林子武[一〇八]問「宵雅肄三，官其始也」。先生曰：「聖人教人，合下便是要用底[一〇九]，便要用賢者[一一〇]以治不賢者[一一一]，舉能者[一一二]以教不能者[一一三]。所以公卿大夫在下，也思各舉其職。不似而今上下都恁地了，使窮困之民無所告訴。聖賢生斯世，若是見似而今都無理會得[一一四]，他豈不爲[一一五]惻然思有以救之？『孔子三月無君則皇皇如也。』但不可枉尺直尋，以利言之。天生一人便須管得天地間事，如人家有四五子，父母養他豈不要他使？但其間有不會底，則會底豈可不出來爲他擔當一家事？韓退之云『蓋畏天命而悲人窮也』，這也説得來[一一六]好，説得聖賢心出。」義剛。夔孫録有詳略。[一一七]

問：「『不學雜服，不能安禮』，鄭注謂，服是皮弁、冕服；横渠謂，服，事也，如洒掃應對沃盥之類。」曰：「恐只如鄭説。古人服各有等降，若理會得雜服，則於禮亦思過半矣。且如冕服是天子祭服，皮弁是天子朝服；諸侯助祭於天子則服冕服，自祭於其廟則服玄冕〔一一八〕；大夫助祭於諸侯則服玄冕，自祭於其廟則服皮弁。又如天子常朝則服皮弁，朔旦則服玄冕，無旒之冕也；諸侯常朝則用玄端，朔旦則服皮弁；大夫私朝亦用玄端，夕深衣；士則玄端以祭，上士玄裳，中士黃裳，下士雜裳；前玄後黃也。庶人深衣。」〔一一九〕

學記謂〔一二〇〕「呻其佔畢，多其訊」，多其訊如公穀所謂「何」者是也。廣。

問：「『使人不由其誠』，莫只是教他記誦而中心未嘗自得否？」曰：「若是逼得他緊，他便來厮瞞，便是不由誠。嘗見橫渠作簡與某人，謂其子日來誦書不熟，且教他熟誦，盡其誠與材。」文蔚曰：「便是他解此兩句只作一意解。其言曰：『人之材足以有爲，但以其不由於誠，則不盡其材。若曰勉率以爲之，豈有由其誠也哉？』」曰：「固是。既是他不由誠，自是材不盡。」文蔚。

「善問者如攻堅木，先其易者」，而後其難。今人多以難中有道理，而不知通其易則難自通，此不可不曉。可學。

問「善問者如攻堅木」一段。曰：「此説最好。若先其難者，理會不得，更進步不去。須先其易者，難處且放下，少間見多了，自然相證而解。『説』字，人以爲『悦』，恐只是『説』字。『説』，證之義也。『解物爲解，自解釋爲解』，恐是相證而曉解。」庚。〔一二一〕

「『善問者如攻堅木，先其易者，後其節目。』非特善問，讀書求義理之法皆然。置其難處，先理會其易處，易處通則堅節自迎刃而解矣。若先其難者，則刅頓斧傷而木終不可攻，縱使能攻，而費工竭力，無自然相説而解之功，終亦無益於事也。」問：「『相説而解』，古注『説』音悦，『解』音佳買反。」曰：「『説』只當如字，而『解』音蟹。蓋義理相説之久，其難處自然觸發解散也。」僩。

樂記

看樂記大段形容得樂之氣象。當時許多形名度數是人人曉得，不消説出，故只説樂之理如此其好〔一二二〕。今來許多度數都没了，却只有許多樂之意思是好，只是没個頓放處。如有帽却無頭，有個鞋却無脚，雖則是好，自無頓放處。司馬温公舊與范蜀公事事争到底，這一項事却不思量着。賀孫。

古者禮樂之書具在，人皆識其器數，〔一二三〕却怕他不曉其義，故教之曰：「凡音之起，由人心生也。」又曰：「失其義、陳其數者，祝、史之徒也。」今則禮樂之書皆亡，學者却但言其義，至於〔一二四〕器數則不復曉，蓋失其本矣。方子。〔一二五〕

「一倡而三歎」，謂一人倡而三人和也。今之解者猶以爲三歎息，非也。節〔一二六〕問：「『人生而静，天之性也。』静非是性，是就所生指性而言。」先生應。節〔一二七〕問「知知」字。曰：「上

『知』字是『致知』之『知』。」又曰：「上『知』字是體，下『知』字是用。上『知』字是知覺者。」節復[一二八]問「反躬」。曰：「反躬是回頭省察。」又曰：「反躬是事親孝，事君忠，這個合恁地，那個合恁地，這是反躬。」節。[一二九]

「物之感人無窮，而人之好惡無節」，此説得工夫極密，兩邊都有些罪過。物之誘人固無窮，然亦是自家好惡無節，所以被物誘去。若自有個主宰，如何被他誘去？此處極好玩味，且是語意渾粹。[一三〇]

問：「『禮勝則離，樂勝則流』，既云離與流，則不特謂之勝，禮樂已亡矣。」曰：「不必如此説，正好就『勝』字上看，只爭這些子。禮纔勝些子便是離了，樂纔勝些子便是流了。知其勝而歸之中，即是禮樂之正。正好就『勝』字上看，不可云禮樂已亡也。」僩。

又曰：[一三一]「此等禮，古人目熟耳聞，凡其周旋曲折、升降揖遜，無人不曉。後世盡不得見其詳，却只有個説禮處，云『大禮與天地同節』云云。又如樂盡亡了，而今却只空留得許多説樂處，云『流而不息，合同而化』云云。又如周易許多占卦，淺近底物事盡無了，却空有個繫辭説得神出鬼沒。」僩。

問「明則有禮樂，幽則有鬼神」。曰：「禮主減，樂主盈。鬼神亦只是屈伸之義。禮樂、鬼神一理。」德明。

問「明則有禮樂，幽則有鬼神」。答云：〔一三二〕「此只〔一三三〕是一個道理。在聖人制作處便是禮樂，在造化處便見〔一三四〕鬼神。」金録止此。〔一三五〕或云：「明道云『「天尊地卑，乾坤定矣」，「鼓之以雷霆，潤之以風雨」是也』。不知『天地尊卑』是禮，『鼓之』、『潤之』是樂否？」先生乃引樂記〔一三六〕一段，云：「此意思極好！再三歎息。」退思，是「天尊地卑，乾坤定矣」，如此則禮者天地之別也。「地氣上際，天氣下降」云云，如此則樂者天地之和也。〔一三七〕己亥秋嘗見先生，云：〔一三八〕

「鬼神只是禮樂底骨子。」人傑。謨、去僞亦同而略。〔一三九〕

「樂由天作」，屬陽，故有運動底意；「禮以地制」，如由地出，不可移易。升卿。

或問「天高地下，萬物散殊」一段。先生因歎此數句意思極好，非孟子以下所能作，其文如中庸，必子思之辭。左傳子太叔亦論此：「夫禮，天之經，地之義，民之行。天地之經，而民實則〔一四〇〕。」云云。〔一四一〕「舊見伯恭愛教人看。只是說得粗，文意不溜亮，不如此說之純粹通暢。他只是說人做這個去合那天之度數，如云『爲六畜、五牲、三犧以奉五味』云云之類，都是做這個去合那天，都無那自然之理。如云『天高地下，萬物散殊，而禮制行矣；流而不息，合同而化，而樂興焉』，皆是自然合當如此。」僩。

問：「『禮樂極乎〔一四二〕天而蟠乎地，行乎陰陽而通乎鬼神，窮高極遠而測深厚』，此是言一氣之和無所不通否？」曰：「此亦以理言。有是理即有是氣。亦如說『天高地下，萬物散殊，而禮制行矣』。」文蔚曰：「正義却引『甘露降，醴泉出』等語。」曰：「大綱亦是如此。緣先有此理，末梢便有這徵驗。」文蔚。

「『樂，樂其所自生；禮，反其所自始』，亦如『樂由中出，禮自外作』。樂是和氣，從中間直出，無所待於外；禮却是始初有這意思，外面却做一個節文抵當他，却是人做底。雖說是人做，元不曾杜撰，因他本有這意思，故下文云『樂章德，禮報情，反始也』。」文蔚問：「如何是章德？」曰：「和順積諸中，英華發諸外，便是章著其內之德。橫渠說：『樂則[一四三]其所樂，即是樂也，更何所待？是樂其所自成。』說得亦好。只是『樂其所自成』與『樂其所自生』，用字不同爾。」文蔚。

問：「『禮樂偩天地之情』，如陰陽之闔闢升降，天地萬物之高下散殊；『窮本知變，樂之情』，如五音六律之相生無窮；『著誠去僞，禮之經』，如品藻節文之不可淆亂否？」曰：「也不消如此分。這兩個物事只是一件。禮之誠便是樂之本，樂之本便是禮之誠。若細分之，則樂只是一體周流底物，禮則是兩個相對，著誠與去僞也。禮則相刑相尅，以此克彼；樂則相生相長，其變無窮。樂如晝夜之循環，陰陽之闔闢，周流貫通；而禮則有向背明暗。論其本，則皆出於一。樂之和便是禮之誠，禮之誠便是樂之和。只是禮則有誠有僞，須以誠克去僞則誠著。所以樂記內外同異，只管相對說，翻來覆去只是這兩說。」又曰：「偩，依象也。『窮本知變』，如樂窮極到本原處，而其變生無窮。」問：「『降興上下之神』是説樂，『凝是精粗之體』是説禮否？」曰：「不消如此分。禮也有『降興上下之神』時節，如祭肝、祭心之類。」僩。

節[一四四]問「樂以治心，禮以治躬」。曰：「心要平易，無艱深險阻，所以説『不和不樂，則鄙詐之心入之矣；不莊不敬，則慢易之心入之矣』。」節。

「易直子諒」，韓詩作「易直慈良」。從周。[一四五]

讀書自有可得參考處。如「易直子諒之心生[一四六]」一句，「子諒」，從來説得無理會。却因見韓詩外傳「子諒」字[一四七]作「慈良」字，則無可疑。木之。

林子武[一四八]問：「『天則不言而信』莫只是實理，『神則不怒而威』莫只是不測知之意[一四九]否？」先生曰：「也是恁地。神便是個動底物事。」義剛。

祭法

或問：「祭法云『鯀障洪水而殛死，禹能修鯀之功』，所以舉鯀，莫是因言禹後併及之耶？」答[一五〇]曰：「不然。」去僞。

李丈問：「四時之祫，高祖有時而在穆。」先生曰：「某以意推之如此，無甚緊要，何必理會？禮書大概差舛不可曉。如祭法一篇即國語柳下惠説[一五一]爰居一段，但文有先後。如祀稷

祀契之類，只是祭祖宗耳。末又説有功則祀之，若然則祖宗無功不祀乎？」淳。義剛同而略，自「如祭法」以上無。〔一五二〕

祭義

祭義説：〔一五三〕「春禘秋嘗。霜露既降，君子履之必有悽愴之心，非其寒之謂。雨露既濡，君子履之必有怵惕之心，如將見之。樂以迎來，哀以送往，故禘有樂而嘗無樂。」蓋春陽氣發來，人之魄魂〔一五四〕亦動，故禘有樂以迎來，如楚辭大招中亦有「魂來」之語；秋陽氣退去，乃鬼之屈，故嘗不用樂以送往。義剛。陳淳録同。〔一五五〕

問：「禮記云〔一五六〕『孝子有終身之喪，忌日之謂也』，不知忌日合着如何服？」曰：「唐時士大夫依舊孝服受弔。五代時某人忌日受弔，某人弔之，遂於坐間刺殺之。後來只是受人慰書而不接見，須隔日預辦下謝書，俟有來慰者即以謝書授之，不得過次日，過次日謂之失禮。服亦有數等，考與祖、曾祖、高祖各有降殺，妣與祖妣服亦不同。大概都是黲衫、黲巾。後來横渠制度又别，以爲男子重乎首，女子重乎帶。考之忌日則用白巾之類疑亦是黲巾。而不易帶；妣之忌日則易帶而不改巾。服亦隨親疏有隆殺。」問：「先生於忌日何服？」曰：「某只是〔一五七〕著白絹凉衫、黲巾，不能做許多樣服得。」問：「黲巾以何爲之？」曰：「紗絹皆可。某以紗。」又問：

「誕辰亦受子弟壽酒否？」曰：「否。」「衣服易否？」曰：「否。一例不受人物事。某家舊時常祭，立春、冬至、季秋祭禰三祭。後以立春、冬至二祭近禘、祫之祭，覺得不安，遂去之。季秋依舊祭禰，而用某生日祭之。適值某生日在季秋，遂用此日。」九月十五日。又問：「在官所還受人壽儀否？」曰：「否。然也有行不得處。如作州則可以不受人物禮[一五八]，蓋受與不受[一五九]可以自由。若有監司所在，只得按例與之受；蓋他生日時又用還他禮數[一六〇]，所以有處只得受。[一六一]某在潭州如此。在南康、漳州，不受亦不送。」又問黲巾之制。曰：「如帕復相似，有四隻帶，若當幞頭然。」僩。

又[一六二]問表記[一六三]伊川曰：「禮記名[一六四]有不純處。如『至孝近乎王，至弟近乎霸』，直是可疑。如此則王無弟、霸無父也！」曰：「表記言『仁有數，義有長短小大』，此亦有未安處。今且只得如注說。」去僞。

祭義中，夫子對宰我問鬼神一段好。人傑。[一六五]

文蔚[一六六]問：「『其氣發揚於上，爲昭明、焄蒿、悽愴，此百物之精，神之著也。』如何？」[一六七]曰：「此是陰陽乍離之際，髣髴如有所見，有這個聲氣。昭明、焄蒿是氣之升騰，悽愴是感傷之意。」文蔚。

問「其氣發揚於上，爲昭明、焄蒿、悽愴」。先生云：「昭明是所謂光景者，想像其如此；焄蒿是騰升底氣象；　悽愴是能令人感動模樣，『墟墓之間未施哀而民哀』是也。『洋洋乎如在其上，如在其左右』，正謂此。」德明。

哀公問

哀公問中「訪」字，去聲讀，只是「方」字。山東人呼「方」字去聲。漢書中説文帝舅駟鈞處，上文云「訪高后時」，即山東音也，其義只是「方」字。按，此篇無「訪」字，録誤，當考。僩。

孔子閒居〔一六八〕

「嗜欲將至，有開必先」，家語作「有物將至，其兆必先」，恐家語爲是。人傑。〔一六九〕

禮記「嗜欲將至，有開必先」，家語作「有物將至，其兆必先」，却是。初疑「有物」訛爲「嗜欲」、「其兆」訛爲「有開」，黄録止此。〔一七〇〕故「嗜」下「日」亦似「有」，「開」上「門」亦似「兆」。若説「嗜欲」，則又成不好底意。〔一七一〕

表記

問：「『君子莊敬日强』是志强否？」曰：「志也强，體力也强。今人放肆則日怠惰一日，那

得强！伊川云『人莊敬則日就規矩』，莊敬自是耐得辛苦，自不覺其日就規矩也。」寓。按，陳淳録同而略。[一七二]

禮記「與仁同過」之言説得太巧，失於迫切。人傑。

問：「『鄉道而行，中道而廢，忘身之老也[一七三]』，其意何[一七四]在？」先生曰：「古人只是恁地學去[一七五]，有時倒[一七六]了也不定。今人便廢時[一七七]度日計[一七八]功效。[一七九]」方子。[一八〇]

鄉飲酒[一八一]

「婚[一八二]禮不賀，人之序也」云云[一八三]。先生曰：「婦既歸來則[一八四]姑與之爲禮，喜於家事之有承替也，[一八五]故姑反置酒一分以勸婦[一八六]。姑坐客位而婦坐主位，[一八七]姑降自西階，婦降自阼階。」卓。[一八八]

鄉飲酒義「三讓」之義，注疏以爲「月三日而成魄，魄三月而成時」之義，不成文理，説倒了。他和書「哉生魄」也不曾曉得，然亦不成譬喻。或云當作「月三日而成明」，乃是。僩。

鄉飲酒禮：堂上主客列兩邊，主人一拜，客又答一拜；又拜一拜，[一八九]却不交拜。又也皆北向拜，不相對。不知是如何。某赴省試，當[一九〇]時，衆士人拜知舉。知舉受拜了，却在堂上令衆人少立，使人大喝云：「知舉答拜！」方拜二拜。是古拜禮猶有存者。近年問人則便已交拜了[一九一]，是二三十年間此禮又失了。賀孫。

明州行鄉飲酒禮，其儀乃是高抑崇撰。如何不曾看着[一九二]儀禮，却[一九三]只將禮記鄉飲酒義做這文字。似乎也[一九四]編入國史實録，果然是貽笑千古者也。儀禮有「拜迎」、「拜至」、「拜送」、「拜既」，拜迎謂迎賓；拜至謂至階；拜送謂既酌酒送酒也；拜既，卒爵而拜也。此禮中四節如此。今其所定「拜送」乃是送客拜兩拜。客去又拜兩拜，謂之「拜既」。豈非大可笑？禮，既飲，「左執爵，祭脯醢」。所以左執爵者，謂欲用右手取脯醢，從其便也。他今[一九五]却改「祭脯醢」作「薦脯醢」，自教一人令在邊進脯醢。右手自無用，却將左手只管把了爵，將右順便手却縮了。是可笑否？賀孫。

「紹興初，爲鄉飲酒禮，朝廷行下一儀制，極乖陋。此時乃高抑崇爲禮官。看他爲謹終喪禮，是煞看許多文字，如儀禮一齊都考得子細。如何定鄉飲酒禮乃如此疏繆？更不識着儀禮，只把禮記鄉飲酒義鋪排教人行。且試舉一項，如鄉飲酒文云『拜至，拜洗，拜受[一九六]』，拜洗、[一九七]拜至，乃是賓升，主人阼階上當楣北面再拜，謝賓至堂，是爲拜至。主人既洗酌，卒洗，升，賓拜洗，是爲拜洗。主人取爵實之獻賓，賓西階上拜，是爲拜受。若拜送，乃是賓進受爵，主人阼階上拜，如今云送酒，是爲拜送爵。賓復西階上位，方有拜告旨、拜執爵及酢主人之禮。他乃將拜送作送之門外再拜爲拜送，門外兩拜了又兩拜爲拜既。不知如何恁地不子細。拜既爵亦只是堂上禮。」又曰：「古禮看説許多節目，若甚煩[一九八]縟，到得行時節只頃刻間[一九九]可了。以舊時所行鄉飲酒看之，煞見得不費時節。」又曰：「開元禮煞可看。唯是五禮新儀全然不是。是當時要[二〇〇]做這文字時不曾用得識禮底人，只是胡亂變易古文白撰，全不考究。天子乘車，古者君車將駕，則僕御執策立於馬前。既效駕，君雖未升，僕御者先升，則奮衣由右上。以君位在左，故避君空位。五禮新儀却漏了僕人登車一項，至駐車處却有僕人下車之文。這是一處錯，他處都錯了。」又云：「五禮新儀固未是，至如今又皆不理會。如朝報上云『執綏官』，則是無僕人之禮。古者執綏自是執綏，僕人乃是受綏，如何今却以執綏官代僕人？兼古者有敬事則必式，蓋緣立於車上，故憑衡，式則是磬折，是爲致敬。今却在車上用倚子坐，則首與前衡高下不多，若憑手則是傲慢。這般所在都不是。如所謂『僕人乃立於車柱之外後角』，又恐立不住，却以采帛繫於柱上，都不成模樣！兼前面乃以内侍二人立於兩旁，是大非禮！『同子參乘，爰絲變色』，豈有以内侍同載而前後皆安之？眼前事，纔拈一件起來勘當着所在，便不成模樣！神宗嘗欲正此禮數，王安石答以先理會得學問了，這般事自有人出理會，遂止。如荆公門人陸農師自是煞能考禮，渠後來却自不曾用他。」又曰：「婦人之拜，據古樂府云『出門長跪問故夫』，又云『直身長跪』。余正父云『周禮有肅拜，恐只是如今之俯首加敬而已』，不知夫人如何。喪禮，婦人唯舅之喪則跪拜，於他人又不知其拜如何。古禮殘闕，這般所在皆無可考。」賀孫。

鄉射

「射[二〇一]中則得爲諸侯，不中則不得爲諸侯」，此等語皆難信。書謂「庶頑讒説，侯以明之」，然中間若有羿之能，又如何以此分別？恐大意略以射審定，非專以此去取也。[二〇二]

拾遺

「朝極辨，不繼之以倦」，辨，治也。[二〇三]

謂[二〇四]「進以禮，退以義」，曰：「三揖而進，一辭而退。」[二〇五]

王出户則宗祝[二〇六]隨之，出門則巫覡隨之。文蔚。

「偪屨著綦。」綦，鞋口帶也，古人皆旋繫，今人只從簡易，綴之於上，如假帶然。僩。

「天子視學以齒，嘗爲臣者弗臣」，或疑此句未純，恐其終使人不臣，如蔡卞之扶植王安石也。曰：「天子自有尊師重道之意，亦豈可遏！只爲蔡卞是小人，王安石未爲大賢，蔡卞只是扶他以證其邪説，故使人不伏[二〇七]，喫人議論。如了翁論他也是。若真有伊、周之德，雖是故臣，稍加尊敬亦何害？天子入學，父事三老，兄事五更，便是以齒不臣之也。如或人之論，則廢此禮可也。」

問：「『改葬緦』，鄭玄以爲終緦之月數而除服，王肅以爲葬畢便除，如何？」曰：「如今不可考。禮宜從厚，當如鄭氏。」問：「王肅以爲既虞而除之。若是改葬，神已在廟久矣，何得虞乎？」曰：「便是如此而今都不可考。看來也須當反哭於廟。」問：「鄭氏以爲只是有三年服者，改葬服緦三月；非三年服者，弔服加麻，葬畢除之否？」曰：「然。子思曰：『禮，父母改葬，緦而除。』則非父母不服緦也。」賀孫。[二〇八]

【校勘記】

[一] 小戴禮　成化本此上有「禮四」。

[二] 節　成化本無。

[三] 答　成化本無。

[四] 先生云　成化本無。

[五] 者　成化本無。

[六] 儀禮是全書其他皆是講說　原爲「儀禮無全書其全皆是講說」，據成化本改。又據卷八十四賀孫

録曰「惟儀禮是古全書」和可學録曰「禮記本秦、漢上下諸儒解釋儀禮之書」，可證底本誤。

［七］有許順之者　成化本爲「許順之」。

［八］李本作　成化本爲「方子録云」。

［九］方子同而少異　成化本無。

［一〇］鄭氏注覺得好　成化本爲「鄭玄説覺見好」。

［一一］如　成化本此上有「禮書」。

［一二］陳氏勝陸氏　成化本爲「陳底似勝陸底」。

［一三］如　成化本無。

［一四］取　成化本作「録」。

［一五］書　成化本此下有「方好看」。

［一六］之　成化本無。

［一七］除　成化本無。

［一八］處　成化本作「起」。

［一九］成化本此下注有「夔孫同」。

［二〇］風俗　成化本無。

［二一］義剛同　成化本爲「義剛録云康成也可謂大儒」。

〔二二〕答　成化本無。

〔二三〕成化本此下注曰：「文蔚録云：『問二禮制度如何可了？』曰：『只注疏自了得。』」

〔二四〕答　成化本無。

〔二五〕是　成化本無。

〔二六〕只改作蠶蛾字　成化本爲「只作蠶蛾子」。

〔二七〕此條大雅録成化本載於卷六十四。

〔二八〕義剛　成化本作「揚」，且此條載於卷一百三十五。

〔二九〕大戴禮或有注或無注……自把九疇作洛書看了　成化本以這部分賀孫録作爲注，分別附於兩條廣録中。其中，「大戴禮或有注或無注……然此等錯雜亦未可知」中部分内容夾注於卷八十八廣録「大戴禮本文多錯……恐亦有錯雜處」條；「如明堂篇……自把九疇作洛書看了」中部分内容附注於卷八十八廣録「明堂篇説其制度……爲洛書之一驗也」條。

〔三〇〕上　成化本無。

〔三一〕類　成化本此下注曰：「至録云：『是威儀纖悉處。』」

〔三二〕協　成化本無。

〔三三〕毋不敬……安民哉　成化本爲「儼若思」。

〔三四〕方子　成化本作「煇」。

〔三五〕文蔚　成化本無。
〔三六〕篇　成化本無。
〔三七〕沈録此下又云　成化本爲「僩録云」。
〔三八〕意　成化本作「言」。
〔三九〕此　成化本無。
〔四〇〕陳淳録同　成化本無。
〔四一〕文蔚　成化本無。
〔四二〕學　成化本作「教」。
〔四三〕見　成化本無。
〔四四〕那　成化本無。
〔四五〕義剛　成化本無。
〔四六〕只　成化本無。
〔四七〕行此禮否　成化本無。
〔四八〕篤　成化本作「尊」，下二同。
〔四九〕文蔚　成化本無。
〔五〇〕曲禮　成化本作「禮」。

〔五一〕必非　「非」原脱，據上下文意及成化本補。
〔五二〕説　成化本作「爲」。
〔五三〕嬀　原脱，據成化本補。
〔五四〕成化本此下注有「賀孫」。
〔五五〕二　原脱，據成化本補。
〔五六〕杖　原脱，據上下文意及卷八十九卓録、成化本補。
〔五七〕此條僩録成化本無，但卷八十九所載卓録與此相似。參底本卷八十九卓録「因説天子之喪……其民當如何服當檢看」條。
〔五八〕成化本此下注曰：「池本云：『不知又出來作個甚嘴臉。』」
〔五九〕此條人傑録成化本以部分内容爲注，附於必大録後，參成化本卷八十七必大録「王制四海之内九州……此尤可笑」條。
〔六〇〕是　成化本此上有「注謂」。
〔六一〕節　成化本此下注曰：「必大録云：『若從征伐，或經歲方歸。』」
〔六二〕一歲　成化本無。
〔六三〕守　成化本此下有「豈不可以攝事」。
〔六四〕成化本此下注曰：「必大録略。」

〔六五〕黄直卿　成化本爲「直卿」。

〔六六〕是　成化本作「央」。

〔六七〕五代　成化本無。

〔六八〕又　成化本作「曹」。

〔六九〕月令仲春行秋令云云　成化本爲「春行秋令之類」。

〔七〇〕辛　成化本無。

〔七一〕庚　成化本無。

〔七二〕問樂記以樂爲先……將兩者分開了　成化本無。

〔七三〕池　賀本及禮記喪大記作「地」。

〔七四〕蓋　成化本作「改」。

〔七五〕七情　成化本無。

〔七六〕只　成化本無。

〔七七〕七情中　成化本無。

〔七八〕賀孫　成化本無。

〔七九〕這只　成化本無。

〔八〇〕身上　成化本爲「身己」。

〔八一〕答　成化本無。

〔八二〕此條道夫録成化本無。

〔八三〕郊特牲　成化本此目上有「禮器」一目。

〔八四〕禮記　成化本爲「禮器」。

〔八五〕猫　成化本此上有「迎」。

〔八六〕謨去僞録同　成化本爲「去僞」。

〔八七〕玉藻　成化本此目上有「内則」一目。

〔八八〕文蔚　成化本無。

〔八九〕答　成化本無。

〔九〇〕看公文字有幾件要合作一處説　成化本爲「看文字最不可都要合作一處説」。

〔九一〕可　原脱，據成化本補。

〔九二〕答　成化本無。

〔九三〕漢　成化本無。

〔九四〕寓同而略　成化本爲「寓録同無楊問以下」。

〔九五〕有　成化本作「其」。

〔九六〕成化本此下注有「僩」。

〔九七〕夷　成化本此下注曰：「黄録作『要荒』。」
〔九八〕成化本此下注有「義剛同」。
〔九九〕既爲別子　成化本無。
〔一〇〇〕季孫　成化本作「季」。
〔一〇一〕孟孫　成化本作「孟」。
〔一〇二〕有　成化本無。
〔一〇三〕學記　成化本此目上有「少儀」一目。
〔一〇四〕學記云　成化本無。
〔一〇五〕只　成化本作「且」。
〔一〇六〕此　成化本此下有「做」。
〔一〇七〕成化本此下注有「夔孫同」。
〔一〇八〕林子武　成化本爲「子武」。
〔一〇九〕用底　成化本爲「他用」。
〔一一〇〕者　成化本無。
〔一一一〕者　成化本無。
〔一一二〕者　成化本無。

〔一一三〕者　成化本無。

〔一一四〕得　成化本無。

〔一一五〕爲　成化本爲「爲之」。

〔一一六〕來　成化本無。

〔一一七〕夔孫録有詳略　成化本無。

〔一一八〕玄冕　成化本爲「弁冕」。

〔一一九〕成化本此下注有「僴」。

〔一二〇〕學記謂　成化本無。

〔一二一〕庚　成化本無。

〔一二二〕好　成化本作「妙」。

〔一二三〕數　成化本此下注曰：「至録云：『人人誦習，識其器數。』」

〔一二四〕於　朱本作「以」。

〔一二五〕成化本此下注有「至同」。

〔一二六〕節　成化本無。

〔一二七〕節　成化本無。

〔一二八〕節復　成化本無。

〔一二九〕 此條節録成化本分爲兩條：「一倡而三歎……猶以爲三歎息非也」爲一條，但注爲僩録；「問人生而静……這是反躬」爲一條，注爲節録。

〔一三〇〕 成化本此下注有「僩」。

〔一三一〕 又曰 成化本無。

〔一三二〕 答云 成化本作「曰」。

〔一三三〕 只 成化本無。

〔一三四〕 見 成化本作「是」。

〔一三五〕 金録止此 成化本無。

〔一三六〕 樂記 成化本此下有「『天尊地卑』至『樂者天地之和也』」。

〔一三七〕 退思……如此則樂者天地之和也 成化本無。

〔一三八〕 己亥秋嘗見先生云 成化本爲「又云」。

〔一三九〕 謨去僞亦同而略 成化本爲「去僞録略」。

〔一四〇〕 則 成化本爲「則之」。

〔一四一〕 云云 成化本作「云」。

〔一四二〕 乎 成化本作「于」。

〔一四三〕 則 成化本爲「則得」。

〔一四四〕節　成化本無。

〔一四五〕此條從周録成化本無。

〔一四六〕生　成化本無。

〔一四七〕字　成化本無。

〔一四八〕林子武　成化本爲「子武」。

〔一四九〕不測知之意　成化本爲「不可測知」。

〔一五〇〕答　成化本無。

〔一五一〕説　成化本此下有「祀」。

〔一五二〕義剛同而略自如祭法以上無　成化本爲「義剛録略」。

〔一五三〕祭義説　成化本無。

〔一五四〕魄魂　成化本爲「魂魄」。

〔一五五〕陳淳録同　成化本無。

〔一五六〕禮記云　成化本無。

〔一五七〕是　成化本無。

〔一五八〕人物禮　成化本無。

〔一五九〕受與不受　成化本無。

〔一六〇〕禮數　成化本無。
〔一六一〕所以有處只得受　成化本無。
〔一六二〕又　成化本無。
〔一六三〕表記　成化本爲「喪記」。
〔一六四〕名　成化本作「多」。
〔一六五〕此條人傑録成化本無。
〔一六六〕文蔚　成化本無。
〔一六七〕此百物之精神之著也如何　成化本無。
〔一六八〕孔子閒居　成化本此目上有「仲尼燕居」一目，其下載一條節録曰：「『領惡全好』，楊至之記云：『「領，管領，使之不得動。」又云：「領，治也，治去其惡也。」』」
〔一六九〕此條人傑録成化本無。
〔一七〇〕黄録止此　成化本無。
〔一七一〕成化本此下注有「義剛」。
〔一七二〕按陳淳録同而略　成化本無。
〔一七三〕忘身之老也　成化本無。
〔一七四〕何　成化本作「安」。

〔一七五〕去　成化本爲「將去」。

〔一七六〕倒　成化本爲「到」，且此下注曰：「方子録作『倒』。」

〔一七七〕廢時　成化本爲「算時」。

〔一七八〕計　成化本爲「去計」。

〔一七九〕效　成化本此下有「又問：『詩之正意，「仰」字當重看；夫子之言，「行」字當重看。』曰：『不是高山景行，又仰個甚麽？又行個甚麽？高山景行，便是那仁。』」

〔一八〇〕方子　成化本爲「至。方子同」。

〔一八一〕鄉飲酒　成化本此目上有「深衣」一目。

〔一八二〕婚　成化本此上有「問」。

〔一八三〕云云　成化本無。

〔一八四〕來則　成化本無。

〔一八五〕也　成化本此注曰：「僩録作『有傳也』。」

〔一八六〕婦　成化本爲「飲婦」。

〔一八七〕位　成化本此下注曰：「僩録云：『姑爲客，婦爲主。』」

〔一八八〕成化本此下注有「僩同」。

〔一八九〕拜　成化本此下有「又答一拜」。

〔一九〇〕當　成化本無。
〔一九一〕了　成化本無。
〔一九二〕着　成化本無。
〔一九三〕却　成化本無。
〔一九四〕也　成化本無。
〔一九五〕今　成化本無。
〔一九六〕受　成化本此下有「拜送，拜既」。
〔一九七〕拜洗　成化本無。
〔一九八〕煩　文淵本、王本作「繁」。
〔一九九〕間　成化本無。
〔二〇〇〕是當時要　成化本爲「當時」。
〔二〇一〕射　原脱，據成化本補。
〔二〇二〕成化本此下注有「賀孫」。
〔二〇三〕成化本此下注有「泳」。
〔二〇四〕謂　成化本作「論」。
〔二〇五〕成化本此下注有「道夫」，且此條載於卷五十八。

［二〇六］祝　成化本作「祀」。

［二〇七］使人不伏　成化本無。

［二〇八］此條賀孫録成化本載於卷八十五。

晦庵先生朱文公語類卷第八十八

大戴禮[一]

大戴禮無頭，其篇目缺處皆是元無，非小戴所去取。其間多雜僞，亦有最好處。然多誤，難讀。淳。義剛録同。[二]

大戴禮[三]本文多錯，注尤舛誤。武王諸銘有直做得巧了切題者，如鑑銘是也。亦有絶不可曉者。[四]想他[五]古人只是述戒懼之意，而隨所在寫記以自警省爾。不似今人爲此銘後[六]便要就此物上説得親切。[七]然其間固[八]亦有切題者，如湯盤銘之類。至於武王盥盤銘則又却[九]似個船銘，[一〇]想只是因水起意，然恐亦有錯雜處。廣。[一一]

太公銘几杖之屬有不可曉、不着題之語。古人文字只是有個意思便説，不似今人區區就一物上説。庚。[一二]

淳[一三]問：「大戴保傅篇多與賈誼策同，如何？」曰：「保傅中説『秦無道之暴』，此等語必非古書，乃後人采賈誼策爲之，亦有孝昭冠辭。」淳。義剛録同。[一四]

大戴禮冗雜，其好處已被小戴採摘來做禮記了，然尚有零碎好處在。廣。

【校勘記】

［一］大戴禮　成化本此上有「禮五」。

［二］淳義剛録同　成化本爲「義剛」。

［三］大戴禮　成化本此下注曰：「賀孫録云：『或有注或無注，皆不可曉。』」

［四］者　成化本此下注曰：「賀孫録云：『有煞着題處，有全不着題處。』」

［五］他　成化本無。

［六］後　成化本無。

［七］切　成化本此下注曰：「賀孫録云：『須要做象本色。』」

［八］固　成化本無。

［九］却　成化本無。

［一〇］船銘　成化本此下注曰：「賀孫録云：『因舉問數銘可疑。曰：「便是如盥盤銘，似可做船銘。」』」

［一一］成化本此下注曰：「賀孫録少異。」

〔一二〕庚　成化本無。

〔一三〕淳　成化本爲「安卿」。

〔一四〕淳義剛録同　成化本爲「義剛」。

晦庵先生朱文公語類卷第八十九

冠昏喪[一]

總論

冠禮、昏禮不知起於何時。如禮記疏說得恁地，不知如何未暇辨得。義剛。

節[二]問：「冠、昏、喪、祭，何書可用者[三]？」曰：「只是[四]温公書儀略可行，亦不備。」又曰：「只是儀禮。」節復[五]問：「伊川亦有此[六]書？」曰：「那個[七]只有些子。」節。

張欽夫[八]嘗定諸禮可行者，[九]乃除冠禮不載。問之，乃[一〇]云：「難行。」某答之云：「古禮惟冠禮最易行。[一一]如昏禮須兩家皆好禮[一二]方得行。喪禮臨時哀痛中，少有心力及之。祭禮則終獻之儀，煩多長久，皆是難行。看冠禮比他禮却最易行。」賀孫。[一三]

敬夫在廣西刊三家禮，除却冠禮。某問其故，敬夫曰：「冠禮難行。」某曰：「冠禮却易行，只一家事。昏禮却難行，礙兩家。如五緉之儀，須是兩家一樣人始得。」淳。[一四]

問冠、昏、喪、祭禮。曰：「今日行之正要簡，簡則人易從。如温公書儀，人已以爲難行，其殽饌十五味，亦難辦。」舜工[一五]云：「隨家豐儉。」曰：「然。」問：「唐人立廟，不知當用何器？」曰：「本朝只文潞公立廟，不知其[一六]用何器。吕與叔亦曾立廟，用古器。然其祭以古玄服，乃作大袖皂衫，亦怪，不如著公服。今五禮新儀亦簡，唐人祭禮極詳。」可學。

冠禮[一八]

又[一七]問：「冠、昏之禮如欲行之，當須使冠、昏之人易曉其言乃爲有益。如三加之辭、出門之戒，若只以古語告之，彼將謂何？」曰：「只以今之俗語告之，使之易曉，乃佳。」時舉。

因言冠禮，或曰：「邾隱公將冠，使孟懿子問於孔子，孔子對他一段好。」曰：「似這樣事，孔子肚裏有多，但今所載於方册上者亦無幾爾。」廣。

昏禮[一九]

陳厚之問：「女子二十而嫁，此是察情防微之意否？」先生批：「此意是。」義剛。[二〇]

親迎之禮恐從伊川之説爲是，近則迎於其國，遠則迎於其館。閎祖。

淳[二一]問：「程氏昏儀與温公儀如何？」曰：「互有得失。」曰：「當以何爲主？」曰：「迎婦以前，温公底是；婦入門以後，程儀底[二二]是。温公儀，親迎只拜妻之父母[二三]，兩拜便受婦以行，却是；程儀遍見妻之黨，則不是。温公儀入門便廟見，不是；程儀未廟見，却是。大概只此兩條，以此爲準，去子細看。」曰：「廟見當以何日？」曰：「古人三月而後廟[二四]見。」曰：「何必待三月？」曰：「未知得婦人性行如何。三月之久，則婦儀亦熟，方成婦矣。然今也不能到三月，只做個節次如此。」曰：「古人納采後又納吉。若卜不吉，則如何？」曰：「便休也。」曰：「古人納幣五兩，只五匹耳。恐太簡，難行否？」曰：「計繁簡則是以利言矣。且吾儕無望其[二五]復古，則風俗更教誰變？」曰：「温公用鹿皮，如何？」曰：「大節是了，小小不能皆然，亦没緊要。」曰：「温公婦見舅姑及舅姑享婦儀，是否？」曰：「亦是古人有此禮。」淳。

賀孫[二六]問：「喪、祭之禮，今之士固難行，而冠、昏自行，可乎？」曰：「亦自可行。某今所定者，前一截依温公，後一截依伊川。昏禮事屬兩家，恐未必信，禮恐或難行。若冠禮，是自家屋裏事，却易行。向見南軒説冠禮難行。某云，是自家屋裏事，關了門，將巾冠與子弟戴，有甚難？」又云：「昏禮，廟見舅姑之亡者而不及祖，蓋古者宗子法行，非宗子之家不可别立祖廟，故但有禰廟。今只共廟，如何只見禰而不見祖？此當以義起，亦見祖可也。」賀孫。問：「必待三月，如何？」曰：「今若既歸來，直待三月又似太久。古人直是至此方見可以爲婦及不可爲婦，此後方反馬。馬是婦初歸時所乘車，至此方送還母家。」賀孫。

某定昏禮，親迎用温公，入門以後則從伊川。大概如此。道夫。〔二七〕

問：〔二八〕「古者娶婦三月廟見，而温公禮用次日，今有當日即廟見者，如何？」曰：「古人是從下做上，其初且是行夫婦禮；次日方見舅姑；服事舅姑已及三月，不得罪於舅姑，方得奉祭祀。」夔孫。〔二九〕

問：「人家娶婦有當日便令廟見者，〔三〇〕非禮否？」曰：「固然。温公如此。今見温公書儀何故如此，温公有不可曉處。〔三一〕他是取左氏『先配而〔三二〕後祖』之説，不知左氏之語又〔三三〕何足憑。豈可取不足憑之左氏，而棄可信之儀禮乎！」卓。

人著書只是自入些己意，便做病痛。司馬文正〔三四〕與伊川定昏禮都是依儀禮，只是各改了一處，便不是古人意。司馬禮云：「親迎，奠雁，見主昏者即出。」不先於〔三五〕妻父母者，以婦未見舅姑也。是古禮如此。伊川却教拜了，又入堂拜大男小女，這不是。伊川云：「婿迎婦既至，即揖入内，次日見舅姑，三月而廟見。」是古禮。司馬禮却説婦入門即拜影堂，這又不是。古人初未成婦，次日方見舅姑。蓋先得於夫，方可見舅姑；到兩三月得舅姑意了，舅姑方令見祖廟。某思量，今亦不能三月之久，亦須第二日見舅姑，第三日廟見，乃安。亦當行親迎之禮。古者天子必無親至后家之禮。今妻家遠，要行禮，一則令妻家就近處設一處，却就彼往迎歸館成禮；一則妻家出至一處，婿即就彼迎歸自家成禮。賀孫。

胡叔器[三六]問：「昏禮，温公儀，婦先拜夫；程儀，夫先拜婦。」陳此下云：「或又以爲妻者齊也，當齊拜。何者爲之是？」[三七]先生曰：「古者婦人與男子爲禮皆俠拜，每拜以二爲禮。昏禮，婦先二拜，夫答一拜；婦又二拜，夫又答一拜。冠禮皆[三八]見母，母亦俠拜。」又[三九]問：「古者婦人以肅拜爲正，何謂『肅拜』？」曰：「兩膝齊跪，手至地，頭[四〇]不下，爲肅拜。手拜[四一]亦然。爲喪主則頭亦至地，不肅拜。南北朝有樂府詩説婦人云『伸腰再拜跪，問客今安否』，伸腰亦是頭不下也。周宣帝令命婦朝見皆跪伏[四二]，如男子之儀。但不知婦人膝不跪地而變爲今之拜者起於何時。陳此下云：「此等小小禮文皆無所稽考。」[四三]程泰之以爲始於武后，非[四四]也。古者男子拜亦兩膝齊屈，如今之道士拜。杜子春注周禮奇拜，以爲先屈一膝，如今之雅拜。漢人雅拜即今之拜是也。」義剛。陳淳録同而差詳。[四五]

義剛[四六]問：「昏禮，[四七]今有士人對俗人結姻，士人[四八]欲行昏禮而彼俗人不從，却如何？」先生微笑，顧義剛久之，乃曰：「這也是費力，但也[四九]只得宛轉使人去與他商量。但[五〇]古禮也省徑，人也何苦不行！」黄直卿[五一]曰：「若古禮有甚難行者，也不必拘。如三周御輪様[五二]，不成是硬要扛定轎子旋三匝？」先生亦笑而應。義剛曰：「如俗禮，若不大段害理者，些小不必盡去也得。」先生曰：「是。」久之，云：「古人也有不可曉。古人於男女之際甚嚴，却如何地親迎乃用男子御車，但古今[五三]略偏些子，不知怎生地。」直卿舉今人結髮之説爲笑。

先生曰：「若娶用結髮，則結髮從軍皆先用結了頭髮後，方與番人厮殺耶？」義剛。陳淳録同。[五四]

李丈[五五]問姑舅之子爲昏。先生曰：「據律中不許。然自仁宗之女嫁李瑋[五六]家，乃是姑舅之子，故歐陽公曰『公私皆已通行』。此句最是把嵩。去聲。這事陳無「此句」以下至此八字。[五七]又如魯初間與宋世爲昏，後又與齊世爲昏，其間皆有姑舅之子者，從古已然。只怕位行[五八]不是。」義剛。陳淳録同而略。[五九]

喪禮[六〇]

因論喪服，曰：「今人吉服皆已變古，獨喪服必欲從古，恐不相稱。」閎祖云：「雖是如此，但古禮已廢，幸此喪服尚有古制，不猶愈於俱亡乎？」直卿亦以爲然。先生云：「『禮，時爲大。』某嘗謂，衣冠本以便身，古人亦未必一一有義。又是逐時增添，名物愈繁。若要可行，須是酌古之制，去其重複，使之簡易，然後可。」又云：「一人自在下面做不濟事。須是朝廷理會，一齊與整頓過。」又云：「邵康節云[六一]『某今人，須着今時衣服』，忒煞不理會也。」閎祖。[六二]

問子升兄[六三]：「向見考祔禮煞子細，不知其他禮數都考得如此否？」曰：「未能及其他。」曰：「今古不同。如殯禮，今已自不可行。」子升因問：「喪禮，如温公儀，今人平時既不用古服，却獨於喪禮服之，恐亦非宜，兼非禮不足哀有餘之意。故向來斟酌，只以今服加衰絰。」曰：「論來固是如此。只如今因喪服尚存古制，後世有願治君臣或可因此舉而行之。若一向廢了，恐後來者愈不復識矣。」木之。

又[六四]問：「喪服，今人亦有欲用古制者。時舉以爲吉服既用今制，而獨喪服乃用古制，恐徒駭俗。不知當如何？」先生曰：「駭俗猶些小事，但恐考之未必是耳。若果考得是，用之亦無害。」時舉。

因說：「天子之喪，自太子、宰執而下漸降其服，至於四海則盡三月。服謂凶服。計所至，不問地之遠近，但盡於三月而止。天子初死，近地先聞則盡三月，遠地或後聞之，亦止於三月之內也。」又云：「古者次第，公卿大夫與列國之諸侯各爲天子三年之喪，而列國之卿大夫又各爲其君三年之服，蓋止是自服其君。如諸侯之大夫，爲本國諸侯服三年之喪，則不復爲天子服。百姓則畿内之民，自爲天子服本國之君服三年之喪也。故禮曰『百姓爲天子、諸侯有土者，服三年之喪』，爲此也。」又云：「『君之喪，諸達官者皆杖[六五]』，達官者[六六]謂得自通於君者，如内則公卿、宰執、六曹之長、九寺五監之長，外則監司、郡守，皆自得通章奏於君者，故曰達官。[六七]凡此者皆杖，以次則不杖。如太常卿則[六八]杖，太常少卿則不杖。若無太常卿，則少卿代之杖也。只不知王畿之内公卿之有采地者，其民當如何服，當檢看。」卓。

賀孫[六九]問：「喪服，如至尊之喪，小官及士庶等服於古皆差。儀禮，諸侯爲天子斬衰三年。傳曰：『君，至尊也。』注：『天子諸侯及卿大夫有地者皆曰君。』庶人爲國君齊衰三月。注：『不言民而言庶人，庶人或有在官者。天子畿内之民，服天子亦如之。』以是觀之，自古無有[七〇]通天下爲天子三年之制，前輩恐未之考。」先生曰：「今士庶人既無本國之君服，又無至尊服，則是無君，亦不可不示其變。如今凉衫亦不害，此亦只存得些影子。」賀孫[七一]問：「士庶亦不可久。」「庶人爲國君亦止齊衰三月，諸侯之大夫爲天子亦止小功、緦麻[七二]。」或問：「有官人嫁娶在祔廟後。」先生曰：「只不可帶花用樂，少示其變。」又曰：「至尊之服，要好。初來三日用古冠服，上衣下裳。以後却用今所制服，四脚幞頭等。却自京官以上是一等服，京官以下是一等服，士人只[七三]一等服，庶人又一等服。如此等級分明也是[七四]好。」器之問：「壽皇行三年之喪，是誰建議？」先生曰：「自是要行，這是甚次第！可惜無好宰相將順成此一大事。若能因舉行盛典及於天下，一整數千百年之陋，垂數千百年之成憲，是甚次第！時相自用紫衫皂帶，入臨用白衫，待退歸便不着。某前日在上前説及三年之喪，亦自感動，次日即付出與禮官集議，意甚好。不知後來如何忽又住了，却對宰相説『也似咤異』。不知壽皇既已行了，又有甚咤異？只是亦無人助成此事。因檢儀禮注疏説嫡孫承重甚詳。君之喪服，士庶亦可聚哭，但不可設位。某在潭州時亦多有民衆欲入衙來哭，某初不知，外面自[七五]被門子止約了。待兩三日方知，遂出榜告示，亦有來哭者。」賀孫。[七六]

徽廟訃至，胡明仲知嚴州，衆議欲以日易月。張晉彦爲司理，爲明仲言：「前世以日易月皆是有遺詔。今太上在遠，無遺詔，豈可行？」胡曰：「然則如之何？」張〔七七〕曰：「盍請之於朝？」胡如其説，不報。可學。

正淳問：「吕氏解三年之喪與父母之喪是兩項。」曰：「他只據左氏『王一歲而有三年之喪二』，左氏定禮皆當時鄙野之談，據不得。」因言：「左氏只是一個能曉事、會做文章底人，却不是儒者。公、穀却是一個不曉事底儒者。」味道因言：「陳鉞子送女一段全然亂説。」先生曰：「然。」方子。〔七八〕

器遠問：「『習安守故』〔七九〕是如何？」曰：「云云。如親生父母，子合當安之。到得立爲伯叔後疑於伯叔父有不安者，這也是理合當如此。然而自古却有大宗無子則小宗之子爲之後，這道理又却重。只得安於伯叔父母，而不可安於所生父母。喪服則爲爲後父母服三年，所生父母只齊衰，不杖，期。」賀孫。〔八〇〕

又〔八一〕問：「『天下事易至於安常習故』，如何？」曰：「且如今人，最是人家一個乞養兒，爲所生父母齊衰，〔八二〕不杖，期；爲所養父母斬衰三年。以理觀之自是不安，然聖人有個存亡繼絶底道理，又不容不安。且如濮安懿王事，當時皆以司馬公爲是。今則濮安懿王下却有主祀，朝廷却未嘗正其號。」卓。

包顯道[八三]問服制。曰：「唐時添那服制，添得也有差異處。且如親叔伯是期，堂叔[八四]須是大功，乃便降爲小功，不知是怎生地。」義剛。

姪對姑而言。今人於伯叔父前皆以爲「猶子」。蓋記禮[八五]者主喪服言。如夫子謂「回也視予猶父」，若以姪謂之「猶子」，則亦可以□□爲父矣[八六]。漢人謂之「從子」却得其正，蓋叔伯皆從父也。道夫。[八七]

問：「嫂叔無服，而程先生云『後聖有作，須爲制服』。」曰：「守禮經舊法，此固是好。纔説起，定是那個不穩。然有禮之權處，父道母道亦是無一節安排。看『推而遠之』，便是合有服，但安排不得，故推而遠之。若果是鞠養於嫂，恩義不可已，是他心自住不得，又如何無服得！」直卿云：「當如所謂『同爨緦』可也。今法從小功。」居父問姨母重於舅服。曰：「姊妹於兄弟未嫁期，既嫁則降爲大功，姊妹之身却不降也，故姨母重於舅也。」賀孫。[八八]

問：[八九]「今之墨衰便於出入而不合禮經，如何？」曰：「若能不出則不服之亦好，但有出入治事則只得服之。喪服四制説：『百官備，百物具。不言而事行者，扶而起；言而後事行者，杖而起；身執事而後行者，面垢而已。』蓋惟天子諸侯始得全伸其禮，庶人皆是自執事，不得伸其禮。」淳。[九〇]

問：「練而祔，是否？」曰：「此是殷禮，而今人都從周禮，若只此一件却行殷禮亦無意思。若如陸子静説，祔了便除去几筵，則須練而祔。若鄭氏説祔畢復移主出於寢，則當如周制，祔亦

何害？」賀孫。[九一]

祔新主而遷舊主亦合告祭舊主，古書無所載，兼不説遷於何所。天子則有始祖之廟而藏之夾室，大夫亦自有始祖之廟。今皆無此始祖之廟[九二]，更無頓處。古人埋桑主於兩階間，蓋古者階間人不甚行。今則混雜，亦難埋於此，看來只得埋於墓所。大戴禮説得遷祔一條又不分曉。庚。[九三]

先生長子小祥，悲念形色，先期十日早暮慟，内外蔬食。賀孫。[九四]

先生以長子大祥，先十日朝暮哭，諸子不赴酒食會。近祥則舉家蔬食，此日除祔。先生累日顏色憂戚。賀孫。

二十五月祥後便禫，看來當如王肅之説，於『是月禫，徙月樂』之説爲順。而今從鄭氏之説，雖是禮疑從厚，然未爲當。看來而今喪禮須當從儀禮爲正。如父在爲母期非是薄於母，只爲尊在其父不可復尊在母，然亦須心喪三年。及嫂叔無服，這般處皆是大項事，不是小節目，後來都失了。而今國家法爲所生父母皆心喪三年，此意甚好。賀孫。[九五]

惟父母與長子有禫。方子。[九六]

或問：「有祖母服，今承重合禫與否？」曰：「在禮，有爲父母長子禫，却於祖母未聞。然既承重，則應有禫也。」[九七]

或問：「女子已嫁，爲父母禫否？」曰：〔九八〕「據禮云父在爲母、爲妻〔九九〕禫，止是主男子而言。」廣。〔一〇〇〕

問：「今弔人〔一〇一〕者用横烏，此禮〔一〇二〕如何？」曰：「此正是『玄冠以弔』，此禮正與孔子所謂〔一〇三〕『羔裘玄冠不以弔』相反，亦不知起於何時。想見當官者既不欲易服去弔人，故杜撰成個禮數。若閑居時只當易服用涼衫。」廣。〔一〇四〕

「本朝於大臣之喪，待之甚哀。」賀孫舉哲宗哀臨温公事。先生曰：「温公固是如此，至於嘗爲執政，已告老而死，祖宗亦必爲之親臨罷樂。看古禮，君於大夫，小斂往焉，大斂往焉；於士，既殯往焉。何其誠愛之至！今乃恝然。這也只是自渡江以後，君臣之勢方始〔一〇五〕一向懸絶，無相親之意，故如此。古之君臣所以事事做得成，緣是親愛一體。」因説：「虜人初起時，其酋長與部落都無分别，同坐同飲，相爲戲舞，所以做得事。如後來兀朮犯中國，虜掠得中國士類，因有教之以分等陛、立制度者，於是上下位勢漸隔，做事漸難。」賀孫。〔一〇六〕

某舊爲先人飾棺，考制度作帷幌，延平先生〔一〇七〕以爲不切。而今禮文覺繁多，使人難行。後聖有作，必是裁減了方始行得。賀孫。〔一〇八〕

先生殯其長子，諸生具香燭之奠。先生留寒泉殯所受弔。先生〔一〇九〕望見客至，必涕泣遠接之；客去，必遠送之。就寒泉庵西向殯。掘地深二尺、闊三四尺許〔一一〇〕，以墳磚〔一一一〕鋪砌，用石灰重重遍塗之，棺下及四圍用土磚夾砌。[一一二]將下棺，以食五味奠亡人，次子以下皆哭拜。諸客拜奠，次子代亡人答拜。蓋兄死子幼，禮然也。賀孫。[一一三]

伯謨問：「某人家欲除服而未葬，除之則魂帛[一一四]無所依，不可祔廟。」先生曰：「不可，如何不早葬？葬何所費？只是悠悠。」因語：「莆人葬只是於馬鬣上，大可憂！須是懸棺而葬。」可學。[一一五]

先生葬長子喪儀：銘旌，埋銘，魂轎，柩止用紫蓋。盡去繁文。埋銘石二片，各長四尺、闊二尺許，止記姓名、歲月、里居[一一六]。刻訖，以字面相合，以鐵束之，置於壙上。其壙用石，上蓋厚一尺許，五六段橫湊之，兩旁及底五寸許。內外皆用石灰、雜炭末、細沙、黃泥築之。賀孫。

問[一一七]合葬夫婦之位。曰：「某當初葬亡室只存東畔一位，亦不曾考禮是如何。」淳問：[一一八]「地道以右爲尊，恐男當居右否[一一九]？」曰：「祭而以西爲上，則葬時亦當如此方是。」淳。[一二〇]

又[一二一]問改葬。曰：「須告廟而後告墓，方啓墓以葬。葬畢，奠而歸，又告廟，哭，而後畢事，方穩當[一二二]。行葬更不必出主，祭告時却出主於寢。」賀孫。

「人家墓壙棺槨切不可太大，當使壙僅能容槨，槨僅能容棺乃善。去年此間陳家墳墓遭發掘者，皆緣壙中太闊，其不能發者，皆是壙中狹小無着脚手處，此不可不知也。又，此間墳墓山脚低卸，故盜易入。」問：「墳與墓何別？」曰：「墓想是塋域，墳即土封隆起者。光武紀云，爲墳但取其稍高，四邊能走水足矣。古人墳極高大，壙中容得人行，也没意思。法令，一品已上墳得一丈二尺，亦自儘高矣。」李守約[一二三]云：「墳墓所以遭發掘者，亦陰陽家之説有以啓之。蓋凡發掘者皆以葬淺之故，若深一二丈自無此患。古禮葬亦許深。」曰：「不然，深葬有水。嘗見興化、漳、泉間墳墓甚高。問之，則曰，棺只浮在土上，深者僅有一半入地，半在地上，所以不得不高其封。後來見福州人舉移舊墓[一二四]稍深者，無不有水，方知興化、漳、泉淺葬者，蓋防水爾。北方地土深厚，深葬不妨，豈可同也？」問：「槨外可用炭灰雜沙土否？」曰：「只純用炭末置之槨外，槨内實以和沙石灰。」或曰：「可純用灰否？」曰：「純灰恐不實，須雜以篩過沙，久之灰沙相乳入，其堅如石。槨外四圍上下一切實以炭末，約厚七八寸許，既辟濕氣、免水患，又截樹根不入。樹根遇炭皆生轉去，以此見炭灰之妙。蓋炭是死物，無情，故樹根不入也。抱朴子曰『炭入地，千年不變』。」問：「范家用黄泥拌石炭實槨外，如何？」曰：「不可。黄泥久之亦能引樹根。」又問：「古人用瀝青，恐地氣蒸熱，瀝青溶化，棺有偏陷，却不便。」曰：「不曾親見用瀝青利害，但書傳間多言用者，不知如何。」僩。

問：「喪之五服皆有制，不知飲食起居亦當終其制否？」曰：「今[一二五]當盡其制，但今人不能行，然在人斟酌行之。」寓。

問：「喪禮不飲酒、不食肉，若朝夕奠及親朋來奠之饌，則如之何？」曰：「與無服之親喫之[一二六]可也。」淳。

喪葬之時只當以素食待客。祭餘[一二七]葷食只可分與僕役。賀孫。

【校勘記】

[一] 冠昏喪　成化本此上有「禮六」。

[二] 節　成化本無。

[三] 者　成化本無。

[四] 是　成化本無。

[五] 節復　成化本無。

[六] 此　成化本無。

[七] 那個　成化本無。

[八] 張欽夫　成化本爲「欽夫」。

[九] 者　成化本此下注曰：「淳録云：『在廣西刊三家禮。』」

〔一〇〕乃　成化本無。

〔一一〕行　成化本此下注曰：「淳録云：『只一家事。』」

〔一二〕禮　成化本此下注曰：「淳録云：『礙兩家，如五兩之儀，須兩家是一樣人始得。』」

〔一三〕成化本此下注曰：「淳録少異。」

〔一四〕此條淳録成化本以部分内容夾注於賀孫録中，參上條。

〔一五〕舜工　成化本爲「舜功」。

〔一六〕其　成化本無。

〔一七〕又　成化本無。

〔一八〕禮　成化本無。

〔一九〕禮　成化本無。

〔二〇〕此條義剛録成化本無。

〔二一〕淳　成化本無。

〔二二〕底　成化本無。

〔二三〕母　成化本無。

〔二四〕廟　成化本無。

〔二五〕其　成化本作「於」。

〔二六〕賀孫　成化本無。

〔二七〕此條道夫録成化本無。

〔二八〕問　成化本爲「或問」。

〔二九〕夔孫　成化本爲「義剛」。

〔三〇〕人家娶婦有當日便令廟見者　成化本爲「婦當日廟見」。

〔三一〕今見温公書儀……有不可曉處　成化本無。

〔三二〕而　成化本無。

〔三三〕又　成化本無。

〔三四〕司馬文正　成化本爲「司馬」。

〔三五〕於　成化本作「見」。

〔三六〕胡叔器　成化本爲「叔器」。

〔三七〕陳此下云……何者爲之是　成化本爲「或以爲妻者齊也當齊拜何者爲是」。

〔三八〕皆　成化本作「雖」。

〔三九〕又　成化本無。

〔四〇〕頭　成化本此上有「而」。

〔四一〕手拜　成化本爲「拜手」。

〔四二〕伏　成化本此下有「朝見」。
〔四三〕陳此下云此等小小禮文皆無所稽考　因成化本所載爲淳録，故此部分注文爲「此等小小禮文皆無所稽考」。
〔四四〕非　成化本此上有「亦」。
〔四五〕此條義剛録成化本分爲兩條分載兩處，其中「叔器問昏禮……母亦俠拜」爲一條，注爲淳録，載於卷八十九；「問古者婦人以肅拜爲正……即今之拜是也」爲一條，亦注爲淳録，載於卷九十一。
〔四六〕義剛　成化本無。
〔四七〕昏禮　成化本無。
〔四八〕士人　成化本無。
〔四九〕但也　成化本無。
〔五〇〕但　成化本無。
〔五一〕黄直卿　成化本爲「直卿」。
〔五二〕樣　成化本無。
〔五三〕古今　成化本爲「只令」。
〔五四〕陳淳録同　成化本無。
〔五五〕李丈　成化本爲「堯卿」。

〔五六〕李瑋　原爲「李璋」，此處所涉乃宋仁宗兗國公主下嫁李用之子李瑋之故事，而李璋乃李瑋之兄。據宋史卷二百四十八改。
〔五七〕陳無此句以下至此八字　成化本無。
〔五八〕行　成化本無。
〔五九〕陳淳録同而略　成化本無。
〔六〇〕禮　成化本無。
〔六一〕邵康節云　成化本爲「康節説」。
〔六二〕成化本此下注曰：「以下喪服。」
〔六三〕子升兄　成化本爲「子升」。
〔六四〕又　成化本無。
〔六五〕諸達官者皆杖　成化本無「諸達官之長杖」。
〔六六〕者　成化本無。
〔六七〕故曰達官　成化本無。
〔六八〕則　成化本無。
〔六九〕賀孫　成化本無。
〔七〇〕有　成化本無。

〔七一〕賀孫　成化本無。
〔七二〕緦麻　成化本爲「緦衰」。
〔七三〕只　成化本作「又」。
〔七四〕是　成化本無。
〔七五〕自　成化本無。
〔七六〕成化本此下注曰：「以下君喪。」
〔七七〕張　成化本無。
〔七八〕此條方子録成化本無，但卷六十三所載賀孫録與此相似，參底本卷六十三賀孫録「正淳問中庸云……某言者何某事者何」條，及廣録「或問三年之喪達乎天子……當服禫」條。
〔七九〕習安守故　成化本爲「安常習故」。
〔八〇〕成化本此下注曰：「以下服制。」
〔八一〕又　成化本無。
〔八二〕且如今人最是……爲所生父母齊衰　成化本爲「且如今人爲所生父母齊衰」。
〔八三〕包顯道　成化本爲「顯道」。
〔八四〕堂叔　「叔」字原脱，據成化本補。
〔八五〕記禮　成化本爲「禮記」。

〔八六〕□□爲父矣　成化本爲「師爲猶父矣」。疑底本所缺二字爲「師猶」，即「師猶爲父矣」。

〔八七〕此條道夫録成化本載於卷八十七。

〔八八〕此條賀孫録成化本載於卷八十七。

〔八九〕問　成化本爲「叔器問」。

〔九〇〕成化本此下注有「義剛同」。

〔九一〕成化本此下注有「以下祔」。

〔九二〕始祖之廟　成化本無。

〔九三〕庚　成化本爲「分一作可」。

〔九四〕此條賀孫録成化本無。

〔九五〕成化本此下注曰：「以下禫。」

〔九六〕此條方子録成化本無。

〔九七〕此條成化本無。

〔九八〕曰　成化本此下注曰：「賀孫録云：『想是無此禮。』」

〔九九〕爲妻　成化本無。

〔一〇〇〕成化本此下注有「賀孫同」。

〔一〇一〕人　成化本無。

〔一〇二〕此禮　成化本無。
〔一〇三〕此正是玄冠以弔此禮正與孔子所謂　成化本爲「此正與」。
〔一〇四〕成化本此下注有「弔」。
〔一〇五〕始　成化本無。
〔一〇六〕成化本此下注曰：「君臨臣喪。」
〔一〇七〕延平先生　成化本爲「李先生」。
〔一〇八〕成化本此下注有「飾棺。」
〔一〇九〕先生　成化本無。
〔一一〇〕許　成化本無。
〔一一一〕以塼碑　成化本爲「内以火塼」。
〔一一二〕棺下及四圍用土塼夾砌　成化本爲「棺木及外用土塼夾砌」。
〔一一三〕成化本此下注有「以下殯。」
〔一一四〕帛　朱本、賀本作「魄」。
〔一一五〕成化本此下注有「以下葬。」
〔一一六〕里居　成化本爲「居里」。
〔一一七〕問　成化本爲「堯卿問」。

〔一一八〕淳問　成化本爲「安卿云」。

〔一一九〕否　成化本無。

〔一二〇〕淳　成化本爲「義剛」。

〔一二一〕又　成化本無。

〔一二二〕當　成化本無。

〔一二三〕李守約　成化本爲「守約」。

〔一二四〕墓　朱本作「墳」。

〔一二五〕今　成化本作「合」。

〔一二六〕喫之　成化本無。

〔一二七〕餘　成化本作「饌」。

晦庵先生朱文公語類卷第九十

祭[一]

輔漢卿[二]問天神地示之義。曰：「注疏謂天氣常伸謂之神，地道常默以示人謂之示。」以下天地山川。[三]人傑。[四]

地祇者，周禮作「示」字，只是示見、著見之義。庚。[五]

天地合祭於南郊，及太祖不別立廟室，千五六百年無人整理。賀孫。[六]

古時天地定是不合祭，日月山川百神亦無合共一時祭享之禮。當時禮數也簡，儀從也省，必是天子躬親行事。豈有祭天便將下許多百神一齊排作一堆都祭？只看郊臺階級兩邊是踏過處，中間自上排下都是神位，更不通看。賀孫。

郊祀，天子登壇，太常博士引太常卿，太常卿引皇帝。文蔚。[七]

問南、北郊。曰：「周禮只説祀昊天上帝，不説祀后土。先儒説祭社便是。如『郊特牲，社稷太牢』，又如『用牲於郊牛二』及『社于新邑』，此乃明驗。」又問：「周禮大司樂，冬至奏樂於圜

丘以禮天神，夏至奏樂於方丘以禮地示。如何？」曰：「只此處如此説。又如『祀大神，享大鬼，祭大示』。」人傑。〔八〕

問先朝南、北郊之辨。曰：「如禮説『郊特牲而社稷太牢』，書謂『用牲於郊牛二』及『社于新邑』，此其明驗也。故本朝後來亦嘗分南、北郊。至徽宗時又不知何故，却合爲一。」又曰：「但周禮亦只是説祀昊天上帝，不説祀后土，故先儒説祭社便是。」又問：「周禮大司樂，冬至奏樂於圜丘以禮天，夏至奏樂于方丘以禮地。」曰：「周禮中止有此説。更有『禮大神，享大鬼，祭大祇』之説，餘皆無明文。」廣。

五峰言無北郊，只社便是祭地，此説却好。〔九〕道夫。〔一〇〕

先生因泛説祭祀：「以社祭爲祀地。諸儒云立大社、王社，諸侯國社、侯社。五峰有此〔一一〕，謂此即祭地之禮。〔一二〕周禮他處不説，只宗伯『以黄琮禮地』，注謂夏至地神在崑崙。典瑞『兩圭有邸以祀地』，注謂祀於北郊。大司樂『夏日至，於澤中方丘奏之八變，則地示可得而禮矣』，他書亦無所考。書云『乃社于新邑，牛一、羊一』，然禮云諸侯社稷皆少牢，此處或不可曉。」賀孫。

如今郊禮合祭天地。周禮有「圜丘」、「方澤」之説，後來人却只説地便是后土，見於書傳，言郊社多矣。某看來不要如此，也自還有方澤之祭。但周禮其他處又都不説，亦未可曉。木之。

如今祀天地山川神，塑貌像以祭，極無義理。木之。

問山川之尸。曰：「儀禮，周公祭太山以召公爲尸。」淳。按黄義剛録同。[一三]

問：「祭天地山川而用牲幣酒醴者，只是表吾心之誠邪，抑真有氣來感[一四]格也？」曰：「若是無物來享時，自家祭是祭[一五]甚底？肅然在上令人奉承敬畏是甚物？若道真有雲車擁從而來，則[一六]又妄誕。」淳。[一七]

程沙隨云：「古者社以木爲主，今以石爲主，非古也。」社。[一八]方子。

五祀，行是道路之神，伊川云是宁[一九]廊，未必然；門是門神；户[二〇]神；與中霤、竈，凡五。古時[二一]聖人爲之祭祀亦必有其神，如孔子説「祭如在，祭神如神在」，是有這祭便有這神，不是聖人若有若亡見得一半，便自恁地。但不如後世門神，便畫一個神象如此。賀孫。[二二]

胡叔器[二三]問五祀祭行之義。先生曰：「行，堂塗也。古人無廊屋，只於堂陛[二四]下取兩條路。五祀雖分四時祭，然出則獨祭行，又[二五]出門又有一祭。作兩小山于門前，烹狗置之山上，祭畢，却就山邊喫，却推車從兩山間過，蓋取跋履山川之義。」符舜功[二六]問：「祭五祀，想也只是當如此致敬，未必有此神。」曰：「神也者，妙萬物爲[二七]言者也。盈天地之間皆神。若説五祀無神，則是有有神處、有無神處，却[二八]是甚麽道理？」叔器問：「天子祭天地，諸侯祭山川，大夫祭五祀，士庶人祭其先，此是分當如此否？」曰：「也是氣與他相關。如天子則是天地之主，便祭得那天地。若似其他人，與他不相關後祭個甚麽？如諸侯祭山川，也只祭得境内底。如楚昭王病後卜云『河爲祟』時[二九]，諸大夫欲去[三〇]祭河，昭王自言楚之分地不及於河，河非所以爲祟。孔子所以美之，云昭王之不失國也宜哉。這便見得境外山川與我不相關，自不當祭。」又問：「如殺孝婦，天爲之旱，如何？」曰：「這自是他一人足以感動天地。若是分[三一]與他不相干[三二]，如何祭得？」又問：「人而今去燒香拜天之類，恐也不是。」曰：「天只在我，更禱個甚麽？一身之中凡所思慮運動無非是天，一身在天裏行，如魚在水裏，滿肚裏都是水。某説人家還醮無意思，[三三]豈有斟一盞[三四]酒、盛兩個餅，却便[三五]享上帝！且説有此理無此理？某在南康祈雨，每日去天慶觀燒香。某説，且謾去。[三六]今若有個人不經州縣便去天子那裏下狀時，你嫌他不嫌他？你須捉來打，不合越訴。而今祈雨却如何不祭境内山川？如何却[三七]去告上帝？」義剛。

問：「竈可祭否？」曰：「人家飲食所繫，亦可祭。」問竈尸。曰：「想是以庖人爲之。」問祭竈之儀。曰：「亦略如祭宗廟儀。」淳。義剛録同，但止於「庖人爲之」，自「問」以下無。[三八]

因説：「五祀，伊川疑不祭井，古人恐是同井。」曰：「然。」可學。

古人神位皆西坐東向，故獻官皆西向拜。而今皆南向了，釋奠時獻官猶西向拜，不知是如何？[三九]

室中西南隅乃主位。室中西牖東户。若宣聖廟室則先聖當東向，先師南向。如周人禘嚳郊稷，嚳東[四〇]，稷南向。今朝廷宗廟之禮，情文都自相悖，不曉得。古者主位東向，配位南向，故拜即望西。今既一列皆南向，到拜時亦却望西拜，都自相背如此[四一]。古者用籩豆簠簋等陳於地，當時只席地而坐，故如此飲食爲便。如[四二]今塑象高高在上，而祭饌反陳於地，情文全不相稱。曩者某人來問白鹿洞書院夫子廟欲塑象[四三]，某答以州縣學是天子所立，既元用象，不可更，書院自不宜如此，不如不塑象。某處有列子廟，却塑列子膝坐於地，這必有古象。行古禮須是參用今來日用常禮，庶或饗之。如太祖祭，用簠簋籩豆之外，又設牙盤食用椀楪之類陳於床，這也有意思。到神宗時廢了，元祐初復用。後來變元祐之政，故此亦遂廢。賀孫。

夫子象設置於椅上已不是，又復置在臺座上。到春秋釋奠却乃陳簠簋籩豆於地，是甚義理？某幾番説要塑宣聖坐於地上，如設席模樣，祭時却自席地，此有甚不可處？每説與人，都道差異，不知如何。某記在南康，欲於學中整頓宣聖，不能得，後説與交代云云。宣聖本不當設象，春秋祭時只設主祭可也，今不可行，只得設象坐於地方始是禮。寓。

「孔子居中，顔、孟當列東坐西向。七十二人先是排東廡三十六人了，却方自西頭排起，當初如此。自升曾子於殿上，下面趲一位，次序都亂了。此言漳州，未知他處如何。」又云：「某經歷諸處州縣學，都無一個合禮序。」賀孫。

高宗御製七十二子贊，曾見他處所附封爵姓名多用唐封官號。本朝已經兩番加封，如何恁地？賀孫。

謁宣聖焚香不是古禮。拜進將捻香，不當叩首。只直上捻香了，却出笏叩首而降拜。賀孫。

釋奠散齋，因云：「陳膚仲以書問釋奠之儀。今學中儀乃禮院所班，多參差不可用。唐開元禮却好。開寶禮只是全録開元禮，易去帝號耳。若政和五禮，則甚錯。今釋奠有伯魚而無子思，又『十哲』亦皆差互，仲弓反在上。且如紹興中作七十二子贊只據唐爵號，不知後來已經加封矣。近嘗申明之。」可學。

「在漳州日，陳請釋奠禮儀，到如今只恁地白休了。子約爲藉田令，多少用意主張，諸禮官都没理會了，遂休。」坐客云：「想是從來不曾理會得，故怕理會。」曰：「東坡曾云，今爲禮官者皆是自牛背上拖將來。今看來是如此。」因問張舅忠甫家須更別有禮書，令還鄉日詢求之。致道云：「今以時文取官，下梢這般所在全理會不得。」曰：「向時尚有開寶通禮科，令其熟讀此書，試時挑問。後來又做出通禮，通禮[四四]如注釋一般。如人要治此，必須連此都記得。如問云籩起於何時，逐一説了後又反復論議一段，如此亦自好。漳州煞有文字，皆不得寫。如今朝廷頒行許多禮書，如五禮新儀，未是。若是不識禮便做不識禮，且只依本寫在也得。又去杜撰，將古人處改了。」是日因看薛直老行狀，中有述其初爲教官陳請改上丁釋奠事。「蓋其見當時用下丁，故請改之。舊看古禮中有一處注云：『春用二月上丁，秋用八月下丁。』今忘記出處。向亦欲檢問象先，及漳州陳請釋奠儀，欲乞委象先，又思量渠不是要理會這般事人，故已之。」賀孫。

新書院告成，明日欲祀先聖先師。古有釋菜之禮，約而可行，遂檢五禮新儀，令具其要者以呈。先生終日董役，夜歸即與諸生斟酌禮儀。雞鳴起，平明往書院，以廳事未備，就講堂行禮。宣聖像居中，兗國公顏氏、郕侯曾氏、沂水侯孔氏、鄒國公孟氏西向配北上，並紙牌子。濂溪周先生、東一。明道程先生、西一。伊川程先生、東二。康節邵先生、西二。司馬温國文正公、東三。横渠張先生、西三。延平李先生東四。從祀，亦紙牌子。並設於地。祭儀別録，祝文別録。先生爲獻官，命賀孫爲贊，直卿、居甫分奠，叔蒙贊，敬之掌儀。堂狹地潤，頗有失儀，但獻官極其誠敬[四五]，如或享之，鄰曲長幼並來陪。禮畢，先生揖賓坐，賓再起，請先生就中位開講。先生以坐中多年老，不敢居中位，再辭不獲，諸生復請，遂就位，説爲學之要。午飯後集衆賓飲，至暮散。賀孫。

李丈問太廟堂室之制。先生曰：「古制是不可曉。禮説，士堂後一架爲室，蓋甚窄。一架即一桁也。天子便待加得五七架，亦窄狹。不知周家三十以上神主位次相迫[四六]，如何行禮？室在堂後一架[四七]間，後堂内左角爲户而入。西壁如今之墻上爲龕，太祖居之，東向。旁兩壁有牖，群昭列於北牖下而南向，群穆列於南牖下而北向。堂又不爲神位，而爲人所行禮之地，天子設黼扆於中，受諸侯之朝。」以下天子宗廟之祭。淳。[四八]

劉歆說「文、武爲宗，不在七廟數中」，此說是。蓋「祖有功，宗有德」，天下後世自有公論，不以揀擇爲嫌。如其不然，則商三宗之外少一親廟矣。淳。[四九]

義剛[五〇]問：「諸儒所議禮如何？」曰：「劉歆說得較是。他謂宗不在七廟中者，謂恐有功德者多則占了那七廟數也。」又[五一]問：「文定『七廟』之說如何？」曰：「便是文定好如此硬說，如何恁地說[五二]！且如商之三宗，若不是別立廟，後只是親廟時，何不胡亂將三個來立？如何恰限取祖甲、太戊、高宗爲之？那個[五三]『祖有功，宗有德』，天下後世自有公論，不以擇揀爲嫌。所以[五四]名之曰『幽』、『厲』，雖孝子慈孫，百世不能改。那個好底自是合當宗祀，如何毀得！如今若道三宗只是親廟，則是少了[五五]一個親廟了。便是書難理會。且如成王崩後十餘日，此自是成服了，然顧命却說麻冕、黼裳、彤裳之屬，如此便是脫了那麻衣更來着色衣。文定便說道是攝行踐阼之禮。且[五六]道，政事便可攝而行，阼豈可攝而踐？如何恁地硬說！且如元年，他便硬道不要年號。而今有年號後[五七]人尚去揩改契書之屬，若更無後當如何？」又問：「『志一則動氣』是『先天而天弗違』，『氣一則動志』是『後天而奉天時』，其意如何？」曰：「此是橫渠恁地說，[五八]他是說春秋成後獲[五九]麟。先儒固亦有此說，然亦安知是作起獲麟與文成獲[六〇]麟？但某意恐不恁地，這似乎不祥。若是一個麟出後，被人打殺了，也揜采。」因言：「馬子莊道袁州曾有一麟。」胡叔器云：「但是古老相傳，舊日開江有一白駒。」先生曰：「馬說是二十年間事。若白駒等説是起於禹，如顔師古注『啓母石』之説政如此。近時廣德軍張大王分明是倣這一説。」義剛。

或問：「『遠廟爲祧』，如何？」曰：「天子七廟，如周文、武之廟不祧。文爲穆，則凡後之屬乎穆者，皆歸於文之廟；武爲昭，則凡後之屬乎昭者，皆歸乎武之廟也。」時舉。

問：「諸侯廟制，太祖居北而南向，昭廟二在其東南，穆廟二在其西南，皆南北相重。不知當時每廟一處，或共一室各爲位也？」曰：「古廟制自太祖以下各是一室，陸農師禮象圖可考。西漢時高帝廟、文帝顧成之廟猶各在一處，但無法度，不同一處。至東漢〔六二〕明帝謙貶不敢自當立廟，祔於光武廟，其後遂以爲例。至唐，太廟及群臣家廟悉如今制，以西爲上也。至禰處謂之『東廟』，只作一列。今太廟之制亦然。」德明。

今之廟制出於漢明帝，歷代相承不改。神宗嘗欲更張，今見於陸農師集中，史却不載。可學。

問：「本朝十一室，則九廟、七廟之制如何？」曰：「孝宗未祔廟，僖祖、宣祖未祧遷時爲十二室，是九世。今既祔宣祖，又祧僖祖，却祔孝宗，止是八世。進不及九，退不及七。當時且祧宣祖，存得九廟，却待後世商量猶得。直如此匆忙，何也？」人傑。〔六二〕

古人所以祔於祖者，以有廟制昭穆相對，將來祧廟則以新死者安於祖廟。所以設祔祭豫告，使死者知其將來安於此位，亦令其祖知是將來移上去，其孫來居此位。今不異廟，只共一室排作一列，以西爲上，則將來祧其高祖了，只趲得一位，死者當移在禰處。如此則只當祔禰，今而[六三]祔於祖，全無義理。但古人本是祔於祖，今又難改他底，若卒改他底，將來後世或有重立廟制，則又着改也。神宗朝欲議立朝廷廟制，當時張虎則以爲祧廟、祔廟只移一位，陸農師則以爲祔廟、祧廟皆移一匝。如農師之説則是世爲昭穆不定，豈得如此？文王却是穆，武王却是昭。如曰「我穆考文王」，又曰「我昭考武王」。又如左傳説：「管、蔡、郕、霍、魯、衛、毛、聃、郜、雍、曹、滕、畢、原、酆、郇，文之昭也。」這十六國是文王之子，文王是穆，故其子曰「文之昭也」；「邘、晉、應、韓，武之穆也」，這四國是武王之子，武王是昭，故其子曰「武之穆也」，則昭穆是萬世不可易，豈得如陸氏之説？陸氏禮象圖中多有杜撰處。不知當時廟制後來如何不行？賀孫。[六四]

今不立昭穆，即所謂「祔於曾祖、曾祖姑」者，無情理也。德明。[六五]

禘只祭始祖及所自出之帝二者而已[六六]，祫乃合群廟之主[六七]皆在。當從趙匡之説。[六八]

黃文云：「所自出之帝無廟。」方子。[六九]

「王者禘其祖之所自出，以其祖配之而立四廟，庶子王亦如之。程先生曰：『「禘其祖之所自出」，始受姓者也；「其祖配之」，以始祖配也。』文武必以稷配，後世必以文王配。所出之祖無廟，於太祖之廟禘之而已。萬物本乎天，人本乎祖，故以所出之祖配天地。周之后稷生於姜嫄，已上更推不去也。文武之功起於后稷，故配天者須以后稷，嚴父莫大於配天。宗祀文王於明堂以配上帝，上帝即天也，聚天之神而言之，則謂之上帝。此武王祀文王，推父以配上帝，配上帝須以父。」曰：「昔者周公郊祀，后稷以配天，宗祀文王於明堂以配上帝不？」曰：「武王者，以周之禮樂盡出周公制作，故以其作禮樂者言之，猶言『魯之郊禘，非禮也』。周公其衰矣，是周公之法壞也。若是成王祭上帝，則須配以武王，配天之祖則不易。雖百世，惟以后稷配帝，則必以父，若宣王祭上帝，則亦以厲王。雖聖如堯、舜不可以爲父，雖惡如幽、厲不害其爲所生也，故祭法言『有虞氏宗堯，非也』。如此，則須舜是堯之子，苟非其子，雖舜受以天下之重，不可謂之父也。如此，則是堯養舜以爲養男也，禪讓之事蔑然矣。以始祖配天須在冬至，一陽始生，萬物之始。祭用圓丘，器用陶匏藁秸，服大裘而祭宗祀。九月，萬物之成。父者，我所自生。帝者，生物之祖。故推以爲配而祭祀於明堂。此議方正。先此祭五帝，又祭昊天上帝并配者六位。自介甫議，惟祭昊上帝以禰配之。太祖而上，有僖、順、翼、宣，先嘗以僖祧之矣。介甫議以爲不當祧順，以下祧之可也。何者？本朝推僖祖爲始，已上不可得而推之也。或難以僖祖無功業亦當祧，以是言之，則英雄以得天下自己力爲之，並不與祖德。或謂『靈芝無根，醴泉無源』，物豈有無本而生者？今日天下基本蓋始於此人，安得爲無功業？故朝廷復立僖祖廟爲得禮。介甫所見，終是高於世俗之儒。」賀孫。［七〇］

諸侯有四時之祫，畢竟是祭有不及處方如此。如春秋「有事於太廟」，太廟便是群祧之主皆在其中。義剛。陳淳録同。〔七一〕

鄧子禮問：「廟主自西而列排〔七二〕，何所據？」曰：「此也不是古禮。如古時一代只奉之於一廟，如后稷爲始封之廟，文王自有文王之廟，武王自有武王之廟，不曾混雜共一廟。」賀孫。

春秋傳毁廟之道，改塗易檐。言不是盡除，只改其灰飾、易其屋檐而已。淳。〔七三〕

古者各有始祖之廟以藏祧主。如適士二廟各有門、堂、寢，各三間，是十八間屋。今士人如何要行得！賀孫。〔七四〕

賀孫〔七五〕問：「家廟在東，莫是親親之意否？」曰：「此是人子不死其親之意。」賀孫〔七六〕問：「如大成殿又却在學之西，莫是尊右之義否？」曰：「未知初意如何。本朝因仍舊制反更率略，較之唐制尤没理會。唐制猶有近〔七七〕處，猶有條理可觀。且如古者王畿之内髣髴如井田規畫，中間一圈便是宫殿，前圈中左宗廟、右社稷，其他百官府以次列居，是爲前朝。後中圈爲市，不似如今市中家家自各賣買，乃是宫中爲設一去處，令凡民之賣買者就其處，若今場務然，無游民雜處其間。更東西六圈以處六鄉六遂之民，耕作則出就田中之廬，農功畢則入此室處。唐制頗倣此，最有條理。城中幾坊，每坊各有墻圍，如子城然。一坊共一門出入，六街。凡城門坊角有武侯鋪，衛士分守。日暮門閉。五更二點，鼓自内發，諸街鼓承〔七八〕振，坊市門皆啓。若有姦盜，自無所容。蓋坊内皆常居之民，外面人來皆可知。如殺宰相武元衡於靖安里門外，分明載元衡入朝，出靖安里，賊乘暗害之。亦可見坊門不可胡亂入，只在大官街上被殺了。如那時措置得好，官堦[七九]邊都無閑雜賣買、污穢雜揉。所以杜詩云『我居巷南子巷北，可恨鄰里間，十日不一見顔色』，亦見出一坊、入一坊，非特特往來不可。」賀孫。

問：「先生家廟只在廳事之側。」曰：「便是力不能辦。古之家廟甚闊，所謂『寢不踰廟』，是也。」又問：[八〇]「祭時移神主於正堂，其位如何？」曰：「只是排列以西爲上。」又問：[八一]「祫祭考妣之位如何？」曰：「太祖東向，則昭、穆之南[八二]、北向者當以西方爲上。則昭之位次，高祖西而妣東，祖西而妣東，是祖母與孫並列，於體爲順。若余正父之説，則欲高祖東而妣西，祖東而妣西，則是祖與孫婦並列，於體爲不順。彼蓋據儀[八三]中有高祖南向、吕后少西，更不取證於經文，而獨取傳注中之一二執以爲是，斷不可回耳。」人傑。

問：「天子七廟，諸侯五廟，大夫三廟，士二廟，官師一廟。若只是一廟，只祭得父母，更不及祖矣，無乃不盡人情？」曰：「位卑則流澤淺，其理自然如此。」文蔚曰：「今雖士庶人家，亦祭三代，如此却是違禮。」曰：「雖祭三代，却無廟，亦不可謂之僭。古之所謂廟者，其體面甚大，皆是門、堂、寢、室，勝如所居之宫，非如今人但以一室爲之。」文蔚。

胡兄問祧主置何處。曰：「古者始祖之廟有夾室，凡祧主皆藏之於夾室，自天子至於士庶皆然。今世[八四]士庶之家不敢僭立始祖之廟，故祧主無安頓處，只得如伊川說埋於兩階之間而已。某家廟中亦如此。兩階之間人跡不到，取其潔爾。今人家廟亦安有所謂兩階？但擇浄處埋之可也。思之，不若埋於始祖墓邊。緣無個始祖廟所以難處，只得如此。」僩。

問祧禮。曰：「天子諸侯有太廟夾室則祧主藏於其中，今士人家無此，祧主無可置處。禮注說藏於兩階間，今不得已只埋於墓所。」問：「有祭告否？」曰：「橫渠說三年後祫祭於太廟，因其祭畢還主之時，遂奉祧主歸於夾室，遷主新主皆歸於廟。鄭氏周禮注大宗伯享先王處亦有此意，今略倣而行之。」問：「考妣入廟有先後，則祧以何時？」曰：「妣先未得入廟，考入廟則祧。」宗伯注曰：「魯禮，三年喪畢而祫於太祖。明年春，禘於群廟。自爾以後率五年而再殷[八五]祭，一祫一禘。」王制注亦然。淳。[八六]

問：「祧主，諸侯於祫祭時祧。今士人家無祫祭，只於四時祭祧，仍用祝詞告之，可否？」曰：「默地祧又不是也。古者適士二廟，廟是個大屋[八七]。特牲饋食禮有宗、祝等許多官屬，祭祀時禮數大。今士人家無廟，亦無許大禮數。」淳。

古人惟家廟有碑，廟中者以繫牲。冢上四角四個以繫索下棺，棺既下則埋於四角，所謂「豐碑」是也。或因而刻字於其上。後人凡碑刻無不用之，且於中間穴孔，不知欲何用也。今會稽大禹廟有一碑，下廣銳而上小薄，形制不方不圓，尚用以繫牲，云是時[八八]葬禹之物。上有隸

字，蓋後人刻之也。僩。[八九]

春秋時宗法未亡。如滕文公云「吾宗國魯先君」，蓋滕，文之昭也。文王之子武王既爲天子，以次則周公爲長，故滕謂魯爲「宗國」。又如左氏傳載：「女喪而宗室，於人何有？」如三威之後，公父文伯、公鉏、公爲之類乃季氏之小宗；南宮适之類，孟氏之小宗。今宗室中多帶皇兄、皇叔、皇伯等冠於官職之上，非古者不得以戚戚君之意。本朝王定國嘗言之，欲令稱「某王孫」，或「曾孫」，或「幾世孫」，有如越王派下則當云「越王幾世孫」。如此則族屬易識，且無戚君之嫌，亦自好。後來定國得罪，反以此論爲離間骨肉。今宗室散無統紀，名諱重疊，字號都窮了，更無安排處。楊子直欲[九〇]用「季」字[九一]，趙丞相以爲「季」是叔、季，意不好，遂不用。賀孫。[九二]

「古者宗法有南宮、北宮，便是不分財，也須異爨。今若同爨固好，只是少間人多了又却不齊整，又不如異爨。」問：「陸子静家有百餘人喫飯。」曰：「近得他書，已自別架屋，便也是許多人無頓着處。」又曰：「見宋子蜚說，廣西賀州有一人家共一大門，門裏有兩廊，皆是子房，如學舍、僧房。每私房有人客來則自辦飲食，引上大廳請尊長伴五盞後，却回私房別置酒。恁地却有宗子意，亦是異爨。見說其族甚大。」又曰：「陸子静始初理會家法亦齊整：諸父自做一處喫飯，諸母自做一處喫飯，諸子自做一處，諸婦自做一處，諸孫自做一處，孫婦自做一處，卑幼自做一處。」或問：「父子須異食否？」曰：「雖[九三]是如此，亦須待父母食畢，然後可退而食。」問：「事母亦須然否？」曰：「也須如此。」問：「有飲宴何如？」曰：「這須同處。如大饗，君臣亦同坐。」賀孫。

「宗子只得立適，雖庶長立不得。若無適子則亦立庶子，所謂『世子之同母弟』。世子是適，若世子死則立世子之親弟，亦是次適也，是庶子不得立也。本朝哲廟上仙，哲廟弟有申王，次端王，次簡王，乃哲廟親弟。當時章子厚欲立簡王。是時向后猶在，乃曰『老身無子，諸王皆云云』。當以次立申王，目眇不足以視天下，乃立端王，是爲徽宗。章子厚殊不知禮意。同母弟便須皆是適子方可言[九四]，既皆庶子，安得不依次第？今臣庶家要立宗也難，只是宗室與襲封孔氏、柴氏當立宗，今孔氏、柴氏襲封只是兄死弟繼，只如而今人[九五]門長一般，大不是。」又曰：「今若[九六]要立宗亦只在人，有甚難處？只是而今時節更做事不得，奈何！奈何！如伊川當時要勿封孔氏，要將朝廷所賜田五百頃一處給作一『奉聖鄉』，而吕原明便以爲不可，不知如何。漢世諸王無子國除，不是都無子，只是無適子便除其國。不知是如何。恐只是漢世不奈諸侯王何，幸因他如此，便除了國。」賀孫。

古人用尸，本與死者是一氣，又以生人精神去交感他那精神，是會附着歆享。杜佑説古人質朴，立尸爲非禮。今蠻夷中猶有用尸者。庚。[九七]

古者立尸必隔一位。孫可以爲祖尸，子不可以爲父尸，以昭、穆不可亂也。夔孫。[九八]

或問：「古人祫祭時每位有尸否？」曰：「固是。周家旅酬六尸，是每位皆有尸[九九]也。古者主人獻尸，尸酢主人。開元禮猶如此，每獻一位畢，則尸便酢主人，受酢已，又獻第二位。不知是[一〇〇]甚時緣甚事後廢了，到本朝都把這樣禮數併省了。」廣。

或問：「妣有尸否？」曰：「一處説無尸，又有一處説有男尸、有女尸。亦不知廢於甚時代[一〇一]。古者不用尸則有陰厭，書儀中所謂『闔門垂簾』是也，欲使神靈厭飫之也。」廣。

問：「去祭用尸。」[一〇二]曰：「古者男女皆有尸。自周以來不見[一〇三]有女尸，想是漸次廢了。這個也磽碕。古者君[一〇四]尸在廟門之外，則全臣子之禮，在廟門之内，則君拜之。杜佑説，上古時中國與[一〇五]夷狄一般，後世[一〇六]聖人改之有未盡善者，尸其一也。蓋今蠻洞中亦[一〇七]有此，但擇美丈夫爲之，不問族類。」事見杜佑理道要訣末篇。[一〇八]夔孫。[一〇九]

神主之位東向，尸在神主之北。銖。

問：「程氏主式，士人家可用否？」曰：「他云已是殺諸侯之制。士人家用牌子。」曰：「牌子式當如何？」曰：「温公用大板子。今但依程氏主式而勿陷其中可也。」淳。[一一〇]

伊川制，士庶不用主，只用牌子。看來牌子當如主制，只不消做二片相合及竅其旁以通中。賀孫。

又〔一一一〕問：「庶人家廟〔一一二〕亦可用主否？」曰：「用亦不妨。且如今人未仕只用牌子，到仕後不中換了。若是士人只用主，亦無大利害。」又問：「祧主當如何？」曰：「當埋之於墓。其餘祭儀，諸家祭祀〔一一三〕已備具矣。如欲行之，可自子細考過。」時舉。

黄直卿〔一一四〕問：「神主牌，先生夜來説荀勗禮未終。」先生曰：「温公所製牌闊四寸、厚五寸八分，錯了。據隋煬帝所編禮書有一篇荀勗禮，乃是云『闊四寸，厚五寸，八分大書「某人神座」』。不然，只小楷書亦得』。後人相承誤了，却作『五寸八分』爲一句。」義剛。

李丈〔一一五〕問士牌子式。曰：「晉人制長一尺二分、博四寸五分，亦太大。不如只依程主外式，然其題則不能如陷中之多矣。」淳。義剛録同。〔一一六〕

古人祭禮次喪禮，蓋謂從那始行〔一一七〕重時〔一一八〕便做那祭底道理來。後來人却移祭禮在喪之前，不曉這個意思。植。〔一一九〕

問：「祭禮，古今事體不同，行之多窒礙，如何？」曰：「有何難行？但以誠敬爲主，其他儀則隨家豐約，如一羹一飯，皆可自盡其誠。若温公書儀所説堂室等處，貧家自無許多所在，如何要行得？據某看來，苟有作者興禮樂，必有簡而易行之理。」賀孫。

李丈問：「祭儀更有修改否？」曰：「大概只是温公儀，無修政處。」問始祖之祭。曰：「後來疑似禘祭，更不敢祭。」淳。〔一二〇〕

今之冠昏禮易行，喪祭禮繁多，所以難行。使聖人復出，亦必理會教簡要易行。今之祭禮豈得是古人禮？唐世三獻官隨獻，各自飲福受胙。至本朝便都只三獻後方始飲福受胙，也是覺見繁了，故如此。某之祭禮不成書，只是將司馬文正〔一一二一〕者減却幾處。如今人飲食如何得恁地多？橫渠説「墓祭非古」，又自撰墓祭禮，即是周禮上自有了。賀孫。

黄問：「行正禮而祖先不曉，此則如何？」曰：「公曉得不曉得？公曉得，祖先便曉得。」淳。〔一一二二〕

或問：「祖宗非士人，而子孫欲變其家風以禮祭之，祖宗不曉却如何？」曰。〔一一二三〕義剛。按此下闕文，當有如上條，意始備，恐同聞而録異耳。〔一一二四〕

人家族衆不分合祭，或主祭者不可以祭及叔伯之類，則須令其嗣子别得祭之。今且説同居，同出於曾祖，便有從兄弟及再從兄弟了。祭時主於主祭者，其他或子不得祭其父母。若恁地袞做一處祭不得。要好，當主祭之嫡孫當一日祭其曾祖及祖及父，餘子孫與祭。次日，却令次位子孫自祭其祖及父。又次日，却令又次位子孫自祭其祖及父。此却有古宗法意。古今祭禮這般處皆有之。某後來更討得幾家，要入未得。如今要知宗法祭祀之禮，須是在上之人先就宗室及世族家行了，做個樣子，方可使以下士大夫行之。賀孫。〔一一二五〕

某自十四歲而孤，十六而免喪。是時祭祀只依家中舊禮，禮文雖未備，却甚齊整。先妣執祭事甚虔。及某年十七八許〔一二六〕方考訂得諸家禮，禮文稍備。是時因思古人有八十歲躬祭事拜跪如禮者，常自期，以爲年至此時，當亦能如此。在禮雖有「七十曰老，而傳」，則祭祀不預之説，然亦自期儻年至此，必不敢不自親其事。然自去年來拜跪已難，至冬間益艱辛。今年春間僅能立得住，遂使人代拜，今立亦不得了。然七八十而不衰，非特古人，今人亦多有之，不知某安得如此衰也！僩。

又〔一二七〕問「支子不祭」。曰：「不當祭。」又〔一二八〕問：「横渠有季父之喪，三廢時祀，却令竹監弟爲之。緣竹監在官，無持喪之專，如此則支子亦祭。」曰：「這便是横渠有礙處，只得不祭。」因説：「古人持喪端的是持喪，如不食粥端的是不食粥〔一二九〕。」淳。

問士祭服。曰：「應舉者用襴衫幞頭，不應舉者用皂衫幞頭。」問：「皂衫帽子如何？」曰：「亦可。然亦只當凉衫。中間朝廷一番行冠帶，後却自朝廷〔一三〇〕官先廢了。崇觀間，莆人朱給事子入京，父令過錢塘謁故人某大卿。初見以衫帽，及宴亦衫帽，用大樂。酒一行，樂一作，主人先釂，遂兩手捧盞側勸客。客亦釂，主人捧盞不移，〔一三一〕至樂罷而後下。及五盞歇坐，請解衫帶，着背子，不脱帽以終席。來歸語其父。父曰：『我所以令汝謁見者，欲汝觀前輩禮儀也。』此亦可見前輩風俗。今士大夫殊無有衫帽者。嘗有某人作郡，作衫帽之禮，監司不喜，以他故按之。」淳。〔一三二〕

胡叔器[一三三]問：「祭祖先，[一三四]士庶當祭幾代？」曰：「古時一代即有一廟，其禮甚多。今於禮制大段虧缺，而士庶皆無廟。但温公禮祭三代，伊川祭自高祖，始疑其過。要之，既無廟又於禮煞缺，祭四代亦無害[一三五]。」義剛問：「東坡[一三六]之説如何？」曰：「祭[一三七]四代，蓋自己成一代説起。」陳仲蔚[一三八]問：「『郵畷表』不知爲何神？」曰：「却不曾子細看[一三九]。東坡以爲猶如戰[一四〇]。」又問：「中霤是何處？」曰：「上世人居土屋，中間開一天窗，此便是中霤。後人易爲屋，不忘古制，相承亦有中霤之名。今之中霤但當於屋中祭之。」張以道問：「蜡便是臘否？」曰：「模樣臘自是臘，蜡自是蜡。」義剛曰：「臘之名至秦方有。」義剛。[一四一]

問[一四二]始祖之祭。曰：「古無此。是伊川先生以義起之。[一四三]某當初也祭，後來覺得僭，遂不敢祭。古者諸侯只得到[一四四]始封之君，以上則[一四五]不敢祭。大夫有大功，則請於天子，得祭其高祖，然亦止得祭一番，常時不敢祭。程先生亦云，人必祭高祖，只是疏數耳。」又問：「士[一四六]庶亦有始基之祖，四[一四七]代以上則可不祭否？」曰：「如今祭四代已爲僭。古者官師亦只得祭二代，若是始基之祖，莫亦只存得墓祭。」夔孫。[一四八]

余正父謂：「士大夫不得祭始祖，此天子諸侯之禮。若士大夫當祭，則自古無明文。」又云：「大夫自無太祖。」先生因舉：「春秋如單氏、尹氏，王朝之大夫自上世至後世，皆不變其初來姓號，則必有太祖。又如季氏之徒世世不改其號，則亦必有太祖。」余正父謂：「此春秋時自是世卿不由天子，都没理會。」先生云：「非獨是春秋時，如詩裏説『南仲太祖，太師皇父』，南仲是文王時人，到宣王時爲太祖。不知古者世禄不世官之説如何？又如周公之後，伯禽已受封於魯，而周家世有周公，如春秋云『宰周公』，這般所在自曉未得。」賀孫。

問：「冬至祭始祖是何祖？」曰：「或謂受姓之祖，如蔡氏則以〔一四九〕蔡叔之類。或謂厥初生民之祖，如盤古之類。」曰：「立春祭先祖則何祖？」曰：「自始祖下之第二世，及己身以上第六世之祖。」曰：「何以只設二位？」曰：「此只是以意享之而已。」淳。

李問至日始祖之祭初獻事。答云：〔一五〇〕「家中尋常只作一番安排。想古人也不恁地，却有三奠酒。或有脯醢之屬，因三奠中進。」遂問：「始祖是隨一姓有一始祖，或只是是〔一五一〕一始祖？」曰：「此事亦不可得而見。想開闢之時，只是生一個人出來。」淳。〔一五二〕

始祖之祭、先祖之祭，先生家近已之。云：「嫌其偪於天子之禮。始祖之祭似禘，先祖之祭似祫。」閎祖。〔一五三〕

問祭禮。曰：「古禮難行，且依温公，擇其可行者行之。祭土地只用韓公所編。祇一位。祭祖，自高祖而下，如伊川所論。古者祇祭考妣，温公祭自曾祖而下。伊川先生以高祖有服，所當祭，今見於遺書者甚詳。此古禮所無，創自伊川，所以使人盡孝敬追遠之義。」道夫。〔一五四〕

伊川時祭止於高祖，而〔一五五〕上則於立春設二位統祭之，而不用主，此説是也。却又云，祖又豈可厭多？其[一五六]可知者無遠近[一五七]，皆當[一五八]祭之。疑是初時未曾討論，故有此說。道夫。

問遺書云「尋常祭及高祖」。曰：「天子則以周人言，上有太祖二祧。大夫則于祫及其高祖。」可學。

用之問：「先生祭禮，立春日[一五九]祭高祖而上，只設二位。若古人祫祭，須是逐位祭？」曰：「某只是依伊川說。伊川禮更略。伊川所定不是成書，温公儀却是做成了。」賀孫。

李丈問立春先祖之祭。曰：「後來亦疑似祫祭，不敢祭。」淳。[一六〇]

問：「祭先祖用一分如何？」曰：「只是一氣。若影堂中各有牌子則不可。」可學。

居父問祖妣配祭之禮。先生檢古今祭禮唐元和一段示之。賀孫。

古人無再娶之禮，娶時便有一副當人了，嫡庶之分定矣，故繼室於正室不可並配。今人雖再娶，然皆以禮聘，皆正室也，祭於别室恐未安。如伊川云，奉嗣[一六一]之人是再娶所生則以所生母配。如此則是嫡母不得祭矣，此尤恐未安。大抵伊川考禮文，却不似横渠考得較子細。伯羽。[一六二]

妣者，媲也。祭所生母只當稱母，則略有别。伯羽。[一六三]

無後之祭，伊川説在古今家祭禮中。閎祖。[一六四]

問無後祔食之位。曰：「古人祭於東西廂。而[一六五]今人家無東西廂，某家每常[一六六]只位於堂之兩邊。祭食則一，但正位三獻畢，然後使人分獻一酌而已，如今學中從祀然。」淳。義剛録同。[一六七]

李守約問：「祭殤，幾代而止？」曰：「禮經無所説[一六八]。只程氏遺書一段説此，亦是以義起。」祭殤。義剛。陳淳録同。[一六九]

一之問：「長兄死，有嫂[一七〇]無子，不持服，歸父母。未幾，亦死于父母家。謂嫂已去而無義，欲[一七一]不祀其嫂之主。又有次兄年少未娶而死。欲以二兄之主同爲一櫝，如何？」曰：「兄在日不去嫂，兄死後嫂雖歸父母家又不嫁，未得爲絶，不祀亦無謂。若然，是弟自去其嫂也，兄弟亦何必同櫝乎？」淳。[一七二]

李丈問曰[一七三]：「荆婦有所生母取養於家[一七四]，百歲後只歸祔於外氏之塋，如何？」曰：「亦可。」又問：「神主歸於外家[一七五]，則外家[一七六]凌替，欲祀於家之別室，如何？」曰：「不便。北人風俗如此。上谷郡君謂伊川曰『今日爲我祀父母，明日不復祠[一七七]矣』，是亦祀其外家也。然無禮經。」義剛。

胡[一七八]問：「行正禮，則俗節之祭如何？」曰：「韓魏公處得好，謂之節祠，殺於正祭。某家依而行之，但七月十五日[一七九]素饌用浮屠，某不用耳。向南軒廢俗節之祭，某問：『於端午

能不食粽乎？重陽能不飲茱萸酒乎？不祭而自享，於汝安乎？』」淳。〔一八〇〕

問：「行時祭，則俗節如之〔一八一〕何？」曰：「某家且兩存之。」童問：「莫簡於時祭否？」曰：「是。要得不行，須是自家亦不飲酒始得。」淳。

先生依婺源舊俗：歲暮二十六日，烹豕一祭家先，就中堂二鼓行禮。次日，召諸生餕。李丈問曰：「夜來之祭飲福受胙否？」曰：「亦不講此。」婺源俗：豕必方切大塊。首、蹄、肝、肺、心、腸、肚、尾、腎等每件逐位皆均有。亦炙肉，及以魚佐之。云是日甚忌有器皿之毀〔一八二〕。淳。

先生以歲前二十六夜祭先。云：「是家間從來如此。這又不是新安舊俗，某嘗在新安見祭享又不同。只都安排了，大男小女都不敢近前〔一八三〕，亦〔一八四〕不舉燭，只黑地，主祭一人自去燒香禱祝了。祭饌不徹，閉户以待，來早方徹。其祭不止一日，從二十六日連日只祭去。大綱如今俗所謂『喚福』。」賀孫。

又〔一八五〕問：「先生除夜有祭否？」曰：「無祭。」「先生有五祀之祭否？」曰：「不祭。」因說五祀皆設主而後迎尸，其詳見月令注，與宗廟一般。遂舉先生語解中「王孫賈」一段。曰：〔一八六〕「當初因讀月令注，方知王孫賈所問奧、竈之說。」淳。

墓祭非古。雖周禮有「墓人爲尸」之文，或是初間祭后土亦未可知。但今風俗皆然，亦無大害。國家不免亦十月上陵。淳。〔一八七〕

義剛[一八八]問：「墓祭有儀否？」曰：「也無儀，大概略如家祭。唐人亦不見有墓祭，但是拜掃而已。」林擇之云：「唐有墓祭，通典載得在。」曰：「却不曾考。」或問墓祭祭后土[一八九]。曰：「就墓外設位而祭。」義剛。陳淳録同而略，今附，云：「淳問：『墓祭有儀否？』曰：『不制儀。大概略如家祭。古人無墓祭。』問：『祭畢亦祭后土否？』曰：『就墓外設位而祭。』又注云：『先人説唐人不墓祭，只拜掃而已。』林擇之説：『通典載亦有。』更考。」[一九〇]

温公書儀謂以香火代爇蕭。楊子直不用，以爲香只是佛家用之。義剛。[一九一]

問：「酹酒是少[一九二]傾，是盡傾？」先生曰：「降神是盡傾。然温公儀降神一節亦似僭禮。大夫無灌獻，亦無爇蕭，灌獻、爇蕭乃天子諸侯禮。爇蕭欲以通陽氣，今太廟亦用之。或以爲焚香可當爇蕭，然焚香乃道家以此物氣味香而供養神明，非爇蕭之比也。」陳録以上自作一條。[一九三]

問后土氏之祭。曰：「極而言之亦似僭，然此即古人中霤之祭，而今之所謂『土地』者。郊特牲：『取財於地，取法於天，是以尊天而親地，教民美報焉，故家主中霤而國主社。』觀此，則天不可祭而土神在民亦可祭。蓋自上古陶爲土室，其當中處上爲一竅[一九四]通明，名之曰『中霤』。及中古有宮室，亦以室之中央爲中霤，存古之舊，示不忘本。雖曰土神，而只以小者言之，非如天子所謂祭皇天后土之大者也。」義剛。陳淳録同。[一九五]

祭禮，主人作初獻，未有主婦則弟得爲亞獻，弟婦得爲終獻。賀孫。[一九六]

飲福受胙[一九七]即尸酢主人之事，無尸者則有陰厭、陽厭。旅酬從下面勸上，下至直罍洗者皆得與獻酬之數。方子。

夫祭妻亦當拜。義剛。陳淳録同。[一九八]

古無忌祭，近日諸先生方考及此。賀孫。[一九九]

問：「忌日當哭否？」曰：「若是哀來時，自當哭。」又問衣服之制。曰：「某自有弔服，絹衫絹巾，忌日則服之。」廣。

忌日須用墨衣墨冠。横渠却視祖先遠近爲等差，墨布冠，墨布緇衣。銖。

先生母夫人忌日着緣墨布衫，其巾亦然。友仁問：「今日服色何謂？」先生曰：「公豈不聞『君子有終身之喪』？」友仁。

先生爲無後叔祖忌祭，未祭之前不見客。賀孫。

問：「『三年而後葬者必再祭』，鄭玄注以爲只是練祥祭無禫。」曰：「不知禮經上下文如何道，看見也是如此。」賀孫。[二〇〇]

「喪三年不祭」，蓋孝子居倚廬堊室只是思慕哭泣，百事皆廢，故不祭耳。然亦疑當令宗人攝祭，但無明文，不可考耳。閎祖。[二〇一]

問「喪三年不祭」。曰：「程先生謂，今人居喪都不能如古禮，却於祭祀祖先獨以古禮不行，恐不得。橫渠曰『如此則是不以禮祀其親也』。某嘗謂，如今人居喪時，行三二分居喪底道理，則亦當行三二分祭先底禮數。」[二〇二]廣。

先生以子喪，不舉盛祭，就影堂前致薦，用深衣幅巾。薦畢，反喪服，哭奠於靈，至慟。賀孫。[二〇三]

【校勘記】

[一] 祭　成化本此上有「禮七」。

[二] 輔漢卿　成化本爲「漢卿」。

[三] 以下天地山川　成化本無。

[四] 此條人傑録成化本載於卷三。

[五] 庚　成化本無，且此條載於卷三。

[六] 此條賀孫録成化本無，但以部分内容夾注於卷九十載賀孫録「如今士大夫家都要理會古禮……須改用教是始得」條，可參。

[七] 此條文蔚録成化本無。

[八] 此條人傑録成化本無。

[九] 此説却好 成化本爲「却説得好」。

[一〇] 此條道夫録成化本作爲注，夾於賀孫録中，參下條。

[一一] 此 成化本爲「此説」。

[一二] 禮 成化本此下注曰：「道夫録云：『五峰言無北郊，只社便是祭地，却説得好。』」

[一三] 淳按黄義剛録同 成化本爲「義剛」。

[一四] 感 成化本無。

[一五] 祭是祭 成化本作「祭」。

[一六] 則 成化本無。

[一七] 成化本此下注曰：「以下論祭祀神示。」且此條淳録載於卷三。

[一八] 社 成化本無。

[一九] 宁 成化本作「字」，朱本作「宇」。

[二〇] 户 成化本此上有「門是」。

[二一] 時 成化本無。

[二二] 成化本此下注曰：「以下五祀。」

[二三] 胡叔器 成化本爲「叔器」。

〔二四〕陛　成化本作「階」。

〔二五〕又　成化本作「及」。

〔二六〕符舜功　成化本爲「舜功」。

〔二七〕爲　成化本作「而」。

〔二八〕却　成化本無。

〔二九〕時　成化本無。

〔三〇〕去　成化本無。

〔三一〕若是分　成化本爲「若祭祀則分」。

〔三二〕干　朱本作「闕」。

〔三三〕思　成化本此下注曰：「一作『最可笑』。」

〔三四〕盞　朱本作「盃」。

〔三五〕却便　成化本爲「便要」。

〔三六〕去　成化本此下注曰：「一作『且慢』。」

〔三七〕却　成化本作「便」。

〔三八〕義剛録同……自問以下無　成化本無。

〔三九〕成化本此下注曰：「以下祀先聖。」

[四〇] 東　成化本爲「東向」。

[四一] 如此　成化本無。

[四二] 如　成化本無。

[四三] 白鹿洞書院夫子廟欲塑象　成化本爲「白鹿塑象」。

[四四] 通禮　成化本無。

[四五] 敬　成化本作「意」。

[四六] 迫　成化本作「逼」。

[四七] 架　成化本無。

[四八] 以下天子宗廟之祭淳　成化本爲「淳義剛録同以下天子宗廟之祭」。

[四九] 此條淳録成化本無。

[五〇] 義剛　成化本無。

[五一] 又　成化本無。

[五二] 説　成化本爲「説得」。

[五三] 那個　成化本無。

[五四] 以　成化本作「謂」。

[五五] 了　成化本無。

［五六］且　成化本作「某」。
［五七］後　成化本無。
［五八］此是横渠恁地説　成化本無。
［五九］獲　成化本作「致」。
［六〇］獲　成化本作「致」。
［六一］東漢　成化本無。
［六二］此條人傑録成化本載於卷一百二十八。
［六三］而　成化本無。
［六四］此條賀孫録成化本載於卷八十九。
［六五］此條德明録成化本載於卷八十九。
［六六］二者而已　成化本無。
［六七］之主　成化本無。
［六八］當從趙匡之説　成化本爲「當以趙匡之説爲正」。
［六九］黄文云所自出之帝無廟方子　成化本爲「從周方子録云所自出之帝無廟」。且此條載於卷二十五。
［七〇］此條賀孫録成化本無。
［七一］陳淳録同　成化本無。

〔七二〕排　成化本無。
〔七三〕淳　成化本爲「義剛」，且此條載於卷八十三。
〔七四〕成化本此下注曰：「以下士。」
〔七五〕賀孫　成化本無。
〔七六〕賀孫　成化本無。
〔七七〕近　成化本爲「近古」。
〔七八〕承　朱本作「城」。
〔七九〕堦　成化本作「街」。
〔八〇〕又問　成化本無。
〔八一〕又問　成化本無。
〔八二〕南　成化本爲「南向」。
〔八三〕儀　成化本爲「漢儀」。
〔八四〕世　成化本無。
〔八五〕殷　朱本作「幾」。
〔八六〕淳　成化本作「義剛」。
〔八七〕屋　成化本作「臺」。

［八八］時　成化本爲「當時」。
［八九］成化本此下注有「碑」，且此條僩録載於卷八十九。
［九〇］欲　成化本爲「嘗欲」。
［九一］字　成化本作「宗」。
［九二］成化本此下注曰：「以下宗法。」
［九三］雖　朱本作「須」。
［九四］言　此下原有一字缺，似爲「立」字。
［九五］人　成化本無。
［九六］若　成化本無。
［九七］庚　成化本無。
［九八］夔孫　成化本爲「義剛」。
［九九］尸　朱本爲「一尸」。
［一〇〇］是　成化本無。
［一〇一］代　成化本無。
［一〇二］問去祭用尸　成化本爲「李堯卿問今祭欲用尸如何」。
［一〇三］見　成化本此下有「説」。

［一〇四］君　成化本此下有「迎」。
［一〇五］與　成化本爲「但與」。
［一〇六］世　成化本作「出」。
［一〇七］亦　成化本作「猶」。
［一〇八］事見杜佑理道要訣末篇　成化本爲「事見杜佑所作理道要訣末篇杜佑」，且作大字。
［一〇九］夔孫　成化本爲「義剛」。
［一一〇］成化本此下注曰：「以下主式。」
［一一一］又　成化本無。
［一一二］廟　成化本無。
［一一三］祭祀　成化本爲「祭禮」。
［一一四］黄直卿　成化本爲「直卿」。
［一一五］李丈　成化本爲「堯卿」。
［一一六］淳義剛録同　成化本爲「義剛」。
［一一七］行　成化本作「作」。
［一一八］時　成化本此下注曰：「重用木，司馬儀用帛。」
［一一九］成化本此下注曰：「以下論家祭。」

〔一二〇〕此條淳録成化本無。

〔一二一〕司馬文正　成化本爲「司馬公」。

〔一二二〕此條淳録成化本無。

〔一二三〕曰　成化本此下有「如何議論得恁地差異！公曉得不曉得」。

〔一二四〕義剛按此下闕文……恐同聞而録異耳　成化本爲「淳録云公曉得祖先便曉得義剛」。

〔一二五〕成化本此下注曰：「以下主祭。」

〔一二六〕許　成化本無。

〔一二七〕又　成化本無。

〔一二八〕又　成化本無。

〔一二九〕端的是不食粥　成化本無。

〔一三〇〕廷　成化本無。

〔一三一〕移　成化本此下注曰：「義剛録云：『依舊側盞不移。』」

〔一三二〕成化本此下注曰：「義剛同。士祭服。」

〔一三三〕胡叔器　成化本爲「叔器」。

〔一三四〕祭祖先　成化本無。

〔一三五〕善　成化本作「害」。

〔一三六〕東坡　成化本此下有「小宗」。

〔一三七〕祭　成化本此上有「便是」。

〔一三八〕陳仲蔚　成化本爲「仲蔚」。

〔一三九〕看　成化本作「考」。

〔一四〇〕戰　成化本作「戲」。

〔一四一〕成化本此下注曰：「以下論士祭世數。」

〔一四二〕問　成化本爲「堯卿問」。

〔一四三〕是伊川先生以義起之　成化本爲「伊川以義起」。

〔一四四〕到　成化本作「祭」。

〔一四五〕則　成化本無。

〔一四六〕士　成化本此上有「今」。

〔一四七〕四　成化本此上有「莫亦只祭得四代，但」。

〔一四八〕夔孫　成化本爲「義剛以下祭始祖先祖」。

〔一四九〕以　成化本無。

〔一五〇〕答云　成化本作「曰」。

〔一五一〕是　成化本無。

［一五二］淳　成化本爲「淳略」。
［一五三］此條閎祖録成化本無。
［一五四］道夫　成化本作「驤」。
［一五五］而　成化本此上有「高祖」。
［一五六］其　成化本此上有「苟」。
［一五七］近　成化本此下有「多少」。
［一五八］皆當　成化本作「須當盡」。
［一五九］日　成化本無。
［一六〇］此條淳録成化本無。
［一六一］嗣　成化本作「祀」。
［一六二］成化本此下注有「砥同」。
［一六三］伯羽　成化本爲「砥祭生母」。
［一六四］成化本此下注曰：「以下祭無後者。」
［一六五］而　成化本無。
［一六六］每常　成化本無。
［一六七］淳義剛録同　成化本爲「義剛」。

〔一六八〕說　成化本作「見」。
〔一六九〕祭殤義剛陳淳録同　成化本爲「義剛祭殤」。
〔一七〇〕嫂　朱本爲「義嫂」。
〔一七一〕欲　朱本作「亦」。
〔一七二〕成化本此下注曰：「以下雜論。」
〔一七三〕李丈問曰　成化本爲「堯卿問」。
〔一七四〕取養於家　成化本爲「在家間養」。
〔一七五〕外家　成化本爲「婦家」。
〔一七六〕外家　成化本爲「婦家」。
〔一七七〕祠　成化本作「祀」。
〔一七八〕胡　成化本爲「叔器」。
〔一七九〕日　成化本無。
〔一八〇〕成化本此下注曰：「義剛同。以下俗祭。」
〔一八一〕之　成化本無。
〔一八二〕毁　朱本作「設」。
〔一八三〕前　成化本無。

〔一八四〕亦　成化本此上有「夜」。
〔一八五〕又　成化本無。
〔一八六〕曰　成化本爲「先生曰」。
〔一八七〕成化本此下注曰：「以下墓祭。」
〔一八八〕義剛　成化本無。
〔一八九〕土　成化本此下有「否」。
〔一九〇〕陳淳録同而略……通典載亦有更考　成化本爲「淳少異」。
〔一九一〕此條義剛録成化本無。
〔一九二〕少　原脱，據成化本補。
〔一九三〕陳録以上自作一條　成化本爲「義剛」。
〔一九四〕竅　成化本此下有「以」。
〔一九五〕義剛陳淳録同　成化本爲「義剛同」。
〔一九六〕此條賀孫録成化本以部分内容爲注，附於楊録後，參成化本卷九十楊録「祭只三獻……韓魏公禮不同」條。
〔一九七〕胙　朱本作「酢」。
〔一九八〕陳淳録同　成化本無。

〔一九九〕成化本此下注有：「以下忌祭。」

〔二〇〇〕此條賀孫録成化本載於卷八十七。

〔二〇一〕成化本此下注曰：「以下喪廢祭。」且此條閎祖録載於卷八十九。

〔二〇二〕數　成化本此下注曰：「今按，此語非謂只可行三二分，但既不得盡如古，則喪祭亦皆當存古耳。」且此條廣録載於卷八十九。

〔二〇三〕此條賀孫録成化本載於卷八十九。

晦庵先生朱文公語類卷第九十一

雜儀[一]

自三代後，車服冠冕之制，前漢皆不説，只後漢志内略載，尚[二]又多不可曉。庚。[三]

古者有祭服，有朝服。祭服所謂鷩冕之類，朝服所謂皮弁、玄端之類。天子諸侯各有等差。黄無「天子」以下八字。[四]自漢以來祭亦用冕服，朝服則所謂進賢冠、絳紗袍。隋煬帝時始令百官戎服，唐人謂之「便服」，又謂之「從省服」，乃今之公服也。祖宗以來亦有冕服、車騎[五]之類而不常用，惟大典禮則用之，然將用之時必先出許多物色於庭，所持之人又須有賞賜。[六]於是將用之前有司必先入文字，取指揮，例降旨權免。夔孫。黄義剛録同。[七]

今朝廷服色三等乃古間服，此起於隋煬帝時。然當時亦只是做戎服，當時以巡幸煩數，欲就簡便，故三品以上服紫，五品服緋，六品以下服緑。他當時又自有朝服。今亦自有朝服，大祭祀時用之，然不常以朝。到臨祭時取用却一齊都破損了，要整理又須大費一巡，只得怎地包在那裏。賀孫。

今之朝服乃戎服，蓋自隋煬帝數遊幸，令百官以戎服從，一品紫，五品朱，六品青。皂靴乃上馬鞋也。後世循襲，遂爲朝服。然自唐人朝服猶著禮服，幞頭圓頂軟脚，今之吏人所冠者是也。桶頭[八]帽子乃隱士之冠。宣和末，京師士人行道間猶著衫帽，至渡江戎馬中乃變爲白涼衫，紹興二十年間猶[九]是白涼衫，至後來軍興，又變爲紫衫，皆戎服也。淳。[一〇]

祖宗時有大朝會，如元正、冬至有之。天子被法服，群臣皆有其服。籍溪胡先生[一一]在某州爲解頭，亦嘗預元正朝班。又舊制：在京升朝官以上每日趂班[一二]，如上不御殿，宰相押班。所以韓魏公不押班，爲臺諫所論。籍溪云，士服著白羅衫，青緣，有裙有佩。紹興間，韓勉之知某州，於信州會樣來製士服，正如此。某後來看祖宗實録，乃是教大晟樂時士人所服，方知出處。今朝廷所頒緋衫，乃有司之服也。人傑。按，輔廣録略，今附，云：「祖宗時元正、冬至皆有大朝會，君臣都著法服，諸州解頭亦預。籍溪先生在某州爲解元，亦曾預元正朝會，皆白羅衫，青緣，有冠有佩。」[一三]

賀孫[一四]問：「今冠帶起於何時？」曰：「看角抵圖所畫觀戲者盡是冠帶。立底、屋上坐底皆戴帽繫帶，樹上坐底也如此。那時猶只是軟帽搭在頭上，帶只是一條小皮，穿幾個孔，用那跨子縛住。至賤之人皆用之。今來帽子做得恁地[一五]高，硬帶做得恁地重大，既不便於從事，又且是費錢。皂衫更費重。某從向時見此三物，疑其必廢。如今果是人罕用。也是貧士，如何要辦得！自家竭力辦得，着去那家，那家自無了，教他出來相接也不得，所以其弊必廢。大凡事不思量，後都是如此。」

賀孫[一六]問：「古人制深衣，正以爲士之貴服，且謂『完且弗費』，極是好，上至天子亦服之。不知士可以常服否？」曰：「『可以擯相，可以治軍旅』，如此貴重，恐不可常服。」曰：「『朝玄端，夕深衣』已是從簡便了。且如深衣有大帶了，又有組以束之，今人已不用組了。凡是物事，纔是有兩件，定是廢了一件。」又云：「竇太后以戲帽贈文帝，[一七]則帽已自此時有了。從來也多唤做巾子、幞頭。」或云：「後唐莊宗取伶人者用之[一八]，但未[一九]有脚。」或云：「神廟朝[二〇]方用。」想神廟[二一]方制得如此長脚。賀孫。

符舜功曰：「去年初得官，欲冠帶參先生，中以顯道言而止。今思之亦是失禮。」先生曰：「畢竟是君命。」良久，笑曰：「顯道是出世間法。某初聞劉諫議初仕時，冠帶乘凉轎還人事。又聞李先生云，楊龜山初得官時亦冠帶乘轎還人事。[二二]往往前輩皆如此。今人都不理會其間有如此者，遂哂之。要之，冠帶爲禮。某在同安作簿時，朝廷亦有文字令百官皆戴帽。某時坐轎有礙，後於轎頂上添了一團[二三]竹。」義剛。

上領服非古服。看古賢如孔門弟子衣服，如今道服却有此意。古畫亦未有上領者，惟是唐時人便服此，蓋自唐初已雜五胡之服矣。[二四]

因言服制之變：「前輩無著背子者，雖婦人亦無之。士大夫家居，常服紗帽、皂衫、革帶，無此則不敢出。背子起殊未久。」或問：「婦人不着背子則何服？」曰：「大衣。」問：「大衣，非命婦亦可著否？」曰：「可。」僩因舉胡德輝雜志云：「背子本婢妾之服，以其行直主母之背，故名『背子』。後來習俗相承，遂爲男女辨貴賤之服。」曰：「然。嘗見前輩雜説中載，上御便殿着紗帽、背子，則國初已有背子矣。皆不可曉。」又曰：「後世禮服固未能猝復先王之舊，然[二五]且得華夷稍有辨別猶得。今世之服大抵皆胡服，如上領衫、靴鞋之類，先王冠服掃地盡矣！中國衣冠之亂自晉五胡，後來遂相承襲。唐接隋，隋接周，周接元魏，大抵皆胡服。」問：「今公服起於何時？」曰：「隋煬帝游幸，令群臣皆以戎服從，五品以上服紫，七品以上服緋，九品以上[二六]服緑。只從此起遂爲不易之制。」又問：「公服何故如許闊？」曰：「亦是積漸而然，初不知所起。嘗見唐人畫十八學士裹幞頭，公服極窄，畫裴晉公諸人則稍闊，及畫晚唐王鐸輩則又闊。相承至今又益闊也。嘗見前輩説，紹興初某人欲製公服，呼針匠計料，匠云少三尺許。某人遂寄往都下製造，及得之，以示針匠。匠曰：『此不中格式，某不敢爲也。』某人問其故。曰：『但看袖必短，據格式，袖合與下襜齊至地，不然則不可以入閤門。』彼時猶守得這些[二七]意思，今亦不復存矣。唐人有官者，公服、幞頭不離身，以此爲常服。又別有朝服，如進賢冠、中單服之類。其下又有省服，服爲常服。今之公服，即唐之省服服也。」又問幞頭所起。曰：「亦不知所起，但諸家小説中時班駁見一二，如王彦輔麈史猶略言之。某少時尚見唐時小説極多，今皆不復存矣。

唐人幞頭，初止以紗爲之，後以其軟，遂斫木作一山子在前襯起，名曰『軍容頭』。其説以爲起於魚朝恩，一時人争效，士大夫欲爲幞頭，則曰『爲我斫一軍容頭來』。及朝恩被誅，人以爲語讖。其先幞頭四角有脚，兩脚繫向前，兩脚繫向後。後來遂横兩脚，以鐵綫張之。然惟人主得裹此，世所畫唐明皇已裹兩脚者，但比今甚短。後來藩鎮遂亦僭用，想得士大夫因此亦皆用之，但不知幾時展得如此長？嘗見禪家語録載唐莊宗問一僧云：『朕收中原得一寶，未有人酬價。』僧曰：『略借陛下寶看。』莊宗以手展幞頭兩脚示之。如此，則五代時猶是惟人君得裹兩脚者，然皆莫可考也。桐木山子相承用，至本朝遂易以藤織者，而以紗冒之。近時方易以漆紗。嘗見南劍沙溪一士夫家尚收得上世所藏幞頭，猶是藤織坯子。唐製又有兩脚上下者，亦莫可曉。」僩。

今官員執笏最無道理。笏者，只是君前記事，恐事多，須以紙粘笏上記其頭緒。或在君前不可以手指人物，須用笏指之。此笏常只[二八]插在腰間，不執在手中。夫子「攝齊升堂」，何曾手中有笏？攝齊者，畏謹，恐上階時踏着裳，有顛仆之患。執圭者，圭自是贄見之物，只是捧至君前，不是如執笏。所以執圭時便「足縮縮，如有循」，緣手中有圭，不得攝齊，亦防顛仆。明作。[二九]

古人言人跪坐。「雖有拱璧而先乘馬，不如坐進此道」，謂跪而獻之也。如文帝不覺膝之前，蓋亦是跪坐。跪坐，故兩手下爲拜。「拜」字從兩手下。古者初冠，母子相拜；婦初見舅姑，舅姑答拜。不特君臣相答拜也。方子。以下拜。

古人坐於地未必有[三〇]盤足，必是跪。以其慣了，故脚不痛，所以拜時易也。古人之拜止[三一]如今道士拜，一膝齊下。唐人先下一膝，謂之「雅拜」，似有罪，是不恭也。今人不然。明作。

問：[三二]「古者天子拜其臣，想亦是席地而坐，只略爲之俛首，便是拜否？」先生曰：「太甲『拜手稽首』，[三三]疏言稽留之意，是首至地之久也，蓋其尊師傅如此。後來晉元帝亦拜王導，至其家亦拜其妻。如法帖中，元帝與王導帖皆稱『頓首』，又不知如何也。[三四]」淳。義剛録同。[三五]

賀孫[三六]問：「看禮中說婦人吉拜，雖君賜肅拜，此則古人女子拜亦伏地也。」曰：「古有女子伏拜者。乃太祖問范質之姪杲：『古者女子拜如何？』他遂舉古樂府云『長跪問故夫』，以爲古婦女皆伏拜，自則天欲爲自尊之計，始不用伏拜。今看來此說不然。樂府只說『長跪問故夫』，不曾說伏拜。古人坐也是跪，一處云『直身長跪』。若拜時亦只低手衹揖便是肅拜，故禮肅拜注云『肅，俯手也』。蓋婦人首飾盛多，如『副笄六珈』之類，自難以俯伏地上。古人所以有父母拜其子、舅姑答婦拜者，蓋古坐時只跪坐在地，拜時亦容易；又不曾相對，拜各有向，當答拜亦然。大祝九拜：稽首拜，頭至地；頓首拜，頭叩地；空首拜，頭至手，所謂『拜手』也；振動，戰栗變動之拜；吉拜，拜而後稽顙；凶拜，稽顙而後拜也；奇拜，一拜；褒拜，再拜，『褒』讀爲『報』；肅拜，『但俯下手，今時抬』，傳云『介者不拜』，『敢肅使者』是也。」賀孫。

古人屋黃作「室」。無廊廡。三公露立於槐下，九卿露立於棘下。當其朝會，有雨則止。黃本止此。[三七]曾子問：「諸侯見天子，入門而雨霑服失容則廢。」淳。義剛録同而[三八]略。以下朝廷之儀。

三代之君見大臣多立，乘車亦立。漢初猶立見大臣，如贊者云「天子爲丞相起」。後世君太尊，臣太卑。德明。

古者天子見群臣有禮：先特揖三公，次揖九卿，又次揖左右，然後泛揖百官。所謂「天揖同室[三九]」之類，有許多等級。義剛。陳淳録同。[四〇]

「皇太子參決時見宰相、侍從以賓主之禮，餘官不然。」又曰：「獨宰相爲正拜者，蓋餘官謝恩在殿下拜，侍從以上雖拜殿上，亦只偏拜，獨宰相正拜，故云。」敬仲。[四一]

近日上殿禮簡，如所謂舞蹈等事皆無之。只是直至殿下拜一雙，上殿奏事，退又拜，即[四二]這也是閤門要省事故如此。壽皇初間得幾時見群臣，皆許只用紫衫。後來有人説道太簡，後不如此。賀孫。[四三]

問朝見舞蹈之禮。曰：「不知起於何時。元魏末年方見説那舞，然恐或是夷狄之風。」廣。[四四]

「古時隔品則拜，謂如八品見六品、六品見四品則拜。宰相絶禮[四五]百僚，則皆拜之。若存得此等舊禮亦好，却有等殺。今著令[四六]，從事郎以下庭參不拜，則以上者不庭參可知。豈有京朝官復降階之禮？」今朝士見宰相只是客禮，見監司、郡守如何却降階？」問：「若客司輩[四七]揖請降階則如何？」曰：「平立不降可也。同官雖皆降階，吾獨不降可也。」是時將赴莆田，問此。先生又云：「古者庭參官，令録以下往往皆拜，惟職官不拜，所以著令如此。」德明。

廖子晦將赴莆陽宰，[四八]請於先生：「今屬邑見郡守有階墀之禮，合當如何？」[四九]曰：「若欲自行其志，勿從俗可也。」因云：「今多相尚如此。以此去事人固是無見識，且是爲官長者安受而不疑，更是怪。」坐客云：「趙丞相帥某處，經過某處，而屬邑宰及同僚皆於船頭迎望拜接，後却旨揮不要此般禮數。這般所在，須先戒飭客將。」或云：「今人見宰相，欲有所言，未及出口，已爲客將按住云『相公尊重』，至有要取覆而客將抗聲云『不得取覆』者。」先生曰：「若是有此等，無奈何，須叱之可也。」賀孫。

黄直卿[五〇]言：「廖子晦作宰，不庭參，當時忤了上位，但此一節最可服。」先生曰：「庭參底固不是，然待上位來争到底也不是。」義剛。[五一]

開元禮有刺史弔吏民之禮，如[五二]古者國君弔臣禮。本朝删去此條。方子。

問：「左右必竟孰爲尊？」曰：「漢初右丞相居左丞相之上，史中有言曰『朝廷無出其右者』，則是右爲尊也。到後來又却以左爲尊，而老子曰有[五三]『上將軍處右而偏將軍處左』。『喪事尚右』，[五四]兵，凶器也，故以『喪禮處之』，如此則『吉事尚左』[五五]矣。漢初豈習於戰國與暴

秦之所爲乎！」廣。〔五六〕

問：「盤坐於理有害否？」曰：「古人席地亦只是盤坐，又有跪坐者。〔五七〕君前臣跪，父前子跪，兩膝頭屈前着地，觀畫圖可見。古人密處未見得，其疏即是如此。〔五八〕管寧坐一木榻，積五十年未嘗箕股，其榻上當膝處皆穿。今人有椅子，若對賓客時合當垂足坐，若獨居時垂足坐難久，盤坐亦何害？」淳。按，徐寓録同而略，今附，云：「安卿問：『管寧跪坐，今人盤坐無妨否？』曰：『古人席地亦只跪坐，未有盤坐。君前臣跪，父前子跪。兩膝頭屈前着地，古人撙節處自如此密。今有橙椅之屬，若對賓客時合垂足坐，若燕居無尊客，垂足坐難久，盤坐亦何害？』」〔五九〕

古人上下之分雖嚴，然待臣僕如子弟，待子弟如臣僕。伯玉之使，孔子與之坐；陶淵明盤輿，用其子與門人；子路之負米；子貢之埋馬；夫子之釣弋；有若之三踴於魯大夫之庭，而同三百人中當國士也；〔六〇〕冉有用矛却齊以入其軍，而樊須雖少能用命也。古之人執干戈衛社稷，躬耕稼與陶漁之事，皆是也。後世驕侈日甚，反以臣子之職爲耻，此風日變，不可復也。士君子知此，爲學者言之，以漸率其子弟，庶幾可少變乎！人傑。〔六一〕

今之表啓是下諛其上，今之制誥是君諛其臣。道夫。

今人書簡使上覆，以爲重於啓也。然用「啓」字則有義理，用「覆」字却無義理。「啓」乃開啓之「啓」。「覆」爲審覆之「覆」，如「三覆奏」，謂已有指揮，更爲再三審覆之也。廣。

問：「今人書簡未嘗拜而言拜，未嘗瞻仰而言瞻仰，如何？」先生曰：「『瞻仰』字去之無害，但『拜』字承用之久，若遽除去，恐不免譏駡。前輩只云『某啓』，『啓』是開白之義。法帖中有『頓首』，韓文中有『再拜』，其來已久。」人傑[六二]問：「『啓』又訓跪，如秦王問范睢有『跽而請[六三]』。」曰：「古人席地而坐，有問於人則略起身時其膝至地，或謂之跪。若婦人之拜在古亦跪，古樂府云『伸腰拜手跪』，則婦人當跪而拜，但首不至地耳。不知婦人之不跪起於何代，或謂唐武后時方如此，亦未可知。周天元令命婦爲男子之拜以稱賀，及天元薨，遂改其制。想史官書之以表其異，則古者婦人之拜，其首不至地可知也。然則婦人之拜，當以深拜，頗合於古。」人傑。

有士大夫來謁，各以坐次推遜不已。先生曰：「吾人年至五十後，莫論官、休。」自修。

大抵前輩禮數極周詳鄭重，不若今人之苟簡。以今人律之先王之禮，則今人爲山鹿野麋矣！然某尚及見前輩禮數之周，今又益薄矣。僩。

【校勘記】

[一] 雜儀　成化本此上有「禮八」。

〔二〕尚　成化本無。
〔三〕庚　成化本爲「以下服」。
〔四〕黄無天子以下八字　成化本無。
〔五〕騎　成化本此下注曰：「黄録作『旗』。」
〔六〕賜　成化本此下注曰：「黄録云：『所付之人又須有以易也。』」
〔七〕黄義剛録同　成化本爲「義剛同」。
〔八〕頭　成化本作「頂」。
〔九〕猶　成化本此上有「士人」。
〔一〇〕淳　成化本爲「義剛」。
〔一一〕胡先生　成化本無。
〔一二〕趂班　成化本爲「赴班」。
〔一三〕按輔廣録略……有冠有佩　成化本爲「廣録略」。
〔一四〕賀孫　成化本無。
〔一五〕地　成化本無。
〔一六〕賀孫　成化本無。
〔一七〕竇太后以戲帽贈文帝　成化本爲「薄太后以帽絮提文帝」。

〔一八〕後唐莊宗取伶人者用之　成化本爲「唐莊宗取伶官者用」。
〔一九〕未　成化本作「長」。
〔二〇〕神廟朝　成化本爲「太祖朝」。
〔二一〕神廟　成化本爲「此時」。
〔二二〕又聞李先生云楊龜山初得官時亦冠帶乘轎還人事　成化本無。
〔二三〕團　成化本作「圈」。
〔二四〕成化本此下注有「賀孫」。
〔二五〕然　成化本無。
〔二六〕上　成化本作「下」。
〔二七〕些　成化本無。
〔二八〕只　成化本無。
〔二九〕此條明作録卷三十八重複載録。
〔三〇〕有　成化本作「是」。
〔三一〕止　成化本作「正」。
〔三二〕問　成化本爲「安卿問」。
〔三三〕首　成化本此下有「成王『拜手稽首』」。

［三四］又不知如何也　成化本爲「不知如何」。
［三五］淳義剛録同　成化本爲「義剛」。
［三六］賀孫　成化本無。
［三七］黄本止此　成化本無。
［三八］同而　成化本無。
［三九］室　成化本作「姓」。
［四〇］陳淳録同　成化本無。
［四一］此條敬仲録成化本載於卷一百二十八。
［四二］即　成化本爲「即退」。
［四三］此條賀孫録成化本載於卷一百二十八。
［四四］此條廣録成化本載於卷一百二十八。
［四五］絶禮　成化本爲「禮絶」。
［四六］令　朱本爲「公令」。
［四七］輩　成化本無。
［四八］廖子晦將赴莆陽宰　成化本爲「子晦將赴莆陽」。
［四九］今屬邑見郡守有階墀之禮合當如何　成化本爲「今屬邑見郡守不問官序例堦墀如何」。

〔五〇〕黄直卿　成化本爲「直卿」。
〔五一〕此條義剛録成化本載於卷一百十三。
〔五二〕如　成化本爲「略如」。
〔五三〕曰有　成化本爲「有曰」。
〔五四〕右　王本作「左」。
〔五五〕左　王本作「右」。
〔五六〕成化本此下注有「以下雜論」。
〔五七〕者　成化本此下注：「寓録云：『古人亦只跪坐，未有盤坐。』」
〔五八〕此　成化本此下注：「寓録云：『古人撙節處自如此密。』」
〔五九〕按徐寓録同而略……盤坐亦何害　成化本爲「寓録少異」。
〔六〇〕而同三百人中當國士也　成化本無。
〔六一〕此條人傑録成化本載於卷十三。
〔六二〕人傑　成化本無。
〔六三〕請　成化本爲「請之」。

晦庵先生朱文公語類卷第九十二

樂古今

問：「古尺何所考？」曰：「羊頭山黍今不可得，只依温公樣，他考必子細。然尺亦多樣，隋書載十六等尺，說甚詳。王莽貨泉錢，古尺徑一寸。」因出二尺，曰：「短者周尺，長者景表尺。」淳。[一]

十二律皆在，只起黃鍾之宮不得。所以起不得者，尺不定也。黍。[二]升卿。

「律管只吹得中聲爲定。季通嘗截小竹吹之，可驗。若謂用周尺或羊頭山黍，雖應準則，不得中聲，終不是。大抵聲太高則焦殺，低則盎緩。」「牛鳴盎中」，謂此。又云：「此不可容易杜撰。劉歆爲王莽造樂，樂成而莽死；後荀勗造於晉帝[三]時，即有五胡之亂；和峴造於周世宗時，世宗亦死。惟本朝太祖皇帝[四]神聖特異，初不曾理會樂律，但聽樂聲，嫌其太高，令降一分，其聲遂和。唐太宗定[五]樂及本朝樂皆平和，所以世祚久長。」笑云：「如此議論，又却似在樂不在德也。」德明。

無聲，做管不成。德明。

司馬遷說律，只是推得[六]一個通了，十二個皆通。庚。[七]

十二律自黃鍾而生。黃鍾是最濁之聲，其餘漸漸清。若定得黃鍾是便入得樂，都是這裏纔差了些子其他都差。只是寸難定，所以易差。道夫。

樂聲，黃鍾九寸最濁，應鍾最清，清聲則四寸半。八十一、五十四、七十二、六十四，至六十四則不齊而不容分矣。人傑。

音律如尖塔樣，闊者濁聲，尖者清聲。宮以下則太濁，羽以上則太輕，皆不可爲樂，惟五聲者中聲也。人傑。

樂律：自黃鍾至仲吕皆屬陽，自蕤賓至應鍾皆屬陰，此是一個大陰陽。黃鍾爲陽，大吕爲陰，太簇爲陽，夾鍾爲陰，每一陽間一陰，又是一個小陰陽。閎祖。

自黃鍾至仲吕皆下生，自蕤賓至應鍾皆上生。以上生下皆三生二，以下生上皆三生四。閎祖。

律管只以九寸爲準，則上生下生，三分益一損一，如破竹矣。人傑。[八]

禮記注疏說「五聲六律十二管還相爲宮」處分明。人傑。

旋宮：且如大吕爲宮，則大吕用黃鍾八十一之數而三分損一，下生夷則；夷則又用林鍾五十四之數而三分益一，上生夾鍾。其餘皆然。闳祖。

道夫[九]問：「先生所論樂，今考之，若以黃鍾爲宮，便是太簇爲商，姑洗爲角，蕤賓爲變徵，林鍾爲徵，南吕爲羽，應鍾爲變宮。若以大吕爲宮，便是夾鍾爲商，中吕爲角，林鍾爲變徵，夷則爲徵，無射爲羽，黃鍾爲變宮。其餘則旋相爲宮，周而復始。若言相生之法，則以律生吕便是下生，以吕生律則爲上生。自黃鍾下生林鍾，林鍾上生太簇；太簇下生南吕，南吕上生姑洗；姑洗下生應鍾，應鍾上生蕤賓。蕤賓本當下生，今却復上生大吕；大吕下生夷則，夷則上生夾鍾；夾鍾下生無射，無射上生中吕。相生之道至是窮矣，遂復變而上生黃鍾之宮。再生之黃鍾不及九寸，只是八寸有餘。然黃鍾君象也，非諸宮之所能役，故虛其正而不復用，所用祇再生之變者。就再生之變又缺其半，所謂缺其半者，蓋若大吕爲宮、黃鍾爲變宮時，黃鍾管最長，所以只得用其半聲。而餘宮亦皆倣此。」曰：「然。」又曰：「宮、商、角、徵、羽與變徵，皆是類[一〇]之相生，自然如此，非人力所加損，此其所以爲妙。」問：「既有宮、商、角、徵、羽，又有變宮、變徵，何也？」曰：「二者是樂之和，去聲。相連接處。」道夫。

「『旋相爲宮』，若到應[一一]爲宮則下四聲都當低去，所以有半聲，亦謂之『子聲』，近時所謂清聲是也。大率樂家最忌臣民陵君，故商聲不得過宮聲。然近時却只[一二]有四清聲，方響十六個，十二個是律吕，四片是四清聲。古來十二律却都有半聲。所謂『半聲』者，如蕤賓之管當用六寸，却只用三寸。雖用三寸，聲却只是大吕，但愈重濁耳。」又問聲氣之元。先生云：「律曆家最重這。元聲一定[一三]，向下都定；元聲差，向下都差。」植。[一四]

宫與羽、角與徵相去獨遠，故於其間製變宫、變徵二聲。廣。

問：「周禮大司樂説宫、角、徵、羽，與七聲不合，如何？」曰：「此是降神之樂，如黄鍾爲宫，大吕爲角，太簇爲徵，應鍾爲羽，自是四樂各舉其一者而言之。以大吕爲角，則南吕爲宫，太簇爲徵，則林鍾爲宫，應鍾爲羽，則太簇爲宫。以七聲推之合如此，注家之説非也。」人傑。

律吕有十二，用時只使七個。自黄鍾下生至七，若更插一聲便拗了。淳。

七聲之説，國語言之。人傑。

「律十有二，作樂者只用七聲。惟宫聲筵席不敢[一五]用，用則賓主失歡。」力行云：「今人揲卦得乾卦者多不爲吉，故左傳言『隨元、亨、利、貞』，有是四德乃可以出。」先生曰：「然。」力行。

文蔚[一六]問：「國語云『律者立均出度』，韋昭注云：『均謂均鍾，木長七尺，係之以弦。』不知其制如何？」曰：「韋昭是個不分曉底人。國語本自不分曉，更著他不曉事，愈見鶻突。『均』只是七均。如以黄鍾爲宫，便用林鍾爲徵，太簇爲商，南吕爲羽，姑洗爲角，應鍾爲變宫，蕤賓爲變徵。這七律自成一均，其聲自相諧應。古人要合聲，先須吹律，使衆聲皆合，律方可用。後來人想不能[一七]解去逐律吹得。京房始有律準，乃是先做下一個母子，調得正了，後來只依此爲準。國語謂之『均』，梁武帝謂之『通』。其制十三弦，一弦是全律底黃鍾，只是散聲。又自黃鍾起至應鍾有十二弦，要取甚聲，用柱子來逐弦分寸上柱定取聲。立均之意本只是如此。古來人解書最有一個韋昭無理會，且如下文『六者中之色』，『六』字本只是『黃』字闕却上面一截，他便就這『六』字上解，謂六聲天地之中。六者天地之中，自是數，干色甚事！」文蔚。

水、火、木、金、土是五行之序。至五聲，宮却屬土，至羽屬水。宮聲最濁，羽聲最清。一聲應七律，共八十四調。除二律是變宮，止六十調。人傑。

樂聲是土、金、木、火、水，洪範是水、火、木、金、土。人傑。

樂之六十聲便如六十甲子。以五聲合十二律而成六十聲，以十干合十二支而成六十甲子，若不相屬而實相爲用。遺書云「三命是律，五星是曆」，即此説也。只曉不得甲子、乙丑皆屬木而納音却屬金，前輩多論此，皆無定説。僩。

絲宮而竹羽。人傑。

絲尚宮，竹尚羽。竹聲大，故以羽聲濟之；絲聲細，故以宮聲濟之。廣。

周禮以十二律爲之度數，如黃鍾九寸、林鍾六寸之類。以十二聲爲之劑量，蓋磬材有[一八]剛柔清濁，音聲有輕重高低，故復以十二聲劑量斟酌，磨削[一九]厚薄，令合節族[二〇]，如磬氏「已上則磨其旁，已下則磨其端」之類。僩。

先生偶言及律呂，謂：「管有長短，則聲有清濁。黃鍾最長，則聲最濁，應鍾最短，則聲最清。」時舉云：「黃鍾本爲宫，然周禮祭天神人鬼地示之時，則其樂或以黃鍾爲宫，或以林鍾爲宫，未知如何？」先生云：「此不可曉。先儒謂商是殺聲，鬼神之[二一]所畏，故不用，而只用四聲迭相爲宫。未知其五聲不備又何以爲樂。大抵古樂多淡，十二律之外，又有黃鍾、大呂、太簇、夾鍾四清聲雜於正聲之間，樂都可聽。今古樂不可見矣。長沙南嶽廟每祭必用樂，其節奏甚善，祭者久立不勝其勞。據圖經云是古樂，然其樂器又亦用伏鼓之類，如此則亦非古矣。」時舉因云：「『金聲玉振』是樂之始終。不知只是首尾用之，還中間亦用耶？」先生云：「樂有特鍾、特磬，有編鍾、編磬。編鍾、編磬是中間奏者，特鍾、特磬是首尾用者。」時舉云：「所謂『玉振』者只是石耶，還真用玉？」曰：「只是石耳，但大樂亦有玉磬，所謂『天球』者是也。」時舉。

義剛[二二]問：「周禮祭不用商音，或以爲是武王用厭勝之術。切疑聖人恐無此意。」曰：「這個也難曉，須是問樂家，如何不用商。嘗見樂家言是有殺伐之意，故祭不用。然也恐是無商調，不是無商音。他那奏起來五音依舊皆在。」又問：「向見一樂書，温公言本朝無祉[二三]音。切謂五音如四時代謝，不可缺一。若無祉音，則本朝之樂大段不成説話。」曰：「不特本朝，從來無那祉。不特祉無，角亦無之。然只是太常樂無，那宴樂依舊有。這個也只是無那祉調角音[二四]，不是無那祉角音[二五]。如今人曲子所謂『黃鍾宫，大呂羽』，這便是調。謂如頭一聲是宮聲，尾後一聲亦是宮聲，這便是宮調。若是其中按拍處，那五音依舊都用，不只是全用宮。如説無祉便只是頭聲與尾聲不是祉，這却不知是如何，其中有個甚麽欠缺處所以做那祉不成。徽宗嘗令人硬去做，然後來做得成却只是頭一聲是祉，尾後一聲依舊不是，依舊走了，這個[二六]不知是如何。平日也不曾去理會，這須是樂家辨得那[二七]聲音底方理會得。但是這個別是一項，未消得理會。」義剛。

古者太子生則太師吹管以度其聲，看合甚律。及長，其聲音高下皆要中律。庚。[二八]

南北之亂，中華雅樂中絶。隋文帝時，鄭譯得之於蘇祇婆，乃[二九]自西域傳來，故知律呂乃天地自然之聲氣，非人之所能爲。譯請用旋宮，何安[三〇]耻其不能，遂止用黄鍾一均。事見隋志。因言佛與吾道不合者，蓋道乃無形之物，所以有差。至如樂律，則有數器，所以合也。閎祖。

六朝彈箏鼓瑟皆歌。節。

唐祖孝孫説八十四調，季通云只有六十調，不以變宮、變徵爲調，恐其説有理。此左傳「中聲以降，五降之後不容彈矣」之意也。人傑。

又曰：[三一]「自唐以前樂律尚有制度可考，自[三二]唐以後都無可考。如杜佑通典所算分數極精，但通典用十分爲寸作算法，頗難算。蔡季通只以九分算。本朝范、馬諸公非惟不識古制，自是於唐制亦不曾詳看。通典又不是隱僻底書，不知當時諸公何故皆不看。只如沈存中博覽，筆談所考器數甚精，亦不曾看此。使其見此，則所論過於范、馬遠甚。吕伯恭不喜筆談，以爲皆是亂數[三三]。某與之[三四]言：『未可恁地説，恐老兄欺他未得在，只是他做人不甚好耳。』」因令將五音、十二律寫作圖子，云：「且須曉得這個，其他却又商量。」道夫。

問樂。曰：「古聲只是和，後來多以悲恨爲佳。温公與范蜀公，胡安定與阮逸、李照爭辯，其實都自理會不得，却不曾去看通典。通典説得極分明，蓋此事在唐猶有傳者，至唐末遂失其傳。王朴當五代之末，杜撰得個樂如此。當時有幾鍾名爲『啞鍾』，不曾擊得，蓋是八十四調。朴調其聲，令一一擊之。其實那個啞底却是，古人製此不擊以避宮聲，若一例皆擊，便有陵節之患。漢禮樂志劉歆説樂處亦好。唐人俗舞謂之『打令』，其狀有四：曰招，曰摇，曰送，其一記不得。蓋招則邀之之意，摇則摇手呼唤之意，送者送酒之意。舊嘗見深村父老爲余言，其祖父嘗爲之收得譜子，因兵火失去。舞時皆裹幞頭，列坐飲酒，少刻起舞。有四句號云『送摇招摇，三方一圓，分成四片，送在摇前』，人多不知，皆以爲瓦[三五]謎。」漢卿云：「張滋約齋亦是張家好子弟。」先生曰：「見君舉説，其人大曉音律。」因言：「今日到詹元善處，見其教樂，又以管吹習古詩二南、七月之屬，其歌調却只用太常譜。然亦只做得今樂，若古樂，必不恁地美。人聽他在行在録得譜子，大凡壓入音律只以首尾二字，章首一字是某調，章尾即以某調終之。如關雎『關』字，合作無射調，結尾亦着作無射聲應之；葛覃『葛』字，合作黄鍾調，結尾亦著作黄鍾聲應之；如『七月流火』三章皆『七』字起，『七』字則是清聲調，末亦以清聲調結之；如『五月斯螽動股』、『二之日鑿冰沖沖』，『五』字、『二』字皆是濁聲黄鍾調，末以濁聲結之。元善理會事都不要理會個是，只信口胡亂説，事事喚做曾經理會來。如宫、商、角、徵、羽，固是就喉、舌、唇、齒上分，他便道只此便了，元不知道喉、舌、唇、齒上亦各自有宫、商、角、徵、羽。何者？蓋自有個疾徐高下。」賀孫。

「温公與范忠宣公[三六]，胡安定與阮逸、李照等議樂，空自争辯。看得來都未是，元不曾去看唐[三七]通典。據通典中所説皆是，又且分曉。」廣云：「如此則杜佑想是理會得樂。」曰：「也[三八]不知他會否，但古樂在唐猶有存者，故他因取而載之於書。至唐末黄巢亂後遂失其傳，至五代[三九]周世宗時，王朴據他所見杜撰得個樂出來。通鑑中説，王朴説當時鍾有幾個不曾擊，謂之『啞鍾』，朴乃調其聲，便皆可擊。看得來所以存而不擊者，恐是避其陵慢之聲，故不擊之耳，非不知擊之耳。」廣。

蔡京用事主張喻世清作樂，盡破前代之言樂者。因作中聲正聲，如正聲九寸，中聲只八寸七分一。按史記「七」字多錯，乃是「十分一」。其樂只是杜撰，至今用之。人傑。

仁宗以胡安定、阮逸樂書，令天下名山藏之，意思甚好。道夫。

問：「温公論本朝樂無徵音，如何？」曰：「其中不能無徵音，只是無徵調。如首以徵音[四〇]而末復以徵音合殺者，是徵調也。徵調失其傳久矣。徽宗令人作之，作不成，只能以徵音起而不能以徵音終。如今俗樂亦只有宮、商、羽三調而已。」淳。

季通律書分明是好，却不是暗[四一]說，自有按據。道夫。

問：「季通律書難曉。」先生曰：「甚分明，但未細考耳。」問：「空圍九分便是徑三分？」曰：「古者只說空圍九分，不說徑三分，蓋不啻三分，猶有奇也。」問：「算到十七萬有餘之數當何用？」曰：「以定管之長短而出是聲。如太簇四寸，惟用半聲方和。大抵考究其法是如此，又未知可用與否耳。節五聲須是知音律之人與審驗過方見得。」德明。

季通理會樂律大段有心力，看得許多書，也是見成文字，如史記律曆書，自無人看到這裏。他近日又成一律要，盡合古法。舊[四二]時所作律逐節吹得却和，怕如今未必如此。這個若促些子聲便焦殺，若長些子便慢蕩。賀孫。

「陳□[四三]言『琴只可彈黃鍾一均，而不可旋相爲宮』，此說猶可。至謂琴之泛聲爲六律，又謂六律爲六同，則妄矣。今人彈琴都不知孰爲正聲，若正得一弦則其餘皆可正。今調弦者云，如此爲宮聲，如此爲商聲，安知是正與不正？此須審音人方曉得。古人所以吹管，聲傳在琴上。如吹管起黃鍾之指，則以琴之黃鍾聲合之，聲合無差，然後以次遍合諸聲。五聲既正，然後不用管，只以琴之五聲爲準，而他樂皆取正焉。季通書來說，近已曉得，但絣定七絃，不用調絃，皆可以彈十一宮。琴之體是黃鍾一均，故可以彈十一宮。如此則大呂、太簇、夾鍾以下，聲聲皆用按徽，都無散聲。蓋纔不按即是黃鍾聲矣，亦安得許多指按耶？兼如其説，則大呂以下亦不可對徽，須挨近第九徽重[四四]按之，此後愈挨下去，方合大呂諸聲。蓋按著正徽，復是黃鍾聲矣。渠云頃問之太常樂工，工亦云然。恐無此理。古人彈琴隨月調弦，如十一月調黃鍾，十二月調大呂，正月調太簇，二月調夾鍾，但此後聲愈緊，至十月調應鍾則弦急甚，恐絶矣。不知古人如何。季通不能琴，他只是思量得，不知彈出便不可行。這便是無下學工夫，吾人皆坐此病。古人朝夕習於此，故以之上達不難，蓋下學中上達之理皆具矣。如今説古人兵法戰陣，坐作進退，斬射擊刺，鼓行金止，如何曉得他底？莫説古人底曉不得，只今之陣法也曉不得，更説甚麽？如古之兵法，進則齊進，退則齊退，不令進而進猶不令退而退也，如此則無人敢妄動。然又却有一人躍馬蹈[四五]陣，殺數十百人，出入數四，矢石不能傷者，何也？」良久，又曰：「據今之法只是兩軍相拄住，相射相刺，立得脚住不退底便贏，立不住退底便輸耳。」僩。

堂上樂金鍾玉磬。今太常玉磬鎖在櫃裏，更不曾設，恐爲人破損，無可陪還。尋常交割只據文書，若要看，旋開櫃取一二枚視之。人傑。

「子路問聞斯行諸」至「季路使子羔爲費宰」四章，植與講友通舉，先生無説。先生因與亞夫與植説，近於樂處，[四六]因論：「樂之[四七]黃鍾之律最長，應鍾之律最短，長者聲濁，短者聲清。

十二律旋相爲宮，宮爲君，商爲臣。樂中最忌臣陵君，故有四清聲。如合[四八]今方響有十六個，十二個是正律，四個是四清聲，是[四九]減一律之半。如應鍾爲宮，其宮[五〇]聲最短而清。或蕤賓爲之固則是高聲似宮聲，[五一]爲臣陵君，不可用，遂乃用蕤賓律減半爲清聲以應之，確[五二]然減半，只是此律，故亦自能相應也。此是通典載此一項。」先生又云：「樂聲不可太高，又不可太低，樂中上聲便是鄭、衛。所以太祖英明不可及，當王朴造樂，聞其聲太急，便令減下一律，其律聲遂平。徽宗朝作大晟樂，其聲一聲低似一聲，故其音緩。」先生又云：「賢君大概屬意於雅樂，所以仁宗晚年極力要理會雅樂，終未理會得。」又問聲氣之元。先生云：「律曆家最重這元聲。元聲定，向下都定；元聲纔差，向下都差。」[五三]植。[五四]

今之簫管乃是古之笛，雲簫方是古之簫。廣。

畢篥本名悲栗，言其聲之悲壯也。廣。

今朝廷樂章長短句者，如六州歌頭，皆是俗樂鼓吹之曲。四言詩乃大樂中曲。本朝樂章會要，國史中只有數人做得好，如王荆公做得全似毛詩，甚好。其他有全做不成文章。橫渠只學古樂府做，辭拗强不似，亦多錯字。庚。[五五]

今之樂皆胡樂也，雖古之鄭、衛亦不可見矣。今關雎、鹿鳴等詩亦有人播之歌曲，然聽之與俗樂無異，不知古樂如何。古之宮調與今之宮調無異，但恐古者用濁聲處多，今樂用清聲處多。

季通謂今俗樂黄鍾及夾鍾清，如此則争四律，不見得如何。般涉調者，胡樂之名也。「般」如「般若」之「般」。「子在齊聞韶」，據季札觀樂，魯亦有之，何必在齊而聞之也？又，夫子見小兒徐行恭謹，曰「韶樂作矣」。人傑。

「詹卿家令樂工[五六]以俗樂譜吹風、雅篇章。初聞吹二南詩，尚可聽，後吹文王詩則其聲都不成模樣。」因言：「古者風、雅、頌，名既不同，其聲想亦各别。」廣。

趙子敬送至小雅樂歌，以黄鍾清爲宫，此便非古。清者，半聲也。唐末喪亂，樂[五七]人散亡，禮壞樂崩，朴自以私意撰四清聲。古者十二律外有十二子聲，又有變聲六。謂如黄鍾爲宫則他律用正律，若他律爲宫，則不用黄鍾之正聲而用其子聲，故漢書云「黄鍾不與他律爲役」者此也。若用清聲爲宫，則本聲輕清而高，餘聲重濁而下，禮書中删去，乃是。樂律，通典中蓋説得甚明。本朝如胡文定公[五八]、范蜀公、司馬温公[五九]、李照輩元不曾看，徒自如此争辨也。漢書所載甚詳，然不得其要。太史公所載甚略，然都是要緊處。新修禮書中樂律補篇，以一尺爲九寸，一寸爲九分，一分爲九毫，一毫爲九厘，一厘爲九絲[六〇]。方子。

今之士大夫，問以五音、十二律，無能曉者。要之，當立一樂學，使士大夫習之，久後必有精通者出。升卿。

洛陽有帶花劉使，名几，於俗樂甚明，蓋曉音律者。范蜀公徒論鍾律，其實不曉，但守死法。

若以應鍾爲宮，則君民事物皆亂矣。司馬公比范公又低。二公於通典尚不曾看，通典自説得分曉。史記律書説律數亦好。此蓋自然之理，與先天圖一般，更無安排，但數到窮處又須變而通[六一]之，却生變律。人傑。

劉几與伶人花日新善，其弟厭之，令勿與[六二]通。几戒花吹笛於門外則出與相見，其弟又令終日吹笛亂之，然花笛一吹，則劉識其音矣。人傑。

向見一女童天然理會得音律，其歌唱皆出於自然，蓋是稟得這一氣之全者。人傑。

【校勘記】

[一] 淳　成化本爲「義剛」。

[二] 黍　成化本無。

[三] 晉帝　成化本爲「晉武帝」。

[四] 皇帝　成化本無。

[五] 定　成化本爲「所定」。

[六] 得　成化本無。

［七］庚　成化本無。

［八］此條人傑録成化本作爲夾注於㽦録中，參成化本卷九十二㽦録「因論樂律……温公又在下」條。

［九］道夫　成化本無。

［一〇］類　成化本作「數」。

［一一］應　朱本爲「應鐘」。

［一二］只　成化本無。

［一三］元聲一定　成化本爲「元聲元聲一定」。

［一四］成化本此下注有饒録所載，底本另作一條，參本卷植録「子路問聞斯行諸……向下都差」條。

［一五］敢　朱本作「可」。

［一六］文蔚　成化本無。

［一七］能　成化本無。

［一八］蓋磬材有　朱本爲「斟酌磨削」。

［一九］斟酌磨削　朱本爲「蓋磬材有」。

［二〇］族　朱本作「奏」。

［二一］之　成化本無。

［二二］義剛　成化本無。

〔二三〕祉　朱本作「徵」。下同。
〔二四〕音　成化本作「調」。
〔二五〕祉角音　成化本爲「祉音角音」，王本爲「徵音角音」。此録中「祉」，王本作「徵」。
〔二六〕這個　成化本無。
〔二七〕那　成化本無。
〔二八〕庚　成化本無。
〔二九〕乃　成化本此上有「蘇祇婆」。
〔三〇〕何安　王本爲「何妥」。
〔三一〕又曰　成化本無。
〔三二〕自　成化本無。
〔三三〕數　成化本作「説」。
〔三四〕之　成化本無。
〔三五〕瓦　朱本作「啞」。
〔三六〕范忠宣公　成化本爲「范忠文」。
〔三七〕唐　成化本無。
〔三八〕也　朱本爲「這也」。

〔三九〕五代　成化本無。

〔四〇〕音　成化本此下有「起」。

〔四一〕暗　成化本作「贉」。

〔四二〕舊　朱本作「近」。

〔四三〕陳□　□，成化本爲墨丁，朱本作「淳」。

〔四四〕重　成化本作「裏」。

〔四五〕蹈　文淵本作「陷」。

〔四六〕子路問聞斯行諸……近於樂處　成化本爲「饒本云」。

〔四七〕之　成化本作「云」。

〔四八〕合　成化本無。

〔四九〕是　成化本此上有「清聲」。

〔五〇〕宫　成化本無。

〔五一〕或蕤賓爲之固則是高聲似宫聲　成化本爲「或蕤賓爲之商則是商聲高似宫聲」。

〔五二〕確　成化本作「雖」。

〔五三〕又問聲氣之元……向下都差　成化本無。

〔五四〕此條植録成化本作爲注，附於植録後，參本卷植録「旋相爲宫……向下都差」條。

［五五］庚　成化本無。

［五六］工　朱本作「家」。

［五七］樂　此字原缺，據成化本補。

［五八］胡文定公　成化本爲「胡安定」。

［五九］司馬温公　成化本「司馬公」。

［六〇］條　成化本無，朱本作「絲」。

［六一］通　成化本作「生」。

［六二］與　成化本無。

晦庵先生朱文公語類卷第九十三

孔孟周程[一]

看聖賢代作，未有孔子便無論語之書，未有孟子便無孟子之書，未有堯、舜便無典、謨，未有商、周便無風、雅、頌。賀孫。

此道更前後聖賢，其說始備。自堯、舜以下若不生個孔子，後人去何處討分曉？孔子後若無個孟子也未有分曉。孟子後數千載乃始得程先生兄弟發明此理。今看來漢、唐以下諸儒說道理見在史策者，便直是說夢，只有個韓文公依稀說得略似耳。賀孫。

卿[二]問：「論語之言無所不包，而其所以示人者莫非操存涵養之要；七篇之指無所不究，而其所以示人者類多體驗充擴之端。」云云。[三]曰：「孔子體面大，不用恁地說，道理自在裏面。孟子多是就發見處盡說與人，終不似夫子立得根本住，所以程子謂『其才高，學之無可依據』。要之，夫子所說包得孟子，孟子所言却出不得聖人疆域。且如夫子都不說出，但教人恁地去做則仁便在其中。如言『居處恭，執事敬，與人忠』，果能此則心便在。到孟子則不然，曰『惻

隱之心，仁之端也。今人乍見孺子將入井，皆有怵惕、惻隱之心」，都教人就事上推究。」道夫

問：「如孟子所謂『求放心』、『集義所生』，莫是立根本處否？」曰：「他有恁地處，終是說得來寬。」道夫[四]曰：「他莫是以其所以做工夫者告人否？」曰：「固是。也是他所見如此。自後世觀之，孔、顏便是漢文帝之躬修玄默，而其效至於幾致刑措。孟子便如唐太宗，天下之事無所不爲，極力去做，而其效亦幾致於刑措。」道夫。[五]

先生曰：[六]「孔子之言多且只[七]是泛說做工夫，如『居處恭，執事敬』、『言忠信，行篤敬』之類，未說此是要你[八]理會甚麼物，待學者自做得工夫透徹，却就其中見得體段是如此。孟子[九]則恐人不理會得，又趲進一着說，如『惻隱之心』與『學問之道，求放心』之類，說得漸漸親切。今人將孔、孟之言都是恁地草率看說了[一〇]。」雉。[一一]

楊至之云：「看孟子見得一個大意，是性之本體、仁義之良心。到戰國時君臣、上下都一齊埋没了，孟子所以推明發見之端緒，教人去體認擴[一二]充。」曰：「孟子才[一三]高，他都未有許多意思，今說得一『體認』字早是遲鈍了孟子。孟子大段見得敏、見得快，他說話却[一四]似個獅子跳躍相似。且如他說個惻隱之心便是仁之端，羞惡之心便是義之端。只他說在那裏底便是，似他說時見得聖賢大段易做，全無許多等級，所以程子云『孟子才高，學之無可依據』。」道夫。[一五]

孔子只說「忠信篤敬」，孟子便發出「性善」，直是漏洩。德明。[一六]

大[一七]凡看道理要見得大頭腦處分明，下面節節只是此個道理[一八]散爲萬殊。如孔子教人只是逐件事[一九]説個道理，未嘗説出大頭腦處，然四面八方合聚湊來也自見得個大頭腦。若孟子，便已指出教人。至[二〇]周子説出太極，已是大段分明指出[二一]矣。且如惻隱之端，從出處推上去[二二]則是此心之仁，仁即所謂四[二三]德之元，元即太極之動處[二四]，如此節節推上去[二五]亦自見得總[二六]腦處。若[二七]看得太極處分明，則盡[二八]見得天下許多道理[二九]皆自此出，事事物物上皆有此[三〇]個道理，元無虧欠也。銖。[三一]

問：「顏子之學莫是先於性情上着工夫否？」曰：「然。凡人爲學，亦須先於性情上着工夫。非獨於性情上着工夫，行步坐立亦當着工夫。」方子。[三二]

才仲問顏子，因舉：「先生舊語云顏子優於湯武，如何見得？」曰：「公且自做工夫，這般處説不得。據自看得覺[三三]顏子渾渾無痕迹。」賀孫。

或問：「顏子比湯如何？」答[三四]曰：「顏子只據見在事業，未必及湯，使其成就則湯又不得比顏子。前輩説禹與顏子雖是同道，禹比顏子又粗些。顏子比孟子則孟子當粗，看磨稜合縫猶未有盡處。若看諸葛亮，只看他大體正當，細看不得。」大雅。

或問：「孔子當孟子時如何？」曰：「孔子自有作用，然亦須稍加峻厲。」又問：「孔子若見用，顏子還亦出否？」答[三五]曰：「孔子若用，顏子亦須出來做他次一等人。如孔子做宰相，顏子做參政。」去僞。

曾子説話盛水不漏。敬仲。

孔子[三六]問答，曾子聞得底話顔子未必與聞，顔子聞得底話子貢未必與聞，今却合在論語一書，後世學者豈不幸事！但患自家不去用心。儒用。[三七]

孔門只一個顔子合下天資純粹，到曾子便過於剛，與孟子相似。世衰道微，人欲横流，不是剛勁有脚跟底人定立不住。淳。

邵漢臣問顔淵、仲弓不同。先生曰：「聖人之德自是無不備，其次則自是易得不備。如顔子是[三八]煞周全了，只比之聖人更有些未完。如仲弓則偏於淳篤，而少顔子剛明之意。若其他弟子，未見得。只如曾子則大抵偏於剛毅，這終是有立脚處，所以其他諸子皆無傳，惟曾子獨得其傳。到子思也恁地剛毅，[三九]惟是有這般人方始湊合得着，惟是這剛毅等人方始立得定。子思别無可考，只孟子所稱，如『摽使者出諸大門之外，北面再拜稽首而不受』，如云『事之云乎，豈曰友之云乎』之類，這是甚麽樣剛毅！」賀孫。

又云：[四〇]「且如孔門教人亦自有等。聖人教人何不都教他做顔、曾底事業？而子貢、子路之徒所以止於子貢、子路者，是其才止於此。且如『克己復禮』，雖止是教顔子如此説，然所以教他人亦未嘗不是『克己復禮』底道理。」卓。[四一]

至[四二]問：「韓子稱『孔子之道大而能博』，大是就渾淪，博是就該貫處否？」先生曰：「韓子亦未必有此意，但如此看亦自好。」至既，[四三]問：「韓子謂『門弟子不能遍觀而盡識，故學焉而皆得其性之所近』，[四四]如何是『學焉而皆得其性之所近』？」先生曰：「政事者就政事上學得，文學者就文學上學得，德行言語者就德行言語上學得。」至。

「看來人全是資質。韓退之云：『孔子之道大而能博，門弟子不能遍觀而盡識也，故學焉而皆得其性之所近。』此説甚好。看來資質定了，其爲學也只就他資質所尚處添得些小好而已。所以學貴公聽並觀，求一個是當處，不貴徒執己自用。今觀孔子論[四五]弟子，只除了曾、顔之外其他説話便皆有病。程子諸門人，上蔡有上蔡之病，龜山有龜山之病，和靖有和靖之病，無有無病者。」或問曰[四六]：「也是後來做工夫不到故如此。」曰：「也是合下見得不周遍，差了。」又曰：「而今假令親見聖人説話，盡傳得聖人之言不差一字，若不得聖人之心，依舊差了，何况猶不得其言？若能得聖人之心，則雖言語各别，不得[四七]害其爲同。如曾子説話比之孔子又自不同。子思傳曾子之學，比之曾子其言語亦自不同。孟子比之子思又自不同。然自孔子以後，得孔子之心者惟曾子、子思、孟子而已。後來非無能言之士，如揚子雲法言模倣論語，王仲淹中説亦模倣論語，言愈似而去道愈遠。直至程子方略明得四五十年爲得聖人之心，然一傳之門人則已皆失其真矣。云云。其終卒歸於『擇善固執』、『明善誠身』、『博文約禮』而已，只是要人要[四八]

去理會。」僩。

夫子度量似堯，堯着四凶在朝，夫子之門亦何所不容。人傑。〔四九〕

孟子不甚細膩，如大匠把得繩墨定，千門萬户自在。又記「千門」字上有「東西南北」字。節。

龜山謂「孔子如知州，孟子如通判權州」，也是如此。通判權州必竟是别人事，須着些力去做始得。廣。

問：「『顔子合下完具，只是小，要漸漸恢廓；孟子合下大，只是未粹，要索學以充之。』此莫是才具有異？」曰：「然。孟子覺有動蕩底意思。」可學。

聖人説話磨稜合縫，盛水不漏。如云「一言喪邦」、「以直報怨」，自是細密。孟子説得便粗，如云「今樂猶古樂」、「太王好色」、「公劉好貨」之類。横渠説：「孟子比聖人自是粗。顔子所以未到聖人處亦只是心粗。」夔孫。〔五〇〕

孟子比之孔門原憲，謹守必不似他。然他不足以及人，不足以任道，孟子便擔當得事。淳。〔五一〕

「濂溪在當時，人見其政事精絶則以爲官〔五二〕業過人，見其有山林之志則以爲襟袖灑落，有仙風道氣，無有知其學者。惟程太中獨知之，這老子所見如此，宜其生兩程子也。只一時程氏類多好人。」舉横渠祭太中弟云「父子參、點」。又祭明道女兄云：「見伯淳言汝讀孟子有所見，死生鬼神之蘊無不洞曉，今之爲卿相大臣者尚不能知。云云。[五三]」先生笑曰：「此似是譏富公。」賓問：「韓公一般氣象如何？」曰：「韓公天資高，但學識淺，故只做得到那田地，然其大綱皆正。」又云：「明道當初想明得煞容易，便無那查滓。只一再見濂溪，當時又不似而今有許多言語出來，不是他天資高、見得易，如何便明得？」德明問：「遺書中載明道語便自然洒落明快。」曰：「自是他見得容易。伊川易傳却只管修改，晚年方出其書。若使明道作，自[五四]無許多事。嘗見門人有祭明道文云『先生欲著樂書，有志未就』。不知其書要作如何[五五]。」德明。[五六]

濂溪清和。孔經甫祭其文曰：「公年壯盛，玉色金聲；從容和毅，一府皆傾。」墓碑亦謂其「精密嚴恕」，氣象可想矣。道夫。

「今人多疑濂溪出於希夷；又云爲禪學，其諸子皆學佛。」某[五七]云：「濂溪書具存，如太極圖，希夷如何有此説哉[五八]？是本學老、佛而自變了亦未可知。」曰：「嘗讀張忠定公語録，語[五九]李畋云：『汝還知公事有陰陽否？』云云。此説全與濂溪同。忠定公常[六〇]見希夷，蓋亦有些來歷，但當時諸公知濂溪者未嘗言其有道。」某[六一]曰：「此無足怪。程太中獨知之。」曰：「然。」又問：「明道之學後來固別，但其本自濂溪發之，只是此理推廣之耳。但不如後來程門授業之多。」曰：「當時既未有人知，無人往復，只得如此。」可學。

國初人便已崇禮義，尚〔六二〕經術，欲得爲二帝三代時，〔六三〕已自勝如唐人了〔六四〕，但說未透〔六五〕。直至二程出，此理始說得透。因看种明逸集。方子。〔六六〕

問：「近有一見，〔六七〕孔子六經之書，盡是說道理內實事故，便覺得此道大。自孟子以下，如程、張之門，多指說道之精微、學之要領與夫下手處，雖甚親切易見，然被他開了四止〔六八〕，便覺規模狹小〔六九〕，不如孔子六經氣象大。」答〔七〇〕曰：「後來緣急欲得〔七一〕人曉得，故不得不然耳〔七二〕。然亦無他不得，若無他說破，則六經雖大，學者從何處入頭？橫渠最親切，程氏規模廣大，其後學者少有能如橫渠輩用工者。近看得橫渠用工最親切，直是可畏。學者用工須是如此親切。更有一說奉祝：老兄言語更多些，更須删削〔七三〕，簡潔處方是。」大雅。

伊川先生〔七四〕說話，如今看來中間寧無小小不同？只是大綱統體說得極善。如「性即理也」一語，直自孔子後惟是伊川說得盡，這一句便是千萬世說性之根基。理是個公共底物事，不解會不善。人做不是自是失了性，却不是壞了着修。賀孫。

明道說底話恁地動彈流轉。方子。

或說明道先生〔七五〕五十年猶不忘遊獵之心。先生云：「人當以此自檢〔七六〕。須是〔七七〕得明道先生〔七八〕氣質如此，至五十年猶不能忘。在我者當益加操守方是，不可以此自恕。」卓。

伊川好學論十八時作。明道十四五便學聖人。二十及第出去做官，一向長進。定性書是二十二三時作。是時遊山，許多詩甚好。義剛。

鄭問：「明道到處響應，伊川入朝成許多事，此亦可見二人用處。」曰：「明道從容，伊川都挨不行。」陳後之問：「伊川做時似孟子否？」曰：「孟子較活絡。」問：「孟子做似伊尹否？」先生首肯之[七九]。又曰：「孟子傳伊尹許多話，當時必有一書該載。」淳。

楊至之[八〇]問：「程先生當初進説，只以『聖人之説爲可必信，先王之法陳作「道」。[八一]爲可必行，不狃滯於近規，不遷惑於衆口，必期致天下如三代之世』，何也？」先生曰：「也不得不恁地説。如今説與學者也只得教他依聖人言語恁地做去，待他就裏面做工夫有見處，便自知得聖人底是確然恁地。荆公初時與神宗語亦如此。曰：『願陛下以堯、舜、禹、湯爲法，今苟能爲堯、舜、禹、湯之君，則自有臯、夔、稷、契、伊、傅之臣。諸葛、魏徵[八二]，有道者所羞道也。』説得甚好。只是他所學偏，後來做得差了，又在諸葛、魏徵之下。」義剛。按陳淳録同。[八三]

「近[八四]讀一小集，見李偲祭明道文，謂明道當初欲著樂書而不及。」因笑曰：「既是樂，何用書説甚底[八五]！」淳。[八六]

有咎伊川著書不以示門人者，再三誦之，先生不以爲然也。因坐復歎。先生曰：「公恨伊川著書不以示人，某獨恨當時提撕他不緊，故當時門人弟子布在海内炳如日星，自今觀之皆不滿人意。只今易傳一書散滿天下，家置而人有之，且道誰曾看得他個？果有得其意者否？果曾有行得他個否？」道夫。

聞伯夷、柳下惠之風者，頑廉薄敦皆有興起，此孟子之善想象者也。「孔子，元氣也；顏子，和風慶雲也；孟子，泰山巖巖之氣象也」，此程夫子之善想象者也。今之想象大程夫子者，當識其明快中和處；小程夫子者，當識其初年之嚴毅，晚年又濟以寬平處。豈徒想象而已哉？必還以驗之吾身者如何也。若言論風旨則誦其詩，讀其書，字字而訂之，句句而議之，非惟求以得其所言之深旨，將併與其風範氣象皆得之矣。大雅。

曾子本是魯拙，後來既有所得，故守得夫子規矩定。其教人有法，所以有傳。若子貢則甚敏，見得易，然又雜。往往教人亦不似曾子守定規矩，故其後無傳。因竇問子貢之學無傳。德明[八七]

問：「若使曾子爲邦，比顏子如何？」曰：「想得不似顏子熟，然曾子亦大，故有力。曾子、子思、孟子大略皆相似。」問：「明道比曾子[八八]如何？」曰：「不要如此問，且看他做工夫處。」德明。[八九]

問：「明道可比顏子，伊川可比孟子否？」曰：「明道可比顏子。孟子才高，恐伊川未到孟子處。然伊川收束檢制處，孟子却不能到。」晦夫。

竇問：「前輩多言伊川似孟子。」曰：「不然。伊川謹嚴，雖大故以天下自任，其實不似孟子才高，縱横見得無礙。然伊川却確實，不似孟子放脚放手。[九〇]孟子不及顏子，顏子常以[九一]爲不足。」德明。

橫渠之於程子，猶伯夷、伊尹之於孔子。若海。

胡叔器[九二]問：「橫渠似孟子否？」先生[九三]曰：「一人是一樣，規模各不同。橫渠嚴密，孟子宏闊。孟子是個有規矩底康節。」陳安卿[九四]曰：「他宏闊中有縝密處，每常於所謂『「不見諸侯，何也」，曰「不敢也」』、『「賜之則不受，何也」，曰「不敢也」』此兩處見得他存心甚畏謹，守義甚縝密。」先生[九五]曰：「固是。」楊至之[九六]曰：「孟子平正。橫渠高處太高，僻處太僻。」先生[九七]曰：「是。」義剛。[九八]

橫渠之學是苦心得之，乃是「致曲」，與伊川異。以孔子爲非生知，渠蓋執「好古敏以求之」，故有此說[九九]。不知「好古敏以求之」非孔子做不得。可學。

橫渠儘會做文章。如西銘及應用之文，如百椀燈詩，甚敏。到說話却如此難曉，怕自關西人語言自如此。賀孫。

【校勘記】

[一] 孔孟周程　成化本爲「孔孟周程張子」。

〔二〕卿　成化本爲「蜚卿」。
〔三〕云云　成化本無。
〔四〕道夫　成化本無。
〔五〕成化本此下注曰：「端蒙録一條疑同聞。見集注讀語孟法。」且此條道夫録載於卷十九。
〔六〕先生曰　成化本無。
〔七〕只　成化本無。
〔八〕你　成化本無。
〔九〕孟子　成化本爲「至孟子」。
〔一〇〕都是恁地草率看説了　成化本爲「都只恁地草率看過了」。
〔一一〕此條雉録成化本載於卷十九。
〔一二〕擴　成化本作「廣」。
〔一三〕才　成化本無。
〔一四〕却　成化本作「恰」。
〔一五〕此條道夫録成化本載於卷五十三。
〔一六〕此條德明録成化本載於卷十九。
〔一七〕大　成化本無。

［一八］此個道理　成化本爲「此理」。
［一九］事　成化本爲「逐事」。
［二〇］至　成化本無。
［二一］大段分明指出　成化本「太煞分明」。
［二二］從出處推上去　成化本爲「從此推上」。
［二三］四　成化本作「天」。
［二四］動處　成化本爲「陽動」。
［二五］去　成化本無。
［二六］總　成化本此上有「大」。
［二七］若　成化本爲「若今」。
［二八］盡　成化本爲「必能」。
［二九］理　成化本此下有「條件」。
［三〇］此　成化本無。
［三一］此條成化本載於卷九。
［三二］方子　成化本作「燀」，且此下注曰：「謨録云：『學者固當存養性情。然處事接物、動止應酬，皆是着工夫處，不獨性情也。』」

[三三] 看得覺　成化本爲「看覺得」。

[三四] 答　成化本無。

[三五] 答　成化本無。

[三六] 孔子　成化本爲「孔門」。

[三七] 成化本此下注有「讀論語」，且此條儒用録載於卷十九。

[三八] 是　成化本爲「已是」。

[三九] 毅　成化本此下有「孟子也恁地剛毅」。

[四〇] 又云　成化本無。

[四一] 此條卓録成化本載於卷十九。

[四二] 至　成化本無。

[四三] 既　成化本無。

[四四] 韓子謂門弟子不能遍觀而盡識故學焉而皆得其性之所近　成化本無。

[四五] 論　成化本作「諸」。

[四六] 曰　成化本無。

[四七] 得　成化本無。

[四八] 要　成化本作「自」。

[四九] 此條人傑録成化本以部分内容爲注，附於必大録後，參成化本卷九十三必大録「夫子度量極大……如堯容四凶在朝相似」條。

[五〇] 此條夔孫録成化本載於卷十九。

[五一] 成化本此下注有「孟子」。

[五二] 官　朱本作「宦」。

[五三] 云云　成化本無。

[五四] 自　成化本作「想」。

[五五] 作如何　成化本爲「如何作」。

[五六] 成化本此下注有「周程」。

[五七] 某　成化本爲「可學」。

[五八] 哉　成化本作「或」，屬下讀。

[五九] 語　成化本爲「公問」。

[六〇] 忠定公常　成化本爲「忠定」。

[六一] 某　成化本爲「可學」。

[六二] 尚　成化本作「尊」。

[六三] 欲得爲二帝三代時　成化本爲「欲復二帝三代」。

〔六四〕人了　成化本無。
〔六五〕透　成化本此下有「在」。
〔六六〕此條方子録成化本載於卷一百二十九。
〔六七〕近有一見　成化本無。
〔六八〕止　成化本作「至」。
〔六九〕小　成化本作「了」。
〔七〇〕答　成化本無。
〔七一〕得　成化本無。
〔七二〕耳　成化本無。
〔七三〕削　成化本此下有「見」。
〔七四〕伊川先生　成化本爲「伊川」。
〔七五〕明道先生　成化本爲「明道」。
〔七六〕檢　成化本爲「點檢」。
〔七七〕是　成化本作「見」。
〔七八〕明道先生　成化本爲「明道」。
〔七九〕之　成化本無。

〔八〇〕楊至之　成化本爲「至之」。
〔八一〕法陳作道　成化本作「道」。
〔八二〕徵　成化本作「證」，避宋仁宗趙禎諱。
〔八三〕按陳淳録同　成化本無。
〔八四〕近　成化本無。
〔八五〕底　成化本無。
〔八六〕此條淳録成化本作爲注，夾附於義剛録中，參成化本卷三十一義剛録「叔器問顔子樂處……也是有個見成底樂」條。又，據成化本義剛録，底本卷三十一所載淳録「胡問顔子之樂……亦是他自有個見成底樂」條與此條本爲一條。
〔八七〕德明　成化本無。
〔八八〕曾子　成化本爲「顔子」。
〔八九〕此條德明録成化本分爲兩條，其中「曾子本是魯拙……因賓問子貢之學無傳」爲一條，「問若使曾子爲邦……且看他做工夫處」爲一條。
〔九〇〕其實不似孟子才高……不似孟子放脚放手　成化本爲「其實不似孟子放脚放手」。
〔九一〕以　成化本此上有「自」。
〔九二〕胡叔器　成化本爲「叔器」。

〔九三〕先生　成化本無。
〔九四〕陳安卿　成化本爲「安卿」。
〔九五〕先生　成化本無。
〔九六〕楊至之　成化本爲「至之」。
〔九七〕先生　成化本無。
〔九八〕成化本此下注有「張子」。
〔九九〕説　朱本作「語」。

晦庵先生朱文公語類卷第九十四

周子之書

太極圖

太極圖「無極而太極」。上一圈即是太極，但挑出在上。泳。

太極一圈便是一畫，只是撒開了，引教長一畫。泳。

「無極而太極」不是太極之外別是[一]無極，「無」中自有此理。又不可將無極便做太極。「無極而太極」，此「而」字輕，無次序故也。「動而生陽，靜而生陰」，動即太極之動，靜即太極之靜；動而後生陽，靜而後生陰，生此陰、陽之氣；謂之「動而生」、「靜而生」，則有漸次也。「一動一靜，互爲其根」，動而靜，靜而動，闢闔往來，更無休息。「分陰分陽，兩儀立焉」，兩儀是天地，與畫卦兩儀意思又別。動靜如晝夜，陰陽如東西南北，分從四方去。「一動一靜」以時言，「分陰分陽」以位言。方渾淪未判，陰陽之氣混合幽暗。及其既分，中間放得寬闊光朗而兩儀始立。邵康節[二]以十二萬九千六百年爲一元，則是十二萬九千六百年之前又是一個大闔闢，更以上亦復如此，直是「動静無端，陰陽無始」。小者大之影，只晝夜便可見。五峰所謂「一氣大息，震蕩無垠，海宇變動，山勃川湮，人物消盡，舊迹大滅，是謂洪荒之世」。常見高山有螺蚌殼或生石中，此石即舊日之土，螺蚌即水中之物。下者却變而爲高，柔者變而爲剛，此事思之至深，有可驗者。「陽變陰合而生水火木金土」，陰陽氣也，此生五行之質。天地生物，五行獨先。地即是土，便[三]包含許多金木之類。天地之間何事而非五行？五行陰陽，七者衮合便是生物底材料。「五行順布，四時行焉」，金木水火分屬春夏秋冬，土則寄旺四季，如春屬木而清明後十二日即是土寄旺之時。每季寄旺十八日，共七十二日。唯夏季十八日土氣爲最旺，故能生秋金也。以圖象考之，木生火、金生水之類各有小畫相牽聯[四]，而火生土、土生金獨穿乎土之内，餘則從旁而過，爲可見矣。「五行一陰陽也，陰陽一太極也，太極本無極也」，此當思無有陰陽而無太極底時節。若以爲土[五]是陰陽，陰陽却是形而下者；若只專以理言，則太極又不曾與陰陽相離。正當沉潛玩索，將圖象意思抽開細看，又復合而觀之。某解此云：「非有離乎陰陽也，即陰陽而指其本體，不雜乎陰陽而爲言也。」此句自有三節意思，更宜深考。通書云：「静而無動，動而無静，物也；動而無動，静而無静，神也。」當即此兼看之。謨。[六]

「『無[七]極而太極』只是無形而有理。周子恐人於太極之外更尋太極，故以無極言之，既謂之無極，則不可以有底道理强搜尋也。」「太[八]極始於陽動乎？」曰：「陰静是太極之本，然陰静又自陽動而生。一動一静[九]便是一個闢闔，自其闢闔之大者推而上之更無窮[一〇]，不可以本始言。」謨。

「『無極而太極』只是説無形而有理。所謂太極者只二氣五行之理，非别[一一]物爲太極也。」又云：「以理言之則不可謂之有，以物言之則不可謂之無。」僩。

問：「『無極而太極』固是一物，有積漸否？」曰：「無積漸。」曰：「上言無極，下言太極。竊疑上言無窮無極，下言至此方極。」曰：「無極者無形，太極者有理也。周子恐人把作一物看，故云無極。」曰：「太極既無[一二]氣象，如何？」曰：「只是理。」可學。

問：「『無極而太極』如何？」曰：「子細看便見得。」問：「先生之意莫[一三]正是以無極太極爲理？」曰：「此非某之説，他道理自如此，着自家私意不得。太極無形象，只是理。它自有這個道理，自家私着一字不得。」問：「既曰太極又有個無極，如何？」曰：「『太極本無極』，要去就中看得這個意出方得。公只要去討它不是處與它鬬，而今只管去檢點古人不是處道自家底是，便是識不長。」劉曰：「要得理明，不得不如此。」先生曰：「且可去放開胸懷讀書，看得道理明徹，自然無歉吝之病。無物我之私，自然快活。」砥。寓録同。[一四]

「無極是有理而無形。如性何嘗有形？太極是五行陰陽之理皆有，不是空底物事。若是空時，如釋氏說性相似。」又曰：「釋氏只見得個皮殼，裏面許多道理他却不見。他皆以君臣父子爲幻妄。」節。

淳〔一五〕問：「太極解引『上天之載無聲無臭』，此『上天之載』只〔一六〕是太極否？」曰：「蒼蒼者是上天，理在『載』字上。」淳。

原「極」之所以得名，蓋取樞極之義。聖人謂之「太極」者，所以指夫天地萬物之根也；周子因之而又謂之「無極」者，所以大〔一七〕「無聲無臭」之妙也。升卿。

李問：「『無極之真』與『未發之中』同否？」曰：「無極之真是包動靜而言，未發之中只以靜言。太〔一八〕極只是極至，更無去處了，至高至妙，至精至神，是〔一九〕没去處。濂溪恐人道太極有形，故曰『無極而太極』，是無之中有個至極之理。如『皇極』亦是中天下而立，四方輻湊，更没去處，移過這邊也不是，移過那邊也不是，只在中央，四畔合湊到這裏。」又指屋極曰：「那裏更没去處了。」問：「南軒說『無極而太極』言『莫之爲而爲之』，如何？」曰：「他說差。道理不可將初見便把做定。伊川解文字甚縝密，也是他年高七十以上歲，見得道理熟。吕與叔言語多不縝密處，是他不滿五十歲，若使年高，看道理必煞縝密。」寓。陳淳。〔二〇〕

太〔二一〕極是個藏頭底物〔二二〕，動時屬陽而〔二三〕未動時又屬陰了。公晦。〔二四〕

太極如一本〔二五〕生上，分而爲枝榦，又分而生花生葉，生生不窮。到得成果子，裏面又有生生不窮之理，生將出去又是無限個太極，更無停息。只是到成果實時又却略[二六]少歇，也[二七]不是立[二八]到這裏自合少止，正所謂「終始萬物莫盛乎艮」，艮止是生息之意。賀孫。[二九]

太極者，如屋之有極，天之有極，到這裏更没去處，理[三〇]之極至者也。陽動陰靜非太極動靜，只是理有動靜。理不可見，因陰陽而後知。理搭在陰陽上，如人跨馬相似。纔生五行便被氣質拘定，各爲一物亦各有一性，而太極無不在也。統言陰陽只是兩端，而陰中自分陰陽，陽中亦有陰陽。「乾道成男，坤道成女」，男雖屬陽而不可謂其無陰，女雖屬陰亦不可謂其無陽。人身氣屬陽而氣有陰陽，血屬陰而血有陰陽。至如五行，「天一生水」，陽生陰也，而壬癸屬水，壬是陽，癸是陰；「地二生火」，陰生陽也，而丙丁屬火，丙是陽，丁是陰。通書聖學章，「一」便是太極，「靜虛動直」便是陰陽，「明通公溥」便是五行。太極，[三一]周子之書纔説起便都貫穿太極許多道理。謨。

舜賓[三二]論太極云：「陰陽便是太極。」曰：「某解云：『非有離乎陰陽也，即陰陽而指其本體，不雜乎陰陽而言耳。』此句當看。今於某解説句尚未通，如何論太極！」又問曰[三三]：「『無極而太極』，因『而』字故生陸氏議論。」曰：「『而』字自分明。下云『動而生陽，靜而生陰』，説一『生』字便是見其自太極來。今曰『而』則只是一理，『無極而太極』言無能生有也。」某問：「自陽動以至於人物之生是一時俱生？且如此説，爲是節次如此？」曰：「道先後不可，然亦須有節次。邵康節[三四]推至上十二萬八千云云，不知已前又如何。太極之前須有世界來，正如昨日之夜、今日之晝耳。陰陽亦一大闔闢也，但當其初開時須昏暗，漸漸分[三五]明，故有此節次，其實已一齊在其中。」又問：「今推太極以前如此，後去又須如此。」曰：「固然。程子云『動靜無端，陰陽無始』，此語見得分明。今高山上多有石上蠣殼之類，是低處成高。又蠣須生於泥沙中，今乃在石上，則是柔化爲剛。天地變遷，何常之有？」又問：「明道云『陰陽亦形而下者，而曰「道」，只此兩句截得上下分明』，『截』字莫是『斷』字誤？」曰：「正是『截』字。形而上、形而下只就形處離合分別，此正是界至處。若只說作[三六]在上、在下，便成兩截矣。」可學。

問：「『即陰陽而指其本體，不雜於陰陽而言之』，是於道有定位處指之。」曰：「然。『一陰一陽之謂道』亦此意。」可學。

太極非是別爲一物，即陰陽而在陰陽，即五行而在五行，即萬物而在萬物，只是一個理而已。因其極至故名曰太極。廣。按，萬人傑録同。[三七]

纔說太極便帶着陰陽，纔說性便帶着氣。不帶着陰陽與氣，太極與性那裏收附？然要得分明，又不可不拆開說。寓。

因問：「太極圖所謂『太極』莫便是性否？」曰：「然。此是理也。」因[三八]問：「此理在天地間，則爲陰陽而生五行以化生萬物；在人，則爲動靜而生五常以應萬事。」先生曰：「動則此理行，此動中之太極也；　靜則此理存，此靜中之太極也。」洽。

問：「先生說太極『有是性則有陰陽五行』云云，此說性是如何？」曰：「想只是其舊時說耳，[三九]近思量又不然。此『性』字爲稟於天者言。若太極，只當說理，自是移易不得。易言『一陰一陽之謂道』，繼之者則謂之『善』，至於成之者方謂之『性』。此謂天所賦於人物，人物所受於天者也。」寓。

梁文叔云：「太極兼動靜而言。」先生曰：「不是兼動靜，太極有動靜也[四〇]。」恪。[四一]

問：「『太極動而生陽，靜而生陰』，見得理先而氣後。」先生曰：「雖是如此，然亦不須如此理會，二者有則皆有。」問：「未有一物之時如何？」曰：「是有天下公共之理，未有一物所具之理。」德明。

問：「太極之有動靜是靜先動後否？」曰：「一動一靜循環無端，無靜不成動，無動不成靜。譬如鼻息，無時不噓，無時不吸；　噓盡則生吸，吸盡則生噓，理自如此。」德明。

問：「『太極動而生陽』是陽先動也。今解云『必體立而用得以行』，如何？」曰：「體自先有。下言『靜而生陰』只是說相生無窮耳。」可學。

國秀說太極。曰：「公今夜說得却似。只是說太極是一個物事不得，說太極中便有陰陽也不得。他只說『太極動而生陽，動極而靜，靜而生陰』，公道未動以前如何？」曰：「只是理。」

曰：「固是理，只不當對動言。未動即是靜，未靜又即是動，未動又即是靜。伊川云『動靜無端，陰陽無始，惟知道者識之』。動極復靜，靜極復動，還當把那個做擗初頭始得？今說『太極動而生陽』，是且把[四二]眼前即今個動斬截便說起。其實那動以前又是靜，靜以前又是動。如今日一晝過了便是夜，夜過了又只是明日晝。即今晝以前又有夜了，昨夜以前又有晝了。即今要說時日起，也只且把今日建子說起，其實這個子以前豈是無子？」賀孫。

問：「『無極而太極，動而生陽。』[四三]太極動然後生陽，則是以動爲主？」曰：「纔動便生陽，不是動了而後生。這個只得且從動上說起，其實此之所以動，又生於靜；上面之靜，又生於動。此理只循環生去，『動靜無端，陰陽無始』。」賀孫。

「太極動而生陽，靜而生陰」，不是動後方生陽，蓋纔動便屬陽，靜便屬陰。「動而生陽」，其初本是靜，靜之上又須動矣。所謂「動靜無端」，今且自「動而生陽」處看去。時舉。

曼兄亞夫[四四]問太極、兩儀、五行。先生云：「兩儀者，一陰一陽，[四五]陰陽是氣，五行是質。『立天之道曰陰與陽，立地之道曰柔與剛』，亦是質。又如人魂是氣，體魄是質。」曼兄[四六]云：「『太極生兩儀，兩儀生四象』，此如母生子，子在母外之義。若兩儀五行，却[四七]子在母內。」先生曰：「是如此。陰陽、五行、萬物各有一太極。」又云：「『太極動而生陽』，只是如一長物不免就中間截斷說起，其實動之前未嘗無靜，靜之前又未嘗無動。如『繼之者善也』亦是就此說起。譬之俗語謂『自今日爲頭，已前更不受理』意思。」蓋卿。

問：「陰陽動静以大體言，則春夏是動，屬陽；　秋冬是静，屬陰。就一日言之，晝陽而動，夜陰而静。就一時一刻言之，無時而不動静，無時而無陰陽。」曰：「陰陽無處無之，横看竪看皆可見。横看則左陽而右陰；　竪看則上陽而下陰；　仰手則爲陽，覆手則爲陰；　向明處爲陽，背明處爲陰。正蒙云：『陰陽之氣循環迭至，聚散相盪，升降相求，絪緼相揉，相兼相制，欲一之不能。』蓋謂是也。」德明。

「『動而生陽』，元未有物，且是如此動蕩，所謂『化育流行』也。『静而生陰』，陰主凝，然後萬物『各正性命』。」問：「『繼之者善』之時，此所謂『性善』。至『成之者性』然後氣質各異，方說得善惡？」曰：「既謂之性則終始[四八]未可分善惡。」德明。

問：「自太極一動而爲陰陽，以至於爲五行，爲萬物，無有不善。在人則纔動便差，是如何？」曰：「造化亦有差處，如冬熱夏寒。所生人物有厚薄，有善惡。不知自甚處差將來，便没理會了。」又問：「惟人纔動便有差，故聖人主静以立人極歟？」曰：「然。」廣。

太極未動之前便是陰，静[四九]之中自有陽之根，陽動之中又有陰之根。動之所以必静者，根乎陰故也；　静之所以必動者，根乎陽故也。謨。

問：「必至於『互爲其根』方分陰陽。」曰：「從動静便分。」曰：「『分陰分陽』是帶上句？」

曰：「然。」可學。

問：「如何是[五〇]所乘之機？」曰：「理搭於氣而行。」可學。

周貴卿問「動靜者所乘之機」。先生曰：「機是關捩子。踏着動底機便挑撥得那靜底，踏着靜底機便挑撥得那動底。」義剛。

陰陽有個流行底，有個定位底。「一動一靜，互爲其根」便是流行底，寒暑往來是也；「分陰分陽，兩儀立焉」便是定位底，天地上下四方是也。「易」有兩義：一是變易，便是流行底；一是交易，便是對峙[五一]底。如[五二]魄魂，以二氣言則陽爲魂，陰爲魄[五三]；以一氣言則伸爲魂，屈爲魄。夔孫。[五四]

問：「動靜是太極動靜，是陰陽動靜？」曰：「是理動靜。」問：「如此則太極有模樣？」曰：「無。」問：「南軒云『太極之體至靜』，如何？」曰：「不是。」問：「又云『所謂至靜者貫乎已發未發而言』，如何？」曰：「如此則却成一不正當尖斜太極！」可學。

鄭仲履云：「吴仲方疑太極説『動極而靜，靜極復動』之説，大意謂動則俱動，靜則俱靜。」先生曰：「他都是胡説。」仲履云：「太極便是人心之至理。」先生曰：「事事物物皆有個極，是道理之極至。」蔣元進曰：「如君之仁、臣之敬便是極。」先生曰：「此是一事一物之極。總天地萬物之理便是太極。太極本無此名，只是個表德。」蓋卿。

賀孫[五五]問：「『無極而太極』，極是極至無餘之謂。無極是無之至，自吾身之外未可謂之無，若耳目所及亦未可謂之無，惟即天地六合之外言之，未有如這個，是無之極。雖是至無，其中無所不具，未有如這個，是有之極。[五六]至無之中乃至有存焉，故云『無極而太極』。」先生曰：「本只是個太極，只爲這本來都無物事，故説『無極而太極』。如公説無極，恁地説却好，但太極説不去。」賀孫云：[五七]「『有』字便是『太』字地位。」先生曰：「將『有』字訓『太』字不得。太極只是個理。」賀孫云：[五八]「至無之中乃萬理之至有也。」先生曰：「亦得。」問：「『動而生陽，靜而生陰』，注：『太極者本然之妙，動靜者所乘之機。』太極只是理，理不可以動靜言。惟『動而生陽，靜而生陰』，理寓於氣，不能無動靜所乘之機。乘[五九]載之『乘』。其動靜者乃乘載在氣上，不覺動了靜，靜了又動。」先生曰：「然。」賀孫[六〇]又問：「『動靜無端，陰陽無始』，那個動又從上面靜生下，上面靜又是上面動生來。今姑把這個説起。」先生曰：「然。」賀孫[六一]又問：「『以質而語其生之序』，不是相生否？只是陽變而助陰故生水，陰合而陽盛故生火，木金各從其類，故在左右。」先生曰：「『水陰根陽，火陽根陰』，錯綜而生其端，是『天一生水，地二生火，天三生木，地四生金』；到得運行處便水生木，木生火，火生土，土生金，金又生水，水又生木，循環相生。又如甲乙丙丁戊己庚辛壬癸，都是這個物事。」因曰：「這個太極是個大底物事。『四方上下曰宇，古往今來曰宙。』無一個物似宇樣大：四方去無極，上下去無極，是多少大！無一個物似宙樣長遠：亘古亘今，往來不窮。自家心下須常認得這意思。」賀孫〔六二〕問：「此是誰語？」答〔六三〕曰：「此是古人語。陸象山〔六四〕常要説此語，但他説便只是這個，又不用裏面許多節拍，却只守得個空蕩蕩底。公更看橫渠西銘，初看有許多節拍，却似狹，充其量是甚麼樣大，合下便有個乾健、坤順意思。自家身己便如此，形體便是這個物事，性便是這個物事。『同胞』是如此，『吾與』是如此，主腦便是如此。『尊高年所以長其長，慈孤弱所以幼其幼』又是做工夫處。後面節節如此。『于時保之，子之翼也。樂且不憂，純乎孝者也』，其品節次第又如此。橫渠這般説話體用兼備，豈似他人只説得一邊！」賀孫〔六五〕問：「自其節目言之便是『各正性命』，充其量而言之便是『流行不息』。」先生曰：「然。」賀孫〔六六〕又問「聖人定之以中正仁義而主静」。先生曰：「此是聖人『修道之謂教』處。」因云：「今且須涵養。如今看道理求〔六七〕精進便須於尊德性上用功，今〔六八〕於德性上有不足處便須於講學上用功，二者須相攢逼，庶得互相振策出來。若能德性常尊便恁地廣大，便恁地光輝；於講學上須更精密，見處須更分曉；若能常講學，於本原上又須好。今〔六九〕覺得年來朋友於講學上却説較多，於尊德性上説較少，所以講學處也〔七〇〕不甚明了。」賀孫。

「陽變陰合」，初生水火。水火氣也，流動閃鑠，其體尚虛，其成形猶未定。次生木金，則確然有定形矣。水火初是自生，木金則資於土。五金之屬皆從土中旋生出來。德明。

厚之問："『陽變陰合』，如何是合？"曰："陽行而陰隨之。"可學。

問："太極圖兩儀中有地，五行中又有土，如何分別？"曰："地言其大概，[七一]土是地之形質。"

"大而天地萬物，小而起居食息，皆太極陰陽之理也。"又曰："仁木，義金，禮火，智水，信土。"祖道。[七二]

問："『春作夏長，仁也；秋斂冬藏，義也』，此易所謂『人道天道』之立歟？"曰："此即通書所謂二氣、五行之説。"去僞。按徐寓録同。[七三]

問："『五行之生，各一其性』，理同否？"曰："同而氣質異。"曰："既説氣質異則理不相通。"曰："固然。仁作義不得，義作仁不得。"可學。

或問太極一陰一陽。先生曰："一陰一陽，道也。陰陽，器也。"謙。[七四]

水火清，金木濁，土又濁。可學。[七五]

"某許多説話是太極中説已盡。太極便是性，動静陰陽是心，金木水火土是仁義禮智信，化生萬物是萬事。"又云："『無極之真，二五之精，妙合而凝』，此數句甚妙，是氣與理合而成性也。"賀孫。[七六]

"無極二五，妙合而凝。"凝只是此氣結聚，自然生物。若不如此結聚，亦何由造化得萬物出來？無極是理，二五是氣。無極之理便是性，性爲之主而二氣、五行經緯錯綜於其間也。得其氣之精英者爲人，得其查滓者爲物。生氣流行，一衮而出，初不道付其全氣與人，減下一等與物也，但稟受隨其所得。物固昏塞矣，而昏塞之中亦有輕重。〔七七〕昏塞尤甚者，於氣之查滓中又復稟得查滓之甚者爾。謨。

或問：「太極圖下二圈，固是『乾道成男，坤道成女』，是各有一太極也。如曰『乾道成男，坤道成女』，方始萬物化生。易中却云『有天地然後有萬物，有萬物然後有男女』，是如何？」曰：「太極所說，乃生物之初，陰陽之精自凝結成兩個，後來方漸漸生去。萬物皆然。如牛羊草木皆有牝牡，一爲陽，一爲陰。萬物有生之初亦各自有兩個，故曰『二五之精，妙合而凝』。陰陽二氣更無停息。如金木水火土是五行分了，又三屬陽，二屬陰，然而各又有一陰一陽。如甲便是木之陽，乙便是木之陰；丙便是火之陽，丁便是火之陰。只這個陰陽更無休息。形質屬陰，其氣屬陽。金銀坑有金礦銀礦便是陰，其光氣爲陽。」賀孫。

氣化，是當初一個人無種後自生出來底。形生，却是有此一個人後乃生生不窮底。義剛。

問「氣化」、「形生」。曰：「此是總言。人〔七八〕物自有牝牡，只是人不能察耳。」可學。〔七九〕

天地之初如何討個種〔八〇〕？自是氣蒸〔八一〕結成兩個人後方生許多物事〔八二〕。所以先說「乾道成男，坤道成女」，後方說「化生萬物」。當初若無那兩個人，如今如何有許多人？那兩人便似而今人身上蝨，是自然變化出來。楞嚴經後面説，大劫之後世上人都死了，無復人類，却生一般禾穀，長一尺餘，天上有仙人下來喫，見好後只管來喫，喫得身重，遂上去不得，世間方又有人種。此説固好笑，但某因如此得[八三]世間却是其初有個人種，如他樣説。義剛。

或問：「『萬物各具一太極』，此是以理言，以氣言？」先生曰：「以理言。」銖。[八四]

問：「『五行之生各一其性，五性感動而善惡分』，此『性』字是兼氣稟言之否？」曰：「性離氣稟不得。有氣稟，性方存在裏面；無氣[八五]，性便無所寄搭了。稟得氣清者，性便在清氣之中，這清氣不隔蔽那善；稟得氣濁者，性則[八六]在濁氣之中，爲濁氣所蔽。『五行之生各一其性』，這又隨物各具去了。」淳。

問「五性感動而善惡分」。曰：「天地之性是理也，纔到有陰陽五行處便有氣質之性，於此便有昏明厚薄之殊。『得其性而最靈』乃氣質以後事。」人傑。按，謨、去僞録並同。[八七]

節[八八]問：「如何謂之性？」曰：「天命之謂性。」又問：「天之所命者果何物也？」曰：「仁義禮智信。」又問：「周先生作[八九]太極圖何爲列五者於陰陽之下？」曰：「五常是理，陰陽是氣。有理而無氣則理無所立，有氣而後理方有所立，故五行次陰陽。」又問：「如此則是有七？」曰：「義知屬陰，仁禮屬陽。」按太極圖列金木水火土於陰陽之下，非列仁義禮智信於陰陽之下也。以氣言之曰陰陽五行，以理言之曰健順五常[九〇]之性。問此似欠分別。節。

聖人立人極，不説仁義禮智，却説仁義中正者，中正尤親切。中是禮之得宜處，正是智之正當處。自氣化一節以下，又節節應前面圖説，仁義中正應五行也。大抵天地生物先其輕清以及重濁，「天一生水，地二生火」，二物在五行中最輕清，金木復重於水火，土又重於金木。如論律呂則又重濁爲先，宫最重濁，商次之，角次之，祉又次之，羽最後。謨。

舜弼問：「何故不言『禮智』而言『中正』？」曰：「『中正』字尤切。」可學。[九一]

問：「太極圖何以不言『禮智』而言『中正』，[九二]是否？」曰：「亦不知是如何，但『中正』二字較有力。」閎祖。

問：「通書[九三]中正即禮智，何以不直言『禮智』而曰『中正』？」曰：「『禮智』字不似『中正』字却實。且『中』者『禮』之極，『正』者『智』之極[九四]體，『正』是『智』親切處。伊川解『貞』字謂『正而固』也，一『正』字未盡，必兼『固』字。所謂『智之實，知斯二者弗去是也』，『知』是端的真知，恁地便是『正』，『弗去』便是『固』，所以『正』字較親切。」淳。

時舉[九五]問：「太極説[九六]『聖人定之以中正仁義』，何不曰『仁義中正』？」先生曰：「此亦是且恁地説。當初某看時也疑此，只要去强説又説不得。後來子細看，乃知中正即是禮知，無可疑者。」時舉。

知是非之正爲知，故通書以「正」爲知。節。

問：「智與正何以相契？」曰：「只是真見得是非便是正，不正便不喚做智了。」問：「只是真見得是，真見得非，若以是爲非、以非爲是便不是正否？」曰：「是。」淳。寓録[九七]同。

問：「周子言仁義中正亦甚大，今乃自偏言，止是屬於陽動陰靜。」曰：「不可如此看，反覆皆可。」問：「『仁爲用，義爲體』，若以體統論之，仁却是體，義却是用。」曰：「是仁之[九八]體，義之[九九]用。大抵仁義中又各自有體用。」可學。

「中正仁義」一節，仁義自分體用是一般説，仁義中正分體用又是一般説。偏言專言者，只説仁便是體，纔説義便是仁就[一〇〇]中分出一個道理。如人家有兄弟，只説户頭止[一〇一]言兄足矣，纔説弟便更別有一人。仁義中正只屬五行，爲其配元亨利貞也。元是亨之始，亨是元之盡；利是貞之始，貞是利之盡。故曰「元亨，誠之通；利貞，誠之復」。謨。

先生答叔重疑問曰：「仁體剛而用柔，義體柔而用剛。」廣請曰：「自太極之動言之，則仁爲剛而義爲柔；自一物中陰陽言之，則仁之用柔，義之用剛。則不知如此説得否？[一〇二]」曰：「也是如此。仁便有個流動發越之意，然其用則慈柔；義便有個商量從宜之義，然其用則決裂。」廣。[一〇三]

問「聖人定之以中正仁義而主静」。曰：「中正仁義皆謂發用處。正者中之質，義者仁之斷。中則無過不及，隨時以取中；正則當然之定理。仁是[一〇四]惻隱慈愛之處，義是裁制斷決

之事。主静者主正與義也，正、義便是利、貞，中是亨，仁是元。」德明。〔一〇五〕

問「聖人定之以中正仁義」。曰：「本無先後。此四字配金木水火而言，中有禮底道理，正有智底道理。如乾之元亨利貞，元即仁，亨即中，利即義，貞即正，皆是此理。至於主静，是以正與義爲體，中與仁爲用。聖人只是主静，自有動底道理。譬如人説話，也須是先沉默然後可以説話，蓋沉默中便有〔一〇六〕言語底意思。」人傑。謨、去僞録並同。〔一〇七〕

「聖人定之以中正仁義」，此四物常在這裏流轉，然常靠着個静做本。〔一〇八〕若無夜則做得晝不分曉，若無冬則做得春夏不長茂。如人終日應接，却歸來這裏空處少歇，便精神較健。如生物而無冬，只管一向生去，元氣也會竭了。中仁是動，正義是静。通書都是恁地説，如云「禮先而樂後」。問：「周子是從上面去見得如此〔一〇九〕？」先生曰：「也未見得恁地〔一一〇〕。但是周先生天資高，想見下面工夫也不大故費力。而今學便須是從下面理會〔一一一〕，若下學而不上達也不成個學問，須是尋個〔一一二〕頂頭却從上貫下來。」夔孫。〔一一三〕義剛録同。〔一一四〕

淳〔一一五〕問：「『中正仁義而主静』，中仁是動，正義是静。如先生解曰『非此心無欲而静，則何以酬酢事物之變而一天下之動哉』，今於此心寂然無欲而静處，欲見所謂正義者，何以見？」曰：「見〔一一六〕理之定體便是。」又曰：「只是那一個定理在此中，截然不相侵犯。雖然，就其中又各有動静：如惻隱是動，仁便是静；羞惡是動，義便是静。」淳。義剛同。

問：「『中即禮，正即智』，正如何是智？」曰：「然[一一七]於四德屬貞。[一一八]」可學。

周貴卿說「『定之以仁義中正而主靜』，如先生曰[一一九]『那克處便是義。非禮勿視聽言動，那禁止處便是義』。或曰『正義方能靜，謂正義便是靜，恰不到[一二〇]』。」先生曰：「如何恁地亂說！今且粗解，則分外有精神。且如四時有秋冬收斂則春夏方能生長，若是[一二一]春夏只管生長將去，却有甚了期，便有許多元氣，故『復，其見天地之心乎』，這便是靜後見得動恁地好。這『中正』只是將來替了那『禮智』字，皆不離這四般，但是主靜。」義剛。

主靜，看「夜氣」一章可見。德明。

問：「又言『無欲故靜』，何也？」曰：「欲動情勝則不能靜。」德明。

問：「周先生說靜與程先生說敬，義則同而其意似有異？」曰：「程子是怕人理會不得他『靜』字意，便似坐禪入定。周子之說只是『無欲故靜』，其意大抵以靜爲主，如『禮先而樂後』。」賀孫。

又云：[一二二]「『聖人定之以中正仁義而主靜』，正是要人靜定其心，自作主宰。程子又恐只管靜去，遂與事物不相交涉，却說個『敬』，云『敬則自虛靜』。須是如此做工夫。」德明。

林問：「『太極』『原始反終，故知死生之說』，南軒解與先生解不同，如何？」先生曰：「南軒說不然，恐其偶思未到。周子太極之書如易六十四卦，一一有定理，毫髮不差，自首至尾只不出陰陽二端而已。始處是有生[一二三]之初，終處是已定之理。始有處說生，已定處說死，不[一二四]

復變動矣。」因舉張乖崖說：「斷公事，以其[一二五]未判底事皆屬陽，已判之事皆屬陰，以爲不可改變。通書無非發明此二端之理。」寓。

問：「太極圖自一而二，自二而五，即推至於萬物。易則自一而二，自二而四，自四而八，自八而十六，自十六而三十二，自三十二而六十四，然後萬物之理備。西銘則止言陰陽，洪範則止言五行。或略或詳皆不同，何也？」先生曰：「理一也，人所見有詳略耳，然道理亦未始不相值也。」閎祖。

問：「先生謂程子不以太極圖授門人，蓋以未有能授[一二六]之者。然而孔門亦未嘗以此語顏、曾，是如何？」先生曰：「焉知其不曾說。」曰：「觀顏、曾做工夫處只是切己做將去。」曰：「此亦何嘗不切己？皆非在外，乃我所固有也。」曰：「言[一二七]此恐徒長人臆度料想之見。」曰：「理會不得者固如此。若理會得者莫非在我，便可受用，何臆度之有！」廣。

濂溪著太極圖，某若不分別出許多節次來，如何看得？未知後人果能如此子細去看否。人傑。

通書

周子留下太極圖，若無通書却教人如何曉得？故太極圖得通書而始明。大雅。

直卿云：「通書便可上接語、孟。」先生曰：「比語、孟較分曉精深，結[一二八]得密。語、孟說得較闊。」方子。

通書誠上一章，[一二九]「誠者聖人之本」言太極，「大哉乾元，萬物資始，誠之源」言陰陽五行，「乾道變化，各正性命」言氣化，「誠斯立焉，純粹至善者」通繳上文。[一三〇]「故曰『一陰一陽之謂道』」，解「誠者聖人之本」；「繼之者善也」，解「大哉乾元」以下；「成之者性也」，解「乾道變化」以下。「元亨，誠之通」言流行處，「利貞，誠之復」言學者用力處，「大哉易也，性命之源」又通繳上文。人傑。

晏問通書[一三一]誠上篇舉易「一陰一陽之謂道」、「繼之者善也」、「成之者性也」[一三二]三句。先生曰：「『繼』、『成』二字皆接那氣底意思說。『善』、『性』二字皆只說理，但『繼之者善』方是天理流行處，『成之者性』便是已成形有分段了。」植。

晏問：「周子誠上篇[一三三]舉『一陰一陽之謂道』以下三句，是證上文否？」先生曰：「固是。『一陰一陽之謂道』一句，通證『誠之源』、『大哉乾元』至『誠斯立焉』二節。『繼之者善』又通[一三四]證『誠之源』一節，『成之者性』證『誠斯立焉』一節。」植。

問：「濂溪論性自氣稟言，却是上面已說『太極』、『誠』，不妨。如孔子說『性相近，習相遠』，不誠是不誠。[一三五]如荀、楊便不可。」曰：「然。他已說『純粹至善』。」可學。

「繼之者善也」，周子是説生生之善，程子説作天性之善，用處各自不同。若以此觀彼，必有窒礙。人傑。

「元亨」，「繼之者善也」，陽也；「利貞」，「成之者性也」，陰也。節。

問：「陽動是元亨，陰静是利貞，但五行在陰陽之下，人物又在五行之下，如何説『繼善成性』？」曰：「陰陽流於五行之中而出，五行無非陰陽。」可學。

問：「『天只是以生爲道，繼此生理便是善。』善便有一個元底意思，生便是繼，如何分作兩截？」曰：「此亦先言其理之統如此，然亦未甚安。有一人云『元』當作『無』，尤好笑。」可學。〔一三六〕

又問：「『繼之者善也，成之者性也』，竊謂妙合之始便是繼。『乾道成男，坤道成女』，便是成。」曰：「動而生陽之時便有繼底意，及至静而生陰方是成，如六十四卦之序至復而繼。」德明。

問：「『元亨誠之通』便是陽動，『利貞誠之復』便是陰静，注却云『此已是五行之性』。如何？」曰：「五行便是陰陽，但此文〔一三七〕已分作四。」可學。

黄直卿〔一三八〕問：「『利貞誠之復』，如先生注下言，『復』如伏藏。」先生曰：「復只是回來，這個是周先生添這一句。孔子只説『乾道變化，各正性命』。」又曰：「這個物事〔一三九〕流行到〔一四〇〕這裏住着，却又復從這裏做起。」又曰：「如母子相似。未生之時母無氣不能成〔一四一〕其子，既生之後子自是子、母自是母。」又曰：「如樹上開一花，結一子，未到利貞處尚是運下面氣去蔭又記是「養」字。他，及他到利貞處自不用養。」又記「養」字〔一四二〕是「恁地」字。又問：「自一念之萌以至於事之得其所，是一事之元亨利貞？」先生應而〔一四三〕曰：「他又自這裏做起，所謂『生生之謂易』也是恁地。」又記曰：「氣行到這裏住著便立在這裏，既立在這裏則又從這裏做起。」節。

又〔一四四〕問：「『元亨誠之通，利貞誠之復』，元亨是春夏，利貞是秋冬。秋冬生氣既散，何以謂之收斂？」先生曰：「其氣已散，收斂者乃其理耳。」曰：「冬間地下氣暖，便也是氣收斂在內。」先生曰：「上面氣自散了，下面暖底乃自是生來，却不是已散之氣復爲生氣也。」時舉。

先生出示答張元德書，問「通」、「復」二字。先生謂：「『誠之通』，是造化流行，未有成立之功〔一四五〕，所謂『繼之者善』；『誠之復』，是萬物已得此理而皆有所歸藏之時，所謂『成之者性』。在人則『感而遂通』者，『誠之通』；『寂然不動』者，『誠之復』。」時舉因問：「明道謂『今人說性只是說「繼之者善也」』是如何？」先生曰：「明道此言却只是就人上說耳。」時舉。銖録同。〔一四六〕

誠下一章言太極之在人者。人傑。〔一四七〕

問：「『誠，五常之本』，同此實理於其中，又分此五者之用？」曰：「然。」可學。

道夫言：「『誠無爲，幾善惡』，〔一四八〕蓋〔一四九〕誠者，自然之實理，無俟營爲，及幾之所動則善惡著矣，善之所成[一五〇]則爲五常之德。聖人初[一五一]不假修爲安而全之，賢者則有克復之功[一五二]。要之，聖賢雖有等降，然及其成功則一而已，故曰『發微不可見，充周不可窮之謂神』。」曰：「固是如此，但幾是動之微，是欲動未動之間便有善惡，便須就這處理會。若至於發著之甚，則亦不濟事矣，更怎生理會？所以聖賢説『戒謹乎其所不覩，恐懼乎其所不聞』，蓋幾微之際大是要切。」又問：「以誠配太極，以善惡配陰陽，以五常配五行，此固然。但『陽變陰合而生水火木金土』，則五常必不可謂共出於善惡也。此似祇是説得善之一脚。」曰：「通書從頭是配合，但此處却不甚似。如所謂『剛善剛惡，柔善柔惡』，則確然是也。」道夫。[一五三]

曾問「誠無爲，幾善惡。德，愛曰仁，宜曰義，理曰禮，通曰智，守曰信[一五四]」。先生曰：「誠是實理，無所作爲，便是『天命之謂性』、『喜怒哀樂未發之謂中』。『幾者，動之微』，微，動之初，是非善惡於此可見。一念之生不是善便是惡，孟子曰『道二：仁與不仁而已矣』，是也。德者有此五者而已。仁義禮智信者，德之體；『曰愛』、『曰宜』、『曰理』、『曰通』、『曰守』者，德之用。」卓。

賀孫[一五五]問：「『誠無爲，幾善惡』一段，看此與太極圖相表裏？」曰：「然。周子一書都是説這道理。」賀孫[一五六]又舉「喜怒哀樂未發謂之中」一章，及「心一也」一章：「程子承周子一派，都是太極中發明。」曰：「然。」賀孫云：[一五七]「此都是説這道理是如此，工夫當養於未發。」曰：「未發有工夫，既發亦用工夫。既發若不照管也不得，也會錯了。但未發、已發，其工夫有個先後，有個重輕。」賀孫。

濂溪言「誠無爲，幾善惡」，纔誠便行其所無事，而幾有善惡之分。於此之時宜當窮察識得是非。其初有毫忽之微，至其[一五八]窮察之久，漸見充越之大，天然有個道理開裂在那裏。此幾微之決，善惡之分也。若於此分明，則物格而知至，知至而意誠，意誠而心正，身修而家齊國治天下平。如激湍水，自已不得；如田單火牛，自止不住。寓。

光祖問：「『誠無爲，幾善惡』，如何？[一五九]」曰：「『誠』是當然，合有這實理，所謂『寂然不動』者。『幾』便是動了，或向善或向惡。」賀孫。

人傑問：「去歲見蔡丈季通説通書[一六〇]『誠無爲，幾善惡。德，愛曰仁』一段，云：[一六一]『周子亦有照管不到處，既曰「誠無爲」，則其下未可便着「善惡」字。』如何？」先生曰：「正淳如何看？」人傑曰：「若既誠而無爲，則恐未有惡。若學者之心，其幾安得無惡？」先生曰：「當其未感，五性具備，豈有不善？及其應事，纔有照顧不到處，這便是惡。古之聖賢戰戰兢兢過了一生，正謂此也。顔子『有不善未嘗不知』，亦是如此。」因言：「仲弓問『焉知賢才而舉之』，程子以爲『便見仲弓與聖人用心之小大。推此義則一心可以興邦，一心可以喪邦，只在公私之間』，且看仲弓之問未見其爲私意，然其心淺狹欠闕處多，其流弊便有喪邦之理。凡事微有過差，纔有安頓不着處，便是惡。」人傑。

「或舉蔡季通[一六二]語：『通書云[一六三]「誠無爲，幾善惡」，與太極「惟人也得其秀而最靈；形既生矣，神發知矣，五性感動而善惡分」，二説似乎相背。然[一六四]既曰「無爲」矣，如何又却有善惡之幾？恐是周子失照管處。』如何？」曰：「當『寂然不動』時便是『誠無爲』，有感而動即有善惡。幾是動處。大凡人性不能不動，但要頓放得是。於其所動處頓放得是時，便是『德，愛曰仁，宜曰義』，頓放得不是時便一切反是。人性豈有不動，但須於中分得天理人欲時[一六五]方是。」祖道。

或問：「有陰陽便有善惡。」曰：「陰陽五行皆善。」又曰：「陰陽之理皆善。」又曰：「合下只有善，惡是後一截事。」又曰：「竪起看皆善，横看後一截方有惡。」又曰：「有善惡，理却皆善。」「『皆善』二字又記是『無惡』。」[一六六]節。

或以爲[一六七]善惡爲男女之分，或以爲陰陽之事，凡此兩件相對説者無非陰陽之理。分陰陽而言之，或説善惡，或説男女，看他如何使。故善惡可以言陰陽，亦可以言男女。謨。

「『性焉安焉之謂聖』，是就聖人性分上説。『發微不可見，充周不可窮之謂神』，是他人見其不可測耳。」寓。[一六八]

問：「通書言神者五：三章、四章、九章、十一章、十六章。其義或[一六九]同否？」曰：「當隨所在看。」曰：「神只是以妙言之否？」曰：「是。且説『感而遂通者，神也』，横渠謂『一故神，兩在故不測』。」因指造化而言曰：「忽然在這裏，又忽然在那裏，便是神。」曰：「在人言之則如何？」曰：「知覺便是神。觸其手則手知痛，觸其足則足知痛，便是『神應故妙』。」淳。

「幾」雖已感，却是方感之初；「通」，則直到末梢皆是通也。如推其極到「協和萬邦，黎民於變時雍」，亦只是通也。「幾」却只在起頭一些子。〔一七〇〕

林問：「入德莫若以幾，此最要否？」曰：「然。」問：「通書中聖第四章解『幾』字，云『動靜體用之間』，〔一七一〕如何是『動靜體用之間』？」曰：「似有而未有之時，在人識之爾。」寓。

「通書多説『幾』，太極圖却不説〔一七二〕。」曰：「『五性感動』，動而未分者是〔一七三〕。」直卿云：「通書言主静、審幾、謹獨，三者循環，與孟子『夜氣』、『平旦之氣』、『晝旦所爲』相似。」方子。

問：「通書云〔一七四〕『誠精故明』，先生引『清明在躬，志氣如神』釋之，却是自明而誠。」曰：「便是看得文字粗疏。周子説『精』字最好。『誠精』者直是無些夾雜，如一塊銀更無銅鉛，便是通透好銀，故只當以『清明』釋之。『志氣如神』即是『至誠之道可以前知』之意也。」人傑因曰：「凡看文字緣理會未透，所以有差。若長得一格便又看得分明。」曰：「便是説得倒了。」人傑。

問：「『誠』、『神』、『幾』，在學者當如何？」曰：「隨處做工夫，然本在『誠』，着力在『幾』。存主處是『誠』，〔一七五〕發用處是『神』，『幾』則在二者之間。『幾』最緊要。」淳。〔一七六〕

問：「『動而正曰道，用而和曰德』，却是自動用言。『曰』猶言合也。若看做道德是

自〔一七七〕却難通。」曰：「然。是自人身上説。」可學。〔一七八〕

「動而正曰道」，言動而必正爲道，否則非也。「用而和曰德」，德有熟而不喫力之意。人傑。

問「性者，剛柔善惡中而已」。曰：「此性便是言氣質之性。四者之中去却兩件剛惡、柔惡，却於〔一七九〕剛柔二善中擇中而主〔一八〇〕焉。」人傑。謨、僩録並同。〔一八一〕

問：「通書解七章〔一八二〕論周子止於四象，以爲水火金木，如何？」曰：「周子只推到五行。如邵康節又從一分爲二，極推之至於八萬四千，縱横變動，無所不可。如漢儒將十二辟卦分十二月。康節推又別。」可學。

問：「通書師章，〔一八三〕解云：『剛柔即易之兩儀，各加善惡即易之四象，易又加倍以爲八卦，而此書及圖則止於四象。〔一八四〕』疑『善惡』二字是虚字，如易八卦之吉凶也。今以善惡配爲四象，不知如何？」曰：「更子細讀，未好便疑。凡物皆有兩端，如此扇便有面有背，凡物皆然。〔一八五〕善惡〔一八六〕自一人之心言之，則有善有惡在其中，便是兩物。周子止説到五行住，其理亦只消如此，自多説不得，包括萬有，舉歸於此。康節却推到八卦，太陽、太陰、少陽、少陰，觀此則通書所説可知矣。〔一八七〕太陽、太陰各有一陰一陽，少陽、少陰亦有一陰一陽，是分爲八卦也。」

問：「前輩以老陰、老陽爲乾、坤，又分六子以爲八卦，是否？」曰：「六子之説不然。」寓。

「人之生，不幸不聞過。大不幸無耻。」此兩句只是一項事。知耻是由内心以生，聞過是得

之於外。人須知耻方能聞〔一八八〕過而改，故耻爲重。僩。幸。〔一八九〕

問：「通書云〔一九〇〕『無思，本也；思通，用也。無思而無不通爲聖人』，不知聖人是有思耶，無思耶？」曰：「無思而無不通是聖人，必思而後無不通是睿。」時舉云：「聖人『寂然不動』是無思，纔感便通，特應之耳。」曰：「聖人也不是塊然由人撥後方動，如莊子云『推而行，曳而止』之類。只是纔思便通，不待大故地思索耳。」時舉因云：「如此則是無事時都無所思，事至時纔思而便通耳。」時舉。銖録同。以下思。〔一九一〕

「幾」是事之端緒，方討頭處，〔一九二〕這方是用得思。植。

「思」一章，「幾」、「機」二字無異義。舉易一句者，特斷章取義以解上文。人傑。

問：「『聖希天』，若論聖人，自是與天相似了。得非聖人未嘗自以爲聖，雖已至處〔一九三〕而猶戒謹恐懼，未嘗頃刻忘所法則否？」曰：「不消如此説。天自是天，人自是人，終是如何得似天？自是用法天。『明王奉若天道，建邦設都』，無非法天者。大事大法天，小事小法天。」僩。〔一九四〕

寶問：「通書云〔一九五〕『志伊尹之志，學顔子之學』，所謂志者便是志於行道否？」曰：「『志伊尹之所志』，不是志於私。大抵古人之學本是欲行，『伊尹耕於有莘之野，而樂堯、舜之道』，凡所以治國平天下者無一不理會。但方處畎畝之時不敢言必於用耳，及三聘幡然便一向如此做去，此是堯舜事業。看二典之書，堯舜所以卷舒作用，直如此熟。」因說：「耿守向曾說『用之則行，舍之則藏，惟我與爾有是夫』，此非專爲用舍行藏，凡所謂治國平天下之具惟夫子、顔子有之，用之則抱持而往，不用則卷而懷之。」曰：「不〔一九六〕敢如此說。若如此說，即是孔顔胸次都〔一九七〕無些洒落底氣象，只是學得許多骨董將去治天下。又如龜山說，伊尹樂堯舜之道，只是出作入息、飢食渴飲而已，即是伊尹在莘郊時全無些能解，及至伐夏救民，逐旋叫喚起來，皆說得一邊事。今世又有一般人，只道飽食暖衣無外慕，便如此涵養去，亦不是，須是一一理會去。」德明。〔一九八〕

寶又問：「『志伊尹之志』乃是志於行。」曰：「只是不志於私。今人仕宦只爲禄，伊尹却『禄之天下弗顧，繫馬千駟弗視也』。」又云：「雖志於行道，若自家所學元未有本領，如何便能舉而措之天下？又須有那地位，若身處貧賤又如何行？然亦必自修身始，修身齊家然後達諸天下也。」又曰：「此個道理緣爲家家分得一分，不是一人所獨得而專者。經世濟物，古人有這個心。若只是我自會得，自卷而懷之，却是私。」德明。

「『志伊尹之所志，學顔子之所學』，志固是要立得大，然其中又自有先後緩急之序，『致廣大而盡精微』。若曰未到伊尹田地做未得，不成塊然喫飯，都不思量天下之事！若是見州郡所行事有不可人意，或百姓遭酷虐，自家寧不惻然動心？若是朝夕憂慮，以天下國家爲念，又那裏教你恁地來？」或曰：「聖賢憂世之志，樂天之誠，蓋有並行而不相悖者，如此方得。」曰：「然。便是怕人倒向一邊去。今人若不塊然不以天下爲志，便又切切然理會不干己事。如世間一樣學問專理會典故世務，便是如此。『古之欲明明德於天下者』，合下學便是學此事。既曰『欲明明德於天下』，不成只恁地空說！裏面有幾多工夫！」僩。

節問：「通書云『志伊尹之所志，學顔子之所學』，一本作『顔淵』，孰是？」曰：「『顔淵』底須是。」節。〔一九九〕

問：「『過則聖，及則賢』，若過於顔子，則工夫又更絶細，此固易見。不知過伊尹時如何說？」曰：「只是更加些從容而已，過之便似孔子。伊尹終是有擔當底意思多。」僩。

又〔二〇〇〕問：「通書云〔二〇一〕『動而無動，静而無静，神也』，此理如何？」先生曰：「譬之晝夜：晝固是屬動，然動却來管那神不得；夜固是屬静，静亦來管那神不得。蓋神之爲物自是超然於形器之表，貫動静而言，其體常如是而已矣。」時舉。〔二〇二〕

問「動而無動，静而無静」。曰：「此說『動而生陽，動住〔二〇三〕而静，静而生陰，静住〔二〇四〕復動』，此自有個神在其間，不屬陰陽，〔二〇五〕故曰『陰陽不測之謂神』。且如晝動〔二〇六〕，在晝間不與之俱動，在夜間〔二〇七〕。神又自是神，神却變得晝夜，却〔二〇八〕變不得神。『妙〔二〇九〕萬物』，如說『水陰根陽，火陽根陰』，已是有形象底，是說粗底了。」又曰：「静者爲主，故以蒙艮終云。」植。

通書[二一〇]動靜章所謂神者，初不離乎物。如天地，物也。天之收斂豈專乎動？地之發生豈專乎靜？此即神也。閎祖。

寓[二一一]問：「通書動靜一段言[二一二]『動而無靜，靜而無動，物也；靜而無靜，動而無動，神也』，所謂物者，不知人在其中否？」曰：「人在其中。」曰：「所謂神者是天地之造化否？」曰：「言神者[二一三]即此理也。」問：「物則拘於有形。人則動而有靜，靜而有動，如何却同萬物而言？」曰：「人固是靜中動，動中靜，則[二一四]亦謂之物。凡言物者指形器有定體而言，然自有一個變通底在其中。須是[二一五]知器即道，道即器，莫離道而言器可也。凡物皆有此理。且如這竹椅，固是一器物[二一六]，到其[二一七]適用處便有個道在其中。」又問神。曰：「神在天地中，所以妙萬物者，如水爲陰則根陽，火爲陽則根陰。[二一八]」曰：[二一九]「文字不可泛然[二二〇]看，須是逐句逐段理會。此一段未透又去看別段，便鶻突去，如何會透徹，如何會貫通？且如此，這[二二一]段未説理會到十分，亦且理會七分，看來看去直至無道理得説，却又再換別[二二二]一段看。此最[二二三]疏略之病，是今世學者通患。不特今時如此，前輩看文字，蓋有一覽而盡者，亦恐只是無究竟。」問：「經書須逐句理會。至如史書易曉，只看大綱，如何？」曰：「較之經書不同，然亦自是草率不得。須當看人物是如何，治體是如何，國勢是如何，皆當子細。」因舉上蔡看明道讀史：「逐行看過，不蹉一字。」寓。

楊至之[二二四]問：「通書[二二五]『水陰根陽，火陽根陰』與『五行陰陽，陰陽太極』爲一截，『四時運行，萬物終始』與『混兮闢兮，其無窮兮』爲一截。『混兮』是『利貞誠之復』，『闢兮』是『元亨誠之通』。注下『自五而一，自五而萬』之說，則是太極常在貞上，恐未穩。」先生大以爲然，曰：「便是猶有此等硬說處。」直卿云：「自易說『元亨利貞』，直到濂溪、康節始發出來。」方子。

「混兮闢兮」，混言太極，闢言爲陰陽五行以後。故末句曰「其無窮兮」，言既闢之後，爲陰陽五行，爲萬物，無窮盡也。人傑。

通書論樂意極可觀，首尾有條理。只是淡與不淡、和與不和，前輩所見各異。邵康節須是二四六八，周子只是二四中添一土[二二六]爲五行。如剛柔添善惡，又添中於其間，周子之說也。可學。[二二七]

周子以禮先於樂。可學。[二二八]

問：「『聖學』章，一者是表裏俱一，純徹無二。少有纖毫私欲，便二矣。內一則靜虛，外一則動直，而明通公溥則又無時不一也。一者，此心渾然太極之體；無欲者，心體粹然無極之真；靜虛者，體之未發，豁然絕無一物之累，陰之性也；動直者，用之流行，坦然由中道而出，陽之情也。此下遂以[二二九]明屬火，通屬木，公屬金，溥屬水。明通則靜極而動，陰生陽也；公溥則動極而靜，陽生陰也，而無欲者又所以貫動靜明通公溥而統於一，則終始表裏一太極也。不審是否？」曰：「只四象分得未是。此界兩邊説，明屬靜邊，通屬動邊，公屬動邊，溥屬靜邊。明是貞，屬水；通是元，屬木；公是亨，屬火；溥是利，屬金。只恁地循環去。明是萬物收斂醒定在這裏，通是萬物初發達，公是萬物齊盛，溥是秋來萬物溥遍成遂，各自分去，所謂『各正性命』。」曰：「在人言之則如何？」曰：「明是曉得事物，通是透徹無窒礙，公是正無偏陂，溥是溥遍萬事，便各有個理去。」直卿曰：「通者明之極，溥者公之極。」曰：「亦是。如後所謂『誠立明通』，意又別。彼處以『明』字爲重。『立』如『三十而立』，『通』則『不惑矣，知天命，耳順』也。」淳。〔二三〇〕

或問：「濂溪〔二三一〕『聖可學乎？』云云。『一爲要』，個〔二三二〕是分明底一，不是鶻突底一。」問：「如何是鶻突底一？」曰：「須是理會得敬落着處，若只塊然守一個『敬』字，便不成個敬。這個亦只是説個大概。明通，在己也；公溥，接物也。須是就靜虚中涵養始得，明通方能公溥，若便要公溥定不解得。靜虚、明通，『精義入神』也；動直、公溥，『利用安身』也。」又曰：「一即所謂太極。靜虚、明通，即圖之陰靜；動直、公溥，即圖之陽動。」賀孫。

驤〔二三三〕問：「伊川云『爲士必志於聖人』，周子乃云『一爲要，一者，無欲也』，何如？」曰：「若注釋古聖賢之書，恐認當時聖賢之意不親切，或有誤處。此書乃周子自著，不應有差。『一者，無欲』，一，〔二三四〕今試看無欲之時，心豈不一？」又問：「比主一之敬如何？」曰：「『無欲』

與『敬』字分外分明。[二三五]要之，持敬頗似費力，不如無欲撇脱。人只爲有欲，此心便千頭萬緒。此章之言甚爲緊切，學者不可不知。」道夫。[二三六]

問：「『明通公溥』於四象何所配？」曰：「只是春夏秋冬模樣。」曰：「明是配冬否？」曰：「似是就動處説。」曰：「便似是元否？」曰：「是。然這處亦是偶然相合，不是正恁地説。」又曰：「也有恁地相似處。『吉凶者，失得之象也；悔吝者，憂虞之象也』，悔便是悔惡向善意，如曰『震无咎者存乎悔』，非如『迷復』字意。吝是未至於惡，只管吝，漸漸入惡。『剛柔者，晝夜之象也；變化者，進退之象也』，變是進，化是退，便與悔吝相似。且以一歲言之，自冬至至春分是進到一半，所以謂之分；自春分至夏至是進到極處，故謂之至。進之過則退，至秋分是退到一半處，到冬至也是退到極處。天下物事皆只有此兩個。」問：「人只要全得未極以前底否？」曰：「若以善惡配言，則聖人到那善之極處又自有一個道理，不到得『履霜堅冰至』處。若以陰陽言，則他自是陰了又陽，陽了又陰，也只得順他。易裏纔見陰生便百種去裁抑他，固是如此。若一向是陽，則萬物何由得成？他自是恁地。國家氣數盛衰亦恁地。堯到那[二三七]七十載時也自衰了，便所以求得一個舜分付與他，又自重新轉過。若一向做去，到死後也衰了。文武恁地，到成康也只得恁地持盈守成。到這處極了，所以昭王便一向衰，扶不起了[二三八]。漢至宣帝以後便一向衰去[二三九]，直至光武又只得一二世，便一向扶不起了[二四〇]，國統屢絶。」劉曰：「光武便如康節所謂秋之春時節。」曰：「是。」賀孫。

問：「通書『明通公溥庶矣乎』，舊見履之所記先生語，〔二四一〕以明配水，通配木，公配火，溥配金。溥何以配金？」曰：「溥如何配金？溥正是配水。此四字只是依春夏秋冬之序相配將去：明配木，仁元。通配火，禮亨。公配金，義利。溥配水，智貞。想是他記錯了。」僩。

理性命一章。〔二四二〕「彰」言道之顯，「微」言道之隱。「匪靈弗瑩」，言彰與微須靈乃能了然照見，無滯礙也。此三句是言理。別一本「靈」作「虛」，義短。「剛善、剛惡，柔亦如之，中焉止矣」，此三句言性命〔二四三〕。「二氣五行」以下並言命。「實」是實理。人傑。

節〔二四四〕問「五殊二實」。曰：「分而言之有五，總而言之只是陰陽。」節。

㬊問通書〔二四五〕「五殊二實」一段。先生說了，又云：「中庸『如天之無不覆蓋〔二四六〕，地之無不持載』，止是一個大底包在中間；又有『四時錯行，日月代明』，自有細小去處。『道並行而不相悖，萬物並育而不相害』，並行並育便成〔二四七〕那天地之〔二四八〕覆載，不相悖不相害便是那錯行代明底。『小德川流』是說小細底，『大德敦化』是那大底。大底包小底，小底分大底。千五百年間不知人如何讀書，這個都似不理會得這個道理。〔二四九〕」先生又云：「『一實萬分，萬一各正』，便是『理一分殊』處。」植。

鄭問：「通書〔二五〇〕理性命章何以下『分』字？」曰：「不是割成片去，只如月映萬川相似。」淳。

問：「理性命章注云：『自其本而之末，則一理之實而萬物分之以爲體，故萬物各有一太極。』如此説〔二五一〕則是太極有分裂乎？」先生曰：「本只是一太極，而萬物各有稟受，又自各全其〔二五二〕一太極爾。如月在天只一而已，及散在江湖則隨處而見，不可謂月分〔二五三〕也。」謨。

問顏子「能化而齊」。曰：「此與『大而化之』之『化』異，但言消化却富貴貧賤之念方能齊一。〔二五四〕」人傑。謨、去僞録並同。顏子。〔二五五〕

問通書云〔二五六〕「極重不可反，知其重而亟反之可也」。先生曰：「是説天下之勢。如秦至始皇强大，六國便不可敵。東漢之末，宦官權重，便不可除。紹興初，只斬陳少陽，便成江左之勢。極重則反之也難，識其重之機而反之則易。」人傑。〔二五七〕

問〔二五八〕「發聖人之藴，教萬世之無窮者，顏子也」。曰：「夫子之道如天，惟顏子得〔二五九〕之。夫子許多大意思，盡在顏子身上發見。言如天地生物，即在物上盡見天地純粹之氣。〔二六〇〕謂之發者，乃『亦足以發』之『發』，不必待顏子言而後發也〔二六一〕。」人傑。謨、去僞録同而少異。

聖藴。〔二六二〕

「聖人之精，畫卦以示；聖人之藴，因卦以發。」濂溪看易，却須看得活。方子。〔二六三〕

濂溪説「聖人之精，畫卦以示；〔二六四〕聖人之藴，因卦以發」。易未〔二六五〕有許多道理，

搭[二六六]在上面，所謂「因卦以發」者也。從周。[二六七]

砥[二六八]問「聖人之精，畫卦以示；[二六九]聖人之蘊，因卦以發[二七〇]」。曰：「精是精微之意，蘊是包許多道理。」又問：「伏羲始畫而其蘊亦已發見於此否？」曰：「謂之已具於此則可，謂之已發見於此則不可。方其初畫也未有乾四德意思，到孔子始推出來。然文王、孔子雖能推出意思，而其道理亦不出伏羲始畫之中，故謂之蘊。『蘊』如『衣敝蘊袍』之『蘊』，是包得在裏面。」砥。[二七一]

「聖人之精，畫卦以示；聖人之蘊，因卦以發。」[二七二]精是聖人本意，蘊是偏旁帶來道理。如春秋，聖人本意只是載那事，要見世變：「禮樂征伐自諸侯出」，「臣弑其君，子弑其父」，如此而已。就那事上見得是非美惡曲折，便是「因卦以發」底。如「易有太極，是生兩儀，兩儀生四象，四象生八卦」，是聖人本意底；如文王繫辭等，孔子之言，皆是因而發底。不可一例作重看。淳。

「乾乾不息」者，體；「日往月來，寒來暑往」者，用。有體則有用，有用則有體，不可分先後説。用之問通書。[二七三]僩。[二七四]

乾損益動一章，[二七五]第一句言「乾乾不息」，而第二句言「損」，第三句言「益」者，蓋以解第一句。若要不息，須着去忿慾而有所遷改。中「乾之用其善是」，「其」一[二七六]字疑是「莫」字，蓋與下兩句相對。若只是「其」字，則無義理，說不通。人傑。

問：「通書乾損益動章，[二七七]前面『懲忿窒慾，遷善改過』皆是自修底事，後面忽說動者，何故？」曰：「所謂『懲忿窒慾，遷善改過』，皆是動上有這般過失，須於方動之時審之，方無凶悔吝，所以再說個『動』。」僩。

問：「通書[二七八]『艮其背，背非見也』。」曰：「只如『非禮勿視』，『姦聲亂色，不留聰明；淫樂忒禮，不接心術』，非是耳無所聞，目無所見。程子解『艮其背』，謂『止於其所不見』，即是此說，但看[二七九]易意恐不如此。卦彖下『止』，便是去止那上面『止』。『艮其止』一句，若不是『止』字誤，本是『背』字，便是『艮其止』句解『艮其背』一句。『艮其止』是止於其[二八〇]所當止，如大學『君止於仁，臣止於敬』之類。程子解此下文[二八一]却好，不知上如何又恁地說？人之四肢皆能動，惟背不動，有止之象。『艮其背』是止於其所當止之地；『不獲其身，行其庭不見其人』，萬物各止其所了[二八二]便都純是理，也不見有[二八三]己，也不見有人，都只見道理。」淳。寓同而略。[二八四]

問：「『止，非爲也；爲，不止矣』，何謂也？」曰：「止便不作爲，作爲便不是止。」曰：「止是以心言否？」曰：「是。」淳舉易傳「內欲不萌，外物不接」。先生曰：「即是這止。」淳。

遺文[二八五]

拙賦

拙賦「天下拙，刑政撤」。其言似莊老。謨。

【校勘記】

［一］是　成化本作「有」。

［二］邵康節　成化本爲「康節」。

［三］便　成化本此上有「土」。

［四］聯　成化本作「連」。

［五］土　成化本作「止」。

［六］成化本此下注曰：「可學録別出。」且成化本下條載可學録「舜弼論太極云……便成兩截矣」條，參本卷。

［七］無　此字原缺，據成化本補。
［八］太　成化本此上有「問」。
［九］一動一静　成化本爲「一静一動」。
［一〇］窮　成化本爲「窮極」。
［一一］别　成化本爲「别有」。
［一二］無　成化本此下有「氣」。
［一三］莫　朱本作「不」。
［一四］砥寓録同　成化本作「寓」。
［一五］淳　成化本無。
［一六］只　成化本作「即」。
［一七］大　成化本此下注曰：「一作『著夫』。」
［一八］太　朱本作「無」。
［一九］是　成化本作「更」。
［二〇］陳淳　成化本無。
［二一］太　成化本此上有「某常説」。
［二二］物　成化本無。

〔二三〕而　成化本無。
〔二四〕公晦　成化本爲「方子」。
〔二五〕本　成化本作「木」。
〔二六〕略　成化本無。
〔二七〕也　成化本無。
〔二八〕立　成化本作「止」。
〔二九〕此條賀孫録成化本載於卷七十五。
〔三〇〕理　此下原有二「人」字，據上下文及成化本删。
〔三一〕太極　成化本爲「大抵」。
〔三二〕舜賓　成化本爲「舜弼」。
〔三三〕曰　成化本無。
〔三四〕邵康節　成化本爲「康節」。
〔三五〕分　成化本作「乃」。
〔三六〕作　成化本無。
〔三七〕按萬人傑録同　成化本無。
〔三八〕因　成化本無。

［三九］想只是其舊時説耳　成化本爲「想是某舊説」。

［四〇］也　成化本無。但成化本「静」下有「喜怒哀樂未發也有個太極，喜怒哀樂已發也有個太極。只是一個太極，流行於已發之際，斂藏於未發之時」。

［四一］恪　成化本無。

［四二］把　朱本作「推」。

［四三］無極而太極動而生陽　成化本無。

［四四］㬚兄亞夫　成化本作「㬚」。

［四五］兩儀者一陰一陽　成化本爲「兩儀即陰陽」。

［四六］㬚兄　成化本作「㬚」。

［四七］却　成化本作「却是」。

［四八］始　成化本作「是」。

［四九］静　成化本此上有「陰」。

［五〇］如何是　成化本爲「動静者」。

［五一］峙　成化本作「待」。

［五二］如　成化本無。

［五三］則陽爲魂陰爲魄　成化本爲「陽是魂，陰是魄」。

〔五四〕此條夔孫録成化本載於卷六十五，注爲義剛所録。底本卷六十五所載則注爲恪録，參該卷恪録「陰陽有個流行底……則伸爲魂屈爲魄」條。

〔五五〕賀孫　成化本無。

〔五六〕自吾身之外……未有如這個是有之極　成化本無。

〔五七〕賀孫云　成化本作「曰」。

〔五八〕賀孫云　成化本作「曰」。

〔五九〕乘　成化本此上有「乘如」。

〔六〇〕賀孫　成化本無。

〔六一〕賀孫　成化本無。

〔六二〕賀孫　成化本無。

〔六三〕答　成化本無。

〔六四〕陸象山　成化本爲「象山」。

〔六五〕賀孫　成化本無。

〔六六〕賀孫　成化本無。

〔六七〕求　成化本作「未」。

〔六八〕今　成化本無。

〔六九〕今　成化本無。
〔七〇〕也　成化本無。
〔七一〕概　成化本此下注曰：「閎祖録作『全體』。」
〔七二〕此條祖道録卷六重複載録，成化本載於卷六。
〔七三〕按徐寓録同　成化本無。且此條成化本載於卷八十七。
〔七四〕此條謙録成化本無。
〔七五〕此條可學録成化本載於卷一。
〔七六〕成化本此下注曰：「或録云：『真，理也；　精，氣也。理與氣合故能成形。』」
〔七七〕輕重　王本作「輕重者」。
〔七八〕人　成化本作「物」。
〔七九〕可學　成化本無。
〔八〇〕種　成化本爲「人種」。
〔八一〕蒸　成化本此下注曰：「池作『凝』。」
〔八二〕物事　成化本作「萬物」。
〔八三〕因如此得　成化本爲「因此知得」。
〔八四〕銖　成化本作「錐」。

[八五] 氣　成化本爲「氣稟」。
[八六] 則　成化本無。
[八七] 人傑按謨去僞録並同　成化本爲「去僞」。
[八八] 節　成化本無。
[八九] 周先生作　成化本無。
[九〇] 常　成化本作「行」。
[九一] 此條可學録成化本無。
[九二] 正　成化本此下有「莫是此圖本爲發明易道，故但言『中正』」。
[九三] 通書　成化本無。
[九四] 極　成化本無。
[九五] 時舉　成化本無。
[九六] 太極説　成化本無。
[九七] 録　成化本無。
[九八] 之　成化本作「爲」。
[九九] 之　成化本作「爲」。
[一〇〇] 仁就　成化本爲「就仁」。

［一〇一］止　成化本作「上」。

［一〇二］則不知如此説得否　成化本無。

［一〇三］此條廣録成化本載於卷六。

［一〇四］是　成化本爲「則是」。

［一〇五］成化本此下注曰：「今按，『皆謂發用』及『之處』、『之事』等語皆未曉，更考。」

［一〇六］有　成化本爲「有個」。

［一〇七］人傑謨去僞録並同　成化本爲「去僞」。

［一〇八］本　朱本、王本作「主」。

［一〇九］去見得如此　成化本爲「先見得」。

［一一〇］見得恁地　成化本爲「見得是恁地否」。

［一一一］學便須是從下面理會　成化本爲「學者須是從下學理會」。

［一一二］個　成化本作「到」。

［一一三］此條夔孫録成化本分爲兩條，分置兩卷，其中「聖人定之以中正仁義……如云禮先而樂後」爲一條，載於卷九十四，注爲義剛所録；「問周子是從上面先見得……却從上貫下來」爲一條，載於卷九十三，注爲夔孫録。

［一一四］義剛録同　成化本爲「周子」。

〔一一五〕淳　成化本無。
〔一一六〕見　成化本作「只」。
〔一一七〕然　成化本無。
〔一一八〕貞　成化本此下有「智要正」。
〔一一九〕如先生曰　成化本爲「先生曰如」。
〔一二〇〕恰不到　成化本爲「却不得」。
〔一二一〕是　成化本此上有「長長」。
〔一二二〕又云　成化本無。
〔一二三〕有生　成化本爲「生生」。
〔一二四〕不　成化本此上有「死則」。
〔一二五〕其　成化本作「爲」。
〔一二六〕授　成化本作「受」。
〔一二七〕言　成化本作「然」。
〔一二八〕結　成化本爲「結構」。
〔一二九〕通書誠上一章　成化本無。
〔一三〇〕乾道變化……通繳上文　成化本爲「『乾道變化，各正性命，誠斯立焉』言氣化，『純粹至善者』通繳上文」。

［一三一］通書　成化本無。

［一三二］繼之者善也成之者性也　成化本無。

［一三三］周子誠上篇　成化本無。

［一三四］通　成化本無。

［一三五］不誠是不誠　成化本爲「不成是不識」。

［一三六］此條可學録成化本載於卷九十七。

［一三七］文　成化本作「處」。

［一三八］黄直卿　成化本爲「直卿」。

［一三九］事　成化本此下注曰：「又記是『氣』字。」

［一四〇］到　成化本此下有「這裏來」。

［一四一］成　成化本作「生」。

［一四二］養字　成化本無。

［一四三］而　朱本作「之」。

［一四四］又　成化本無。

［一四五］功　成化本作「初」。

[一四六] 銖録同　成化本無。
[一四七] 人傑　成化本此條前有「誠下」篇名。
[一四八] 誠無爲幾善惡　成化本無。
[一四九] 蓋　成化本無。
[一五〇] 成　朱本作「誠」。
[一五一] 初　成化本無。
[一五二] 功　此字原缺，成化本爲墨丁，據朱本補。
[一五三] 道夫　成化本此條前有「誠幾德」篇名。
[一五四] 德愛曰仁宜曰義理曰禮通曰智守曰信　成化本無。
[一五五] 賀孫　成化本無。
[一五六] 賀孫　成化本無。
[一五七] 賀孫云　成化本作「問」。
[一五八] 其　朱本作「於」。
[一五九] 如何　成化本無。
[一六〇] 去歲見蔡丈季通説通書　成化本爲「季通説」。
[一六一] 云　成化本無。

［一六二］蔡季通　成化本爲「季通」。
［一六三］云　成化本無。
［一六四］然　成化本無。
［一六五］時　成化本無。
［一六六］皆善二字又記是無惡　成化本爲「又記是無惡字」。
［一六七］爲　成化本無。
［一六八］寓　成化本爲「夔孫」。
［一六九］或　成化本無。
［一七〇］成化本此下注有「閎祖」。成化本此條前有「聖誠幾德」篇名。
［一七一］通書中聖第四章……動静體用之間　成化本爲「通書説幾」。
［一七二］不説　成化本爲「無此意」。
［一七三］是　成化本爲「便是」。
［一七四］通書云　成化本無。
［一七五］存主處是誠　成化本爲「誠是存主處」。
［一七六］此條淳録成化本無，但成化本以部分内容爲注，夾於砥録中，參卷九十四載砥録「安卿問神誠幾……然緊要處在幾」條。

〔一七七〕是自　成化本爲「題目」。
〔一七八〕成化本此條前有「慎動」篇名。
〔一七九〕於　成化本作「又」。
〔一八〇〕主　成化本此下注曰：「池作『立』。」
〔一八一〕人傑謨僞録並同　成化本爲「去僞」。又，成化本此條前有「師」篇名。
〔一八二〕七章　成化本無。
〔一八三〕通書師章　成化本無。
〔一八四〕易又加倍以爲八卦而此書及圖則止於四象　成化本無。
〔一八五〕凡物皆然　成化本無。
〔一八六〕善惡　成化本無。
〔一八七〕觀此則通書所説可知矣　成化本無。
〔一八八〕聞　成化本無。
〔一八九〕幸　成化本無。又，成化本此條前有「幸」篇名。
〔一九〇〕通書云　成化本無。
〔一九一〕銖録同以下思　成化本無。又，成化本此條前有「思」篇名。
〔一九二〕方計頭處　成化本爲「有端緒方有討頭處」。

〔一九三〕處　成化本爲「聖處」。

〔一九四〕倜　成化本此條前有「志學」篇名。

〔一九五〕通書云　成化本無。

〔一九六〕不　成化本此上有「某」。

〔一九七〕都　成化本作「全」。

〔一九八〕成化本此下注曰：「耿名秉。」

〔一九九〕此條節録成化本無。

〔二〇〇〕又　成化本無。

〔二〇一〕通書云　成化本無。

〔二〇二〕時舉　成化本此條前有「動静」篇名。

〔二〇三〕住　成化本作「極」。

〔二〇四〕住　成化本作「極」。

〔二〇五〕不屬陰陽　成化本爲「不屬陰不屬陽」。

〔二〇六〕動　成化本此下有「夜静」。

〔二〇七〕間　成化本此下有「神不與之俱静」。

〔二〇八〕却　成化本此上有「晝夜」。

〔二〇九〕妙　成化本此上有「神」。
〔二一〇〕通書　成化本無。
〔二一一〕寓　成化本無。
〔二一二〕通書動静一段言　成化本無。
〔二一三〕言神者　成化本作「神」。
〔二一四〕則　成化本無。
〔二一五〕寓　成化本無。
〔二一六〕物　成化本無。
〔二一七〕其　成化本無。
〔二一八〕陰　成化本此下有「云云」。
〔二一九〕曰　成化本爲「先生曰」。
〔二二〇〕然　成化本無。
〔二二一〕這　成化本無。
〔二二二〕别　成化本無。
〔二二三〕此最　成化本無。
〔二二四〕楊至之　成化本爲「至之」。

〔二二五〕通書　成化本無。
〔二二六〕土　成化本作「上」。
〔二二七〕可學　成化本此條前有「欒」篇名。
〔二二八〕此條可學録成化本無。
〔二二九〕以下遂以　成化本無。
〔二三〇〕淳　成化本此條前有「聖學」篇名。
〔二三一〕濂溪　成化本無。
〔二三二〕個　成化本此上有「這」。
〔二三三〕驤　成化本無。
〔二三四〕一　成化本此下有「便是無欲」。
〔二三五〕無欲與敬字分外分明　成化本爲「無欲之與敬二字分明」。
〔二三六〕道夫　成化本作「驤」。
〔二三七〕那　成化本無。
〔二三八〕了　成化本無。
〔二三九〕去　成化本無。
〔二四〇〕了　成化本無。

〔二四一〕通書明通公溥庶矣乎舊見履之所記先生語　成化本爲「履之記先生語」。
〔二四二〕理性命一章　成化本「理性命」爲篇名，無「一章」。
〔二四三〕命　成化本無。
〔二四四〕節　成化本無。
〔二四五〕通書　成化本無。
〔二四六〕蓋　成化本作「幬」。
〔二四七〕成　成化本作「是」。
〔二四八〕之　成化本無。
〔二四九〕不知人如何讀書這個都似不理會得這個道理　成化本爲「不知人如何讀這個都似不理會得這道理」。
〔二五〇〕通書　成化本無。
〔二五一〕説　成化本無。
〔二五二〕其　成化本作「具」。
〔二五三〕分　成化本爲「已分」。
〔二五四〕方能齊一　成化本爲「方能齊齊亦一之意」。
〔二五五〕人傑謨去僞録並同顏子　成化本爲「去僞」。又，成化本此條前有「顏子」篇名。

［二二五六］通書云　成化本無。

［二二五七］人傑　成化本此條前有「勢」篇名。又，成化本「勢」上又有「師友」一目，其下載一條節録，參底本卷一百八節録「杜斿問濂溪言道至貴者……後來必驗」條。

［二二五八］問　成化本爲「或問」。

［二二五九］得　成化本爲「盡得」。

［二二六〇］言如天地生物即在物上盡見天地純粹之氣　成化本爲「譬如天地生一瑞物即此物上盡可以見天地純粹之氣」。疑底本有脱誤，而「言」則爲「譬」之誤。

［二二六一］而後發也　成化本爲「然後謂之發也」。

［二二六二］人傑謨去僞録同而少異聖藴　成化本爲「去僞」。又，成化本此條前有「聖藴」篇名，「聖藴」上又有「文辭」一目，其下載一條端蒙録，參成化本卷九十四端蒙録「文所以載道……虚車也」條。

［二二六三］方子　成化本此條前有「精藴」篇名。

［二二六四］濂溪説聖人之精畫卦以示　成化本無。

［二二六五］未　成化本爲「本未」。

［二二六六］搭　成化本此上有「因此卦遂將許多道理」。

［二二六七］從周　成化本作「至」。

［二二六八］砥　成化本無。

[二六九]晝卦以示　成化本無。

[二七〇]因卦以發　成化本無。

[二七一]成化本此下注曰：「饒録云：『方其初畫出未有今易中許多事。到文王、孔子推得出來，而其理亦不外乎始畫。』」

[二七二]聖人之精……因卦以發　成化本無。

[二七三]用之問通書　成化本無。

[二七四]僩　成化本此條前有「乾損益動」篇名。

[二七五]乾損益動一章　成化本無。

[二七六]一　成化本無。

[二七七]通書乾損益動章　成化本爲「此章」。

[二七八]通書　成化本無。

[二七九]看　成化本無。

[二八〇]其　成化本無。

[二八一]下文　成化本爲「不及」。

[二八二]了　成化本無。

[二八三]有　成化本無。

〔二八四〕淳寓同而略　成化本作「寓」。又，成化本此條前有「蒙艮」篇名。

〔二八五〕遺文　成化本無此目，另有「後録」一目，其下載四條語録。參成化本卷九十四端蒙録「濂溪言寡欲以至於無……但亦是合當如此者」條，及端蒙録「誠立明通……知天命以上之事條，寓録「劉問心既誠矣……亦無虚僞」條，寓録「問會元之期……亦似此般模樣」條。另，寓録「問會元之期……亦似此般模樣」條，底本載於卷一百，注爲淳録。